Vorarlberger Landesmuseumsverein
Jahrbuch 2023

D1676590

Das vorliegende Jahrbuch stellt die Fortführung des Jahrbuchs des Vorarlberger Landesmuseumsvereins (bis 2010) und Museum Vereins Jahrbuch (2011–2021) dar. Das Jahrbuch des Vorarlberger Landesmuseumsvereins ist eine wissenschaftliche und allgemein bildende Publikation landeskundlichen Inhalts.

Vorarlberger
Landesmuseumsverein

Jahrbuch
2023

Universitätsverlag Wagner

Herausgeber
Vorarlberger Landesmuseumsverein 1857 | ZVR: 440724927
Simone Berchtold Schiestl (Universität Zürich, smb@ds.uzh.ch)
Ingrid Böhler (Universität Innsbruck, ingrid.boehler@uibk.ac.at)
J. Georg Friebe (inatura Dornbirn, georg.friebe@inatura.at)
Andreas Rudigier (Tiroler Landesmuseen, a.rudigier@tiroler-landesmuseen.at)
Norbert Schnetzer (Vorarlberger Landesbibliothek, norbert.schnetzer@vorarlberg.at)
Brigitte Truschnegg (Universität Innsbruck, brigitte.truschnegg@uibk.ac.at)

Geschäftsstelle VLMV
Kornmarktplatz 1, A-6900 Bregenz
geschaeftsstelle@vlmv.at

Schriftleitung
Brigitte Truschnegg
Institut für Alte Geschichte und Altorientalistik
Ágnes-Heller-Haus, Universität Innsbruck
Innrain 52a, A-6020 Innsbruck
brigitte.truschnegg@uibk.ac.at

Produziert in Partnerschaft mit dem vorarlberg museum

Produktionsmanagement vorarlberg museum
Eva Fichtner-Rudigier

© 2023 by Universitätsverlag Wagner in der StudienVerlag Ges.m.b.H,
Erlerstraße 10, A-6020 Innsbruck
E-Mail: mail@uvw.at
Internet: www.uvw.at

Buchgestaltung nach Entwürfen von Karin Berner
Umschlaggestaltung nach Entwürfen von Stefan Rasberger – www.labsal.com
Satz und Umschlag: Universitätsverlag Wagner/Karin Berner

Gedruckt auf umweltfreundlichem, chlor- und säurefrei gebleichtem Papier.

Bibliografische Information der Deutschen Nationalbibliothek
Die Deutsche Nationalbibliothek verzeichnet diese Publikation in der Deutschen Nationalbibliografie;
detaillierte bibliografische Daten sind im Internet über <http://dnb.dnb.de> abrufbar.

ISBN 978-3-7030-6617-7

INHALT

NATURWISSENSCHAFTEN

SPRACHWISSENSCHAFT

MUSEUM UND VEREIN

BILDER UND OBJEKTE IM KONTEXT

REZENSIONEN

ANHANG

VORWORT

Was 1858 – im ersten Jahr nach der Gründung des Vorarlberger Landesmuseums-vereins – als Rechenschaftsbericht über Erwerbungen und neu gewonnene Mit-glieder begann, wurde bereits 1861 durch erste fachliche Beiträge, wie zum Beispiel einen Bericht über den Fund eines Mammutzahns in Vorarlberg, erweitert. Heute, 165 Jahre später, berichten im vorliegenden Jahrbuch 26 Autorinnen und Autoren unterschiedlichster Disziplinen und von unterschiedlichen Partnerinstitutionen aus ihren Fachbereichen – ein umfangreicher Grund, unseren herzlichen Dank an die Autorinnen und Autoren einmal an den Beginn zu stellen.

Der erste Abschnitt des Bandes ist der Archäologie gewidmet: Mit dem Artikel zur Vielfalt alpiner Oberflächenbefunde und deren Bedeutung für den von Men-schenhand beeinflussten alpinen Kulturraum leistet Caroline Posch einen wesent-lichen Beitrag zur Besiedlungsgeschichte des Kleinwalsertales. Andreas Picker greift im Anschluss daran die wichtige Frage nach dem physischen Schutz unseres archäo-logischen Erbes auf und stellt archäologische Schutzbauten in Vorarlberg – von römischen Villen bis zu überdachten Kirchengrabungen – vor. Unter den etlichen tausend Funden aus dem Gräberfeld von Brigantium lenkt Ute Kurz den Blick auf die erstaunlich geringe Anzahl an figürlichen Objekten und präsentiert neun erhal-tene figürliche Terrakotten. Die Archäologin Irene Knoche und die Anthropologin Marlies Wohlschlager berichten über einen 2018 entdeckten und intensiv belegten frühmittelalterlichen Friedhof nördlich der Sulzer Pfarrkirche und geben auf der Basis der archäologischen Funde und der Auswertung des Knochenmaterials Ein-blicke in die Lebenssituation der damaligen Dorfbevölkerung. Mit Bezug auf einen bisher wenig beachteten Briefwechsel zwischen dem Schweizer Johann Caspar Zell-weger und Franz Josef Weizenegger aus dem Jahr 1822 erwägt Martin Gamon die Möglichkeit früher archäologischer Funde auf dem Gebiet des römischen Brigan-tiums.

Ulrike Längle leitet den zweiten Abschnitt mit einem spannenden und bisher unbekannten „Bordtagebuch" der Atlantiküberquerung der Bregenzer Segler Franz Plunder, Josef Einsle und Fred Jochum aus dem Jahre 1923 ein. „Jerusalem am Ems-bach" betitelt Noam Zadow seinen lebendigen und inspirierenden Bericht von der Europäischen Sommeruniversität für Jüdische Studien in Hohenems, die seit 2009 jährlich stattfindet und brisante wie lebensnahe Themen zur jüdischen Kultur behandelt. Karin Rass und Margarete Zink beschäftigen sich mit der Dornbirner Gra-fikerin Lisl Thurnher-Weiss, deren Kreativität im Textildesign die Trachtengeschichte des Landes mitbestimmt hat. Drei erfolgreiche Vorarlberger in den USA zwischen dem 19. und 21. Jahrhundert stellt Günter Bischof vor, den es selbst vor 40 Jahren aus

Mellau an die Universität in New Orleans im Bundestaat Louisiana gezogen hat. Im Nachklang des 150-Jahr-Jubiläums der Eisenbahn in Vorarlberg setzt sich Christoph Volaucnik mit dem Reisen, den frühen Anfängen des Tourismus und der ‚sanften' Mobilität in Vorarlberg vor der Ära der Eisenbahn auseinander und dokumentiert im umfangreichsten Beitrag, wer sich wann, aus welchen Gründen und wie auf die Reise machte. Mit einem anderen Aspekt der Mobilität beschäftigt sich der letzte Beitrag dieses Abschnitts: Am Beispiel von Feldkirch dokumentiert Helmut Sonderegger die Entwicklung und die Besonderheiten alter Wegekarten.

In die Welt der Fauna führt der Beitrag von J. Georg Friebe zu den ursprünglich im Mittelmeerraum beheimateten Fangschrecken (wie z. B. der Gottesanbeterin) und ihren Verwandten – Migranten der besonderen Art in Vorarlberg.

Wie nehmen Schüler*innen und Lehrer*innen an Vorarlberger Schulen die deutsche Sprache wahr, welche Rolle spielen der Dialekt und die Standardsprache im Schulunterricht? Diese und weitere Fragen zum Sprachgebrauch an Schulen stehen im Mittelpunkt des Artikels von Yvonne Rusch.

Unter der Rubrik „Museum und Verein" stellen dieses Jahr drei Beiträge die Menschen im Rahmen der Museumsarbeit und im Landesmuseumsverein in den Vordergrund. Kathrin Dünser geht der wichtigen Frage nach, wie sich das vorarlberg museum mit Arbeiten von marginalisierten Künstler*innen auseinandersetzt und wie es auch zukünftig dazu beitragen kann, dass Künstler*innen outside über ihre Leistung in die Gesellschaft integriert werden. Kinder als wichtige Zielgruppe und Ansprechpartner im Museum stehen im Zentrum des Artikels von Heike Vogel und Nadine Alber-Geiger. Sie präsentieren das innovative Vermittlungskonzept einer Kinderhomepage des vorarlberg museums unter dem Motto „Bert und Berta gehen online". In einem sehr persönlichen Porträt würdigt Ronald Sottopietra seinen Vorgänger Emil Büchel (1941–2023), den langjährigen Obmann des Karst- und Höhlenkundlichen Ausschusses (2006–2019): Er unterstreicht dessen Leidenschaft für die Welt unter Tage, seine Professionalität, seinen hohen persönlichen Einsatz und vor allem seine zentrale und freundschaftliche Rolle in diesem Fachausschuss.

In der Reihe „Objekt im Kontext" stellt J. Georg Friebe den Typus der Schlitzbandschnecke aus einer Gruppe von Fossilien vor, die in den 1950er Jahren vom Vorarlberger Landesmuseum in den Bestand der ehemaligen Naturschau, der heutigen inatura eingegliedert wurden. Seit Jänner 2022 bereichert die Krippe des bekannten niederbayerischen Bildhauers und Krippenkünstlers Sebastian Osterrieder (1864–1932) mit ihren 43 Krippenfiguren die Sammlung des vorarlberg museums. Ursprünglich aus dem Salvator-Kolleg Hörbranz-Lochau stammend dokumentiert sie neben anderen Objekten ein Stück Klostergeschichte, die Theresia Anwander skizziert. 24 erhaltene Negativstreifen stehen in der Vorarlberger Landesbibliothek als seltene Bilddokumente zur Verfügung, die bei den wöchentlichen Heimabenden der Hitlerjugend zur Schulung genutzt wurden und von Simone Drechsel in den historischen

Kontext gesetzt werden. Anhand des Aktes der „Einverleibung" der gesammelten Urkunden und Archivalien des Landesmuseumsvereins durch das neu gegründete Landesarchiv dokumentiert Tobias Riedmann auch ein Stück Geschichte des Vereins.

Fünf Buchbesprechungen nehmen abschließend Publikationen mit Vorarlbergbezug in den Blick. Ingrid Böhler setzt sich mit der von der Politikwissenschaftlerin Kathrin Stainer-Hämmerle herausgegebenen Publikation „Mi ~~subers~~ Ländle" auseinander, die ‚Skandale' thematisiert und die Rolle der Presse als ‚vierte' Macht in Vorarlberg verdeutlicht. Alfred Brülisauer stellt den unter der Redaktion von Rudolf Staub edierten Sammelband zum Samina- und Galinatal vor, deren wilde und abwechslungsreiche Landschaften im Grenzraum zwischen Vorarlberg und Liechtenstein einen fast unberührten Naturraum bilden. Ute Denkenberger bespricht den Band „Architektur als soziales Handeln" über den Vorarlberger Architekten Gunter Wratzfeld, dessen Werk die Herausgeberin, Karin Mack, gesichtet, fotografiert und kommentiert hat. Ina Friedmann setzt sich detailliert mit der Publikation von Marina Hilber und Michael Kasper zu „Medizingeschichte(n) aus dem Montafon" auseinander, der in 28 Beiträgen von Medizin im Volkswissen und -glauben bis hin zur ärztlichen Tätigkeit und ihrer Entwicklung regionale Aspekte ebenso wie überregionale Anknüpfungspunkte bietet. Jörg Schwarz beschäftigt sich mit der Publikation „Quellen zur Dornbirner Geschichte im Mittelalter" von Alois Niederstätter, der eine übersichtliche, urkundenwissenschaftlich hervorragend aufgearbeitete Zusammenstellung der wichtigsten Quellen zu Dornbirn im Mittelalter vorgelegt hat, die zur weiteren Erforschung der Rechts-, Sozial-, Wirtschafts-, Alltags- und Kulturgeschichte des Mittelalters anregt.

Abschließend darf ich mich im Namen der Herausgeberinnen und Herausgeber bei Eva Fichtner-Rudigier und Magdalena Venier vom vorarlberg museum für die professionelle Begleitung und dem Team des Universitätsverlags Wagner, Innsbruck, für die Umsetzung und Produktion des Jahrbuchs 2023 herzlich bedanken.

Brigitte Truschnegg, September 2023

ARCHÄOLOGIE

Caroline Posch

ÜBER STOCK UND STEIN

Archäologische Oberflächenfundstellen als wichtige Informationsquellen zur Besiedlungsgeschichte des Kleinwalsertales

1. Einleitung

Über den gesamten Alpenbogen verteilt finden sich eine Vielzahl von noch nicht ergrabenen Oberflächenfundstellen verschiedener Zeitstellungen. Unter Oberflächenfundstellen verstehen wir meist oberflächlich noch sichtbare Funde (wie Steinartefakte) oder Strukturen (wie verfallene Mauern), die durch Erosion, langsame Bodenbildung und/oder spezielle Erhaltungsbedingungen auch heute noch oberflächlich sichtbar sind und welche noch nicht im Zuge archäologischer Ausgrabungen weiter untersucht wurden. Bedauerlicherweise wird in der Forschung diese Fundstellenart oftmals nur am Rande behandelt. Zu kompliziert erscheint ihre Interpretation, zu unsicher ihre Datierung. Dass allerdings auch wichtige Informationen für Fragestellungen hinsichtlich der Auswahl von Lagerplätzen und Unterständen, Mobilitätskorridoren und Landschaftsnutzungsmustern gezogen werden können, zeigte eine Reihe von Forschungsprojekten der vergangenen Jahre. Unter anderem wurden diese auf dem Gebiet Vorarlbergs durchgeführt, welche sich zum Ziel setzen, archäologische Strukturen im alpinen Raum zu dokumentieren und zu interpretieren.[1]

Im vorliegenden Artikel soll vor allem auf die Ergebnisse der Prospektionen eingegangen werden, welche in den Jahren 2018 und 2019 auf dem Gebiet des Kleinwalsertales durchgeführt wurden. Diese zeigten deutlich die Vielfalt der alpinen Oberflächenfundstellen und ihren Mehrwert für unser Verständnis der inneralpinen Landschaftsnutzung durch die Jahrtausende hindurch.

2. Das Kleinwalsertal – Landschaft, Topografie und Geologie

Das Kleinwalsertal befindet sich im äußersten Nordosten des Bundeslandes Vorarlberg. Aufgrund seiner Ausrichtung und aufgrund des Umstandes, dass nie Straßen über die Pässe im Westen und Süden gebaut wurden, ist das Kleinwalsertal bis heute mit dem Auto nur über Deutschland erreichbar. Mit einer durchschnittlichen See-

---

1 Siehe z. B.: Reitmaier 2012, 9–66; Kothieringer u. a. 2015, 177–198; Posch u. a. 2017, 46–60.

höhe von 1.100 m² liegt der gesamte besiedelte Talbodenbereich in der montanen Vegetationszone und wird von Berggipfeln mit Höhen zwischen 2.000 m und 2.500 m umgeben (Abb. 1).

Das Kleinwalsertal ist Teil der Allgäuer Alpen (nördliche Kalkalpen), welche sich geologisch von Norden nach Süden in die Schichten des Helvetikums, der Ultrahelvetischen Melange, des Rhenodanubischen Flysch, der Aroser Mélange und des Hauptdolomits unterteilen.

Das Tal selbst wird von der Breitach – einen der Quellflüsse der Iller – nach Norden hin entwässert. Vom Haupttal aus zieht sich Richtung Nordwesten das Schwarzwassertal, welches kontinuierlich nach Westen in Richtung Gerachsattel (1752 m) als Übergang zum Bregenzerwald hin ansteigt. Entlang seiner Nordflanken ist das Tal geprägt durch den Schrattenkalk des Helvetikums sowie entlang seiner Südflanken durch Gesteine des Rhenodanubischen Flyschs. Abhängig von der Art des Untergrundes ist das Gebiet des Schwarzwassertales stark karstig und wasserarm (Norden) oder charakterisiert durch sanfte, hügeligere Formationen mit zahlreichen Quellen und anmoorigen Flächen (Süden).

Südlich und östlich der Breitach zweigen die Seitentäler Bärgunt-, Gemstel- und Wildental ab. Diese zeichnen sich im Vergleich zum Norden der Region durch steile Talflanken mit anschließend deutlich ausgeprägten Hochflächen im Talschlussbereich aus. Sie befinden sich in der geologischen Zone des Hauptdolomits, die sich als eine felsige und karstige Landschaft präsentiert und in der sich auch die höchsten Erhebungen der Region (u. a. der Große Widderstein – 2.533 m) befinden. Als archäologisch wichtige Formation ist im südlichen Abschnitt des Kleinwalsertales

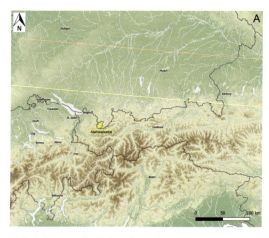

Abb. 1: Topografie Kleinwalsertal

2   Alle Werte ü. A.

die sogenannte Ruhpolding-Formation zu erwähnen, in welcher die 10 bis 15 cm dicken Platten die typischen grün-blau-roten Varietäten des Kleinwalsertaler Radiolarits und Hornsteins wiederzufinden sind. Sekundäre und residuale Lagerstätten mit Gesteinen dieser Art treten einem hauptsächlich im Gemsteltal, wie auch an der Westflanke des Bärgunt- sowie an der Ostflanke des Wildentales entgegen (Abb. 2).

Abb. 2: Radiolarit Abbau *Am Feuerstein*

3. Forschungsgeschichte

Historisch gesehen ist das Kleinwalsertal eine recht spät besiedelte Region. Eine dauerhafte Niederlassung wurde hier nicht vor der zweiten Hälfte des 13. Jahrhunderts etabliert. Zuvor lässt sich in den historischen Quellen ab der Mitte des 11. Jahrhunderts eine Nutzung des Tales als Almen- und Jagdgebiet nachvollziehen.[3]

Erst in den 1920er und 1930er Jahren zeigten die Arbeiten von Graf Christoph von Voikffy, dass das Gebiet am Oberlauf der Iller bereits seit der Urgeschichte eine wichtige Siedlungskammer darstellte.[4] So kartierte er in den Jahrzehnten vor dem Zweiten Weltkrieg in dem angrenzenden Gebiet um das bayerische Oberstdorf mehrere steinzeitliche Fundstellen, an welchen sich oberflächlich und während Grabungen am Abri *Ochsenbergwand* Objekte aus Radiolarit und Hornstein aufsammeln ließen. Obwohl ein Großteil der frühen Funde während des Zweiten Weltkrieges verloren ging, stellen diese einen ersten wichtigen Beleg für die prähistorische Besiedlung des Raumes um Oberstdorf dar.[5]

Die ersten steinzeitlichen Fundstellen auf Kleinwalsertaler Gebiet sind auf Giuseppe Gulisano zurückzuführen, welcher hier seit den 1980er Jahren 29 Fundpunkte kartierte.[6] Daran anschließend folgten die vorarlbergweiten Begehungen Peter Wischenbarths (1995–1998), der steinzeitliche Artefakte auf der mittleren und unte-

---

3   von Scheffer u. a. 2019, 23; Amann/Keßler 2023, 21–22.
4   Birkner 1934, 1–11; Peters/Eberl 1938, 33–35; Gehlen/Schön 2011, 131–135.
5   Gulisano 1994, 79.
6   7725 BP ± 112 (KN 4730): Gulisano 1995, 81–83; Gulisano 1995, 54–61.

ren Bärguntalpe, am Gemstelpass, am Hochalppass, am Üntschenpass und an der Südflanke des Widdersteines aufsammelte.[7] Seit Ende der 1990er Jahre folgten die Begehungen von Detlef Willand und Karl Keßler, welche Steinartefakte an den bereits bekannten Fundpunkten Gulisanos und Wischenbarths fanden, wie auch eine Reihe neuer Fundstellen der steinzeitlichen Verbreitungskarte hinzufügten.[8] Seit 2007 ist zudem auch der Sammler Armin Guggenmos innerhalb des Kleinwalsertales tätig, welcher 15 Fundpunkte rund um den Großen Widderstein und im Talschlussbereich des Bärgunt- und Gemsteltales kartierte.[9]

Die Kooperation der lokalen Forscher – vor allem der „Arbeitsgemeinschaft Archäologie Kleinwalsertal" unter Karl Keßler und Detlef Willand mit der Universität Innsbruck – führte in weiterer Folge zu den bislang vier Ausgrabungen innerhalb der Region: Den Kampagnen am Abri *Schneiderküren* (1998–2002), den Freilandlagerstellen *Egg-Schwarzwasser* (2002–2004) und *Bärmähder* (2006) sowie dem Radiolaritabbau *Am Feuerstein* (2004–2007, 2009).[10] Diese Fundstellen wurden im Rahmen des Doktorratsprojektes[11] der Autorin eingehend untersucht bzw. teilweise einer Neuevaluierung unterzogen. Ein Fokus im Zuge dieser Arbeit lag auch erstmals auf einer ganzheitlichen Betrachtung und Untersuchung der nicht ergrabenen Oberflächenfundstellen des Kleinwalsertales.

4. Kleinwalsertaler Oberflächenfundstellen

In alpinen Kontexten finden sich häufig noch oberflächlich sichtbare Zeugnisse prähistorischer und historischer Fundstellen und Bauten. Dieser Umstand ist vor allem der langsamen Humusbildung in alpinen und subalpinen Höhenstufen geschuldet. Dies erleichtert die Sichtbarkeit von wüst gefallenen Bauten und von prähistorischen Lagerstellen in Bereichen mit erhöhter Oberflächenerosion (Wanderwege, Viehtritt …) wie auch das Aufspüren von Fundstellen im Rahmen von Testsondagen. Allerdings sind Fundstellen dieser Art aufgrund ihrer oberflächennahen Position auch vermehrt etwaigen Störungseinflüssen ausgeliefert. Das macht sie, vor allem im alpinen Bereich, zu einer recht schwierigen archäologischen Quelle. Es kann weder von einer Geschlossenheit der Fundsituation noch der archäologischen Schichten und Befunde ausgegangen werden. Nichtsdestotrotz stellen diese eine qualitativ als auch

---

7 Wischenbarth 2001, 284; 288–289.
8 Bachnetzer 2017, 26–50.
9 Posch u. a. 2021, 410–413.
10 Bachnetzer 2017, 21–25; Posch 2022, 698–708.
11 „Das Kleinwalsertal. Eine mesolithische Siedlungskammer mit weitreichenden Kontakten" – gefördert durch das DOC-Stipendium (Doktorand/inn/enprogramm der Österreichischen Akademie der Wissenschaften) – 24724.

quantitativ wichtige Fundstellenart dar und geben als solche wichtige Informationen zur Nutzungs- und Besiedlungsgeschichte der Alpen preis.

Vor diesem Hintergrund erfolgte auch erstmals innerhalb des Kleinwalsertal-Projektes eine ganzheitliche Analyse der Oberflächenfundstellen der Region. Unter anderem wurden freie Geländebegehungen in den Jahren 2018[12] und 2019[13] durchgeführt. Im Zuge der Prospektionen sollte eine erste Einschätzung des archäologischen Potentials, eine Dokumentation der topografischen und landschaftsmorphologischen Charakteristika und der generelle Erhaltungszustand der nur durch Oberflächenfunde nachgewiesenen Fundstellen erbracht werden.

Grundlage dafür waren die Beschreibungen der anhand der GPS-Koordinaten durch die lokal tätigen Sammler bekannten Fundpunkte (Abb. 3). Diese wurden jeweils vor Ort anhand vorgefertigter Datenblätter[14] beschrieben, in welche allgemeine Informationen zu den Fundstellen (z. B.: Namen der Fundstelle, Koordinaten, Seehöhe, Parzellennummer, Gemeinde, Flurname, Erstfinder*in, das Datum der Auffindung), die Beschreibung der Fundstelle (Fundausdehnung, Erhaltungszustand, Artefaktanzahl und Befunde) sowie weiterführende topografische, geologische und ökologische Informationen eingetragen wurden. Die Ergebnisse wurden in einem weiteren Schritt einer statistischen Auswertung unterzogen, um etwaige Präferenzen in der Wahl der Lagerstellen sichtbar machen zu können.

Die im Zuge der Prospektionen untersuchten Gebiete umfassten das Schwarzwassertal, das Talschlussgebiet des Breitachtales oberhalb von Baad und dem Walmendinger Horn bis zum Starzeljoch sowie das Bärgunt-, Gemstel- und Wildental.

Der Fokus dieser Prospektionen lag hauptsächlich auf den steinzeitlichen Fundpunkten der Region. Allerdings konnten im Zuge der Begehungen auch weitere Strukturen aus anderen Zeitepochen beobachtet werden, welche ebenfalls wichtige und interessante Informationen zur Nutzung des Kleinwalsertales abseits seiner steinzeitlichen Begehung bieten.

4.1. Oberflächliche Streuungen an Steinartefakten

Unter den Oberflächenfundstellen des Kleinwalsertales repräsentieren oberflächliche Streuungen an Steinartefakten die größte Gruppe. Mit Stand 2019 konnten insgesamt 89 nicht ergrabene Fundpunkte dieser Gattung dokumentiert werden. Im Zuge der Arbeiten zeigte sich, dass mitunter an Stellen mit großen Fundkonzentrationen von verschiedenen Sammlern mehrere GPS-Punkte für eine einzige Fundstelle genom-

---

12 Posch 2020b, D7813–D7848.
13 Posch u. a. 2021, 410–413; D8893–8908.
14 Holdermann/Manner 2003, 79–107; Kompatscher/Kompatscher 2007, 146–150.

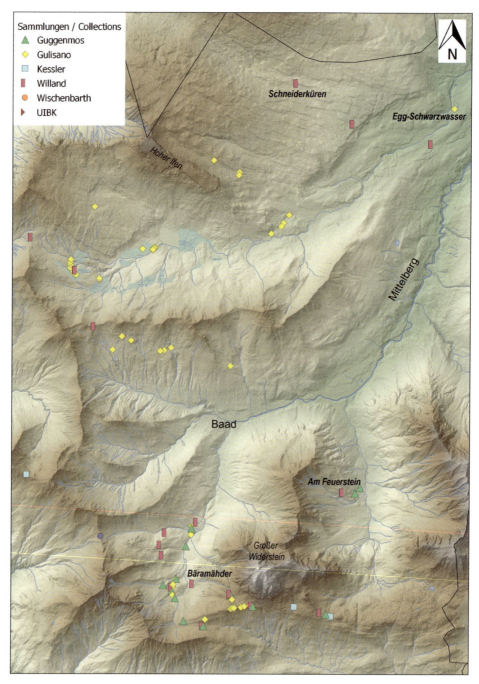

Abb. 3: Oberflächenfundstellen Kleinwalsertal – nach Sammlern

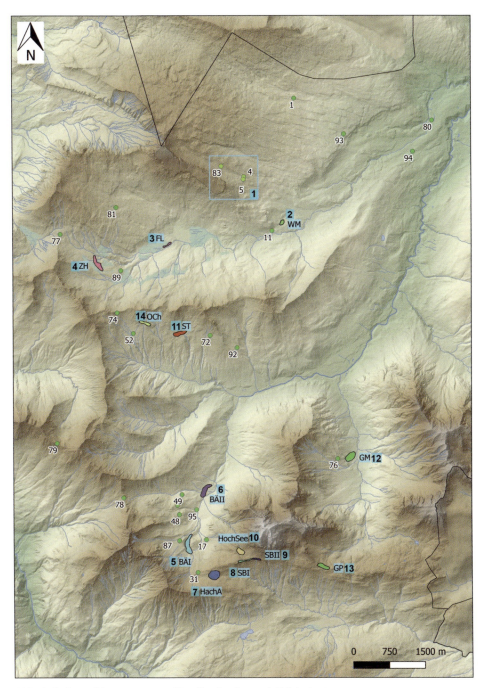

Abb. 4: Steinartefaktstreuungen – Einzelfundstellen und Objektcluster

men wurden. Diese GPS-Punkte konnten so in mehreren Fällen zu Fundpunktclustern zusammengefasst werden. Die aktuelle Fundverteilungskarte der Region Kleinwalsertal beinhaltet nun insgesamt 14 Fundpunktcluster und 15 Einzelfundpunkte (Abb. 4 und Tab. 1).[15]

Geografisch gesehen lassen sich diese vor allem in den westlichen und südlichen Abschnitten des Kleinwalsertales beobachten. Die bisher einzigen Funde im nordöstlichen Kleinwalsertal und seinen direkt angrenzenden Gebieten stellen der Einzelfund eines Bohrers aus grünem Radiolarit aus dem Umfeld der Gehrenspitze[16] sowie der Fund eines Bohrers und eines Kratzers aus rotem und grünen Radiolarit vom Ostufer des Schlappoltsees[17] im benachbarten Stillachtal (bereits Gemeinde Oberstdorf) dar. Größere Fundstellen sind erst wieder weiter nördlich am Rand des Oberstdorfer Beckens am Schlattenbichl[18] anzutreffen. Innerhalb des Gemsteltales gestaltet sich die Situation dergestalt, dass es sich bei den Fundpunkten dieses Gebietes hauptsächlich um Objekte im Kontext von Rohmaterialbeschaffungsmaßnahmen handelt. In diesem Gebiet treten die homogensten Abschnitte der Ruhpoldingformation in Ausbissen an den Ostflanken des Bärenkopfes entlang der sogenannten Feuersteinmähder zu Tage. In diesem Bereich fand sich auch auf 1.540 m die obertägige neolithische Abbausituation *Am Feuerstein* (Abb. 2).[19] Allerdings wurden nicht nur die primären Lagerstätten ausgebeutet, sondern auch die subprimären Blockschutthalden und sekundären Lagerstätten als Rohmaterialquelle in prähistorischer Zeit genutzt.[20] Diese Nutzung und der Abbau, vor allem des bunt gebänderten und bei Mineraliensammlern nach wie vor beliebten Walser Jaspis, ist bis in die Neuzeit und darüber hinaus belegbar.[21]

Hauptsächlich konzentrieren sich die oberflächlichen Steinartefaktstreuungen allerdings auf das hintere Schwarzwassertal, das Gebiet südlich der Ochsenhofer Köpfe, das Bärgunttal sowie auf die Gegend östlich des Hochalppasses.[22]

In ihrer Quantität unterteilen sich die Artefaktstreuungen in Fundstellen mit nur einzelnen Artefakten und/oder Einzelfunden und Konzentrationen von bis zu 200 Objekten. Während es sich bei Fundpunkten mit nur einem Objekt eher um einen Verlustfund handeln dürfte als um Lagerstellen, können größere Fundstreuungen wahrscheinlich als Hinterlassenschaften kleinerer und größerer Freilandlagerstellensituationen angesprochen werden (Tab. 2).

---

15 Posch 2022, 708–714.
16 Bachnetzer 2017, 25.
17 Persönliche Mitteilung A. Guggenmos.
18 Gulisano 1995, 54–55.
19 Bachnetzer 2017, 25–26.
20 Posch 2022, 725–726.
21 Freundliche Mitteilung G. Gulisano.
22 Posch 2020b, D7813–D7848.

Fund-stellen-cluster	GPS Nr.	Name	See-höhe	Site type	An-zahl Funde	Datierung
1		Ifenmulde			4	Meso/Neo (?)
	3	IM 2018	1674	Modern gravel deposit	1	
	4	IM.1	1731	Streufund	1	
	5	IM.2	1730	Streufund	1	
	83	IM.3	1819	Streufund	1	
2		Wildmoos			180	Früh- u. Spätmesolithikum
	6	WM.3	1302	indet.	1	
	7	WM.2	1280	Freilandlagerstelle	7	
	8	WM.1	1280	Freilandlagerstelle	170	
	9	WM.4	1280	Streufund	1	
	10	WM.5	1280	Streufund	1	
3		In der Flucht			125	Früh- u. Spätmesolithikum
	12	FL.1	1405	Freilandlagerstelle	92	
	13	FL.2	1410	Freilandlagerstelle	22	
	14	FL.3	1444	Freilandlagerstelle	2	
	15	FL.4	1412	Freilandlagerstelle	1	
	16	FL.5	1415	Freilandlagerstelle	2	
	82	FL.6	1428	Freilandlagerstelle	6	
4		Zollhütte			121	Früh- u. Spätmesolithikum
	56	ZH.1	1660	Freilandlagerstelle	52	
	57	ZH.2	1660	Freilandlagerstelle	11	
	58	ZH.3	1658	indet.	2	
	59	ZH.4	1657	Freilandlagerstelle	4	
	60	ZH.5	1652	indet.	1	
	61	ZH.7	1655	indet.	1	
	62	GRAP	1651	indet.	1	
	63	ZH.6	1659	Freilandlagerstelle	35	
	75	SchW	1644	*Feuerstelle*	1	Spätantik/Frühmittelalterl.
	86	ZH.8	1654	Freilandlagerstelle	13	
5		Bärgunttal II			361	Früh- u. Spätmesolithikum
	22	BÄ.1	1603	indet.	15	
	23	Anstieg Tanne	1601	indet.	15	
	24	Bä.2A	1650	Freilandlagerstelle	36	
	25	Bä.3	1665	Freilandlagerstelle	1	
	26	Bä.2B	1650	Freilandlagerstelle	121	

Fund-stellen-cluster	GPS Nr.	Name	See-höhe	Site type	An-zahl Funde	Datierung
	27	Mittelalpe	1650	Freilandlagerstelle	1	
	28	Steinlager	1667	Freilandlagerstelle	161	
	29	Bä.4	1670	Freilandlagerstelle	1	
	30	Bärgunt-Lager	1677	Freilandlagerstelle	9	
	84	Bä.2	1644	Freilandlagerstelle	1	
6		**Bärgunttal I**			**30**	**Meso/Neo (?)**
	18	UBä.1	1414	Freilandlagerstelle	1	
	19	UBä.2	1420	Freilandlagerstelle	1	
	20	UBä.3	1425	Freilandlagerstelle	1	
	21	Bä	1429	Freilandlagerstelle	2	
	64	Bä.II	1410	Freilandlagerstelle	1	
	91	Stein bei Bach	1453	Freilandlagerstelle	24	
7		**Hochalppass**			**9**	**Meso/Neo (?)**
	31	Anstieg Hochalppass	1886	indet.	2	
	32	Hochalppass	1985	indet.	4	
	33	Hochalppass-Sattel	1985	indet.	2	
	51	Hoch.A.1	1972	indet.	1	
8		**Seebühel 1**			**38**	**Meso/Neo (?)**
	35	SB.A	2030	Freilandlagerstelle	1	
	34	SB.1	2030	Freilandlagerstelle	29	
	36	SB.2	2030	Freilandlagerstelle	1	
	37	SB.3A	2007	Streufund	1	
	38	SB.3B	2007	Freilandlagerstelle	6	
9		**Seebühel 2**			**98**	**Meso/Neo (?)**
	39	SB.3	2006	Freilandlagerstelle	3	
	40	SB.4	2009	Freilandlagerstelle	6	
	41	SB.5	2012	Freilandlagerstelle	76	
	42	Seeköpfe	2012	Freilandlagerstelle	1	
	43	Widderstein S	2012	Freilandlagerstelle	11	
	50	Gemstelboden	1677	indet.	1	
10		**Hochalpsee**			**3**	**Meso/Neo (?)**
	44	Hochalpsee 1	1969	Freilandlagerstelle	1	
	45	Hochalpsee 2	1969	Freilandlagerstelle	1	
	46	Hoch.See 1	1970	Freilandlagerstelle	1	
11		**Stierhofalpe**			**27**	**Spätmesolithikum**

Fund-stellen-cluster	GPS Nr.	Name	See-höhe	Site type	An-zahl Funde	Datierung
	53	ST.1	1692	Freilandlagerstelle	25	
	54	ST.2	1690	indet.	1	
	55	ST.3	1690	indet.	1	
12		Gemstelboden			41	Meso/Neo (?)
	67	GB.1	1293	Freilandlagerstelle	40	
	68	Schönes	1343	Freilandlagerstelle	1	
13		Gemstelpass			9	Meso/Neo (?)
	69	Schärtle	1972	indet.	3	
	65	GP.1	1970	Freilandlagerstelle	5	
	85	Gemstelsattel	1970	Freilandlagerstelle	1	
14		Ochsenhoferköpfe			4	Früh- u. Spätmesolithikum
	70	Och.1	1779	Freilandlagerstelle	1	
	71	Och.2	1820	Freilandlagerstelle	3	
		Einzelfundstellen				
?/	2	GA		Streufund	1	Meso/Neo (?)
/	11	HM.1	1270	Freilandlagerstelle	2	Meso/Neo (?)
/	47	Kälberfalcha	1652	Streufund	1	Meso/Neo (?)
/	48	Stierfalcha	1654	Freilandlagerstelle	15	Meso/Neo (?)
/	49	Stierloch	1560	Freilandlagerstelle	4	Meso/Neo (?)
/	52	STA.1	1684	indet.	1	Meso/Neo (?)
/	66	GP.2	2003	Freilandlagerstelle	1	Early Mesolithic
/	72	Och.3	1736	indet.	1	Meso/Neo (?)
/	73	Och.4	1848	Freilandlagerstelle	1	Meso/Neo (?)
/	74	Och.5	1848	Freilandlagerstelle	1	Meso/Neo (?)
/	77	GR	1752	Streufund	1	Meso/Neo (?)
/	78	UeN	1855	Freilandlagerstelle	42	Meso/Neo (?)
/	81	IG	1755	indet.	1	Meso/Neo (?)
/	87	Hirtenlager	1714	*Abri sous bloc*	3	Meso/Neo (?)
/	89	IH 1–2	1591	Freilandlagerstelle	20	Früh- u. Spätmesolithikum
/	92	Lüchle Alpe 1	1569	Streufund	1	Meso/Neo (?)
/	93	Kürenwald	1300	Streufund	1	Meso/Neo (?)
/	94	Oberseite Wiese	1128	Streufund	1	Meso/Neo (?)

Tab. 1: Steinartefaktstreuungen Kleinwalsertal (Prospektionen 2018/2019) – Fundpunktcluster und Einzelfundstellen

Fundstellen-cluster	GPS Nr.	Trümmer	Abspliss	Kern	Kerntrümmer	Abschlag	Klinge	Regelmäßige Klinge	Mikrolith	Kerbrest	Kratzer	Bohrer	Endretusche	Laterale Retusche	Montbani Klinge	Flintenstein
1		3												1		
2		45	33	8	1	32	30	1	3 (2 Rückenmesser, 1 indet.)	1	6 (1 Mikrokratzer)	4	4	16		
3		39	4	4	1	45	21	3	3 (1 Rückenmesser, 1 Rechteck, 1 indet.)	1	6	2	3	7		
4		55	4	12		86	11	8	2 (1 Trapez (regelmäßige Klinge); 1 Mikrospitze (konkave Basis))		2 (1 Mikrokratzer)	1	5	15	1	
5		177	27	25	11	157	28	24	3 (2 Mikrolamelle; 1 indet.)	2	11 (1 Mikrokratzer)	3	1	9		1
6		86		5	1	6	2				6	3	1	3		
7				1		3										
8		12		2	3	19	4				5 (1 Mikrokratzer)	1				
9		55	12	3		42	8	1								1
10		5	1	1		1		1								
11		13		1		10	4	1						1		
12		23				9		1			3	1		3		
13					2	11	1				1			1		
14									1 (1 Rückenmesser)				2	1		

26

Fundstellen-cluster	GPS Nr.	Trümmer	Abspliss	Kern	Kerntrümmer	Abschlag	Klinge	Regelmäßige Klinge	Mikrolith	Kerbrest	Kratzer	Bohrer	Endretusche	Laterale Retusche	Montbani Klinge	Flintenstein
/	11			1		2										
/	48	2		1		4	1									
/	49					2										
/	52	1														
/	66	1							1 *1 indet.*							
/	72					1								2		
/	73					1										
/	74					1										
/	77					2										
/	78	1		1		1										
/	81			1		2										
/	87			1												
/	89	5	1	1	1	10	1	1	1 *1 Segment*	1				2	2	
/	92	1					1									
/	93					1										
/	94					1										

Tab. 2: Objektklassen – Steinartefaktstreuungen Kleinwalsertal (Prospektionen 2018/2019)

27

Hinsichtlich ihrer Position in der Landschaft konnte anhand der gesammelten Daten ein interessanter Unterschied zwischen den größeren und kleineren Fundstellen der Region beobachtet werden. So zeigte sich bei größeren Oberflächenfundstellen (Ensemble mit mehr als 40 Artefakten), dass sich diese hauptsächlich knapp unter bzw. direkt an der rezenten Waldkante zwischen 1.420 m und 1.680 m konzentrieren. Kleinere Fundsituationen (unter 40 Objekte) liegen hauptsächlich zwischen 1.650–1.970 m, somit knapp bis deutlich oberhalb der rezenten Waldkante. Auch hinsichtlich ihrer Entfernung zur nächstmöglichen Wasserquelle zeichnen sich zwischen den Fundstellen Unterschiede ab, mit größeren Fundsituationen in einer Entfernung zwischen 10–50 m und kleineren Konzentrationen mit einem Abstand von 40 bis zu 140 m. Auch scheint bei kleineren Fundstellen die topografische Wahl innerhalb der Landschaft variabler zu sein, mit Positionen auf Terrassen und Verflachungen im Hang bzw. direkt in der Hangschräge sowie an Pässen, auf Graten und ausgesetzten Rücken. Im Gegensatz dazu liegen größere Artefaktkonzentrationen hauptsächlich auf flachen Kuppen, Verflachungen oder Terrassen im Hang oder am Hangfuß bzw. noch in der Schräge verhältnismäßig flacher Hänge (Abb. 5). Dies spiegelt sich auch in Hinblick auf die Sichtverhältnisse von den entsprechenden Fundsituationen in das sie umgebende Umland wider, mit größeren Fundstellen mit hauptsächlich schlechten (37%) bis mittleren Sichtbedingungen (18%), wohingegen 60% der kleineren exzellente bis gute Sichtbedingungen (exzellent 27 und gut 33%) ins umliegende Umland aufweisen.

Demnach kann als erste Beobachtung zusammenfasst werden, dass größere Fundsituationen tendenziell in Höhenlagen innerhalb des Waldgrenzenökotons anzutreffen sind, in welchem neben einem großen Reichtum an Biomasse wohl auch zusätzlicher Schutz durch höherstehende Vegetation anzunehmen ist. Auch fällt auf, dass fundreichere Situationen tendenziell näher an Wasserressourcen in Form von Bächen und Quellen liegen und sich zudem tendenziell häufiger an Plätzen mit schlechteren Sichtverhältnissen befinden, die gleichzeitig aber auch an geschützteren Positionen liegen. Möglicherweise könnte so gefolgert werden, dass für Lagerplätze, die längerfristig oder wiederholt aufgesucht wurden, tendenziell geschütztere Plätze ausgewählt wurden als für kleinere, kurzfristiger genutzte Lagerstellensituationen.[23]

Die oberflächlichen Artefaktstreuungen gestalten sich je nach ihrer Größe von wenig divers bis sehr variabel (siehe Tab. 2). Die größeren Artefaktensembles setzen sich meist aus Trümmerstücken, Kernen, nicht modifizierten Klingen und Abschlägen sowie modifizierten Artefakten zusammen. Bei den modifizierten Stücken handelt es sich hauptsächlich um Werkzeuge des täglichen Gebrauchs wie Schaber und Bohrer sowie lateral retuschierte Objekte. Mikrolithen hingegen sind nur in den

---

23 Posch 2022, 727–728.

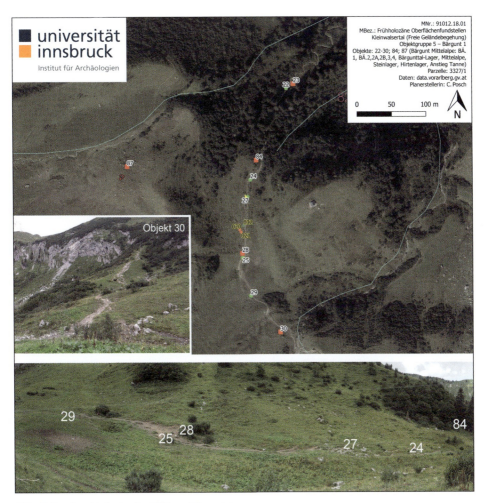

Abb. 5: Fundpunktcluster 5 – Mittlere Bärguntalpe

Fundpunktclustern 2–5 und 14 sowie in den Einzelfundstellen 66 und 89 vorhanden und beinhalten Rückenmesser (Cluster 2, 3, 5 und 14), Rechtecke (Cluster 3), ein Trapez aus einer regulären Klinge und eine Mikrospitze (Abb. 6) mit einer konkav retuschierten Basis (beide Gruppe 4), ein Segment (Fundpunkt 89) sowie einen undefinierbaren Mikrolith (Fundpunkt 66). Kerbreste treten lediglich in den Fundpunktclustern 2 und 3 sowie am Fundpunkt 89 auf.[24]

Hinsichtlich der Datierung der Fundstellencluster 2–6, 8, 11–14 sowie der Fundstellen 66 und 89 kann sowohl auf relativchronologische Systeme des angrenzen-

24   Posch 2020c, 13–19; Posch 2022, 712–714.

Abb. 6: Mikrospitze mit konkaver Basisretusche (Fundpunktcluster 4)

den Süddeutschlands[25] als auch auf (leider nur) zwei 14C-Datierungen des Fundpunktclusters 5 zurückgegriffen werden. Diese zeigen wenige Funde, die auf das Ende des Frühmesolithikums weisen, während ein Großteil des Inventars in das Spätmesolithikum zu datieren ist. Darüber hinaus repräsentiert das verfügbare Material aus den Fundstellenclustern 2, 3, 4 und 5 sowie aus der Einzelstelle 89 eine Vielzahl von Mikrolithformen aus unterschiedlichen chronologischen Zeiträumen. Dies würde die Annahme erlauben, dass diese Fundstellen nicht einmalig, sondern kontinuierlich und über einen längeren Zeitraum hinweg immer wieder aufgesucht worden waren.[26] Diese These wird auch von den einzigen absolutchronologischen Datierungen des Fundcluster 5 gestützt, welche zum einen auf die Mitte des 8. Jahrtausends v. Chr. (Bärgunt-Lager≈– MAMS40165: 8316 ± 29)[27], und zum anderen in das 7. Jahrtausend v. Chr. (BÄ2A – KN4730: 7725 ± 112)[28] datieren (Abb. 7).

Für die übrigen oberflächlichen Steinartefaktstreuungen ist eine zeitliche Einordung ohne relativ oder absolut datierbares archäologisches Material schwierig. Zwar werden Fundstellen dieser Art gerne in der Literatur pauschal als mittelsteinzeitlich angesprochen, allerdings wissen wir im westlichen Ostalpenraum kaum etwas über die neolithische und bronzezeitliche Nutzung von Steinartefakten in alpinen Gebieten. Talnahe Situationen legen hier jedoch nahe, dass auch während dieser Perioden lokale Gesteinsvarietäten für die Produktion von Geräten genutzt wurden.[29] Es besteht demnach die Möglichkeit, dass ein Teil der bisher nicht datierbaren oberflächlichen Fundstellen auch mit den späteren Besiedlungsphasen des Kleinwalsertales in Verbindung gebracht werden können. Dafür würde auch die Tatsache sprechen, dass sich innerhalb der Pollenprofile der Region eine klare Nutzungsphase während des mittleren Neolithikums und der mittleren Bronzezeit nachvollziehen lässt.[30]

25 Als chronologisches System wurde die Chronologie des süddeutschen Mesolithikums nach Taute (Taute 1971; Heinen 2005, 152–153) verwendet.
26 Posch 2020a, 185–188; Posch 2022, 718.
27 Posch 2020b; Posch 2022, 718.
28 Gulisano 1995, 61.
29 Siehe z. B.: Laus 2006; Töchterle 2015.
30 Oeggl/Walde 2004; Oeggl/Walde 2007; von Scheffer u. a. 2019.

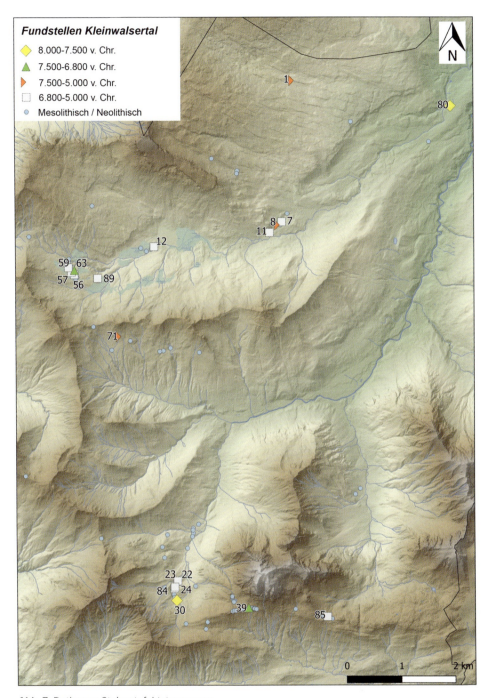

Fundstellen Kleinwalsertal

◇ 8.000-7.500 v. Chr.
▲ 7.500-6.800 v. Chr.
▶ 7.500-5.000 v. Chr.
☐ 6.800-5.000 v. Chr.
● Mesolithisch / Neolithisch

Abb. 7: Datierung Steinartefaktstreuungen

4.2. Hinweise auf almwirtschaftliche Tätigkeiten

Neben den oberflächlichen Steinartefakten fand sich auf dem Gebiet des Kleinwalsertales auch eine Reihe von wüst gefallenen Trockenmauerstrukturen verschiedenster Art, welche meist aufgrund ihrer Position in der Landschaft im Kontext mit almwirtschaftlichen Tätigkeiten zu sehen sind.

Beispiele für Strukturen dieser Art finden sich etwa im Talschlussbereich des Gemsteltales: Auf einer Terrasse auf etwa 1.840 m Seehöhe fanden sich in einem Felssturz-

Abb. 8: Halbrunde Trockenmauerstrukturen an leicht überhängenden Felsbrocken und rechteckige Struktur – Obere Gemstelalpe

gebiet zwei halbrunde Trockenmauerstrukturen an leicht überhängenden Felsbrocken sowie eine rechteckige Struktur, bei der es sich möglicherweise um ein verstürztes Almgebäude handelt (Abb. 8). Da diese Strukturen im Grundkataster von 1857 wie auch in der ersten Landesaufnahme von 1816 bis 1821 nicht verzeichnet sind, würde dies in Verbindung mit der starken Humusbedeckung den Schluss auf ein weiter zurückreichendes Alter dieser Struktur zulassen. Allerdings müssten hier für eine gesicherte Abklärung weitere Untersuchungen durchgeführt werden. Als weitere Struktur konnten südlich des Weges zum Gemstelpass die Grundmauern eines verfallenen Almgebäudes dokumentiert werden, das sowohl innerhalb der ersten Landesaufnahme von 1816 bis 1821 als auch in der Ur-Mappe von 1857 als Holzgebäude vermerkt ist. Das Gebäude selbst dürfte bereits zu Beginn des 20. Jahrhunderts aufgelassen worden sein, da in den Orthofotos der 1950er Jahre nur mehr die steinernen Grundmauern ersichtlich sind. Heute sind die Fundamente noch in eine Höhe von bis zu 1 m erkennbar (Abb. 9).[31] Weiter nordwestlich fand sich im flachen Gelände der Alm eine Reihe von Strukturen aus Stein, wie eine Reihe von im Zuge von Flurbereinigungsmaßnahmen zusammengetragenen Steinhaufen. Zudem wurde an einem Felssturzblock eine kleine westgewandte überhängende Felspartie (Abri) mit einer sie umgebenden

Abb. 9: Almwüstung – Obere Gemstelalpe

---

31   Posch u. a. 2021.

Steinmauersetzung begrenzt. Anschließend findet sich im Südwesten eine Trockenmauerstruktur, welche ein stumpfes Dreieck mit einer Gesamtlänge von 205 m bildet und somit an drei Seiten eine Fläche von etwa 3.420 m² umschließt. Zudem konnte entlang der Nordseite des Gemstelbaches eine noch in Abschnitten erhaltene, aus Steinen aufgeschichtete Wegtrasse von etwa einem Meter Breite dokumentiert werden

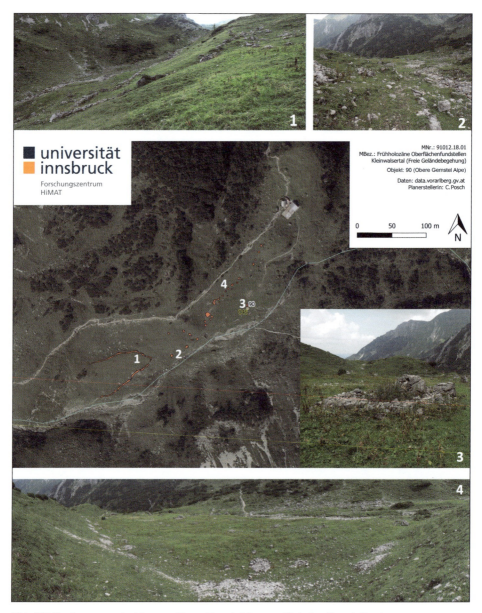

Abb. 10: Trockenmauerstrukturen – Obere Gemstelalpe westlich des Gemstelbaches

(Abb. 10).[32] Generell lässt sich die Nutzung der Oberen Gemstelalpe als Alm zumindest bis in das späte 17. Jahrhundert nachvollziehen, zuerst als Lehens- und später als Genossenschaftsalpe.[33] Ob die Befunde bereits in diese erste Zeit der Nutzung datieren oder älteren Ursprungs sind, müssen zukünftige Untersuchungen noch abklären.

Auch innerhalb des Bärgunttales konnte westlich der Mittleren Bärguntalpe ein von einer Steinmauer umgrenzter Abri von Guggenmos kartiert werden. Im Innenraum der Trockenmauerstruktur (Abb. 11) fand sich zudem ein Kernstein aus dunkelgrauem Hornstein, was eine mögliche Interpretation dieser Fundstelle als Lagerplatz für die Hirten bzw. Jäger der Region in jüngerer als auch möglicherweise bereits prähistorischer Zeit möglich macht.[34] Des Weiteren konnte auf der Unteren Bärguntalpe eine Terrassierung (Abb. 12) entlang des Weges am Hochalppass dokumentiert werden.[35]

Allgemein ist eine genaue Datierung dieser wüst gefallenen Strukturen ohne Proben für naturwissenschaftliche Untersuchungen schwierig. Bei einem Großteil kann

Abb. 11: Abri mit Trockenmauer – Mittlere Bärguntalpe

32 Posch 2020b.
33 Amann/Willand 2013.
34 Posch 2020b.
35 Die Autorin bedankt sich herzlich bei Wolfgang Ott für den entsprechenden Hinweis bei den Begehungen im Juli 2019 – für eine ausführliche Beschreibung siehe: Posch u. a. 2021.

Abb. 12: Straßentrasse – Untere Bärguntalpe

jedoch eher von einem neuzeitlichen Alter ausgegangen werden. Allerdings legen innerhalb des Kleinwalsertales Daten aus Pollenprofilen nahe, dass das Gebiet seit der zweiten Hälfte des 5. Jahrtausends v. Chr. für pastorale Tätigkeiten genutzt wurde und während der mittleren Bronzezeit (um 1.500 v. Chr.) ein Höhepunkt in der almwirtschaftlichen Nutzung der Region zu sehen ist.[36] Demnach darf vermutet werden, dass sich unter den Trockenmauerstrukturen des Kleinwalsertales möglicherweise auch ältere Befunde verbergen.[37]

4.3. Kalkbrennöfen

Im Rahmen der Begehung wurden zudem die Überreste von zwei Kalkbrennöfen nahe des Weilers Au bei Hirschegg dokumentiert. Die Öfen befinden sich zum einen in einem kleinen Seitental unterhalb des Ifenplateaus (Abb. 13), sowie zum anderen weiter östlich in einer leicht geneigten Wiese oberhalb des Schwarzwasserbaches

---

36   von Scheffer u. a. 2019.

37   Eine ausführliche Zusammenfassung zur Geschichte der Kleinwalsertaler Almwirtschaft erschien kürzlich: Amann/Keßler 2023.

(Abb. 14). Es handelt sich hierbei um ovale Trockenmauerstrukturen mit einem Durchmesser von jeweils etwa 6 m, die stark von Gras überwuchert sind. Die Strukturen sind jeweils an ihrer Südseite etwas erhöht und flachen nach Süden hin ab. Eine Datierung der beiden Strukturen gestaltet sich als unterschiedlich kompliziert. Ein Inserat im Gemeindeblatt von Mittelberg vom 20.10.1928, in dem Ludovika Mül-

Abb. 13: Kalkbrennofen – unterhalb Ifenplateau

Abb. 14: Kalkbrennofen – Schwarzwassertal

ler, eine Vorfahrin des jetzigen Grundeigentümers, sich nach dem Bedarf an Steinkalk erkundigt, würde auf die Nutzung der Struktur bis zumindest an den Beginn des 20. Jahrhunderts hindeuten. Beim zweiten Kalkbrennofen konnte bisher keine zeitliche Einordnung vorgenommen werden. Wann die Öfen ursprünglich errichtet wurden und wie lange diese in Betreib waren, ist schwierig einzuschätzen. Kleinstrukturen dieser Art wurden meist nicht in Katastern oder Grundbüchern vermerkt.[38]

4.4. Felsritzungen

Als besondere Zeugnisse menschlicher Präsenz im alpinen Raum ist vor allem die Gattung der Felsritzungen zu nennen, welche an verschiedenen Stellen der Ostalpen anzutreffen ist. Hier ist vor allem dem Verein ANISA und seinen Forschungen im Dachstein eine Vorreiterrolle in der Dokumentation von Bodendenkmälern dieser Art auf österreichischem Gebiet zuzuschreiben.[39]

Abb. 15: Felsritzung – Schwarzwasser Alpe

38 Posch u. a. 2021, 410–413.
39 https://www.anisa.at/index-2.htm

Auch innerhalb des Kleinwalsertales finden sich mehrere Felsritzungen unbekannter Zeitstellung. So konnte zum einen während der Prospektionen 2018 südlich der Schwarzwasser Alpe, nahe dem Wanderweg in Richtung der Ochsenhofer Scharte, ein flacher Stein mit einer Reihe von eingeritzten Buchstaben und Symbolen identifiziert werden (Abb. 15). Die Buchstaben scheinen meist Initialen darzustellen: HR in der unteren linken Ecke, IH in der oberen Mitte, sowie ein größeres Panel mit den Buchstabenkombinationen KD, SH, LR, MH und KH. Als Zeichen sind kleine Kreuze in der rechten Ecke erkennbar. Auch sind noch Schatten älterer Buchstaben auszumachen, diese sind allerdings stark verwaschen und nicht mehr mit Sicherheit zuordenbar. Tatsächlich ist eine Einordnung in die letzten Jahrhunderte der Kleinwalsertaler Besiedlung am wahrscheinlichsten.[40] Weitere Felsritzungen (Buchstaben und verschiedene Symbole) befinden sich im Bärgunttal im Gebiet des Üntschenpasses, auf dem Knechtsälpele sowie im Stierhof.[41]

5. Besiedlungsgeschichte des Kleinwalsertales

Die Prospektionen und die im Zuge dessen gesammelten Daten ergänzen die Untersuchungen innerhalb der ausgegrabenen Fundstellen in einem hohen Maß. Zusammen mit den Ergebnissen einer Reihe von Untersuchungen zur Vegetationsgeschichte[42] und klimatologischen Entwicklung[43] der Region ist es nun anhand einer Synthese möglich, ein erstes Bild der Besiedlungsgeschichte des Kleinwalsertales nachzuzeichnen.

Diese zeigt, dass obwohl die Region ab ca. 13.000 v. Chr. eisfrei und begehbar war,[44] eine erste menschliche Nutzung der Region durch die Fundstelle *Egg-Schwarzwasser* erst ab dem 9./8. Jahrtausend v. Chr. nachweisbar ist. Eine erste Hochzeit der Begehung der Region lässt sich für das späte 8., 7. und 6. Jahrtausend v. Chr. anhand archäologischer Funde und Befunde festmachen.[45] Interessant ist hierbei jedoch, dass sich diese Nutzung nicht in den Pollenprofilen der Region niederschlägt.[46] Dies lässt auf nur wenige bis keine direkt nachweisbaren Eingriffe in die Landschaft schließen. Aktivitäten wie Brandrodungen und erste Almtätigkeiten scheinen erst ab der zweiten Hälfte des 5. Jahrtausends v. Chr. stattzufinden.[47] In den archäologischen Quellen ist diese neolithische Besiedlungstätigkeit jedoch leider bis jetzt nicht klar greifbar.

40 Posch 2020b, D7628.
41 Amann/Keßler 2023, 49–51.
42 Dieffenbach-Fries 1981; Oeggl/Walde 2004; Oeggl/Walde 2007; Friedmann/Stojakowits 2017; Friedmann/Stojakowits 2017; von Scheffer u. a. 2019.
43 Heiri u. a. 2014.
44 Stojakowits u. a. 2014, 137–140.
45 Posch 2022, 710.
46 Dieffenbach-Fries 1981, 121–122; Oeggl/Walde 2004, 310–315; von Scheffer u. a. 2019, 21.
47 von Scheffer u. a. 2019, 21–22.

Nach einem leichten Abfall der Siedlungszeiger innerhalb der Pollenprofile am Ende des Neolithikums und während der frühen Bronzezeit sind ab der mittleren Bronzezeit wieder deutliche Rodungstätigkeiten ersichtlich.[48] Diese lassen sich anhand ihrer 14C-Daten in dieselbe Zeit (ca. 1.650–1.450 v. Chr.)[49] wie etwa eine Reihe von Befunden am Abri *Schneiderküren* datieren und können vielleicht mit dieser Belegung der Lagerstelle in Verbindung gebracht werden.[50] Nach einem weiteren Abfall der

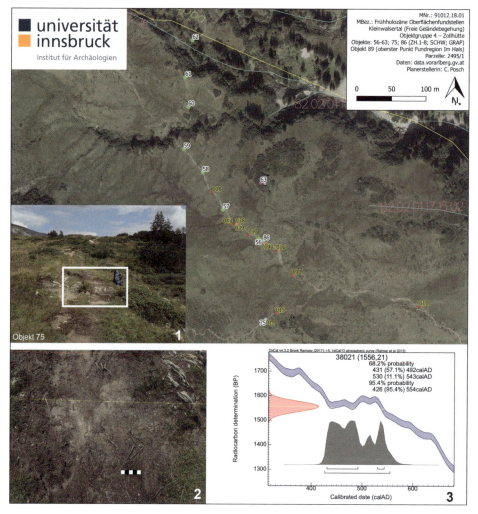

Abb. 16: Spätantike/Frühmittelalterliche Feuerstelle – Schwarzwasser Alpe

---

48 Oeggl/Walde 2004, 309–318; Oeggl/Walde 2007, 33–39; von Scheffer u. a. 2019, 22.
49 von Scheffer u. a. 2019, 17, Tab. 1; Posch 2022, 703, Tab.4.
50 Posch 2020a, 184–186.

Siedlungstätigkeiten in der Region am Ende der Bronzezeit und während der Eisenzeit, und lediglich sporadischen Nutzungszeigern während der späten Eisenzeit und römischen Kaiserzeit, lässt sich die stärkste und bis jetzt andauernde Siedlungstätigkeit innerhalb des Kleinwalsertales in den Pollenprofilen der Region mit der Ankunft der *Walser* innerhalb dieses Gebietes im späten Mittelalter feststellen.[51] Ein potenzieller Hinweis auf eine frühere, frühmittelalterliche Begehung der Schwarzwasseralpe fand sich etwa in Form einer datierbaren Feuerstelle (Abb. 16).[52]

6. Conclusio

Alpine Landschaften sind Teil eines komplexen und von Menschenhand beeinflussten Kulturraumes, der seit der Wiederbesiedelung des Alpenraumes nach dem Ende der letzten Eiszeit kontinuierlich genutzt wurde. Im Zuge dessen überlagerten jüngere Strukturen ältere, verschwanden Wälder und bildeten sich erneut, wurden Lagerstellen, Unterstände und Hütten erbaut und wieder verlassen. Diese Prozesse hinterließen ein vielschichtiges Palimpsest in der Landschaft.

Die vorgestellten Ergebnisse der Begehungen innerhalb des Kleinwalsertales in den Jahren 2018/18 zeigen die diverse und weit zurückreichende Nutzung dieser Region auf und leisten einen wesentlichen Beitrag zur Besiedlungsgeschichte des Kleinwalsertales.

Sie unterstreichen die Wichtigkeit der genauen Dokumentation alpiner Fundstellen. Zum einen, um ihre Position in der Landschaft besser verstehen zu können, zum anderen, um ihren Erhaltungszustand zu dokumentieren. Die Ergebnisse dieser Begehungen geben darüber hinaus erstmals Aufschlüsse über das archäologische Potential der Region Kleinwalsertal abseits gängiger steinzeitlicher Fragestellungen[53] und weisen die Richtung für zukünftige Forschungsprojekte.

Dank

Die Autorin dankt: Der Gemeinde Mittelberg; dem Walsermuseum Riezler; Birgit Gehlen (Universität Köln); Michael Brandl (OREA, Österreichische Akademie der Wissenschaften); Thomas Bachnetzer; Julia Haas; Armin Guggenmos, Giuseppe Gulisano,

---

51 von Scheffer u. a. 2019, 23–24.
52 Posch 2020b, D7634.
53 Z. B.: Welche Steinartefakte wurden von den bronzezeitlichen Hirten des Tales verwendet? Wie schlägt sich die mittelalterliche Ökkupation innerhalb der Befunde des Kleinwalsertales nieder? Sind die idealen Routen der letzten Jäger-und-Sammler-Gemeinschaften dieselben wie jene der bronzezeitlichen und mittelalterlichen Hirten?

Karl Keßler und Detlef Willand (†). Das Projekt wurde durch die Wissenschaftsförderung des Landes Vorarlberg, den Verein Landschaftsschutz Kleinwalsertal, die Nachwuchsförderung des Vizerektorats für Forschung der Leopold-Franzens-Universität Innsbruck und ein DOC-Stipendium der Österreichischen Akademie der Wissenschaften gefördert.

Literaturverzeichnis

Amann/Keßler 2023 = A. Amann/K. Keßler, Alpen im Kleinwalsertal: Wandel und Verlust, Riezlern 2023.

Amann/Willand 2013 = A. Amann/D. Willand, „Das Buoch soll Kraft und Macht haben": Alpbücher im Kleinwalsertal 1541–1914, Riezlern 2013.

Bachnetzer 2017 = T. Bachnetzer, Ein steinzeitliches Bergbaurevier auf Radiolarit im Gemsteltal, Kleinwalsertal (Vorarlberg) 5, Praearchos, Brixen 2017.

Birkner 1934 = F. Birkner, Schwäbisch-bayerisches Mesolithikum, in: Bayerische Vorgeschichtsblätter 12 (1934), 1–11.

Dieffenbach-Fries 1981 = H. Dieffenbach-Fries, Zur spät- und postglazialen Vegetationsentwicklung bei Oberstdorf (Oberallgäu) und im Kleinen Walsertal (Vorarlberg). Pollen- und makrofossilanalytische Untersuchungen an drei Mooren der montanen Stufe, Dissertation (unpubl.), Technische Hochschule Darmstadt 1981.

Friedmann/Stojakowits 2017 = A. Friedmann/P. Stojakowits, Zur spät- und postglazialen Vegetationsgeschichte des Allgäus mit Alpenanteil, in: J. Lechterbeck/E. Fischer (Hg.), Kontrapunkte. Festschrift für Manfred Rösch, Bonn 2017, 51–64.

Gehlen/Schön 2011 = B. Gehlen/W. Schön, Steinzeitliche Inventare aus dem Westallgäu: Die Sammlung Graf Vojkffy im Pfahlbaumuseum Unteruhldingen, in: W. Schön/J. Meurers-Balke (Hg.), Vergangene Zeiten. LIBER AMICORUM Gedenkschrift für Jürgen Hoika 22, Archäologische Berichte, Bonn 2011, 131–167.

Gulisano 1994 = G. Gulisano, Neue mittelsteinzeitliche Fundplätze im oberen Illertal und im Kleinwalsertal, in: Archäologische Informationen 17/1 (1994), 79–84.

Gulisano 1995 = G. Gulisano, Die Besiedlung des Kleinwalsertales und seiner angrenzenden Gebiete in Bayern und Vorarlberg von der Steinzeit bis zur Einwanderung der Walser, in: Archäologische Informationen 18/1 (1995), 53–65.

Heinen 2005 = M. Heinen, Sarching '83 und '89/90. Untersuchungen zum Spätpaläolithikum und Frühmesolithikum in Südost-Deutschland 1, Edition Mesolithikum, Kerpen–Loogh 2005.

Heiri u. a. 2014 = O. Heiri/K. A. Koinig/C. Spötl, S. Barrett/A. Brauer/R. Drescher-Schneider/D. Gaar/ S. Ivy-Ochs/H. Kerschner/M. Luetscher/A. Moran/K. Nicolussi/F. Preusser/R. Schmidt/P. Schoeneich/ C. Schwörer/T. Sprafke/B. Terhorst/W. Tinner, Palaeoclimate records 60–8 ka in the Austrian and Swiss Alps and their forelands, in: Quaternary Science Reviews 106 (2014), 186–205, DOI: 10.1016/ j.quascirev.2014.05.021.

Holdermann/Manner 2003 = C.-S. Holdermann/H. Manner, Ein Aufnahmesystem zur siedlungsarchäologischen Erfassung am Beispiel des alpinen Bereiches: Ein Beitrag zur Analyse historischer und prähistorischer Raumnutzungskonzepte, in: Archäologische Informationen 26/1 (2003), 155–165.

Kompatscher/Kompatscher 2007 = K. Kompatscher/N. M. Kompatscher, Dove piantare il campo: modelli insediativi e di mobilità nel Mesolitico in ambiente alpino, in: Preistoria Alpina 42 (2007), 132–162.

Kothieringer u. a. 2015 = K. Kothieringer/Ch. Walser/B. Dietre/Th. Reitmaier/J. N. Haas/K. Lambers, High impact: Early pastoralism and environmental change during the Neolithic and Bronze Age in the Silvretta Alps (Switzerland/Austria) as evidenced by archaeological, palaeoecological and pedological proxies (with 7 figures and 1 table), Zeitschrift für Geomorphologie, Supplementary Issues 59/2, 2015, 177–198.

Laus 2006 = S. Laus, Rheinbalme – Krinnenbalme: Zwei steinzeitliche Abri-Stationen bei Koblach in Vorarlberg. Ein Beitrag zur Erforschung der sozioökonomischen Strukturen bei Wildbeutern und frühen Bauern im Alpenrheintal, Dipolmarbeit (unpubl.), Leopold-Franzens-Universität 2006.

Oeggl/Walde 2004 = K. Oeggl/C. Walde, Neue Ergebnisse zur Siedlungsgeschichte am Tannberg. Die Pollenanalysen aus dem Körbersee, Walserheimat, in: Wege Verbinden 75 (2004), 309–318.

Oeggl/Walde 2007 = K. Oeggl/C. Walde, Neue Ergebnisse zur Siedlungsgeschichte am Tannberg. Die Pollenanalysen aus dem Körbersee, Walserheimat, in: Wege Verbinden 81 (2007), 33–38.

Peters/Eberl 1938 = E. Peters/B. Eberl, Grabungen unter der Ochsenbergwand in Wasach bei Tiefenbach, BA Sonthofen, in: Bayerische Vorgeschichtsblätter 15 (1938), 1–18.

Posch u. a. 2017 = C. Posch/T. Bachnetzer/G. Neuhauser, Die Alpe Fresch im Silbertal im Spiegel der Zeit. Archäologische Untersuchungen 2015, 2016, in: M. Kasper (Hg.), montafoner MUSEEN. Jahresbericht 2016 der Montafoner Museen, des Heimatschutzvereins Montafon und des Montafon Archivs, Schruns 2017, 46–60.

Posch 2020a = C. Posch, The Kleinwalsertal revisited: New approaches for an „old" landscape, in: B. Gehlen/A. Zander (Hg.), From the Early Preboreal to the Subboreal period – Current Mesolithic research in Europe. Studies in honour of Bernhard Gramsch, Edition Mesolithikum, Kerpen–Loogh 2020, 179–196.

Posch 2020b = C. Posch, Bericht zu den archäologischen Prospektionen des Instituts für Archäologien der Universität Innsbruck im Kleinwalsertal, KG Mittelberg, Vorarlberg, 2018, Fundberichte aus Österreich, 57, 2020, D7813–D7848.

Posch 2020c = C. Posch, Die Alpen als Barriere und Brücke, in: J. Menne (Hg.), Grenzräume in der Archäologie, Darmstadt 2020, 13–19.

Posch u. a. 2021 = C. Posch/T. Bachnetzer/A. Piff, Bericht Maßnahme 91012.19.01: Begehung südliches Kleinwalsertal (KG Mittelberg, Schoppernau, Schröcken, Warth) 2019, in: Fundberichte aus Österreich 58 (2021), 410–413; D8893-8908.

Posch 2022 = C. Posch, „Ain't No Mountain High Enough" – Mesolithic Colonisation Processes and Landscape Usage of the Inner-Alpine Region Kleinwalsertal (Prov. Vorarlberg, Western Austria), in: Open Archaeology 8, 1 (2022), 696–738, DOI: 10.1515/opar-2022-0253.

Reitmaier 2012 = T. Reitmaier, Letze Jäger, erste Hirten: Alpine Archäologie in der Silvretta 2007–2012, in: T. Reitmaier (Hg.), Letzte Jäger, erste Hirten, Archäologie in Graubünden, Glarus–Chur 2012, 9–66.

von Scheffer u. a. 2019 = C. von Scheffer/A. Lange/F. De Vleeschouwer/J. Schrautzer/I. Unkel, 6200 years of human activities and environmental change in the northern central Alps, in: E&G Quaternary Science Journal 68, 1 (2019), 13–28, DOI: 10.5194/egqsj-68-13-2019.

Stojakowits u. a. 2014 = P. Stojakowits/A. Friedmann/A. Bull, Die spätglaziale Vegetationsgeschichte im oberen Illergebiet (Allgäu/Bayern), in: Quaternary Science Journal 63/2 (2014), 130–142.

Taute 1971 = W. Taute, Untersuchungen zum Mesolithikum und zum Spätpaläolithikum im südlichen Mitteleuropa: Band 1: Chronologie Süddeutschlands, Habilitationsschrift (unpubl.), Tübingen 1971.

Töchterle 2015 = U. Töchterle, Der Kiechlberg bei Thaur als Drehscheibe zwischen Kulturen nördlich und südlich des Alpenhauptkammes: Ein Beitrag zum Spätneolithikum und zur Früh- und Mittelbronzezeit in Nordtirol 261, Universitätsforschungen zur prähistorischen Archäologie, Bonn 2015.

Wischenbarth 2001 = P. Wischenbarth, Steinzeitliche Funde in den Hochlagen Vorarlbergs, in: Jahrbuch des Vorarlberger Landesmuseums 145 (2001), 25–41.

Abbildungsverzeichnis

Abb. 1: Grafik: C. Posch; Datengrundlage: Land Vorarlberg – data.vorarlberg.gv.at – 5 m DEM; Copernicus eu_dem_v11_E40N20 – 25 m DEM

Abb. 2: Grafik: Posch 2020c

Abb. 3: Grafik: C. Posch; Datengrundlage: Land Vorarlberg – data.vorarlberg.gv.at – 5 m DEM; Copernicus eu_dem_v11_E40N20 – 25 m DEM

Abb. 4: Grafik: C. Posch; Datengrundlage: Land Vorarlberg – data.vorarlberg.gv.at – 5 m DEM; Copernicus eu_dem_v11_E40N20 – 25 m DEM

Abb. 5, 10, 15, 16: Grafik: Posch 2020b

Abb. 6: Grafik: Posch 2022

Abb. 7: Grafik: C. Posch; Datengrundlage: Land Vorarlberg – data.vorarlberg.gv.at – 5 m DEM; Copernicus eu_dem_v11_E40N20 – 25 m DEM

Abb. 8, 9, 12–14: Grafik: Posch et al. 2021

Abb. 11: Grafik: C. Posch

Andreas Picker

EINE ARCHITEKTUR FÜR DIE ARCHÄOLOGIE

Zu archäologischen Schutzbauten in Vorarlberg

1. Einleitung: Zum physischen Schutz des archäologischen Erbes

Archäologische Überreste, die über der Erdoberfläche sichtbar und erlebbar sind, gehören wohl zu den unmittelbarsten Zeugnissen der Vergangenheit. Ihre nachhaltige Bewahrung vor weiterem Verfall ist eine durchaus anspruchsvolle Aufgabe. Archäologisch freigelegte und dokumentierte Befunde können, sofern ihre Erhaltung trotz Bautätigkeit möglich ist, auch wieder überschüttet werden. Dieses *refilling* stellt das einfachste und effektivste Mittel zur nachhaltigen physischen Erhaltung jeglicher Befunde dar, für die eine sichtbare obertägige Konservierung nicht durchführbar oder erwünscht ist.[1] Von einem der bedeutendsten Bodendenkmale der Römerzeit in Vorarlberg, der Siedlung Uf dr Studa (Clunia) in Feldkirch-Altenstadt, ist etwa bis auf eine minimale Geländeerhebung in der heutigen Wiese obertägig nichts zu erkennen. Noch nicht ausgegrabene Schichten und sensible Befunde wie Bestattungen (Urnen- oder Körpergräber) können zudem durch eine *konservatorische Überdeckung* vor äußeren Einflüssen wie oberflächlicher Druckbelastung geschützt werden.[2] Besonders wenn die zutage getretenen Befunde auch (römerzeitliche oder mittelalterlich bis neuzeitliche) Mauerstrukturen umfassen, entsteht häufig der Wunsch, diese nicht nur substantiell zu erhalten, sondern auch obertägig zu konservieren und somit sichtbar zu präsentieren. Die nachhaltige Bewahrung in Substanz und Erscheinung – eines der erklärten Ziele der Denkmalpflege – mit einer architektonisch ansprechenden und fachlich verständlichen Präsentation in Einklang zu bringen, stellt jedoch eine gewisse Herausforderung dar. Maßnahmen zum Schutz vor Niederschlag und Frost sind aufwändig und pflegeintensiv.[3] Das Gegenkonzept zum *refilling* besteht in der (lange Zeit gängigen) Restaurierung und erneuten „Aufmauerung" oder Ergänzung alter Mauersubstanz.[4] Diese Vorgehensweise, die zuwei-

---

1   Standards 2015, 281.
2   Zu den geotechnischen Herausforderungen und Möglichkeiten Marcher u. a. 2015.
3   Biesl/Ployer 2020, D199.
4   Exemplarisch zu den Restaurierungsarbeiten der 1950er Jahre an der Villa rustica von Rankweil-Brederis („Vorarlbergs erstes Freilichtmuseum") Pöll 2015, 69–77.

len mehr an eine Visualisierung des Grundrisses als an eine authentische „Ruinenerzählung"[5] erinnert, wurde gelegentlich auch in Vorarlberg angewandt – in Bregenz
etwa bei der Villa am Steinbühel (Cityknoten)[6] oder bei den römischen Gebäuden
am Areal des Bundesgymnasiums Blumenstraße.[7] Möchte man die Mauern dagegen
möglichst originalgetreu nur *konservieren* und nicht *restaurieren*, benötigen diese idea-
lerweise eine Überdachung.

Die Abteilung für Archäologie des Bundesdenkmalamtes hat sich in den letzten
Jahren intensiver mit den Varianten und Möglichkeiten archäologischer Schutzbauten beschäftigt. Auf Basis der Arbeit von Stefanie Haas[8] lassen sich vier Kategorien
definieren:[9] geschlossene Schutzhäuser, seitlich offene Schutzdächer, unterirdische
Schutzbauten und Überbauungen/Eingliederungen in andere Bauwerke. Als archäologischer Schutzbau wird im Folgenden eine mehr oder weniger eigenständige Bau-
lichkeit oder zumindest ein Bauteil verstanden, der allein zum Zweck der zugänglichen Erhaltung und erlebbaren Präsentation von mit archäologischen Methoden
freigelegten Überresten errichtet wurde.[10]

2. „Römer sind rot": eine Landmark aus Cortenstahl
in der Römervilla von Brederis, Rankweil

Auf dem Boden des heutigen Vorarlberg findet sich lediglich ein Objekt, das als ge-
schlossenes Schutzhaus tituliert werden mag: der stählerne „Turm" über dem Haupt-
gebäude der römischen Villa rustica von Rankweil, Brederis (Abb. 1).[11] Dieser Schutz-
und Präsentationsbau versucht sowohl konservatorischen als auch ästhetischen
Ansprüchen gerecht zu werden.

Die denkmalgeschützten Überreste der römerzeitlichen Gebäude werden heute
von einem Sportplatz, dem Golfclub Montfort sowie einigen landwirtschaftlichen
Flächen umschlossen. Bereits 1954 konnte ein im Grundriss grob quadratisches
Gebäude mit Apsis (heute Gebäude 2) ausgegraben und konserviert werden.[12] Nach

5   Das Konzept der „Ruinenerzählung" versteht sich als „ein Ganzes von Historie, Bauwerk, Verfall und
    Natur". Dazu Standards 2015, 282.
6   Zuletzt Ertel u. a. 2011, 181–208; zur Konservierung findet sich nur eine kurze Erwähnung bei Vonbank
    1985, 262.
7   Vonbank 1985, 261 mit Abb. 193. Zuletzt auch Rabitsch 2019, 22–25.
8   Haas 2014.
9   Blesl/Haas 2015; Blesl/Ployer 2020, D199.
10 In bestehenden Baudenkmalen ergrabene und sichtbar belassene archäologische Befunde, für deren
    Schutz jedoch keine eigenständige rezente architektonische Intervention vorgenommen wurde, werden
    hier nicht weiter behandelt. Das beste Beispiel dafür in Vorarlberg ist wohl die Johanniterkirche von
    Feldkirch. Dazu zuletzt Egger/Guldenschuh 2020.
11 Zum Folgenden zuletzt Picker, in: Blesl/Ployer 2020, D240f.
12 Pöll 2015.

Abb. 1: Rankweil. Römervilla Brederis. Schutzbau und Podium von 2008

einer geophysikalischen Prospektion 1999 erfolgte unter maßgeblicher Beteiligung der Marktgemeinde Rankweil in mehreren Grabungskampagnen des Bundesdenkmalamtes unter Johannes Pöll zwischen 2002 und 2007 die vollständige Freilegung des unmittelbar nördlich gelegenen Hauptgebäudes (Gebäude 1), einer im Laufe des 2. und 3. Jahrhunderts in Stein ausgebauten Porticus-Eckrisalit-Villa.[13]

Nach Abschluss der Grabungskampagnen konnte ein Konservierungs- und Präsentationskonzept erarbeitet werden.[14] Im Auftrag der Marktgemeinde Rankweil wurde 2008 das Architekturbüro Marte.Marte Architekten (damals Weiler, heute Feldkirch) mit der Planung und Ausführung eines Schutzbaus beauftragt, der einen zurückhaltenden und doch signifikanten Akzent in der flachen Tallandschaft setzen sollte.[15] Der Großteil des freigelegten Gebäudes 1 wurde – nicht zuletzt als Angleichung an das bereits vorhandene Gebäude 2 – durch Einfüllen des Aushubmaterials wieder überschüttet, um die möglichste Schonung der vorhandenen Strukturen in situ zu gewährleisten. Der Grundriss des Gebäudes wurde auf höherem Niveau, 40 bis 50 cm

---

13 Zu den in Vorberichten publizierten wissenschaftlichen Ergebnissen der Bau- und Siedlungsgeschichte zuletzt Pöll 2007.
14 Bader u. a. 2008; Pöll 2008.
15 In den Worten der Architekten wurde „eine begehbare Skulptur implantiert". Hämmerle o. J. Die Römervilla wurde mit dem „Honourable mention 2011" des Red Dot Design Award (Urbanes Design) bedacht (https://www.red-dot.org/de/project/roemervilla-27199 [eingesehen am 25.05.2023]).

Abb. 2: Rankweil. Römervilla Brederis. „Guckkasten" auf das konservierte römische Mauerwerk

(ca. drei Steinlagen) über die rezente Oberfläche ragend, flächig visualisiert. Bei dieser dezenten Rekonstruktion handelt es sich um originalgetreues lagiges Steinmauerwerk aus Bachsteinen über einem Leichtbetonfundament.

Über den Südrisalit (den leicht vorspringenden Eckraum von Gebäude 1) wurde ein 7,5 m hoher, schmaler, im Inneren hohler Turm gesetzt. Der gesamte Schutzbau besteht aus einer Cortenstahlhaut über einem Stahlträgerkorsett. Die Fundamente des Schutzbaus reichen auf das Niveau der (bereits ausgegrabenen) römerzeitlichen Schichten hinab.

Das untere Drittel des Turms ist an drei Seiten als 4 m lange und 1,5 m breite, guckkastenartige „Glasvitrine" ausgeführt und erlaubt einen Blick unter die Erdoberfläche auf einen exemplarischen Ausschnitt des bemerkenswert gut erhaltenen römischen Originalmauerwerks (Abb. 2). Die Bodenoberfläche im Inneren liegt ca. 1 m unter dem Außenniveau und besteht aus einer Kiesschüttung, die das römerzeitliche Gehniveau anzeigen soll. Der weithin sichtbar zeichenhaft als „Landmark" aus dem flachen Talboden ragende Turm soll die vermutlich zweigeschossige ursprüngliche Höhe des römischen Wohnhauses andeuten.[16] Gegen Osten erstreckt sich eine ebenfalls in Cortenstahl ausgeführte Besucherplattform von 10 × 6 m mit einer Vitrinenwand an der Nordseite, in der Kopien von Funden aus der Römervilla präsentiert werden.

Aus konservatorischer Sicht fungieren Turm und Glaswände als geschlossene, nicht extra belüftete „Haube" über dem Originalmauerwerk. Lediglich an den Anschlussstellen zum überschütteten Mauerwerk bestehen schmale Öffnungen zum anstehenden Erdreich. Nach über einem Jahrzehnt haben sich keine klimatischen oder mechanischen Erhaltungsprobleme mit dem originalen Mörtel oder dem Mauerwerk im Gesamten ergeben.

---

16 Während etwa große „flyover shelters" mitunter ganze Fundstellen überspannen, können kleine Schutzdächer und -bauten die einstigen Baudimensionen in Form und Kubatur widerspiegeln. Dazu Thompson/Ben Abed 2018, 20f. mit Abb. 9.

Die bevorzugte Verwendung von Cortenstahl bei archäologischen (und besonders römerzeitlichen) Stätten in einem europaweiten Kontext hat zuletzt C. S. Sommer herausgestellt.[17] Das verwendete Material besitzt ohne Zweifel aufgrund der allmählichen Korrosion und der stetigen Farbveränderung[18] eine hohe Lebendigkeit oder gar „den Nimbus der Historie".[19]

3. Überdeckte Kirchengrabungen und „archäologische Krypten"

Die Anfänge archäologischer Schutzmaßnahmen in Vorarlberg waren etwas bescheidener. Die v. a. seit den 1960ern im Zuge von Kirchenrestaurierungen freigelegten Überreste von Vorgängerbauten wurden (und werden) in den meisten Fällen wieder zugeschüttet, um den Raum wieder liturgisch nutzbar zu machen. Gemäß der oben dargelegten Definition sind selbst relativ einfache bauliche Maßnahmen, wie die Einziehung einer Betondecke über den Ausgrabungen, als bewusst zu diesem Zweck geschaffene „Schutzbauten" zu verstehen. Solche Maßnahmen wurden bisher in drei Vorarlberger Kirchen umgesetzt, in zwei Fällen ist daraus eine Art „archäologische Krypta" entstanden.[20]

Ein solches Konzept wurde in Vorarlberg erstmals in der Klosterkirche der Zisterzienserabtei Wettingen-Mehrerau in Bregenz umgesetzt.[21] Die Baugeschichte des auf eine Gründung Graf Ulrichs X. von Bregenz von 1083 zurückgehenden Benediktinerklosters beginnt mit der Erwähnung der Errichtung einer Kirche im Jahr 1097. Diese romanische Anlage blieb wohl (im barockisierten Zustand) bestehen, bis sie in Folge der Klosteraufhebung 1806 während der bayerischen Regierung abgetragen wurde. Die 1855–1859 von Eduard von Riedel neu errichtete historistische Klosterkirche wurde 1961–1964 von Hans Purin im Sinne einer modern interpretierten Zisterzienserkirche völlig neu gestaltet.[22] Im Zuge dessen konnte das Vorarlberger Landesmuseum unter Elmar Vonbank in Abstimmung mit dem Bundesdenkmalamt von Mai bis August 1962 die gesamte Fläche des romanischen Vorgängerbaus freilegen.[23] Es war dies die erste große Kirchengrabung in Vorarlberg überhaupt. Bei der freigelegten Klosterkirche des 11. und 12. Jahrhunderts handelt es sich um eine drei-

---

17 Sommer 2018, 598.
18 Die noch kaum korrodierte gräuliche (und heute bereits fremd anmutende) Oberfläche des Schutzbaus findet sich abgebildet bei Pöll 2008, 88 Abb. 91.
19 Hämmerle o. J.
20 Gerade die authentische Kontinuität der religiösen Nutzung des Ortes kann wesentlich zur Denkmalbedeutung beitragen. Dazu Thompson/Ben Abed 2018, 18f.
21 Zum Folgenden zuletzt Piokcr, in: Dlesl/Ployer 2020, D284f.
22 Zuletzt Peer 2016, 168f.
23 Spahr 1965; Vonbank 1965; Vonbank 1966, 233–260.

Abb. 3: Bregenz. Zisterzienserabtei Wettingen-Mehrerau. Unterkirche mit Resten der romanischen Basilika

schiffige Basilika mit Querschiff und rechteckigem Ostabschluss im Stil der Hirsauer Schule. Ihre Gesamtlänge beträgt 37,40 m, die Breite 14,32 m.

Aufgrund des großen fachlichen und öffentlichen Interesses entschied man sich damals für eine sichtbare Konservierung und begehbare Präsentation der Vorgängerkirche (Abb. 3). Anfang 1964 wurde mit der Konservierung der Mauern begonnen, wobei die Wiederherstellung des Zustandes bei Abschluss der Ausgrabungen eine Vorgabe des Bundesdenkmalamtes war.[24] Die Planung der Überdeckung erfolgte durch Werner Rüsch (Dornbirn). Die das gesamte Kirchenschiff überspannende Decke aus Beton-Fertigteilen wird von schlanken Pfeilern getragen, die – aus heutiger Sicht konservatorisch eher ungewöhnlich – direkt auf den Fundamenten zwischen Haupt- und Seitenschiffen ruhen und vielleicht die ursprüngliche basilikale Raumwirkung andeuten sollten. Die Mittelfläche des Schiffes ist gekiest und begehbar. Die Mauern zwischen den Schiffen sind über hölzerne Stege bzw. Treppen zu überqueren, die inzwischen auch mit Geländern ausgestattet wurden. Das Beleuchtungskonzept wurde bereits 1963 festgelegt. Mit einer ausgewogenen Anzahl an Punktleuchten soll das Augenmerk auf die konservierten Mauern gelenkt werden und die Betondecke eher dunkel bleiben.

---

24 Zum Folgenden: Verhandlungsschrift, aufgenommen am 06.06.1963, Archiv Bundesdenkmalamt Vorarlberg, Zl. 468/63.

Der unterirdische Raum fungiert als echte „Unterkirche" und Grablege der Äbte. Zudem existiert ein Ausstellungs- und Präsentationsraum. Der Abgang von der Klosterkirche aus ist zwar fix installiert (Wendeltreppe), aber im Alltag nicht geöffnet. Es besteht also kein für die archäologische Bausubstanz störender Besucherstrom. Hinsichtlich des Raumklimas und der Haltbarkeit des Mauerwerks sind bisher keine negativen Erfahrungen bekannt geworden.

Ähnlich wie in der Mehrerau, jedoch in etwas kleinerem Maßstab, wurde eine Überplattung in der Propstei St. Gerold, in der gleichnamigen Gemeinde im Großen Walsertal, umgesetzt.[25] Als Mitte der 1960er Jahre eine Umgestaltung im Geiste des Zweiten Vatikanischen Konzils erfolgen sollte, ergab sich die Gelegenheit zur archäologischen Erforschung der Propstei- und (seit 1779 auch) Pfarrkirche. In den Jahren 1965 und 1966 konnte wiederum das Vorarlberger Landesmuseum unter Elmar Vonbank das heute sichtbare hochromanische Langhaus mit eingezogener Rundapsis freilegen.[26] Dieser erste Bau hatte eine Länge von 21,70 m und eine Breite von knapp 10 m, die Apsis eine Weite von etwa 4 m. Weiters konnten zwei Verlängerungen des Schiffes sowie seitliche Annexbauten festgestellt werden. Unter einem Plattenboden kam eine gemauerte Gruft zutage, die in der frühen Neuzeit als Grab des hl. Gerold verehrt wurde.

Die heute weitgehend modern gestaltete Kirche weist einen Betonboden auf, der als Decke und „Schutzdach" für die in der Unterkirche befindlichen Reste von Rundapsis und Geroldsgruft dient. Der dadurch geschaffene Raum ist von vier die Decke tragenden Pfeilern gegliedert und dient – mit schlichten Holzbänken ausgestattet – als Besinnungs- und Gedenkraum (Abb. 4). In diese Unterkirche gelangt man über den ehemaligen Chor der Kirche, der heute baulich abgetrennt und von Osten her zu betreten ist. Das romanische Mauerwerk der Langhausmauer ist im Aufgehenden bis zu 7 m hoch erhalten und bildet gleichzeitig die Außenwand der Unterkirche. Das heutige Bodenniveau der Unterkirche liegt jedoch deutlich tiefer als ursprünglich, weshalb die Gruft mit der schräg aufgestellten Reliefplatte des hl. Gerold sowie das (Fundament-)Mauerwerk der Rundapsis ca. 0,5 m bis 1,5 m hoch frei im Raum stehen.

Durch die Überdeckung können die baulichen Überreste konservatorisch stabil präsentiert werden. Zur besseren Begehbarkeit wurden später jedoch Eingriffe an der Substanz vorgenommen, etwa der Durchbruch durch die Spannmauer zwischen Apsis und Schiff, die ursprünglich – ähnlich wie in der Mehrerau – mit einem hölzernen Steg überschritten werden konnte.[27] Die Unterkirche erscheint von Osten her gut durchlüftet, das Raumklima relativ konstant. Obwohl die Gedenkstätte grund-

---

25 Zum Folgenden zuletzt Picker, in: Blesl/Ployer 2020, D314f.

26 Die Grabungsergebnisse Vonbanks sind nur kursorisch vorgelegt, zuletzt Vonbank 1978; Wirth 1992, 6f.; 17 mit Abb.; laut Sydow 1990, 17 sei eine kritische Beurteilung des Befundes kaum möglich.

27 Auf den Abbildungen bei Schnell/Stöckli 1975, 13 sowie bei Wirth 1992, 17 ist noch ein hölzerner Steg über die Apsismauer zu sehen.

Abb. 4: St. Gerold. Propsteikirche. Krypta mit romanischer Apsis und Grab des hl. Gerold

sätzlich öffentlich zugänglich ist, sind auch hier seit den 1960er Jahren keine größeren Schäden an den konservierten Mauern bekannt geworden.

Etwas anders gelagert ist die Situation in der Pfarrkirche hl. Mauritius in Nenzing. Die Grabungsfläche mit den Resten des bislang „ältesten Gotteshaus Vorarlbergs"[28] unter dem Chor liegt noch unrestauriert und für eine Besichtigung eher wenig geeignet unter der Überplattung.[29] Im Zuge der Innenrestaurierung konnte der 11 × 8,5 m messende heutige Chorraum 1982 bis 1984 von Wilhelm Sydow (Bundesdenkmalamt) archäologisch untersucht werden. Neben einem älteren gotischen Chor wurden dabei zwei frühchristliche Bauphasen, wohl des 5. und 6. Jahrhunderts, nachgewiesen.[30] Aus der ältesten Bauphase ist die (ungewöhnlich flache) gebogene Apsis des Ostabschlusses eines kleinen Saalraums von nur 4,70 m lichter Breite (Phase I) sichtbar geblieben. Zu Phase II, einem Neubau auf den alten, nur ca. 58 cm starken Fundamenten des Langhauses, zählt die jüngere, halbrunde Apsis. An der nördlichen Längsseite befindet sich ein Annexbau, der ebenfalls eine Apsis erhielt. Durch Abbruch der Trennmauer (Phase II a) wurde ein größerer Zwei-Apsidenraum geschaffen. Die frühe

28 Rhomberg/Gamon 2004, 24.
29 Zum Folgenden zuletzt Picker, in: Blesl/Ployer 2020, D300f.
30 Sydow 1985; Sydow 2001, 53–62; Picker 2013, 64–65. Zu den Ergebnissen der laufenden bauarchäologischen Neubewertung durch Guido Faccani (Basel/Mainz) ist eine Publikation geplant.

Datierung stützt sich auf einen goldenen Ohrring des 7. Jahrhunderts (sogenannter Körbchenohrring, ohne Anhänger), der sich an der Sohle einer gemauerten Gruft befand. Bemerkenswert ist, dass dieser frühchristlich/frühmittelalterliche Bau über Jahrhunderte, bis zum frühgotischen Neubau des Polygonalchors im 14. Jahrhundert, Bestand hatte. Lediglich im 12./13. Jahrhundert dürfte ein romanischer Triumphbogen eingebaut worden sein.

Unmittelbar nach der Ausgrabung 1982 wurden die Möglichkeiten der Konservierung erwogen. Um das Presbyterium über den Resten der Vorgängerbauten auch künftig liturgisch nutzen zu können, fiel die Wahl auf eine Überplattung mittels Betondecke und nicht etwa auf eine „offene" Konservierung mit der Möglichkeit einer Betrachtung von oben.[31] Varianten mit Betondecke, Beton auf Trapezblech und Fertigteildecken wurden 1983 untersucht und berechnet.[32] Bis Mitte 1984 erfolgte die Umsetzung einer Betonziegeldecke auf Trägern.

Aufgrund der Tiefe der archäologischen Befunde war es möglich, einen begehbaren unterirdischen Raum unter dem Chor zu schaffen, der jedoch nicht weiter ausgebaut wurde. Der Zugang erfolgt über eine kleine Luke mittels Leiter. Die klimatischen Bedingungen scheinen stabil zu sein. Gelegentliche Begehungen der Mauern haben jedoch gewisse mechanische Schäden verursacht. Aktuell wird auf Initiative des Bundesdenkmalamtes an einer bauarchäologischen Neubefundung der Grabungsfläche und einem konservatorischen Konzept gearbeitet.

4. Überbaut und konserviert: die römischen Mauern am Seniorenheim Tschermakgarten in Bregenz

Während bei den meisten Schutzhäusern und -dächern Form und Funktion allein auf das archäologische Denkmal ausgerichtet sind, muss eine solche Exklusivität bei unterirdischen Schutzbauten oder Überbauungen nicht zwingend erforderlich sein. Auch eine „geteilte" Funktion kann möglich und sinnvoll sein. Ein Objekt, das grundsätzlich zu einem gänzlich anderen Zweck errichtet wurde und ebenso bewusst die Funktion eines archäologischen Schutzbaus übernimmt, soll im Folgenden näher betrachtet werden: das Seniorenheim am Tschermakgarten in Bregenz.[33]

Die heute noch obertägig sichtbaren und teilweise überdachten Mauerreste eines römerzeitlichen Wohn- und Wirtschaftsgebäudes befinden sich in der Bregenzer

---

31 Schreiben Gerard Kaltenhauser an das Amt der Vorarlberger Landeregierung vom 30.06.1982, Archiv Bundesdenkmalamt Vorarlberg, Zl. 986/82 Dr. Ka/Am.
32 Rechnung Dipl. Ing. Herbert Rünzler (Bludenz), Neubau einer Decke über den Ausgrabungen im Presbyterium – Statische Bearbeitung, vom 30.12.1983, Archiv Bundesdenkmalamt Vorarlberg.
33 Zum Folgenden zuletzt Picker, in: Blesl/Ployer 2020, D338f.

Riedergasse am sogenannten Ölrainplateau. Wo sich seit dem späten 19. Jahrhundert ein Villenviertel entwickelte, lag in der römischen Kaiserzeit das Stadtgebiet von Brigantium. Südlich der römischen Hauptstraße, deren Reste unter dem Garten der evangelischen Kirche liegen, befand sich einst das „Händlerviertel" mit seinen schmalen, dicht an dicht gebauten sogenannten Streifenhäusern. Teile des Händlerviertels wurden von Samuel Jenny bereits 1891 ausgegraben und für die damalige Zeit sehr genau vermessen und dokumentiert.[34] Jennys Grabungen beeinträchtigten die römischen Überreste offenbar kaum. Sie wurden zeitnah wieder überschüttet und blieben vorerst erhalten. Obwohl in den letzten 150 Jahren weite Teile des römischen Brigantium erforscht worden sind, wurden nur relativ wenige Überreste obertägig sichtbar konserviert – der Großteil liegt gut geschützt unter der Erde.

Etwa 80 Jahre nach Jenny kam das Areal am Tschermakgarten ins Visier einer baulichen Verwertung. Josef Tschermak überließ sein Grundstück 1969 testamentarisch der Stadt Bregenz, mit der Auflage, dieses für einen sozialen Zweck zu nützen.[35] Erst nach Durchführung eines Architektenwettbewerbs 1974, im Zuge dessen bereits zwei erste Preise vergeben worden waren, wurde die Notwendigkeit von archäologischen Ausgrabungen in Erwägung gezogen.[36] In der Folge konnte das Vorarlberger Landesmuseum unter Elmar Vonbank 1975 das „Händlerviertel" erneut freilegen und dokumentieren[37] – unter erheblichem Zeitdruck und mit einer zunächst durchaus prekären Finanzierung.[38] Die östlich gelegenen römischen Baureste mussten der Zerstörung durch den Neubau preisgegeben werden.

Am südwestlichen Rand des damaligen Baufeldes befinden sich die Überreste des heute konservierten Gebäudes 23 (Abb. 5). Dieses lag an der nach Süden abzweigenden römischen Nebenstraße 2 und wies einen offenen Laubengang (*porticus*) auf, dessen Sandsteinpfeiler noch im Garten des Seniorenheims sichtbar präsentiert werden. Im Inneren des römischen Gewerbebaus befanden sich mehrere Wohn- bzw. Wirtschaftsräume, ein schmaler Korridor und ein tiefer schachtartiger Raum, der vielleicht als Zisterne gedient hat (Abb. 6).

Aufgrund der guten, teilweise mannshohen Erhaltung der römischen Baureste entschied man sich zur Neukonzipierung der Bauaufgabe für das Seniorenheim. Den zweiten Wettbewerb 1976 gewannen die Architekten Karl Heinz, Dieter Mathoi, Norbert Schweitzer und Jörg Streli.[39] Das zwischen Frühling 1977 und Herbst 1979

---

34 Jenny 1893; Jenny 1894.
35 Vorarlberger Nachrichten vom 10.11.1979, 39 („Seniorenheim Tschermakgarten Bregenz eröffnet").
36 Bregenz aktuell 7/2, 1975 („Schwerpunkte der Bautätigkeit in den nächsten Jahren").
37 Zum kurzen Grabungsbericht Vonbank 1975. Zum Ergebnis der Konservierung Vonbank 1985, 261–262 mit Abb. 194.
38 Zur Finanzierung vgl. Schreiben Elmar Vonbank an das Amt der Vorarlberger Landeregierung vom 17.06.1975, Archiv vorarlberg museum, Zl. 98/4.
39 Nach freundlicher Mitteilung von Architekt Karl Heinz (E-Mail vom 08.01.2021) sei gerade die Auseinandersetzung mit den archäologischen Überresten „hochmotivierend" gewesen.

Abb. 5: Bregenz. Seniorenheim Tschermakgarten. Reste des römischen Gebäudes 23 von Brigantium, teilweise überbaut

Abb. 6: Bregenz. Seniorenheim Tschermakgarten. Detailansicht des konservierten römischen Mauerwerks im Inneren

errichtete Seniorenheim weist einen nach Nordwesten verschwenkten Zimmertrakt („wie eine Ziehharmonika") auf, der den Blick auf die im Garten liegenden römischen Mauern freigibt.[40] Die im Freien ca. 1–1,5 m hohen römischen Mauern bilden optisch einen Kontrast zur Diagonale des Neubaus. Die mehrgliedrige Glasfassade des Subterrains durchschneidet die Mauern zwar punktuell, diese laufen aber im Inneren weiter. Der dortige, nur vom Garten aus betretbare Kellerraum bildet den eigentlichen „Schutzbau".

Nach Abschluss der Bauarbeiten und Eröffnung des Seniorenheims im November 1979 mussten die Mauerreste vor dem drohenden Verfall geschützt werden. Der Restaurator Emmerich Mohapp aus Graz, an sich ein ausgewiesener Spezialist für Wandmalerei, konnte 1981 für die Mauerkonservierung gewonnen werden.[41] Zur Erhöhung der Stabilität des römischen Mauerwerks – bestehend aus Molassequadern (vom Gebhardsberg) ebenso wie Bachsteinen (aus der Bregenzer Ach) – waren Abmauerungen und Auszwickelungen mit einem authentischen Mörtel notwendig. Diese „neuen" Teile heben sich aufgrund der Mörtelfarbe gut, aber nicht störend vom Original ab. Der begehbare Boden des Raums ist mit modernen Steinplatten ausgekleidet, zwischen den Mauern auch gekiest. Zwischen den Glasfenstern der Fassade eingebaute Gitterbleche sorgen für eine moderate Durchlüftung des Raums.

Anhand der obertägig konservierten Mauerreste beim Seniorenheim Tschermakgarten sind die verschiedenen Auswirkungen von Nicht-Überdachung, Überdachung und völliger Einhausung gut ablesbar. Das nur in wenigen oberen Lagen nachgemauerte bzw. gefestigte originale Bachsteinmauerwerk im Gartenbereich ist inzwischen teilweise instabil geworden. Die vom vorkragenden Dach bzw. den Balkonen des Seniorenheims geschützten Mauerabschnitte zeigen etwa eine viel geringere Patina am Steinmaterial.

5. Schlussbetrachtung

Obertägig sichtbare Bodendenkmale, die auch konserviertes Mauerwerk umfassen, folgen in ihrem ästhetischen Konzept in jüngerer Zeit häufig der Erzählung einer in die Landschaft eingebetteten Ruine – die es so in der Geschichte des Objektes nie gab und die selbst eine Konstruktion darstellt.[42] Überdachte oder von einem Schutzhaus

---

40 Zur Beschreibung und Würdigung der Architektur vgl. Architektur aktuell 1979; Heinz 2013, 20–21.
41 Vorarlberger Nachrichten. Heimat vom 27.08.1981, 7 („Sandsteine in den Mauern der alten Römer. Kopfzerbrechen der heutigen Restauratoren"). Zum konservatorischen Konzept scheinen (mit Ausnahme des zitierten Artikels) weder am Bundesdenkmalamt noch am vorarlberg museum entsprechende Akten zu existieren.
42 Zum archäologischen Landschaftspark Aguntum etwa Mitterer/Pöll 2016, 41; zuletzt Nemmert u. a. 2023.

umgebene Baureste wirken dagegen – trotz ihrer Erhaltung an Ort und Stelle – zuweilen von rezenter Architektur dominiert und vielleicht daher stärker „musealisiert".[43] Nicht der landschaftliche Eindruck der Fundstelle steht im Vordergrund, sondern der zeitgenössisch geschaffene, vom archäologischen Befund verschiedene Raum, der zuallererst dem Schutz der Substanz dient, in der Folge aber auch ansprechende Präsentationsformen ermöglicht (etwa durch Beleuchtung, Projektionen o. ä.). Das gestalterische Grundkonzept eines Schutzbaus mag „Abgrenzung" oder aber auch „Einbindung" heißen, wobei sich besonders die Materialität der Oberflächengestaltung in aller Regel von der Originalsubstanz unterscheiden sollte.[44] Während der Stahlturm von Brederis die Axialität und Kubatur des ursprünglichen Baus aufnimmt und *pars pro toto* zu visualisieren versucht, zeigt die Überbauung des Seniorenheims Tschermakgarten durch die Abweichung in Orientierung und Materialisierung ganz deutlich, dass es sich bei den Römermauern um „etwas anderes" handelt. Beide Konzepte finden in technischer wie ästhetischer Weise Beachtung. Zweck und Ziel eines archäologischen Schutzbaus ist nicht zuletzt die Steigerung des Verständnisses für die überlieferten archäologischen Zeugnisse und der Transfer der damit verbundenen Denkmalwerte.

Literaturverzeichnis

Architektur aktuell 1979 = Seniorenheim Bregenz, in: architektur aktuell 74 (1979), 36–37.

Bader u. a. 2008 = Maria Bader/Irene Knoche/Johannes Pöll, Bericht des Bundesdenkmalamts, Abteilung für Bodendenkmale. Schutzbau für die Römervilla Brederis (Rankweil), in: Tätigkeitsbericht des Burgenausschusses (2008), 58–59.

Blesl 2015 = Christoph Blesl u. a., Fachgespräch „… zum physischen Schutz des archäologischen Erbes" am 20. August 2015 in Mauerbach (Niederösterreich), in: Fundberichte aus Österreich 54 (2015), D3–D54.

Blesl/Haas 2015 = Christoph Blesl/Stefanie Haas, Ein Überblick zu archäologischen Schutzbauten in Österreich, in: Blesl 2015, D6–D7.

Blesl/Ployer 2020 = Christoph Blesl/René Ployer u. a., Archäologische Schutzbauten in Österreich. Ein Überblick, in: Fundberichte aus Österreich 59 (2020), D199–D350.

Egger/Guldenschuh 2020 = Arno Egger/Karin Guldenschuh (Hg.), Dem Ort auf der Spur, Feldkirch 2020.

Ertel u. a. 2011 = Christine Ertel/Verena Hasenbach/Sabine Deschler-Erb, Kaiserkultbezirk und Hafenkastell in Brigantium. Ein Gebäudekomplex der frühen und mittleren Kaiserzeit (= Forschungen zur Geschichte Vorarlbergs 10), Tübingen 2011.

43 Zugleich sollte der Schutzbau das zu schützende Objekt nicht überflügeln oder „geringschätzen". Dazu Gollmann 2015, D24. Mitunter entstehen Szenarien, wie im Fall von Peter Zumthors Schutzbau in Chur Welschdörfli, „where the shelter itself becomes as much an attraction as the archaeology". Dazu Thompson/Ben Abed 2018, 20–22.

44 Zu den Entwurfskriterien Hoche-Donaubauer 2015, D11–D12.

Gollmann 2015 = Karl Friedrich Gollmann, Archäologie und Architektur: Schutzbauten. Anforderungen – Architektur – Anwendungen, in: Blesl 2015, D23–D29.

Haas 2014 = Stefanie Haas, Schutzbauten über archäologischen Stätten, unpubl. Dipl. TU Wien, Wien 2014.

Hämmerle o. J. = Marina Hämmerle, o. J., URL: https://www.marte-marte.com/projekt/roemervilla [eingesehen am 25.05.2023].

Heinz 2013 = Einblicke. Arbeiten von Karl Heinz, HMS, Innsbruck 2013.

Hoche-Donaubauer 2015 = Beatrix Hoche-Donaubauer, Architektonische Kriterien für die Präsentation archäologischer Stätten. Versuch einer denkmalfachlichen Kategorisierung, in: Blesl 2015, D10–D15.

Jenny 1893 = Samuel Jenny, Bauliche Ueberreste von Brigantium, in: Mittheilungen der k. k. Central-Commission zur Erforschung und Erhaltung der Kunst- und historischen Denkmale N. F. 19 (1893), 44–53.

Jenny 1894 = Samuel Jenny, Bauliche Ueberreste von Brigantium, in: Jahrbuch des Vorarlberger Landesmuseumsvereins 33 (1894), 21–35.

Marcher u. a. 2015 = Thomas Marcher/Johannes Pöll/Mathias Schranz, Ein physischer Schutz für das spätbronzezeitliche Brandgräberfeld Vomp, in: Blesl 2015, D40–D46.

Mitterer/Pöll 2016 = Sonja Mitterer/Johannes Pöll, Der archäologische Park Aguntum. Konservierungsgeschichte und aktuelle Vorhaben zur konservatorischen und gestalterischen Weiterentwicklung, in: Bernhard Hebert/Nikolaus Hofer (Hg.), Workshop „Alte Mauern – Neue Konzepte. Aguntum – Konservierung und Entwicklung" (= Fundberichte aus Österreich. Tagungsband 3), Horn 2016, 27–45.

Nemmert u. a. 2023 = Andreas Nemmert/Andrea Hassler/Oliver Stöhr, The Archaeological Landscape Park of Aguntum, an Alpine Roman town in East Tyrol. Synergy between cultural heritage, landscape protection, and biodiversity, in: Andreas Picker (Hg.), Archaeology and the Natural Environment. Proceedings of the International Conference Vienna, Austria, 24–25 March 2022 (= EAC occasional paper 18), Namur 2023, 13–16.

Peer 2016 = Johann Peer, Denkmal Guide Vorarlberg 2. Bregenz, Leiblachtal, Rheindelta, Hofsteig, Hohenems 2016.

Picker 2013 = Andreas Picker, Drusental und Rankweil. Karolingerzeit in der Vallis Drusiana. Bemerkungen zur archäologischen Evidenz, in: Hans Rudolf Sennhauser (Hg.), Wandel und Konstanz zwischen Bodensee und Lombardei zur Zeit Karls des Grossen. Kloster St. Johann in Müstair und Churrätien, Tagung 13.–16. Juni 2012 in Müstair (= Acta Müstair, Kloster St. Johann 3), Zürich 2013, 57–70.

Pöll 2007 = Johannes Pöll (Hg.), Archäologische Forschungen bei der Römervilla in Rankweil-Brederis. Grabung 2004. Grabungsbericht 3. Naturwissenschaftliche Analysen – Flurgeschichte (= Dokumente Rankweil 6), Rankweil 2007.

Pöll 2008 = Johannes Pöll, Archäologische Baudenkmale, in: Fundberichte aus Österreich 47 (2008), 88.

Pöll 2015 = Johannes Pöll, Was wir sehen, wenn wir nach der Grabung noch etwas sehen – Zur Konservierung der Römervilla von Rankweil-Brederis, in: Gerhard Grabher/Andreas Rudigier (Hg.), Archäologie in Vorarlberg (= vorarlberg museum Schriften 15), Bregenz 2015, 65–79.

Rabitsch 2019 = Julia Rabitsch, Sechs Häuser und ein Tempel. Ein Beitrag zur Siedlungsgeschichte von Brigantium/Bregenz (= Austria Antiqua 8), Oppenheim am Rhein 2019.

Rhomberg/Gamon 2004 = Anja Rhomberg/Thomas Gamon (Hg.), Archäologie im Walgau. Eine Bestandsaufnahme, Nenzing 2004.

Schnell/Stöckli 1975 = Hugo Schnell/Arnold Stöckli, St. Gerold – Großwalsertal (= Schnell Kunstführer 919), Regensburg² 1975.

Sommer 2018 = C. Sebastian Sommer, Wer rastet, der rostet. Über die Verwendung von korrodiertem Eisen, insbesondere COR-TEN-Stahl, und der Farbe Rot bei der Präsentation römischer Denkmäler, in: Michaela Aufleger/Petra Tutlies (Hg.), Das Ganze ist mehr als die Summe seiner Teile. Festschrift für Jürgen Kunow anlässlich seines Eintritts in den Ruhestand (= Materialien zur Bodendenkmalpflege im Rheinland 27), Bonn 2018, 593–600.

Spahr 1965 = Kolumban Spahr, Die romanische Basilika der Mehrerau in ihrer kunstgeschichtlichen Bedeutung, in: Das Münster 18 (1965), 1–9.

Standards 2015 = Bundesdenkmalamt (Hg.), Standards der Baudenkmalpflege, 2. korr. Auflage, Wien 2015.

Sydow 1985 = Wilhelm Sydow, Die Ausgrabungen in der Mauritiuskirche von Nenzing, in: Jahrbuch des Vorarlberger Landesmuseumsvereins (1985), 93–130.

Sydow 1990 = Wilhelm Sydow, Frühmittelalterliche Kirchen Vorarlbergs, in: Montfort 42/1 (1990), 9–18.

Sydow 2001 = Wilhelm Sydow, Kirchenarchäologie in Tirol und Vorarlberg. Die Kirchengrabungen als Quelle für Kirchen- und Landesgeschichte vom 5. bis in das 12. Jahrhundert (= Fundberichte aus Österreich. Materialhefte A 9), Wien 2001.

Thompson/Ben Abed 2018 = Jane Thompson/Aicha Ben Abed, Deciding to shelter: values and the management context, in: Zaki Aslan/Sarah Court/Jeanne Marie Teutonico u. a. (Hg.), Protective shelters for archaeological sites. Proceedings of a symposium, Herculaneum, Italy, 23–27 September 2013, London 2018, 13–39.

Vonbank 1965 = Elmar Vonbank, Die archäologische Untersuchung der romanischen Basilika in Bregenz-Mehrerau, in: Das Münster 18 (1965), 9–24.

Vonbank 1966 = Elmar Vonbank, Quellen zur Ur- und Frühgeschichte Vorarlbergs (III), in: Jahrbuch des Vorarlberger Landesmuseumsvereins (1966), 219–277.

Vonbank 1975 = Elmar Vonbank, Neuerliche Grabungen in Brigantium, in: Montfort 27 (1975), 438–439.

Vonbank 1978 = Elmar Vonbank, Archäologisches zu Kirchen und Gräbern, in: Nathanael Wirth (Hg.), Propstei Sankt Gerold. 978 Einsiedler Gerold – 1978 Begegnungsstätte Sankt Gerold – 1000 Jahre – ein Weg, Frauenfeld 1978, 36–39.

Vonbank 1985 = Elmar Vonbank, Römische Bauten in Brigantium–Bregenz, in: Günter Ulbert/Gerhard Weber (Hg.), Konservierte Geschichte? Antike Bauten und ihre Erhaltung, Stuttgart 1985, 259–262.

Wirth 1992 = Nathanael Wirth, Propstei St. Gerold (= Peda-Kunstführer 60), Passau 1992.

Abbildungsverzeichnis

Abb. 1, 2: Foto: Bettina Neubauer-Pregl, Bundesdenkmalamt
Abb. 3–6: Foto: Andreas Picker

Ute Ch. Kurz

FIGÜRLICHE TERRAKOTTEN AUS DEM RÖMISCHEN GRÄBERFELD VON BRIGANTIUM/BREGENZ[1]

Seit der Entdeckung des Gräberfeldes des römischen Brigantiums, des heutigen Bregenz, in den 40er Jahren des 19. Jhs. im Gebiet des heutigen Künstlerhauses Palais Thurn und Taxis und des umgebenden Parks kamen etwas über 1100 Gräber und etliche tausend Funde zutage.[2] Unter diesen ist die Gruppe der figürlichen Terrakotten mit einer Anzahl von neun Stücken mengenmäßig kaum zu erfassen. Aufgrund ihrer geringen Fundmenge könnte man den Tonfiguren aus dem Gräberfeld von Brigantium daher jegliche Signifikanz absprechen. Aber genau das Gegenteil muss der Fall sein. Gerade ihre Seltenheit steigert die Bedeutung der wenigen bekannten Beispiele und so werden diese hier mit einem kleinen Aufsatz gewürdigt.

Hunde

Die im Gräberfeld von Brigantium am häufigsten vertretenen figürlichen Terrakotten sind Hunde und Hähne. Von beiden sind jeweils drei Exemplare vorhanden. Die drei Hundefiguren weisen eine uniforme Grundikonographie auf, weichen in Einzelheiten aber voneinander ab: Ein Hund sitzt auf einer niedrigen Plinthe (= Platte). Kopf und Blickrichtung sind geradeaus nach vorne gewandt. Die deutliche und zudem ithyphallische Ausformung des männlichen Geschlechts definiert das Tier klar und stets als männlich. Der Körper von Hund Typ 1[3] (Abb. 1, 1; Abb. 2, 1) ist klein und gedrungen. Auch besitzt er dichtes, langstehendes Fell. Im Gegensatz dazu ist

---

1   Dem Kollegen Mag. G. Grabher vielen Dank für seine Unterstützung und so manchen wertvollen Hinweis. Besten Dank auch dem Vorarlberger Landesmuseumsverein für die Möglichkeit zur Publikation dieses Beitrags.

2   Zu den Grabungen und Funden des Gräberfeldes von Brigantium siehe v. a.: Jenny 1867; Jenny 1868; Jenny 1891; Jenny 1898; Schwerzenbach 1907; Schwerzenbach 1910; Schwerzenbach/Jacobs 1911a; Schwerzenbach/Jacobs 1911b; Hild 1930, 149–176; Hild 1950, 26–32; Konrad 1997; Bader 2012.

3   Inv. Nr. G 17.84. Erh. H: 9,5 cm, erh. B: 4,1 cm, erh. T: 3,5 cm; mehrere Fragmente – restauriert und teilweise ergänzt; Teile von Engobe erhalten? Siehe Jenny 1867, 12 Taf. II Abb. 7; Mazakarini 1970, Nr. 133 S. 254–255 (falsche Inventarnummernangabe) Taf. 136.

Abb. 1, 1: VS Hund Typ 1 | **Abb. 1, 2:** VS Hund Typ 2

an den Hunden Typ 2[4] (Abb. 1, 2; Abb. 2, 2) und Typ 3[5] (Abb. 2, 3) keine Fellangabe zu erkennen. Bei ihnen mag es sich demnach um Kurzhaarrassen handeln.[6] Hund Typ 2 ist größer und gestreckter als Hund Typ 1, dabei aber breiter als Hund Typ 3. Von letzterem ist lediglich der Rückenteil erhalten. Die Form des Schwanzes der Hunde aus Brigantium ist unbekannt.[7] Alle Hunde tragen ein Halsband mit Glöckchen. Das Halsband kann wie an Typ 3 glatt gearbeitet, oder durch Wülste gegliedert sein wie es Typ 1 (zwei Wülste) und Typ 2 (drei Wülste) zeigen. Das Glöckchen von Typ 1 ist traubenartig strukturiert.[8] Spitze, aufmerksam aufgestellte Ohren bil-

4   Inv. Nr. G 1905.103 aus BG 463. Erh. H: ca. 9,5 cm, erh. B: 4,3 cm, erh. T: ca. 6,3 cm; vier Fragmente zusammengesetzt; innen Fingerabdrücke des Koroplasten. Zur Figur und BG 463 siehe Schwerzenbach 1910, Sp. 106a, Abb. S. 105; Schwerzenbach in: Schwerzenbach/Jacobs 1911a, 14, Abb. S. 15; von Gonzenbach 1995, Nr. 16 229–230; Mazakarini 1970, Nr. 124 S. 325 (falsche Grabnummernangabe) Taf. 131, S. 325.
5   Inv. Nr. G 1908.3 (Das Stück besitzt dieselbe Inv. Nr. wie ein Henkelkrug aus BG 698). Erh. H: 9 cm, erh. B: 4,1 cm, erh. T: 7,4 cm. Siehe Schwerzenbach in: Schwerzenbach/Jacobs 1911b, 52; Mazakarini 1970, Nr. 122 S. 248 Taf. 130 (das Stück stammt nicht, wie Mazakarini auf S. 248 angibt, aus demselben Model wie Jenny 1880, 20 Abb. 7; Mazakarini 1970, Nr. 121 S. 246–247 Taf. 130).
6   Zur Frage nach der dargestellten Hunderasse siehe von Gonzenbach 1995, 228–231, 234–236 mit Literaturangaben zum Thema.
7   An Typ 1 ist zwar an der Rückseite ein Ansatz des Schwanzes erhalten, die Form kann daraus jedoch nicht abgelesen werden.
8   Die Zeichnung bei Jenny 1867, Taf. II Abb. 7 gibt das Glöckchen nicht korrekt wieder. Das Glöckchen von Typ 2 ähnelt dem von Typ 1, seine Struktur ist aber nicht gut erkennbar.

Abb. 2, 1: RS Hund Typ 1 | **Abb. 2, 2:** RS Hund Typ 2 | **Abb. 2, 3:** RS Hund Typ 3

den ein markantes Detail des Kopfes. Auf der Stirn liegen drei auffällige, senkrechte Furchen. Eine horizontale Rille teilt das Maul. Die Augen (mit punktartig vertieften Pupillen) treten stark hervor und werden zusätzlich durch breite Überaugenwülste akzentuiert. Die Köpfe der Typen 1 und 2 sind eher breit mit einer kleinen, spitzen Schnauze. Typ 3 wird, seinem schlanken Hinterkopf entsprechend, eine schmalere, längere Schnauze besessen haben.[9] Alle drei Hundestatuetten wurden mit Hilfe von Modeln/Matrizen produziert. Der Rückenteil der Figur stammt aus einer Form, der vordere Teil aus einer anderen. In lederhartem Zustand wurden beide Hälften zusammengesetzt, um die rundplastische Darstellung zu bilden. Die Verbindungsnaht ist häufig – so z. B. an Typ 1 der Hunde – zumindest leicht sichtbar.[10] Mehrere Details der Hundestatuetten wurden von Hand mit dem Stöckchen gearbeitet, so die Furchen auf der Stirn, die Rille im Maul und die Wülste des Halsbandes. Auch sind die Vorderbeine der Tiere von Hand geformt und angesetzt. Neben der einheitlichen Grundikonographie und der gemeinsamen Produktionsart besitzen die Terrakotten als weiteres verbindendes Merkmal denselben feinen, hellen, fast wei-

9   Ähnlich wie Jenny 1880, 20 Abb. 7.
10 In der Regel besitzen die Terrakotten ein Brennloch (etwa an der Unterseite oder der Rückseite der Figur), welches das Bersten der tönernen Artefakte beim Brand verhinderte. An Hahn Typ 1 (siehe hier S. 65) findet sich ein Brennloch an der Unterseite der Fußplatte und auch an Hund Typ 1 scheint ein Brennloch vorhanden zu sein.

ßen Ton.[11] Herstellungstechnik, Typologie, Stil und auch der Ton der Statuetten sprechen für eine Herkunft der Stücke aus Mittelgallien, wo es seit dem 1. Jh. n. Chr. im Bereich der oberen Loire, insbesondere um das Gebiet des Flusses Allier, zahlreiche Koroplastikmanufakturen gab.[12] Bestätigt wird diese Vermutung durch Vergleichsbeispiele aus Mittelgallien, an welche die Hundefiguren aus Brigantium anzuschließen sind.[13] Aber auch an Fundorten außerhalb des heutigen Frankreichs, etwa in den antiken Provinzen Rätien[14] – in der Brigantium lag – und Noricum – dort z. B. im Gräberfeld am Bürglstein in Salzburg[15] –, kamen gleichartige Hundeterrakotten zutage.[16] Sie sind, ebenso wie die Figuren aus Bregenz, als Importe aus Mittelgallien anzusprechen. Eine Datierung der mittelgallischen Terrakotten ist generell schwierig.[17] Was die von den Beispielen aus Brigantium vertretenen Hundefiguren betrifft, so sind diese laut von Gonzenbach zeitlich vom 1. Jh. bis ins 2. Viertel des 2. Jhs. n. Chr. anzusetzen.[18] Den Hund Typ 2 aus Brigantium listet von Gonzenbach unter den „hadrianisch" zu datierenden Beispielen auf.[19] Mazakarini datiert die Hunde Typ 2 und Typ 3 in die 1. Hälfte des 2. Jhs. n. Chr.[20]

Hähne

Die drei Hahnfiguren aus dem Gräberfeld von Brigantium sind im Vergleich mit den Hunden von wesentlich individuellerer Art. Sie unterscheiden sich nicht nur in der Tonbeschaffenheit, sondern auch in Stil, Typologie und teilweise auch in der Art der Herstellung voneinander. Ihre Fabrikationsgebiete sind demnach nicht iden-

---

11 Dieser Ton (siehe auch Hahn Typ 1 Abb. 3,1 und die Venusstatuette Abb. 4) weist einzelne, bis zu ca. 2 mm große Magerungspartikel auf.

12 Zur Herstellungstechnik der mittelgallischen Terrakotten siehe u. a. Camuset-Le Porzou 1985, 10–14; Barbet/Piton 1992/93, 349–351; Rouvier-Jeanlin 1972, 24–25; Dijon 1985, 2–4. Zur Herstellungstechnik der Terrakotten aus dem Rhein-Mosel-Gebiet (besonders auch im Unterschied zu den mittelgallischen Fabrikaten), die ebenfalls teilweise aus hellem, weißem Ton bestehen, siehe u. a. Rüger 1980, 17–26; Lange 1994, 124–128; De Beenhouwer 2014, 12–19; Kaszab-Olschewski/Wilke 2019.

13 Siehe u. a. Rabeisen/Vertet 1986, Nr. 271–281 S. 176–179 Taf. 33–34, Nr. 271 S. 176 Taf. 33 (zu Hund Typ 2), Nr. 272 S. 176 Taf. 33 (zum Kopfbereich von Hund Typ 1); Dijon 1985, Nr. 347 S. 142 Taf. XLII; Rouvier-Jeanlin 1972, 77 „Type I", Nr. 1051–1066 S. 345–348, Nr. 1058 S. 346 (zu Hund Typ 1); Mazakarini 1970, 255 nennt Parallelen zu Hund Typ 1 „aus dem gleichen Model".

14 Siehe z. B. Mackensen 1978, 116 bzw. 116–119 Taf. 117, 4–5; Taf. 141, 4; Taf. 142, 1; Taf. 185.

15 Siehe Lange 1990, Kat.-Nr. 87–96 S. 123–126.

16 Siehe zusätzlich von Gonzenbach 1995, 229–231 mit Angabe etlicher Fundorte in Gallien und andernorts. Zu Funden aus Tongeren siehe De Beenhouwer 2014, Series 54 TO 79 S. 185–186 Abb. S. 221.

17 Zum Problem der Datierung der mittelgallischen Terrakotten siehe z. B. Rouvier-Jeanlin 1972, 25–26; Camuset-Le Porzou 1984, 14–15; Dijon 1985, 160; vgl. Bémont/Jeanlin 1993 zu Datierungsfragen.

18 Siehe von Gonzenbach 1995, 231.

19 von Gonzenbach 1995, Nr. 16 S. 229.

20 Mazakarini 1970, Nr. 124 Taf. 131; Mazakarini 1970, Nr. 122 Taf. 130. Für Hund Typ 1 gibt Mazakarini (1970, Nr. 133 Taf. 136) keine Datierung an.

Abb. 3, 1: Hahn Typ 1 │ **Abb. 3, 2:** Hahn Typ 3 │ **Abb. 3, 3:** Hahn Typ 2

tisch. An die Hunde anzureihen ist allein Typ 1[21] (Abb. 3, 1) der Hähne. Er entspricht den Hunden in Tonbeschaffenheit und -farbe sowie in der Produktionsweise. Hahn Typ 1 erhebt sich stehend auf einer runden Basis. Die heute vorhandene flache, glatte Platte stellt eine moderne Ergänzung dar. Sie weicht wahrscheinlich vom antiken Original ab – insbesondere fehlt die Angabe der Vogelfüße. Der Körper des Vogels besitzt einen vergleichsweise schweren, kugeligen Bau. Der Kopf des Tiers ist verloren. Gebogene, teilweise beinahe halbkreisförmige Kerblinien formen das Gefieder an Hals und Brust. Die Flügel sind im oberen, bauchnahen Bereich glatt gestaltet. Die Schwungfedern werden durch horizontale Linien, die durch schräge Kerben strukturiert sind, gegliedert. Der Bereich der Schwanzfedern ist ebenfalls in mehrere horizontale Zonen geteilt und diese mit schrägen Kerben versehen. Hahn Typ 1 kann, wie bereits angedeutet, aufgrund der Herstellungstechnik und der Tonbeschaffenheit sowie der Typologie und des Stils als mittelgallisches Erzeugnis identifiziert werden. Die Figur zeigt Analogien zu Funden aus Mittelgallien,[22] findet aber außer-

---

21   Der Fund aus BG 918 besitzt keine Inv. Nr. (Ab BG 762 werden die Funde aus den Gräbern im Inventarbuch nicht mehr mit separaten Nummern angeführt). Erh. H: 7,2 cm, B: 4,7 cm, erh. T: 8,6 cm; Oberflächenrisse – mangelnde Tonqualität; rosarote Oberflächenverfärbungen. Siehe Mazakarini 1970, Nr. 167 S. 279 Taf. 152, S. 331.

22   Siehe u. a. Camuset-Le Porzou 1985, Nr. 33 S. 80–81, S. 71; Barbet/Piton 1992/93, Nr. 35 S. 360 mit Abb. auf S. 358 (Schwanzfragment); Rabeisen/Vertet 1986, Nr. 285–293 S. 180–183 Taf. 35–36; Dijon 1985, Nr. 369–375 S. 153–155 Taf. XLVI; Rouvier-Jeanlin 1972, 83–84, Nr. 1169–1190 S. 381–387; von Gonzenbach 1995, 258–260.

dem Parallelen unter mittelgallischen Importen, die beispielsweise im Salzburger Gräberfeld am Bürglstein zutage kamen.[23] Von Gonzenbach schreibt in Bezug auf den vergleichbaren mittelgallischen Hahntyp: „Im ganzen 1. und früheren 2. Jahrhundert begegnet er überaus häufig, zweifellos viel häufiger als später. Aus den Grabinventaren scheint er nach der Mitte des 2. Jahrhunderts zu verschwinden".[24] Lange gibt für das Hahn Typ 1 nächstverwandte Vergleichsbeispiel aus Salzburg eine Datierung in flavisch-trajanische Zeit an.[25] Mazakarini ordnet Hahn Typ 1 aus Brigantium in die 1. Hälfte des 2. Jhs. n. Chr. ein.[26] Vom nächsten Hahn Typ 2[27] (Abb. 3, 3) ist lediglich der Kopf mit Hals vorhanden. Er ist zwar modelgeformt,[28] besteht aber, anders als die zuvor betrachteten Terrakotten, aus rotbraunem, deutlich gemagertem Ton. Den Kopf des Vogels kennzeichnen ein stark ausgeprägter Kehllappen sowie ein großer Kamm. In den kreisrunden Augen findet sich eine Punktvertiefung. Federn, die durch Kerben und breite Rinnen angegeben sind, schmücken den Hals. Da der Körper von Hahn Typ 2 gänzlich unbekannt ist, gestaltet sich die Suche nach Entsprechendem äußerst schwierig. Seriöse, definierende Vergleiche können kaum angestellt werden. Eine Fabrikation in Mittelgallien ist für Hahn Typ 2 auszuschließen. Zum einen zeigt die Kopfdarstellung wenig Ähnlichkeiten mit jener der mittelgallischen Hähne vom Typ 1, zum anderen spricht die Tonbeschaffenheit dagegen. Die Zuordnung an ein (anderes) Produktionsgebiet ist für Hahn Typ 2 vorerst jedoch unmöglich, da keine Vergleichsbeispiele vorliegen.[29] Von einer zeitlichen Einordung des Stücks wird Abstand genommen.[30] Die Figur des letzten Hahnes Typ 3[31] (Abb. 3, 2) ist, bis auf den fehlenden Kopf, intakt. Die Terrakotte unterscheidet sich vom bislang Gesehenen grundlegend durch die Art ihrer Herstellung, denn Hahn Typ 3 wurde entweder von Hand geformt, oder der Rumpf des Tieres wurde auf der Drehscheibe getöpfert[32] – ein klares Indiz für Letzteres wären Drehrillen, die aber nicht sichtbar sind. Die Oberfläche des Tierkörpers ist leicht rau – der verwendete Ton ist deutlich und vergleichsweise grob gemagert. Die Farbe des Tons ist rotbraun. Details wie das Gefieder

23 Siehe z. B. Lange 1990, Kat.-Nr. 101 S. 129. Zu weiteren Funden mittelgallischer Hähne außerhalb Galliens siehe u. a. von Gonzenbach 1995, 258–260.

24 von Gonzenbach 1995, 259.

25 Lange 1990, Kat.-Nr. 101 S. 129.

26 Mazakarini 1970, Nr. 167 Taf. 152.

27 Inv. Nr. G 66.325. Erh. H: 5,6 cm, erh. B: 2,5 cm, erh. T: 3,2 cm; mehrere Fragmente – restauriert und teilweise ergänzt; kleine Oberflächenbrüche. Siehe Jenny 1891, 154; Mazakarini 1970, Nr. 171 S. 281–282 Taf. 153.

28 Auch hier ist an den Seiten die Verbindungsnaht der beiden Hälften zu erkennen.

29 Vgl. Mazakarini 1970, Nr. 171 S. 281–282 ohne Angaben von Vergleichsbeispielen. Einzelne Beispiele italischer Hahnfiguren finden sich bei von Gonzenbach 1995, 257–258.

30 Vgl. Mazakarini 1970, Nr. 171 Taf. 153: „Datierung: ?".

31 Inv. Nr. G 1896.234 aus BG 283. Erh. H: 8 cm, erh. B: 5,1 cm, erh. T: 8,6 cm; Fuß und Schwanz gebrochen – restauriert. Siehe Jenny 1898, 18; Mazakarini 1970, Nr. 178 S. 285 Taf. 157.

32 ... und Teilbereiche wie Kopf und Schwanz separat geformt und angesetzt.

wurden am Köper nicht ausgearbeitet. Hahn Typ 3 entspricht als Ganzes in hohem Maße Hahnfiguren, die unter den Funden des schon mehrfach genannten Salzburger Gräberfeldes am Bürglstein vertreten sind.[33] Diese stammen laut Lange aus einheimischen Werkstätten Rätiens und Noricums und entstanden vermutlich im 2. Jh. n. Chr.[34] Für Hahn Typ 3 wird daher eine Produktion in Rätien oder Noricum und eine Datierung ins 2. Jh. n. Chr. angedacht.

Venus

Die Hunde und Hähne sind mit ihren jeweils drei Vertretern recht dominant im Fundgut des Gräberfeldes von Brigantium. Ob und gegebenenfalls welche Bedeutung den Figuren, auch in Verbindung mit ihrer relativen Häufigkeit, zukommt, wird später thematisiert. Die anderen drei der neun figürlichen Terrakotten aus dem Gräberfeld liegen im Gegensatz zu den Hähnen und Hunden jeweils als Einzelstücke vor. Auch unterscheiden sie sich formal grundlegend von den Hunden und Hähnen. Bei den restlichen drei Terrakotten handelt es sich nämlich um anthropomorphe Gestalten. Die erste Figur führt in die römische Götterwelt. Die Dargestellte ist unmissverständlich als Göttin Venus zu erkennen, auch wenn von der Statuette nur ein verhältnismäßig kleiner Teil bekannt ist (Abb. 4).[35] Oberkörper und Kopf sind nicht erhalten, das vorhandene Fragment zeigt den vorderen Teil des Unterkörpers der Figurine, die Rückseite und Füße sind gebrochen. Die Ikonographie präsentiert die Göttin stehend – ihr rechtes Bein ist etwas vorangestellt – und unbekleidet. Ihr ein-

Abb. 4: Fragment einer Venusstatuette

33 Siehe Lange 1990, 172, Kat.-Nr. 173 und 174 S. 178 mit Drehrillen, vgl. Kat.-Nr. 179 S. 179 (Taube) handgeformt.

34 Siehe Lange 1990, 172, Kat.-Nr. 173 und 174 S. 178. Vgl. Mazakarini 1970, Nr. 178 Taf. 157: „Datierung: ?".

35 Inv. Nr. G 66.160. Erh. H: 9 cm, erh. B: 5,2 cm, erh. T: 1,8 cm; mehrere Fragmente – restauriert (kleine Oberflächenbrüche). Siehe Mazakarini 1970, Nr. 36 S. 171–172 Taf. 82. Das Stück ist nicht, wie Mazakarini meint, modelidentisch mit Bregenz Inv. Nr. B 580 (siehe Jenny 1882, 18 Abb. 6; Mazakarini 1970, Nr. 34 S. 170–171 Taf. 80).

ziges Kleidungsstück, einen Mantel, hält die Göttin neben dem Körper in der linken Hand. Durch das Fassen des Stoffes entstehen zwei Bäusche unterhalb der Hand, der Rest des Tuchs fällt in Zick-Zack-Falten neben dem Bein nach unten. Ins Auge sticht der cremefarbene, fast weiße, feine Ton, aus dem das modelgeformte Stück besteht. Dieser erinnert an den Ton der Hundefiguren und den von Hahn Typ 1 und damit an die Produkte der mittelgallischen Koroplastikwerkstätten. Bei einer Studie des veröffentlichten Materials an mittelgallischen Terrakotten stößt man auf den sog. Typ Gauting, einen von von Gonzenbach so benannten mittelgallischen Venus-typ. Dieser stimmt in dem von der Venus aus dem Gräberfeld von Brigantium vor-handenen Bereich überein und zeigt auch, dass die rechte Hand der Gottheit, die nicht erhalten ist, in die langen, neben dem Kopf herunterhängenden Haare fasste. Die Göttin erscheint demnach in der Ikonographie der Anadyomene: Venus ist gerade dem Wasser entstiegen, die rechte Hand streift das Wasser aus den Haa-ren. Da der Kopf unserer Venus nicht bekannt ist, kann eine genauere Typen-zuweisung nicht gegeben werden.[36] In der Beschreibung des Typs Gauting bei von Gonzenbach findet sich eine Zeitstellung von „nach etwa 130 bis ins 3. Jahrhun-dert".[37] Mazakarini setzt die Venus aus dem Gräberfeld von Brigantium, wie auch ihre Vergleichsbeispiele, chronologisch zwischen dem Ende des 1. und dem Anfang des 2. Jhs. n. Chr. an.[38]

Gelagertengruppe

Von der nächsten Terrakotte wurde bei den Grabungen lediglich ein kleines Bruch-stück entdeckt (Abb. 5).[39] Es umfasst den Kopf und rechten Teil des Oberkörpers einer menschlichen Gestalt. Die Tonfigur ist modelgeformt, der verwendete Ton weist zahlreiche sichtbare Magerungspartikel auf. Die Farbe der Terrakotte ist hellbraun. Auffällig ist das stark verwaschene Relief des Fragments. Zu sehen ist der Kopf eines wohl männlichen Individuums, über den ein Tuch gezogen ist. Von den Konturen des Gesichts hat sich allein die hervorstehende, längliche Nase erhalten. Flachere Partien wie die Augen und der Mund sind kaum auszumachen. An den Seiten sind

---

36 Zum Typ Gauting siehe von Gonzenbach 1995, 108–113, in 110–113 unterscheidet sie mehrere Varianten. Vergleichbar mit dem Typ Gauting ist: Rouvier-Jeanlin 1972, 45 „type II", 47, Nr. 36–112 S. 102–120; Dijon 1985, „Type II" Nr. 61–76 S. 27–32 Taf. II–VI; Barbet/Piton 1992/93, Nr. 2 S. 353 mit Abb. auf S. 354. Zu mittelgallischen Venusfiguren allg. siehe zusätzlich Camuset-Le Porzou 1985, 26–51; Poncin 1997, 849–852; Barbet/Piton 1992/93, 351–355.

37 von Gonzenbach 1995, 111. Barbet/Piton 1992/93 geben für Nr. 2 auf S. 353 eine Datierung in die 1. Hälfte des 2. Jhs. n. Chr. an.

38 Siehe Mazakarini 1970, Nr. 36 Taf. 82. Vgl. Mazakarini 1970, Nr. 35 Taf. 81 aus Carnuntum.

39 Inv. Nr. 1896, 258 aus 297. Erh. H: 5,3 cm, erh. B: 3,5 cm, erh. T: 1,8 cm. Siehe Mazakarini 1970, Nr. 11 S. 148–149 Taf. 67.

die Ohren in Form von Vertiefungen im Relief vorhanden, über ihnen findet sich je eine Verdickung (= Darstellung von Haaren?). Vor der rechten Seite des Oberkörpers liegt ein nackter Unterarm, dessen Hand zum Kinn des Mannes greift und einen Teil des Mundes verdeckt. Das Inventarbuch listet das Fragment mit der Bemerkung „wohl Harpocrates" auf. Diese inhaltliche Deutung wurde später allgemein übernommen.[40] Harpokrates ist die griechische Transkription des ägyptischen Wortes für „Horus, das Kind",[41] Harpokrates ein griechisch-römischer Horus-Kindergott. Als – auf jeden Fall für uns – bestimmendes Element der Harpokrates-Ikonographie gilt ein erhobener, an den Mund gelegter rechter Zeigefinger.[42] Ein solcher ist allerdings auf dem Fragment von Abb. 5 nicht zu sehen. Stattdessen liegt eine flache Hand

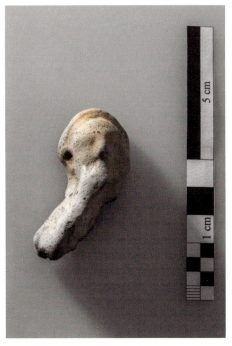

Abb. 5: Fragment einer Terrakotte eines zum Mahl gelagerten Ehepaares

auf Kinn und Mund einer erwachsen wirkenden, als Mann identifizierbaren Person. Wir haben demnach m. E. keinen Harpokrates vor uns. Vielmehr handelt es sich bei dem Fragment von Abb. 5, so wird hier vorgeschlagen, um den Rest der Terrakotte eines auf einer Kline (= Liege) zum Mahl gelagerten Ehepaares. Der vorhandene Unterarm und die Hand würden in diesem Fall der Ehefrau, die auf der rechten Seite des Gatten liegt und in einem Zuneigung und Zusammengehörigkeit ausdrückenden Gestus zu ihrem Ehemann hinüber fasst, gehören. Entsprechende Terrakotten von zum Mahl gelagerter Ehepaare sind aus Oberitalien – beispielsweise aus Biella[43] und Novara[44] – bekannt. Auch stammt ein unserem ganz ähnliches Beispiel, einmal mehr, aus dem Gräberfeld am Bürglstein in Salzburg.[45] Jenes wird ins 1. Jh. n. Chr. datiert,[46]

---

40 Siehe z. B. Mazakarini 1970, Nr. 11 S. 148–149 Taf. 67.

41 Siehe LIMC IV–I, 415.

42 Siehe LIMC IV–I, 418; LIMC IV–II, 242–266; vgl. u. a. eine Statuette aus dem Gräberfeld am Bürglstein, siehe Mazakarini 1970, Nr. 10 S. 148 Taf. 66; Lange 1990, Kat.-Nr. 172 S. 171.

43 Siehe von Gonzenbach 1986, 51–53 (Ton als „rotbraun" beschrieben), Nr. 13 S. 52 Taf. 7, 6; Taf. 19, 2.

44 Siehe von Gonzenbach 1986, Taf. 19, 3 (Provinz Novara).

45 Siehe Mazakarini 1970, Nr. 84 S. 221–222 (mit Angaben älterer Literatur; das Stück besitzt rotgrauen Ton) Taf. 115; Lange 1990, Kat. Nr. 104 S. 181 („hellbrauner Ton"); von Gonzenbach, 1986, Nr. 17 S. 77 Taf. 91, 4; von Gonzenbach 1995, 205.

46 So von Mazakarini 1970, Taf. 115 Nr. 84 (2. H. 1. Jh. n.); Lange 1990 Kat.-Nr. 184 S. 181.

von Gonzenbach hält es für ein oberitalisches Produkt.[47] So dürfen wir möglicherweise und mit Vorbehalt in der Terrakotte von Abb. 5 ein oberitalisches Fabrikat aus dem 1. Jh. n. Chr. erkennen.[48]

Reiter auf Pferd

Die neunte und letzte figürliche Terrakotte aus dem Gräberfeld von Brigantium liegt ebenfalls nur fragmentarisch vor (Abb. 6).[49] Sie ist ein Unikum unter den Funden des Gräberfeldes. Sie wurde von Hand geformt, aus einem feinen, rötlich-hellbraunen Ton. Ihre Gestaltung ist sehr einfach, beinahe grob. Bei der Darstellung handelt sich um einen Reiter auf Pferd. Erhalten ist der untere Teil des Tieres – die Beine sind gespreizt –, der Hals mit Kopf und der Schweif sind gebrochen. Vom Reiter ist lediglich ein kleines Gewandstück mit Längsstreifen zu sehen. Seine Ikonographie bleibt im Grunde gänzlich unbekannt. Die Primitivität der Statuette bezeugt, dass die tönerne Figur nicht von einem geübten Handwerker, Koroplasten erschaffen wurde.

Abb. 6: Reiter auf Pferd, fragmentarisch

47 von Gonzenbach 1995, 205: „Im Katalog irrig als mg bestimmt; von Lange Tk Salzburg Nr. 184 als einheimische Imitation bezeichnet, halten wir das Stück nun für oberitalisch aus schlechtem Model wie *Biella 13*".
48 Sowohl die genannten Funde aus Biella und Novara als auch jener aus Salzburg besitzen eine mit der des Stücks aus Bregenz vergleichbare schlechte Reliefschärfe.
49 Inv. Nr. 1910.5. Erh. H: 4 cm, erh. B: 2,4 cm, erh. T: 4,6 cm. Siehe Mazakarini 1970, Nr. 92 S. 230 Taf. 119.

Eine ‚spontane' Fertigung, vielleicht sogar vor Ort in Brigantium ist vorstellbar. Denkbar ist auch, dass für die Darstellung kein statuarisches Vorbild,[50] sondern ein Reiter in Fleisch und Blut gedient hat. Für eine Datierung der Terrakotte gibt es keine Anhaltspunkte.[51]

Fundzusammenhang, Verwendung und Bedeutung

Die neun hier vorgestellten figürlichen Terrakotten stammen alle aus dem Bereich des römischen Gräberfeldes von Brigantium. Für mehr als die Hälfte der Figuren ist jedoch keine klare Grabzugehörigkeit gegeben.[52] Hund Typ 1 kam im Jahr 1847 zutage – die Funde dieses Jahres sind ohne Angabe von Grabnummern und Fundumständen im Inventarbuch eingetragen und publiziert. Hund Typ 2 wird als Inventar von BG (= Brandgrab) 463 geführt, Schwerzenbach schreibt zu BG 463 allerdings: „… es scheinen hier zwei Brandgräber durch die nachfolgenden Beerdigungen zerstört zu sein."[53] Demnach liegt keine Verbindung mit einem bestimmten Grab vor. Bei Hund Typ 3 handelt es sich um einen Streufund aus dem Jahr 1908. Hahn Typ 1 stammt aus BG 918, aufgedeckt 1912. Hahn Typ 2 ist ein Streufund aus dem Bereich der Gräber 110–147. Hahn Typ 3 gehört zum Inventar von BG 283. Die fragmentarische Venusfigur wird im Inv. Buch als Streufund aus dem Jahr 1866 von der Ost-Ecke Anton Schneiderstraße und Bergmannstraße aufgelistet. Das kleine Fragment der Gelagertengruppe von Abb. 5 wiederum stellt laut Inv. Buch den einzigen Fund aus Grab 297 dar. Die Grabzuweisung ist daher eventuell mit Skepsis zu betrachten.[54] Beim Reiter mit Pferd, gefunden 1910, handelt es sich einmal mehr um einen Streufund. Wie aus dieser Zusammenstellung hervorgeht, ist für die neun Terrakotten aus dem Gräberfeld von Brigantium zwar der Sepulkralzusammenhang bewiesen, bei etlichen handelt es sich aber offenbar nicht um Grabbeigaben. Die wenigen, definitiv als solche ansprechbaren Grabbeigaben – Hahn Typ 1, Hahn Typ 3 und Hund Typ 2 – stammen mit einiger Wahrscheinlichkeit aus Gräbern weiblicher Individuen:

---

50 Zum Motiv des Reiters mit Pferd im mittelgallischen Bereich siehe etwa Rouvier-Jeanlin 1972, 66–67, Nr. 581–594 S. 239–243; von Gonzenbach 1995, 214–216 (Reiter mit Lanze und Schild). Zu einer oberitalischen Terrakotte (Reiter mit Lanze und Schild) vom Magdalensberg siehe von Gonzenbach 1995, 213; vgl. Mazakarini 1970, Nr. 91 S. 229–230 Taf. 119 (Reiter aus Carnuntum); Lange 1990, Kat.-Nr. 75 S. 111 (Reiter aus Salzburg), vgl. allg. S. 110.

51 Vgl. Mazakarini 1970, Nr. 92 Taf. 119: „Datierung ?".

52 Die im Folgenden angegebenen Informationen zu den Fundumständen der Terrakotten finden sich im Inv. Buch des Gräberfeldes und für einige der Stücke auch in der hier bei den einzelnen Beispielen angeführten Literatur.

53 Schwerzenbach in: Schwerzenbach/Jacobs 1911a, 14.

54 Im Depot des vorarlberg museums befindet sich beim Fundmaterial von Grab 297 eine Wandscherbe eines Gefäßes (möglicherweise einer Urne), die aber nicht im Inv. Buch verzeichnet ist. Im Inv. Buch wurde bei Grab 297 das „G" nachträglich zu „BG" ergänzt.

Zum Inventar der Gräber BG 918 und BG 283 gehört jeweils u. a. ein Spiegel, Hund Typ 2 (geführt als Teil des Inhalts von BG 463) war am Platz seiner Auffindung mit einem Spiegel vergesellschaftet. Für das Gelagertenfragment aus Grab 297 lässt sich keinerlei Aussage hinsichtlich des (möglichen) Bestatteten treffen. Von Gonzenbach schreibt bezüglich der Figuren des gelagerten Ehepaars aus Italien: „Die Tonstatuetten stammen sämtlich aus Gräbern. Wir möchten annehmen, daß in ihnen der weniger bemittelten Bevölkerung ein erschwinglicher Ersatz für die viel kostspieligeren steinernen Grabreliefs angeboten worden ist."[55] Eine Verwendung als Grabrelief würde allerdings eine oberirdische Aufstellung verlangen, die für das Fragment von Abb. 5, wenn man die Herkunft aus Grab 297 akzeptiert, auszuschließen ist. Was das Alter der Verstorbenen, in deren Gräbern figürliche Terrakotten gefunden wurden, betrifft, so gibt es dafür keine aussagekräftigen Hinweise. Auf jeden Fall aber kann für die Terrakotten aus dem Gräberfeld von Brigantium aus dem Fundzusammenhang heraus keine Verbindung zu Kindergräbern abgeleitet werden,[56] wenn auch für einzelne Stücke eine Verwendung als Spielzeug denkbar ist. So für Hahn Typ 3, der als Rassel, auch mit apotropäischer (sprich Übel abwehrender) Wirkung, gedient haben mag[57] und für den Reiter mit Pferd, der wie ein eigens, zu einem bestimmten Zweck oder auf Wunsch geschaffenes Einzelstück wirkt. An Hund Typ 1 und 2, Hahn Typ 3 und dem Fragment von Abb. 5 sind (meist leichte) Spuren von Sekundärbrand sichtbar. Man kann demnach wohl davon ausgehen, dass diese Figuren bei der Leichenverbrennung mit ins Feuer ,geraten' sind. Des Weiteren kann die Tatsache, dass keine der Terrakotten aus dem Gräberfeld von Brigantium intakt aufgefunden wurde, auf eine intentionelle Zerstörung der Stücke während der Bestattung hindeuten. Dass nur manche der Terrakotten bzw. Fragmente von ihnen anschließend ins Grab gelangten, mag mit einer gewissen Unachtsamkeit beim Auflesen des Leichenbrandes und mitverbrannter Beigaben zusammenhängen. Wahrscheinlich stammen die Tonfiguren aus dem Gräberfeld von Brigantium aus dem persönlichen Besitz des jeweiligen Verstorbenen oder vielleicht auch einer bei der Zeremonie anwesenden, dem Toten nahestehenden Person.

Die mittelgallischen Terrakotten, zu denen die Mehrzahl der figürlichen Terrakotten aus dem Gräberfeld von Brigantium (die drei Hunde, Hahn Typ 1 und die Venusstatuette) gehört, sind industriell gefertigte Massenware. In ihrem Heimatgebiet werden sie daher vergleichsweise kostengünstig gewesen sein. Als Importe

---

55 von Gonzenbach 1995, 206, vgl. 404, 417.

56 Zur (problematischen) Deutung von figürlichen Terrakotten in Gräbern als Kinderspielzeug siehe Mazakarini 1970, 405–406; Lange 1990, 112; von Gonzenbach 1995, 419–420, 424. Zur Verwendung von Tierfiguren allg. siehe z. B. Rüger 1980, 92.

57 Siehe hierzu Jenny 1898, 18; Lange 1990, 112, 118–119. Durch seinen vergleichsweise kompakten Bau ist der Hahn verhältnismäßig stabil und aufgrund der rundlichen Form seines Körpers liegt er gut in der Hand.

hatten sie in dem von ihrem Produktionsgebiet fernen Brigantium hingegen sicher einen bestimmten Wert.[58] Das den Käufern in Brigantium zur Verfügung stehende Repertoire an Terrakotten war allerdings eingeschränkt. Die Einwohner der stadtähnlichen Siedlung und ihrer Umgebung konnten nur kaufen, was die Händler auf ihrem Weg mit sich führten. So verwundert es nicht, dass sich im Gräberfeld Brigantiums Vertreter allgemein beliebter, viel produzierter Figuren, wie die drei Hunde und die Venus, fanden. Die mittelgallischen Hunde waren ‚allerorts‘ beliebte Grabbeigaben. Dem antiken Verständnis nach verlieh die ithyphallische Darstellung den Tieren Kraft. Sie war gebunden an Fruchtbarkeit und Leben und sollte apotropäisch wirken. Als „bester Freund des Menschen"[59] konnte der Hund den Toten als Gefährte im Jenseits begleiten und das Tier war auch als Wächter einsetzbar.[60] Die letztgenannte Möglichkeit ist besonders hinsichtlich der Terrakotten, die erwiesenermaßen keine Grabbeigaben waren, interessant. Auf dem Grab platziert, konnten die Hundefiguren zum einen den Verstorbenen behüten, zum anderen aber auch zur oberirdischen Markierung des Grabes dienen: Bei den im Jahr 2011 in Bregenz durchgeführten Grabungen wurde beobachtet, dass ältere Brandbestattungen von jüngeren Brandbestattungen verschont blieben und auch spätere Körpergräber die älteren meist unversehrt ließen. Eine obertägige Kennzeichnung der Gräber ist daher wahrscheinlich.[61] Figürliche Terrakotten aus Brigantium, die als Streufunde etc. zutage kamen, könnten also zur oberirdischen Markierung von Gräbern gedient haben.[62] Die Venusstatuette repräsentierte die Göttin. Der, oder vielleicht eher die, Verstorbene war möglicherweise eine besondere Anhängerin der Göttin. Durch ein Aufstellen der Figurine auf dem Grab der Toten wurde Letztere der Göttin anempfohlen, dem Schutz der Verehrten unterstellt.[63] Der Hahn wiederum dient(e) auf dem Bauernhof dazu, den Wechsel zwischen Nacht und Tag anzuzeigen. Im Sepulkralzusammenhang mag er Sinnbild für den Übergang zwischen Tod und Leben danach gewesen sein.[64] Dies trifft sowohl bei einer Verwendung der Hahnfiguren als Grabbeigaben als auch bei einer oberirdischen Aufstellung zu.

---

58 Vgl. zum Thema (auch zur allgemeinen Bezeichnung figürlicher Terrakotten als billige Massenware) von Gonzenbach 1995, 21, 386, 388, 415, 417.
59 Vgl. Rouvier-Jeanlin 1972, 77; Lange 1990, 116; von Gonzenbach 1995, 235.
60 Vgl. Rouvier-Jeanlin 1972, 77; Dijon 1985, 129; Lange 1990, 30, 114, 116–118; von Gonzenbach 1995, 235, 424. Zur Bedeutung von Hundefiguren im Grabzusammenhang siehe auch De Beenhouwer 2014, 111.
61 Siehe Bader 2012, 64.
62 Wenn man sich in diesem Fall auch einen intakten Zustand der jeweiligen Terrakotte und keine sekundären Brandspuren am Stück wünschen würde. Zur obertägigen Aufstellung figürlicher Terrakotten auf Gräbern vgl. z. B. Lange 1990, 30; von Gonzenbach 1995, 422; De Beenhouwer 2014, 110–111.
63 Vgl. hierzu Camuset-Le Porzou 1985, 15. Zur inhaltlichen Bedeutung mittelgallischer Venusfiguren (auch im Grabzusammenhang) siehe außerdem von Gonzenbach 1995, 416, 425.
64 Mackensen 1978, 164 schreibt auch den Hahnfiguren in Gräbern eine „Wächter- und Beschützerfunktion" zu. Der Hahn hatte in der Antike auch eine gewisse Verbindung zu Merkur (siehe z. B. Camuset-Le Porzou 1985, 71; Lange 1990, 112; von Gonzenbach 1995, 259–260, 261) und zu Asklepios (siehe

Figürliche Terrakotten gehören in den Fundstätten der antiken Provinzen Rätien und Noricum durchwegs zu den seltenen Funden. In außergewöhnlich hoher Zahl sind sie bisher allein in dem hier des Öfteren erwähnten Salzburger Gräberfeld am Bürglstein zutage gekommen.[65] Die neun Tonfiguren aus dem Gräberfeld von Brigantium fügen sich also mengenmäßig gut in die allgemeine Fundsituation im Umland ein. Die mittelgallischen Terrakotten, welche den überwiegenden Teil der koroplastischen Importware in Rätien und Noricum stellen,[66] fanden in ihrem Herkunftsgebiet in unterschiedlichen Zusammenhängen rege Verwendung. Im Rhein-Mosel-Gebiet Deutschlands, in dem sich ein weiterer, großer Terrakottenwerkstättenkreis befand,[67] erfreuten sich die tönernen, plastischen Erzeugnisse ebenfalls großer Beliebtheit. Sowohl die Werkstätten Mittelgalliens als auch jene der Rhein-Mosel-Gegend exportierten ihre Produkte in weite Gebiete. In Rätien und Noricum fanden die kleinen Tonfiguren, wie zu beobachten ist, allerdings keinen übermäßig großen Anklang. Hätte es eine hohe Nachfrage nach ihnen gegeben, wäre das Angebot wohl auch höher gewesen. Andere Handelswaren waren der Bevölkerung der beiden Provinzen augenscheinlich wichtiger. Die Frage, warum figürliche Terrakotten in Rätien und Noricum (mit Ausnahme des Gebiets des heutigen Salzburg) nie wirklich in Mode kamen, kann nicht befriedigend beantwortet werden.[68]

Literaturverzeichnis

Bader 2012 = M. Bader, Das römische Gräberfeld am Ölrain in Bregenz. Archäologische Untersuchungen 2011 am Areal des Bundesgymnasiums Gallusstraße. Ein Vorbericht. Mit Beiträgen über die anthropologische Auswertung des Leichenbrandes und der Skelettreste von A. Staskiewicz u. F. Neuberger, in: JbVLMV 2012, 57–117.

Barbet/Piton 1992/93 = P. Barbet und D. Piton, Les statuettes gallo-romaines en terre cuite, in: Nord-Ouest Archéologie 5 (1992/93), 349–362.

Bémont/Jeanlin 1993 = C. Bémont/M. Jeanlin, Les répertoires iconographiques, in: Bémont/Jeanlin/Lahanier 1993, 130–134.

von Gonzenbach 1995, 259–260, 261). Die in der Fachliteratur wiederholt geäußerte Meinung, Hahnfiguren könnten im Grab als billiger Ersatz für das Speiseopfer eines realen Tieres gedient haben, ist m. E. abzulehnen. Zum einen handelt es sich bei den Tonfiguren im Gräberfeld von Brigantium nicht, wie gesagt, um billige Massenware, zum anderen war der Hahn generell kein typisches Speisetier (zum Thema siehe Lange 1990, 113–114; von Gonzenbach 1995, 260, 424; zu Vögeln als Speisegrabbeigabe siehe u. a. Mazakarini 1970, 407).

65 Siehe u. a. Mazakarini 1970, 345, 345–347; Lange 1993, 224.

66 Vgl. hierzu Lange 1993; Lange 1994, 119.

67 Als bedeutende Zentren können Köln und Trier genannt werden, siehe hierzu u. a. Lange 1994; De Beenhouwer 2014; vgl. Worms Kaszab-Olschewski/Wilke 2019.

68 Zum Problem siehe z. B. von Gonzenbach 1995, u. a. 21–22. Zum Handel mittelgallischer Terrakotten in Rätien und Noricum siehe z. B. Mackensen 1978, 118–119; von Gonzenbach 1995, z. B. 391; Lange 1993, 224.

Bémont/Jeanlin/Lahanier 1993 = C. Bémont/M. Jeanlin/Ch. Lahanier, Les figurines en terre cuite gallo-romaines, Documents d'Archéologie Française 38, Paris 1993.

Camuset-Le Porzou 1985 = F. Camuset-Le Porzou, Figurines gallo-romaines en terre cuite, Catalogues d'Art et d'Histoire du Musée Carnavalet V, Paris 1985.

De Beenhouwer 2014 = J. De Beenhouwer, Terracotta figurines and devotion in roman Tongeren, Atuatuca 5, Tongeren 2014.

Dijon 1985 = Les figurines gallo-romaines en terre cuite: Ville de Dijon Musée Archéologique, 20 avril – 2 septembre 1985, Dijon 1985.

Hild 1930 = A. Hild, Archäologische Forschungen in Bregenz, in: Beiblatt ÖJh 26 (1930), Sp. 115–176.

Hild 1950 = A. Hild, Archäologische Forschungen in Bregenz 1920-1944, in: Beiblatt ÖJh 38 (1950), Sp. 19–32.

Jacobs 1911 = J. Jacobs, Die römische Begräbnisstätte von Brigantium. II. Bericht über die Ausgrabungen der Jahre 1907 – 1910, in: JbVLMV 47, 1910/1911 (1911), 23–73.

Jenny 1867 = S. Jenny, Die Ausgrabungen auf der römischen Begräbnisstätte von Brigantium, in: JbVLMV 9 1866 (1867), 10–18.

Jenny 1868 = S. Jenny, Ausgrabungen auf der röm. Begräbnisstätte von Brigantium, in: JbVLMV 10 1868 (1868), 11.

Jenny 1880 = S. Jenny, Bauliche Überreste von Brigantium, in: JbVLMV 20 (1880), 10–26.

Jenny 1882 = S. Jenny, Bauliche Überreste von Brigantium, in: JbVLMV 22 (1882), 12–20.

Jenny 1891 = S. Jenny, Die römische Begräbnisstätte von Brigantium, in: Mitteilungen der K. K. Central-Commission zur Erforschung und Erhaltung der Baudenkmale XVII (1891), 151–155.

Jenny 1898 = S. Jenny, Die römische Begräbnisstätte von Brigantium. Östlicher Theil, in: Mitteilungen der K. K. Central-Commission zur Erforschung und Erhaltung der Baudenkmale, Sonderdruck 1898.

Kaszab-Olschewski/Wilke 2019 = T. Kaszab-Olschewski/D. Wilke, Römische Terrakottenproduktion in Worms, in: Keramik als Handelsgut: Produktion – Distribution – Konsumption. 49 Internationales Symposium Keramikforschung des Arbeitskreises für Keramikforschung, des LVR-Landes-Museums Bonn, der Vor- und Frühgeschichtlichen Archäologie der Rheinischen Friedrich-Wilhelms-Universität Bonn und des LVR-Amtes für Bodendenkmalpflege im Rheinland vom 19. bis 23. September 2016 in Bonn (Hrsg. M. Schmauder und M. Roehmer), Bonn 2019, 25–36.

Konrad 1997 = M. Konrad, Das römische Gräberfeld von Bregenz-Brigantium. Die Körpergräber des 3. bis 5. Jahrhunderts. Veröffentlichung der Kommission zur archäologischen Erforschung des spätrömischen Raetien der Bayerischen Akademie der Wissenschaften, München 1997.

Lange 1990 = H. Lange, Römische Terrakotten aus Salzburg, Salzburg 1990.

Lange 1993 = H. Lange, Terres cuites de la Gaule centrale en Rhétie et dans le Norique, in: Bémont/Jeanlin/Lahanier 1993, 224–227.

Lange 1994 = H. Lange, Die Koroplastik der Colonia Claudia Ara Agrippinensium. Untersuchungen zu Typologie, Technik, Werkstattfunden, Betrieben, Signaturen und Produktionszeiten, in: Kölner Jahrbuch 27 (1994), 117–309.

LIMC IV–I = Tran Tam Tinh, Jaeger B. und Poulin S. in: LIMC IV–I, s. v. Harpokrates, Zürich–München 1988, 415–445.

LIMC IV–II = LIMC IV–II, s. v. Harpokrates, Zürich–München 1988, 242–266.

Mackensen 1978 = M. Mackensen, Das römische Gräberfeld auf der Keckwiese in Kempten, I. Gräber und Grabanlagen des 1. und 4. Jahrhunderts, in: Materialhefte zur bayerischen Vorgeschichte 34, Cambodunumforschungen IV, Kallmünz/Opf. 1978.

Mazakarini 1970 = W. Mazakarini, Römerzeitliche Terrakotten aus Österreich, ungedruckte Dissertation, Wien 1970.

Poncin 1997 = M.-D. Poncin, Les figurines en terre cuite dans la cité gallo-romaine des Leuques, in: Latomus 56.4 (1997), 847–866.

Rabeisen/Vertet 1986 = E. Rabeisen/H. Vertet, Les figurines gallo-romaines en terre cuite d'Alesia, Centre de recherches sur les techniques gréco-romaines 11, Dijon 1986.

Rouvier-Jeanlin 1972 = M. Rouvier-Jeanlin, Les figurines gallo-romaines en terre cuite au Musée des Antiquités Nationales, Gallia XXIV. Supplement, Paris 1972.

Rüger 1980 = E. Rüger, Die römischen Terrakotten von Nida-Heddernheim, Schriften des Frankfurter Museums für Vor- und Frühgeschichte V, Frankfurt a. Main 1980.

Schwerzenbach 1907 = C. von Schwerzenbach, Geschichte der römischen Ausgrabungen in Bregenz, in: JbVLMV 44 1906 (1907), 5–12.

Schwerzenbach 1910 = K. von Schwerzenbach, Ein Gräberfeld von Brigantium, in: Jahrbuch für Altertumskunde 3 1909 Beiblatt (1910), 98–110.

Schwerzenbach/Jacobs 1911a = K. von Schwerzenbach/J. Jacobs, Die römische Begräbnisstätte von Brigantium., in: JbVLMV 47, 1910/1911 (1911), 2–73.

Schwerzenbach/Jacobs 1911b = K. von Schwerzenbach/J. Jacobs, Die römische Begräbnisstätte von Brigantium, in: Jahrbuch für Altertumskunde 4 1910 (1911), 33–66.

von Gonzenbach 1986 = V. von Gonzenbach, Die römischen Terracotten in der Schweiz. Untersuchungen zu Zeitstellung, Typologie und Ursprung der mittelgallischen Tonstatuetten, Band B: Katalog und Tafeln, Bern 1986.

von Gonzenbach 1995 = V. von Gonzenbach, Die römischen Terracotten in der Schweiz. Untersuchungen zu Zeitstellung, Typologie und Ursprung der mittelgallischen Tonstatuetten, Band A, Tübingen–Basel 1995.

Abkürzungsverzeichnis

Abb. = Abbildung
B = Breite
BG = Brandgrab
Erh. = Erhaltene
H = Höhe
Inv. = Inventar
JbVLMV = Jahrbuch des Vorarlberger Landesmuseumsvereins
Jh. = Jahrhundert
Jhs. = Jahrhunderts
Kat. = Katalog
LIMC = Lexicon Iconographicum Mythologiae Classicae
m. E. = meines Erachtens
n. Chr. = nach Christus
Nr. = Nummer
ÖJh = Jahreshefte des Österreichischen Archäologischen Instituts
RS = Rückseite
S. = Seite
Sp. = Spalte
T = Tiefe
VS = Vorderseite

Abbildungsverzeichnis

Abb. 1–6: Fotos: Markus Tretter/vorarlberg museum

Irene Knoche und Marlies Wohlschlager

DER VERGESSENE FRIEDHOF IN SULZ

Bestattungen aus dem Mittelalter

Lage und Vorgeschichte

Die hier untersuchte Fläche in Sulz liegt an der Nordkante eines eiszeitlichen Morä-
nenschotterhügels, dem Jergenberg. Circa 30 m südlich vom Grabungsplatz liegt
die Sulner Pfarrkirche zum hl. Georg, von der ein Vorgängerbau erstmals um 1460
erwähnt wird.

Zu dieser Zeit war der Bau eine Kapelle ohne Bestattungsrecht und gehörte zur
Pfarre Rankweil. Erst 1843 wurde sie zu einer Pfarrkirche erhoben. Der rezente Bau
mit dem dazu gehörenden, sich v. a. nach Süden ausdehnenden Friedhof stammt
vom Anfang des 20. Jahrhunderts. Der westlich der Grabungsfläche liegende Ansitz

Abb. 1: Überblick über die Grabungsfläche

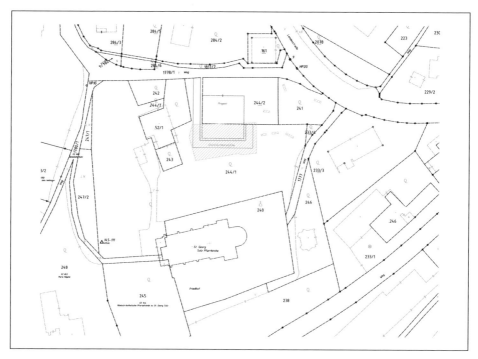

Abb. 2: Die Lage der untersuchten Flächen (türkis schraffiert) nördlich der rezenten Kirche direkt an der Hangkante (entspricht in etwa der Parzellengrenze). Grau eingezeichnet: der geplante Neubau, orange: die dafür notwendige Baugrube

St. Jergenberg stammt aus dem 16. Jahrhundert (Parzelle .52/1 mit seinem Gemüsegarten 243) und war mehrstöckig in die Hangkante hineingesetzt. Auf einem Teil der untersuchten Fläche stand bis in die 1970er Jahre ein dazu gehörendes Wirtschaftsgebäude, von dem heute nur mehr die aufgefüllte Abrissgrube zeugt. Auf Grund der nicht unbeträchtlichen Entfernung zur Kirche und den bekannten Störungen lag das Gebiet nicht in einer Funderwartungszone.

1. Grabungsanlass und Vorgehensweise (Irene Knoche)

1.1. Grabungsanlass

Am Freitag, den 22.06.2018, erging durch die Gemeinde Sulz an das BDA Vorarlberg eine Meldung über einen bei einer Baustelle in Sulz gemachten Fund von Menschenknochen. Daraufhin wurde die Firma TALPA beauftragt, die Baustelle zu begutachten. In der vorangegangenen Woche hatte man bereits den Humus großflächig entfernt und begonnen, im Osten die Baugrube auszuschachten. Da dabei zahlreiche Gräber

Abb. 3: Verstreute Menschenknochen lagen überall in dem bereits aufgewühlten Bereich der Baugrube herum. | **Abb. 4:** Auch in den Profilen der Baugrube waren zusammenhängende Knochen einer Bestattung erkennbar.

angeschnitten worden waren, war für die Archäologen auf den ersten Blick erkennbar, dass es sich hierbei um ein ausgedehnteres Gräberfeld von mindestens 70 bis 100 Individuen handelte.

1.2. Absprachen und Vorgehensweise

Nach einer Besprechung mit Vertretern des BDA war klar, dass der verbliebene Teil der Baugrube vor weiteren Arbeiten archäologisch ausgewertet und alle Gräber fachgerecht untersucht und geborgen werden mussten. Da der Fund der Gräber die Gemeinde völlig unvorbereitet traf und die diversen Arbeiten für eine neue Kinderbetreuungsstätte bereits an Baufirmen vergeben waren, mussten die archäologischen Arbeiten möglichst zeitnah erfolgen, um nicht noch größere Verzögerungen nach sich zu ziehen. Die Arbeiten wurden an die Firma TALPA übergeben, begannen in der darauffolgenden Woche und waren ursprünglich auf sechs Wochen anberaumt. Da aber die Anzahl der Gräber von ursprünglich vermutetet 70 bis 100 auf 234 (mit 237 Individuen) stieg, verlängerte sich die Grabungszeit auf insgesamt zehn Wochen. Mitte September waren die Untersuchungen (mit einer Woche Unterbrechung) dann auf dem Feld abgeschlossen.[1]

1   Das Grabungsteam bestand neben der Grabungsleiterin und zwei Assistent*innen (Mag. Lucrezia Zaccaro und Thomas Praprotnik) aus bis zu sieben Mitarbeiter*innen. Da die Grabung sehr kurzfristig anberaumt war und es auf Grund der zahlreichen v. a. in den Sommermonaten stattfindenden anderen archäologischen Grabungen zu Engpässen mit den studentischen Hilfskräften kam, wurden auch Maturant*innen und andere Hilfskräfte aus der Gegend angelernt, um bei den Arbeiten zu helfen. Ein großer Dank geht dabei auch an einige interessierte Bürger*innen aus der Gegend (Branka Dobrik, Renate und Fabian Decker, Hanna Brändle, Veronika Mathis, Inge Morscher, Sarah Keckeis und nicht zuletzt Mag. Harald Rhomberg vom Stadtarchiv Dornbirn, der sogar seinen Urlaub für uns opferte), die uns tageweise unbezahlt unterstützten.

Bei der Befundung vor Ort und dem Exhumieren der Gräber war zumeist zusätzlich eine ausgebildete Anthropologin vor Ort (Marlies Wohlschlager und Nina Oberklammer), wobei Frau Wohlschlager auch die anschließende anthropologische Untersuchung übernahm.

1.3. Ablauf der Untersuchungen vor Ort

Zunächst wurde mit Hilfe eines Baggers unter ständiger Aufsicht zweier Archäolog*innen das Erdreich bis auf die verschiedenen Gräberlagen abgenommen.

Im Anschluss daran wurden die Skelette von den Mitarbeiter*innen und Hilfskräften von Hand mittels Feinspatel und Pinsel freigelegt und im Anschluss fotografiert, vermessen, fotogrammetrisch aufgenommen und in Lage und Ausrichtung (inclusive Störungen durch jüngere Gräber) beschrieben. Eine grobe anthropologische Vorbefundung (Altersklasse, verheilte Verletzungen am Skelett, fehlende Zähne) erfolgte ebenfalls noch vor Ort. Die eigentliche anthropologische Feinbefundung wurde im Anschluss der Arbeiten in Tirol durch Marlies Wohlschlager durchgeführt.

Nach der Dokumentation exhumierte man vorsichtig die Individuen und verpackte sie einzeln in Schachteln für den Transport nach Tirol.

Wie es für einen Friedhof typisch ist, fanden sich neben den Skeletten auch zahlreiche durch Nachbestattungen aufgewühlte Einzelknochen im Erdreich, die eben-

Abb. 5: Freilegen der Gräber mit Hilfe eines Baggers

Abb. 6: Vorsichtiges Freilegen der Bestattungen

Abb. 7: Jedes Grab wurde einzeln vermessen und fotogrammetrisch aufgenommen. | **Abb. 8:** Die schriftlichen Dokumentationen der Skelette wurden während des Exhumierens noch um Details ergänzt.

falls geborgen wurden und anschließend sofort durch die Gemeinde auf dem heutigen Friedhof wieder bestattet worden sind. Auf eine anthropologische Untersuchung dieser Knochen wurde nach Absprache mit dem ÖAI und dem BDA aus Kostengründen verzichtet. Der dadurch zu erwartende Erkenntnisgewinn wurde für den Aufwand als zu gering eingestuft.

Nachdem die höher liegenden Gräber entfernt waren, suchte man vorsichtig mit dem Pickel das weitere Erdreich nach tieferen Bestattungen ab. Falls nach 15 bis 20 cm in einem größeren Umkreis kein weiteres Skelett entdeckt werden konnte, kam wiederum der Bagger (aus Zeitgründen) zum Einsatz. Im Anschluss wurde sogar auf Wunsch der Gemeinde noch das Ausschachten der eigentlichen Baugrube im oberen Bereich beaufsichtigt.

Während der Ausgrabung wurden außerdem auf Wunsch des Planungsbüros sechs Suchschnitte angelegt, drei auf dem Hügel östlich der Fläche und drei am Gelände unterhalb des Grabungsbereichs. Die drei Schnitte auf dem Hügel setzte man im Bereich des geplanten Zugangsweges. Da in allen dreien, in 40 bis 60 cm Tiefe, ebenfalls Gräber entdeckt werden konnten, sah man sich von Seiten der Gemeinde gezwungen, den Weg mit geringerem Unterbau zu planen. Die drei Schnitte am unteren Gelände waren ohne Befund, da das Gelände bereits in früheren Jahren mehrfach Umgestaltungen erfahren hatte.

2. Grabungsergebnisse

Die zu untersuchende Fläche hatte eine Größe von 502,82 m³, aber lediglich 227,29 m² davon befanden sich beim Eintreffen der Archäologen noch in ungestörtem Zustand.

Auf dem Gelände konnten insgesamt 237 Skelette in 234 Gräbern dokumentiert und 233 Individuen untersucht werden. Sie lagen in bis zu fünf Schichten über-

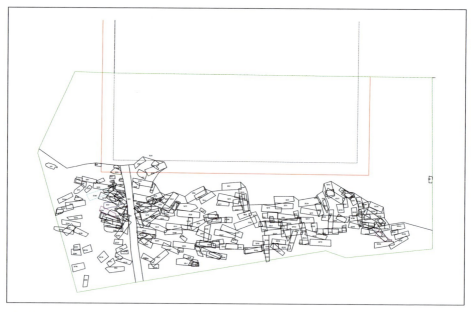

Abb. 9: Die Außenumrisse der Gräber innerhalb des Maßnahmenpolygons (grün). Rot bzw. grau eingezeichnet war der geplante Neubau. Von Nord nach Süd querte eine alte Regenwasserleitung das Gelände. Der unregelmäßige Ausriss im Norden rührte vom Abriss des Wirtschaftsgebäudes, ganz im Osten reichte der gestörte Bereich durch die neuen Baumaßnahmen weiter nach Süden (dort wurden die ersten Knochenfunde gemeldet).

einander, wobei die obersten teilweise bereits 10 cm unterhalb der Grasnarbe zum Vorschein kamen. Nach dem Verlauf der oberen Gräberoberkanten zu urteilen, musste hier zur Zeit der Nutzung des Geländes als Friedhof südlich der heutigen Hangkante ein deutlicher Hügelrücken gewesen sein, der wahrscheinlich neuzeitlichen Geländeregulierungen zum Opfer fiel und heute nicht mehr vorhanden ist.

Im westlichsten Bereich waren die oberen 1 bis 1,20 m gestört, wobei nur noch die unteren Gräber erhalten geblieben waren. Wahrscheinlich wurde auch dieser Bereich einmal vom Ansitz (siehe Abb. 2) aus als Garten genützt.

Die Ausrichtung der Gräber folgte keiner bestimmten Anordnung, obwohl man eine deutliche Häufung in bestimmten Bereichen erkennen kann. In der überwiegenden Zahl versuchte man, sie einigermaßen West-Ost orientiert einzutiefen. Der Kopf lag dabei fast ausschließlich im Westen. Gerade dort, wo von dieser Orientierung abgegangen wird (d. h. sehr schräge Gräber oder Nord-Süd orientierte) fanden sich auch die größten Verdichtungen in der Grabverteilung. Die Gräber störten einander sehr oft, wobei man die bei einer Wiederverwendung entfernten Knochen häufig auf einer Stelle zusammengeräumt in der jüngeren Grabgrube wiederfinden konnte.

Das Bild, das sich hier abzeichnete, weist auf eine typische Friedhofsbelegung hin, wie sie auch auf heute noch genutzten Friedhöfen zu finden ist. Den Familien der

Abb. 10: Arbeitsfoto, die sichtbaren Gräber liegen zu Grüppchen geordnet beieinander.

Abb. 11: Auf der rechten Seite des Verstorbenen kann man gut die beiseite geräumten Knochen einer älteren, von diesem Toten gestörten Bestattung erkennen.

Verstorbenen war hier offenbar besonders wichtig, die Toten in das Familiengrab möglichst zentral zu bestatten. Falls zwei Familienmitglieder kurz nacheinander starben, versuchte man durch ein Ausweichen in eine andere Orientierung möglichst wenig v. a. vom Kopf und Oberkörperbereich zu stören, wodurch es zu den erwähnten Schräg- und Nord-Süd-Orientierungen kam. In spätmittelalterlichen und neuzeitlichen Friedhöfen kann man dieses Phänomen häufig beobachten.

Um die Gräber zeitlich einordnen zu können, wurden insgesamt 21 davon (d. h. in etwa 10%) mit Hilfe einer C14-Untersuchung datiert. Um ein möglichst breites Spektrum an verwertbaren Daten zu erhalten, erfolgte die Auswahl nach den am dichtesten belegten Stellen. Von jeder Anhäufung wurden das von der Stratigrafie her älteste und das jüngste Grab beprobt. Das Bild, das sich dabei ergab, war ein sehr einheitliches. Alle Gräber kamen in einem Zeitraum zwischen 894 und 1270 in den Boden, wobei die Datierung oftmals sehr breit streut (bis zu 200 Jahre).

Die Grabgrube war nur an wenigen Stellen erkennbar, da sich die Grubenverfüllung nicht vom umgebenden Material oder sogar vom anstehenden Schotterboden unterschied. Die Gräber waren fast alle beigabenlos. Nur in drei Gräbern fanden sich Gegenstände, die als Beigaben interpretiert werden konnten. In SE 214 und 237 (Abb. 12 und 13) lag je eine Spinnwirtel auf der rechten Körperseite auf Bauch- bzw. Ellenbogenhöhe (Gräber auf Abb. 9 violett markiert). Beide gehören laut der C14-Datierung jedoch nicht zu den ältesten Gräbern (bei beiden ergab sich ein Sterbezeitraum zw. 1040 und 1210).

Im Grab SE 183, welches zu den älteren Gräbern gehört (laut C14-Datierung zw. 962 und 1040 bestattet), fand sich der Rest einer stark korrodierten eisernen Gürtelschnalle (Abb. 14 und auf Abb. 9 türkis markiert).

Außer den bereits genannten Beigaben fanden sich nur vereinzelte Eisennägel im Boden und deutlich ältere Keramikscherben, auf die ich im Kapitel Prähistorische Nutzung des Areals vor dem Friedhof eingehen möchte.

Abb. 12: SE 214 mit einer Spinnwirtel neben der Wirbelsäule

Abb. 13: SE 237 mit einer Spinnwirtel im Ellenbogenbereich

Abb. 14: SE 183 mit eisener Gürtelschnalle im Beckenbereich

Die Toten waren, wie in christlichen Friedhöfen üblich, in Rückenlage bestattet. Die Beine waren bei ihrer Auffindung zumeist gestreckt, die Füße eng beieinander. In wenigen Fällen waren sie leicht angewinkelt auf die Seite gerutscht, was bedeutet, dass die Wicklung des Leichentuchs nicht sehr straff war. Reste eines Sarges oder Sargbrettes konnten keine entdeckt werden, es darf jedoch angenommen werden, dass der Tote zumindest mit einer Bahre oder ähnlichem in den Boden gelangte.

Die Arme waren unterschiedlich angeordnet. Oftmals lagen sie ausgestreckt neben dem Körper, genauso oft aber auch im Becken- oder Bauchbereich verschränkt. Wie wir schon an zahlreichen anderen Gräberfeldern und Friedhöfen beobachten konnten, lässt sich kein Zusammenhang zwischen der Armhaltung und dem Sterbezeitraum ausmachen.

Bei den drei Gräbern, die mehr als einen Verstorbenen enthielten, handelte es sich um eine Mitbestattung eines Kleinkindes (Grab 187 – SE 197 und 198) und um zwei sogenannte Sarggeburten (Grab 82 – SE 88, 89 und Grab 180 – SE 189, 190). Bei einer sogenannten Sarggeburt war die Verstorbene eine hochschwangere Frau, deren mitverstorbenes Kind durch den Verwesungsprozess im Grab kopfüber zwischen ihren Beinen zu finden war. Von diesen sehr kleinen Säuglingsknochen sind stets nur geringe Rest erhalten, wie auch in unseren Fällen.

Bei der Ausgrabung stießen wir noch auf keiner Seite auf eine Begrenzung des Friedhofs. Da in den drei auf dem oberen Hügelrücken angelegten Suchschnitten (Abb. 2: die drei südlichen Schnitte) überall noch ganze Bestattungen zu finden waren, muss davon ausgegangen werden, dass der Friedhof bis zum heutigen Weg im Osten noch Großteils ungestört vorhanden ist.

Resümee des archäologischen Teils

Die Entdeckung von 237 Gräbern, die bei Bauarbeiten im Norden der Sulner Kirche zum Vorschein kamen und deren Existenz bis dahin auf Grund des fehlenden Bestattungsrechts im Spätmittelalter keine Historikerin und kein Historiker für möglich gehalten hätte, sorgten für eine große Überraschung.

Die Gräber stammen alle aus dem frühen Hochmittelalter, was mit Hilfe von C14-Untersuchungen (zw. 894 und 1270) belegt werden konnte, worauf aber auch die nur sehr vereinzelt vorkommenden Grabbeigaben (Spinnwirteln und Gürtelschnalle) hinweisen. Die überwiegende Anzahl der Gräber war beigabenlos, was typisch für diese Zeitstellung ist. Die Verstorbenen wurden in gestreckter Rückenlage, die Arme eng am Körper liegend, bestattet, wobei sie ohne Sarg, nur mit einem Sargtuch umwickelt und auf einem Leichenbrett fixiert in den Boden gebettet wurden.

Bei diesem Begräbnisplatz zeigt sich das typische Bild eines christlichen Friedhofs, in dem die Verstorbenen zumeist Ost-West orientiert in Familiengräbern mit zahlreichen Nachbestattungen beigesetzt wurden. Teilweise lagen daher die Gräber in fünf Schichten übereinander.

Die sensationelle Entdeckung dieses in Vergessenheit geratenen, intensiv belegten Friedhofs gibt uns wichtige Erkenntnisse über die Lebensbedingungen einer mittelalterlichen ländlichen Bevölkerung. Dadurch waren nicht nur wichtige Einblicke in die Bestattungsbräuche dieser bäuerlich geprägten Gesellschaft möglich, sondern auch grundlegende Informationen zu Lebensumständen und Krankheiten, wie die anschließende anthropologische Untersuchung näher ausführt.

3. Ergebnisse der Anthropologischen Auswertung
(Marlies Wohlschlager)

3.1. Demographie

3.1.1. Geschlechtsdiagnose

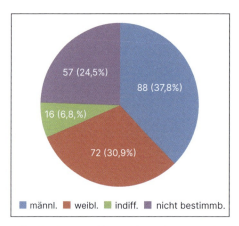

Abb. 15: Geschlechterverteilung in den mittelalterlichen Gräbern von Sulz, N=233

Von den insgesamt 233 untersuchten Bestatteten sind 88 (37,8%) dem männlichen (bzw. eher männlich), 72 (30,9%) dem weiblichen Geschlecht (bzw. eher weiblich) zuzuordnen und 16 Individuen (6,8%) wurden als indifferent bestimmt.[2]

57 Individuen (24,5%) konnten entweder aufgrund des schlechten Erhaltungszustandes oder aufgrund der Tatsache, dass es sich um Kinder bzw. Jugendliche handelt, keinem Geschlecht zugeschrieben werden (siehe Abb. 15).

3.1.2. Sterbealterdiagnose

Das Sterbealter der insgesamt 233 Bestatteten wurde ermittelt[3] und die Individuen in folgende Altersklassen eingeteilt:

- Fetus/Neonatus: X bis 3 Monate
- Infans Ia: 4 Monate bis 3 Jahre
- Infans Ib: 3,5 bis 6,5 Jahre
- Infans II: 7 bis 13,5 Jahre

---

2 Die anthropologische Bestimmung des Geschlechts erfolgte makroskopisch nach der kombinierten Methode von Ferembach et al. (1979). Die so errechnete „Geschlechtszahl" liegt dabei stets zwischen -2 und +2: weiblich (-2 bis -0,7), eher weiblich (-0,69 bis -0,31), indifferent (-0,3 bis +0,3), eher männlich (+0,3 bis +0,69), männlich (+0,7 bis +2).

3 Das Sterbealter der subadulten Individuen wurde mittels Mineralisations- und Zahnstatus nach Ubelaker (1989), dem Epiphysenschluss nach Ferembach et al. (1979) bzw. für Wirbel nach Scheurer und Black (2004) und der Diaphysenlänge der Langknochen nach Stloukal und Hanáková (1978) ermittelt. Für adulte Individuen wurde der ectocraniale Nahtverschluss nach Rösing (1977), die Zahnabrasion nach Miles (1963), die Ausbildung der Facies symphysialis mittels Suchey-Brooks Methode nach Brooks und Suchey (1990) und die Ausbildung der Facies articularis sternalis nach Szilvássy (1977) bestimmt.

- Juvenis: 14 bis 19,5 Jahre
- Adult: 20 bis 39,5 Jahre
- Matur: 40 bis 59,5 Jahre
- Senil: 60 bis X Jahre
- Erwachsen: 20 bis X Jahre (Sterbealter nicht genauer ermittelbar)

Es konnten zwei (0,9%) Feten/Neonaten, zwei (0,9%) Kinder der Altersklasse Infans Ia, zehn (4,3%) Kinder der Altersklasse Infans Ib, neun (3,9%) Kinder der Altersklasse Infans II und 21 (9%) Jugendliche bestimmt werden. Somit liegt der Anteil der Subadulten, also all jener Individuen, die das Erwachsenenalter nicht erreicht haben, bei 44 (18,9%).

Unter den 189 Erwachsenen finden sich 80 (34,3%) adulte, 48 (20,6%) mature und ein (0,4%) seniles Individuum; die Überreste der restlichen 60 (25,7%) Erwachsenen ließen sich nicht näher zuordnen (siehe Abb. 16).

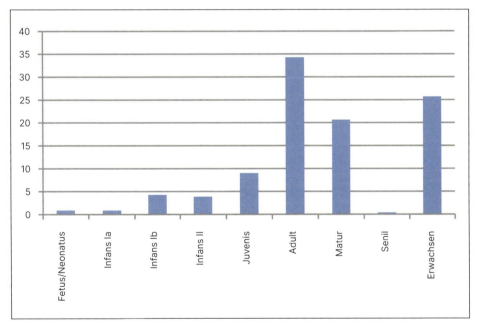

Abb. 16: Altersverteilung in den mittelalterlichen Gräbern von Sulz in %, N=233

Unter den 88 Männern befinden sich zwei (2,2%) jugendliche, 35 (39,8%) adulte und 27 (30,7%) mature Individuen. 24 (27,3%) Männer können keiner Altersklasse zugeordnet werden. Von den 72 Frauen gehören 35 (48,6%) der adulten, 17 (23,6%) der maturen und eine (1,4%) der senilen Altersklasse an, wohingegen 19 (26,4%) davon nicht näher einordenbar sind. Unter den 16 geschlechtlich indifferenten Individuen gehören zehn (62,4%) der adulten und drei (18,8%) der maturen Altersklasse an und drei (18,8%) können keiner Altersklasse zugeordnet werden (siehe Abb. 17 und 18).

Altersklasse	Mann			Frau			indifferent			nicht bestimmbar		
	n	%	% von N	n	%	% von N	n	%	% von N	n	%	% von N
Fetus/Neonatus	0	0	0	0	0	0	0	0	0	2	3.5	0.9
Infans Ia	0	0	0	0	0	0	0	0	0	2	3.5	0.9
Infans Ib	0	0	0	0	0	0	0	0	0	10	17.5	4.3
Infans II		0	0	0	0	0	0	0	0	9	15.8	3.9
Juvenis	2	2.2	0.8	0	0	0	0	0	0	19	33.3	8.2
Adult	35	39.8	15	35	48.6	15	10	62.4	4.3	0	0	0
Matur	27	30.7	11.6	17	23.6	7.3	3	18.8	1.3	1	1.8	0.4
Senil	0	0	0	1	1.4	0.4	0	0	0	0	0	0
Erwachsen	24	27.3	10.3	19	26.4	8.1	3	18.8	1.3	14	24.6	6
Gesamt	88	100	37.7	72	100	30.8	16	100	6.9	57	100	24.6

Abb. 17: Geschlechts- und Altersverteilung in den mittelalterlichen Gräbern von Sulz, N=233

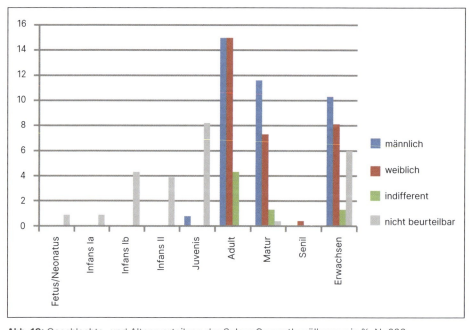

Abb. 18: Geschlechts- und Altersverteilung der Sulner Gesamtbevölkerung in %, N=233

3.1.3. Sterbetafel

Zur Veranschaulichung der Sterblichkeit der damaligen Bevölkerung und um die durchschnittliche Lebenserwartung berechnen zu können, wurde eine Sterbetafel (Abb. 19) erstellt.

Insgesamt konnten 173 Individuen in die Berechnung miteinbezogen werden, wobei die Individuen der Altersklasse „Erwachsen", die keiner spezifischen Altersklasse zugeordnet werden konnten, nicht berücksichtigt wurden. Das Defizit an Säuglingen und Kleinkindern wurde nicht korrigiert.

Der relative Anteil der Gestorbenen ist in der Altersklasse 30–34,5 Jahre mit 19,07% am höchsten, aber auch die Altersklasse 15–19,5 zeigt mit 12,14% eine große Sterbehäufigkeit. Bei der Geburt lag die Lebenserwartung bei 27,88 Jahren.

Altersklasse x bis x+A	(D_x)	(d_x)	(l_x)	(q_x)	(p_x)	(L_x)	(T_x)	(e_x)
0–4,5	6	34,68	1000	0,035	0,965	4401,72	27882.94	27,88
5–9,5	8	46,24	956,32	0,048	0,952	4219,65	23481,22	24,44
10–14,5	9	52,02	919,08	0,057	0,943	4018,82	19261,57	20,96
15–19,5	21	121,39	867,06	0,140	0,860	3628,64	15242,75	17,57
20–24,5	16	92,49	745,67	0,124	0,876	3147,41	11614,11	15,58
25–29,5	16	92,49	653,18	0,142	0,858	2731,20	8466,7	12,96
30–34,5	33	190,75	560,69	0,340	0,660	2093,92	5735,5	10,22
35–39,5	15	86,71	369,94	0,234	0,766	1469,63	3641,58	9,84
40–44,5	17	98,26	283,23	0,347	0,653	1053,45	2171,95	7,66
45–49,5	12	69,36	184,97	0,375	0,625	676,31	1118,5	6,05
50–54,5	15	86,71	115,61	0,750	0,250	325,15	442,19	3,82
55–59,5	3	17,34	28,9	0,600	0,400	91,03	117,04	4,05
60–64,5	2	11,56	11,56	1,000	0	0	26,01	2,25
	173	1000,00						

Abb. 19: Sterbetafel des mittelalterlichen Friedhofs in Sulz

D_x ... Anzahl Skelette
d_x ... relativer Anteil der Gestorbenen (pro 1000 Individuen)
l_x ... Überlebende im Alter x (pro 1000 Individuen)
q_x ... Sterbewahrscheinlichkeit im Alter von x bis x+A
p_x ... Überlebenswahrscheinlichkeit im Alter von x bis x+A
L_x ... von den Individuen der Altersklasse x bis x+A durchlebte Jahre (pro 1000 Individuen)
T_x ... von den Individuen einer Altersklasse noch zu durchlebende Jahre (pro 1000 Individuen)
e_x ... durchschnittliche Lebenserwartung in Jahren mit Eintritt in eine Altersklasse x

3.2. Körperhöhe

Zur Ermittlung der durchschnittlichen Körperhöhe konnten 52 Männer und 31 Frauen herangezogen werden, wobei nur ausgewachsene Individuen mit einem Sterbealter von mindestens 20 Jahren berücksichtigt wurden. Die durchschnittliche Körperhöhe der Männer liegt bei 169,9 cm und die der Frauen bei 160,6 cm.

3.3. Pathologien und Besonderheiten

3.3.1. Erkrankungen der Zähne und des Zahnhalteapparats

Um etwas mehr über die Ernährungsgewohnheiten bzw. Mundhygiene der mittelalterlichen Sulner Bevölkerung zu erfahren, wurden die Zähne bzw. der Zahnhalteapparat auf Karies, periapikale Abszesse (Wurzelspitzenabszesse), intravitalen Zahnverlust, Alveolaratrophie (Rückbildung des zahntragenden Kieferkamms) und Schmelzdefekte hin untersucht.

Von den 145 Kindern und Erwachsenen, deren Zähne auf Karies untersucht werden konnten, weisen 79 eine Veränderung an mindestens einem Zahn auf, was eine Kariesfrequenz von 54,48% bedeutet. An 226 der insgesamt 1682 untersuchten Milch- und Dauerzähne finden sich kariöse Veränderungen, was einer Kariesintensität von 13,44% entspricht. Von den 67 Milchzähnen sind insgesamt fünf (7,46%), von zwei

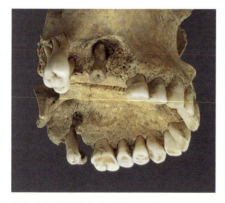 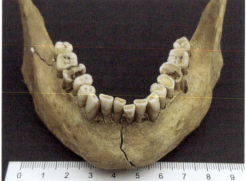

Abb. 20: SE223 (männlich, ca. 25–35 Jahre): Krone von Zahn 16 durch Karies vollständig zerstört; erbsengroße, mesiale Zahnhalskaries an Zahn 28 hat beinahe die Hälfte der Krone zerstört; erbsengroße, periapikale Abszesse an den Wurzeln der Zahnfächer 16 und 17 (buccal) und 27 (buccal und lingual); intravitaler Verlust der Zähne 17 und 27 | **Abb. 21:** SE244 (indifferent, ca. 25–35 Jahre): Karies an Zahn 36 (pfefferkorngroß, occlusal), Zahn 37 (2x stecknadelkopfgroß distal und occlusal), Zahn 38 (pfefferkrongroß, mesial), Zahn 45 (pfefferkorngroß, distal), Zahn 46 (2x fast erbsengroß mesial und distal), Zahn 47 (pfefferkorngroß, mesial und stecknadelkopfgroß occlusal); periapikaler Abszess an den Wurzelspitzen von Zahn 36 (buccal) und Zahn 46 (buccal)

Kindern stammend, befallen und von den 1615 Dauerzähnen zeigen 221 (13,68%) Defekte. In vielen Fällen sind mehrere Zähne eines Individuums betroffen und/oder die Defekte sind bereits stark ausgeprägt. 38 Individuen (29,69%, N=128) zeigen einen bzw. mehrere Wurzelspitzenabszesse, die größtenteils eine Folgeerscheinung des Kariesbefalls sein dürften (siehe Abb. 20 und 21). Eine weitere Folge von Karies kann der frühzeitige, intravitale Verlust von Zähnen sein (siehe Abb. 20), wovon in Sulz 63 Individuen (49,60%, N=127) betroffen sind. Auch wachsende Zahnsteinbildung kann zu selbigem führen, wobei 136 Individuen (94,44%, N=144) zumindest Rückstände von Zahnstein aufweisen (dieser splittert bei der Bergung jedoch leicht ab, somit kann meist ein höheres Ausmaß angenommen werden). Unter erwachsenen Individuen kann der Zahnstein zu Alveolaratrophie führen, die mit zunehmendem Alter immer stärker ausgeprägt ist: 92 der diesbezüglich bewertbaren erwachsenen Individuen (95,83%, N=96) weisen einen Rückgang auf, wobei die vier Individuen ohne Anzeichen allesamt das 30. Lebensjahr noch nicht erreicht hatten.

3.3.2. Stressmarker

Unspezifische Indikatoren als Anzeichen für physiologischen Stress etwa durch Mangelernährung und/oder Infektionskrankheiten finden sich an den Zähnen, am Schädel- und Augendach sowie an Rumpf und Gliedmaßen.

Physiologischer Stress während der Zahnentwicklung führt zu Zahnschmelzdefekten, den sogenannten linearen Schmelzhypoplasien (LEH), wovon 33 Individuen (23,74%, N=139) betroffen sind. Porotische Auflagerungen am Schädeldach (*Cribra cranii*) wurden in 16 (14,55%, N=110) und eine Porosierung des Augendachs (*Cribra orbitalia*) in 46 Individuen (57,5%, N=80) beobachtet.

Sowohl *Cribra cranii* als auch *Cribra orbitalia* können Folgen eines chronischen Nahrungsmangels (Vitamin B oder Vitamin C/D) bzw. von Anämien (genetisch oder aber auch parasitär bedingt) darstellen.[4] Auflagerungen am Unterkiefer, sogenannte ossifizierte, subperiostale Hämatome, sind typische Anzeichen eines Vitamin-C-Mangels (*Möller-Barlow-Krankheit*), wovon drei Kinder (2,46%, N=122 bzw. 12,5% der Kinder/Jugendlichen, N=24) betroffen sind.

Eine akute Entzündung der Knochenhaut (*Periost*) wird als *Periostitis* bezeichnet. Solche Entzündungen können zu subperiostalen Blutungen führen, die aufgrund von neugebildetem Knochengewebe verkalken. Dieser neu entstandene Geflechtknochen wird während der Heilung in den darunterliegenden Knochen eingebaut, wobei sich die für die verheilte Periostitis typischen Rillen (Striae) bilden.[5] Periostitis kann zwar

---

4   U. a. Carli-Thiele 1996; Ortner 2003, 105.
5   Ortner 2003, 87–93.

als eigene Krankheit oder als Reaktion auf ein Trauma auftreten, aber auch durch Mangelernährung und/oder Infektionskrankheiten entstehen. 85 Individuen (54,14%, N=157) weisen akute feinporöse und/oder bereits verheilte periostale Veränderungen in Form von remodellierten Striae an den Langknochen (insbesondere den Schienbeinen) auf, was bedeutet, dass sie zumindest einmal in ihrem Leben einem solchen körperlichen Stress längerfristig ausgesetzt waren. Die 16 Individuen (10,19%, N=157) mit akuten Veränderungen lassen darauf schließen, dass sie während dieser Phase nicht überlebt haben. Die jeweiligen Frequenzen der einzelnen Stressmarker sind in Abb. 22 veranschaulicht.

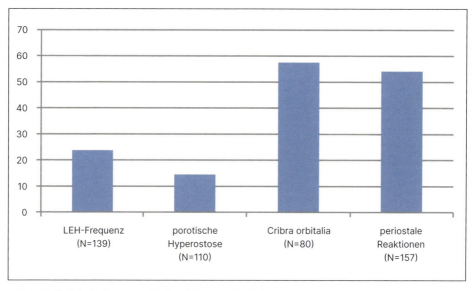

Abb. 22: Häufigkeit der unspezifischen Stressmarker in %

3.3.3. Entzündungen

Entzündungen wurden im Bereich des harten Gaumens (*Stomatitis*), den Nasennebenhöhlen (*Sinusitis*), den Gehörgängen (*Otitis*), des Schädelinneren (*Meningitis*, *Meningoenzephalitis* bzw. *Perisinusitis*) und an der Innenseite der Rippen (*Pleuritis*) untersucht. An vier Individuen (5,13%, N=78) wurden Spuren einer *Stomatitis* beobachtet, die viralen, bakteriellen oder fungalen Ursprungs sein kann. Entzündungserscheinungen in zumindest einer der Nasennebenhöhlen (Stirn- bzw. Kieferhöhle) finden sich bei 15 Individuen (23,08%, N=65) und eine bereits verheilte Entzündung im rechten Gehörgang (*Otitis*) findet sich bei einem 20–30-jährigen männlichen Individuum (0,94%, N=106). Entzündungen auf der Schädelinnenseite sind anhand von verstärk-

Abb. 23: SE12 (ca. 17–20 Jahre): Auf der Innenseite des Stirnbeins finden sich symmetrisch auf der linken und rechten Seite kleine verästelte Gefäßabdrücke (*Serpens Endocrania Symmetrica*). | **Abb. 24:** SE210 (weiblich, ca. 20–30 Jahre): Knochenneubildung am Hinterhauptbein im *Sinus sagittalis* und im Bereich des *Confluens sinuum*

Abb. 25: SE149 (ca. 14–16 Jahre): Auflagerung an der Innenseite der Rippen; an den beiden oberen Fragmenten ist die Dicke der Auflagerung gut zu erkennen. | **Abb. 26:** SE235 (männlich, ca. 25–35 Jahre): Knochenmarksentzündung (*Osteomyelitis*) im linken Beckenring, wahrscheinlich aufgrund eines Vertikalbruchs durch den oberen und unteren Scham- bzw. Sitzbeinast

ten, netzartigen Gefässeinsprossungen (*Serpens Endocrania Symmetrica,* Abb. 23) und/ oder feinporösen Knochenauflagerungen (Abb. 24) sowie verstärkten Abdrücken der Hirnwindungen (*Impressiones digitatae*) erkennbar. Sie können primär oder sekundär als Folge diverser Infektionserkrankungen wie etwa Tuberkulose, Borreliose, Masern oder Typhus bzw. durch Virus- und Pilzerkrankungen entstehen.[6] Insgesamt weisen 26 (21,31%) der 122 untersuchbaren Bestatteten pathologische Veränderungen im Schädelinneren auf, dabei zeigen 18 Individuen (15,25%, N=118) Anzeichen einer *Meningitis/Meningoenzephalitis* und 11 (10,48%, N=105) Anzeichen einer *Perisinusitis*.

6   Hershkovitz et al. 2002; Lewis 2004.

Eine Entzündung der Pleura (*Pleuritis*) wird zumeist von Lungenkrankheiten wie etwa Lungenentzündung (*Pneumonie*) oder Tuberkulose verursacht. Am Skelett ist dies durch feinporöse Knochenneubildungen an der Rippeninnenseite zu erkennen (Abb. 25), wovon drei Individuen (1,99%, N=154), eine Frau und zwei Jugendliche, betroffen sind.

Osteomyelitis ist eine Entzündung des Knochenmarks (Abb. 26) – zumeist verursacht durch das Bakterium *Staphylococcus aureus* –, die bei Erwachsenen häufig als Folge eines Knochenbruchs entsteht, wenn Bakterien über die offene Wunde ins Knochenmark gelangen. Drei bereits erwachsene Sulner (2,19%, N=137) litten unter *Osteomyelitis*, zwei weitere (1,46%, N=137) könnten möglicherweise ebenfalls betroffen gewesen sein, wobei hier erst ein Röntgen Klarheit schaffen könnte.

3.3.4. Tumorerkrankungen

Tumorerkrankungen, die lokal verortet sind und nicht in den gesamten Körper streuen, werden als gutartig bezeichnet. Die Symptome beschränken sich auf lokale Auswirkungen des Tumorwachstums auf benachbarte Strukturen, wohingegen bösartige Tumore durch das unkontrollierte Verbreiten in andere Bereiche des Körpers gekennzeichnet sind.[7]

An zwölf Individuen (9,68%, N=124) wurden gutartige Tumore festgestellt: Elf Individuen (zehn Erwachsene und ein Kind) besitzen ein oder mehrere Knopfosteom(e) an der Schädelaußenseite, was aber für die betreffenden Individuen keine negativen Auswirkungen gehabt haben dürfte. Ein erwachsener 30–45-jähriger Mann (SE200) besitzt eine Knochenneubildung im linken Gehörgang. Diese Art von gutartigem Tumor legt mit zunehmendem Alter an Größe zu und führt so mit der Zeit zum Hörverlust. Er tritt häufig bei Populationen in Küstennähe auf, besonders bei Schwimmern und Tauchern, die sich regelmäßig in kaltem Wasser aufhalten. Da aber neben kaltem Wasser auch die atmosphärische Temperatur in Kombination mit der Windaktivität eine große Rolle spielt, bleiben Populationen aus dem Inland nicht komplett verschont.[8] Die Knochenneubildung im Gehörgang des Sulner Mannes dürften gemeinsam mit der Tatsache, dass dieser zusätzlich chronische Entzündungserscheinungen in den Nasennebenhöhlen aufweist, darauf hinweisen, dass er über einen längeren Zeitraum kalten Temperaturen zusammen mit starken Winden ausgesetzt war. Fünf weitere Individuen (4,03%, N=124) zeigen mögliche Anzeichen von gutartigen Tumoren, hier sind genauere Aussagen ohne weitere Untersuchungen aber nicht möglich.

---

7   Roberts/Manchester 2012, 252–263.
8   Mann/Hunt 2005, 42–43; Okumura et al. 2007.

Vier Individuen (3,23%, N=124) litten möglicherweise unter einem bösartigen Tumor: Im linken Oberkiefer eines 45–54-jährigen Mannes (SE30) befindet sich am Gaumen eine zystenartige Läsion, wobei es sich um ein odontogenes (von den Zähnen ausgehendes) Fibrom, aber auch um einen nicht odontogenen Tumor handeln könnte; ein 30–40-jähriger Mann (SE154) litt möglicherweise an einem multiplen Osteochondroma (*Exostosis multiplex*); ein 25–35-jähriges indifferentes Individuum (SE209) weist eine erbsengroße, gut abgegrenzte Läsion am Hinterhauptsbein auf, die u. a. eine Metastase einer Prostata- oder Brustkrebserkrankung darstellen könnte, und ein 35–45-jähriger Mann (SE217) weist eine rundlich-ovale Läsion am Scheitelbein mit mottenfraßartigem Rand ohne Knochenneubildung auf; diese Fälle können aber nur durch weiterführende Untersuchungen eindeutig geklärt werden.

3.3.5. Kalzifikationen

An einem 35–45-jährigen Mann (SE200) wurde im rechten *Foramen transversarium* des 1. Halswirbels bei der Reinigung eine leicht gebogene zylindrische Verkalkung der *A. vertebralis* (Länge: 13 mm, Durchmesser: ca. 7 mm) noch *in situ* vorgefunden. Solche Engstellen bzw. Verstopfungen (*Arteriosklerose*) der Hirnarterien können zu Schlaganfällen führen, was für dieses Individuum nicht ausgeschlossen werden kann. Die Ursachen sind oft ein komplexes Zusammenspiel aus genetischen und umweltbedingten, aber auch auf den „Life-Style" eines Individuums bezogenen Faktoren[9] wie etwa eine fettreiche Ernährung, Bewegungsmangel, Bluthochdruck und Diabetes.

Eine amorphe Knochenneubildung (5,1x3,5cm) findet sich im Grab eines 45–54-jährigen Mannes (SE30): Da die ursprüngliche Position dieses kalzifizierten Gebildes unklar ist, können hier derzeit keine weiteren Schlüsse gezogen werden.

3.3.6. Traumata

Die Unterscheidung, ob ein Knochenbruch *prä-* (vor dem Todeszeitpunkt), *peri-* (um den Todeszeitpunkt herum) oder *postmortal* (nach dem Todeszeitpunkt) entstanden ist, ist nicht immer einfach. Zeigt der Knochen Anzeichen von Remodellierung, hat das Individuum das traumatische Geschehen offensichtlich überlebt. Die ersten Anzeichen dafür sind nach etwa ein bis zwei Wochen erkennbar. Die vollständige Heilung ist, abhängig vom Knochen und dem Alter der Person, nach mehreren Wochen bzw. Monaten abgeschlossen. Lebender Knochen besitzt spezielle elastische Eigenschaften, die das Bruchgeschehen beeinflussen. Diese bleiben jedoch noch

9   Lusis 2000; Lusis et al. 2004.

Wochen bis Monate nach dem Tod eines Menschen erhalten, weshalb der Begriff *perimortal* effektiv einen Zeitraum von kurz vor dem Tod bis eben mehrere Wochen nach dem Todeszeitpunkt beschreibt (z. B. SE143).

42 Bestattete (26,42%, N=159) weisen einen oder mehrere prä- bzw. perimortale Brüche auf. Aufgrund des schlechten Erhaltungszustands vieler Knochen bzw. der Unvollständigkeit der meisten Skelette dürfte die wahre Anzahl jedoch etwas höher gewesen sein. Insgesamt sind drei Jugendliche im Alter von 16–20 und 39 Erwachsene (33 männliche, vier indifferente und zwei weibliche Individuen), jedoch keine Kinder betroffen.

Am häufigsten sind Rippenfrakturen (Abb. 27) zu beobachten (elf Personen), gefolgt von Brüchen der Speiche (acht Personen) und der Elle (sechs Personen) (Abb. 28). Rippenbrüche zählen auch heute noch zu den häufigsten Frakturen und sind häufig Folge eines direkten Traumas, wie etwa dem Fall auf ein hartes Objekt. Bei breiter Gewalteinwirkung (z. B., wenn man heute eingeklemmt oder überfahren wird) kommt es zu Serienbrüchen,[10] was bei mindestens zwei Sulner Individuen erkennbar ist. Frakturen der Speiche etwa 1–3 cm vom Handgelenk entfernt (*Fractura radii loco typico*) sind die häufigsten aller Knochenverletzungen und entstehen üblicherweise bei Fall auf die ausgestreckte Hand.[11] Anders hingegen verhält es sich bei Schaftbrüchen der Elle (*Parierfraktur*), die auch durch einen Schlag auf den schützend vorgehaltenen Arm zustande kommen können.[12] Außerdem findet sich bei drei maturen Männern jeweils am rechten Scheitelbein eine Lochfraktur ohne Anzeichen von Heilung (Abb. 29 und 30) und bei einem weiteren maturen Mann zeigt sich möglicherweise ein perimortaler Biegungsbruch im Hinterhauptsbein. Darüber hinaus finden sich in einem 35–45-jährigen Mann eine verheilte Jochbeinfraktur, bei einem 17–20-jährigen – wahrscheinlich männlichen – Individuum ein verheiltes Frontzahntrauma und bei einem weiteren indifferenten Erwachsenen eine verheilte Schnittwunde über dem rechten Auge. Weitere Schnittverletzungen konnten nicht entdeckt werden.

Alles in allem kommt für die Frakturen der Sulner Bestatteten zwischenmenschliche Gewalt nur vereinzelt (Parier- und Schädelfrakturen) als Ursache in Frage. Größtenteils sind die Arten von Knochenbrüchen und Verrenkungen erkennbar, die vor allem als Folge eines Unfallgeschehens interpretiert werden können. Auf der einen Seite dürften winterliche Bedingungen mit Schnee und Eis – wie auch heute noch – ein erhöhtes Risiko für die mittelalterliche Sulner Bevölkerung dargestellt haben. Auf der anderen Seite zeigen Studien,[13] dass Brüche aufgrund von Verletzungen durch

---

10   Wanke et al. 1962, 168.
11   Wanke et al. 1962, 241–242.
12   Wanke et al. 1962, 233.
13   Roberts/Manchester 2010, 103.

Abb. 27: SE188 (männlich, ca. 30–39 Jahre): verheilte (partielle?) Rippenfraktur ca. 4 cm vom sterna-len Ende entfernt (Höhe: untere Hälfte des Brustkorbs) | **Abb. 28:** SE193 (männlich, mind. 30 Jahre): linker Unterarm mit verheilter Parierfraktur an der Elle und leicht in Mitleidenschaft gezogener Speiche

Abb. 29: SE130 (männlich, ca. 45–55 Jahre): rechtes Scheitelbein mit perimortaler Lochfrak-tur (16×7 mm) und den typisch radiär verlaufenden Bruchkanten | **Abb. 30:** SE130 (männlich, ca. 45–55 Jahre): Lochfraktur am rechten Scheitelbein mit nach innen abgeschrägten Bruchkanten ohne Anzeichen von Heilung.

domestizierte Tiere (z. B. Fall vom Pferd oder ausschlagendes Pferd sowie nicht zu bändigende Pferde und Rinder, welche die schlimmsten Verletzungen anrichten kön-nen) nicht zu unterschätzen sind.

3.3.7. Degenerative Wirbelveränderungen

Aufgrund der Tatsache, dass degenerative Prozesse erst im Erwachsenenalter auftreten, wurden hier nur erwachsene Individuen berücksichtigt. Degenerative Veränderungen mit Osteophytenbildung an mindestens einem Wirbelkörper wurde in 76 Individuen (67,86 %, N=112) festgestellt. Eine solche Osteophytenbildung nimmt in der Regel mit zunehmendem Alter zu, wenn die Bandscheiben durch tägliche Aktivitäten (gebeugtes Arbeiten oder das Heben) zu degenerieren beginnen und der Körper kompensatorisch mit dem Aufbau von stützenden Elementen reagiert.[14] Dies kann zu Osteoarthritis und in schweren Fällen sogar zur Verwachsung von Wirbeln führen, wie etwa beim männlichen, maturen Individuum SE203. Degenerative Wirbelveränderungen können aber auch die Wirbelbogengelenke betreffen, wovon 58 Individuen (66,67%, N=87) betroffen sind. Wenn eine Bandscheibe degeneriert, kann sie mit zunehmendem Druck in die Deckplatte(n) der benachbarten Wirbel eindringen, was als Schmorl'sches Knötchen erkennbar ist. 36 Personen (38,70%, N=93) besitzen Schmorl'sche Knötchen, die wie üblich ausschließlich in der Brust- und Lendenregion zu finden sind.

3.3.8. Degenerative Gelenksveränderungen

Degenerative Gelenksveränderungen bzw. Arthrosen entstehen durch eine Über- bzw. Fehlbelastung der Gelenke, was in der Regel besonders mit zunehmendem Alter erkennbar wird. Die Degeneration äußert sich vorerst nur durch Randleistenbildung und Porositäten im Gelenk, später kommt es zu starker Randleistenbildung und Eburnisation, also glatt polierten Gelenksflächen, die dann entstehen, wenn der Knorpel bereits zerstört ist und Knochen an Knochen reibt (Abb. 31 und 32) und in schweren Fällen kann das Gelenk versteifen bzw. vollständig verwachsen.[15]

Bei sämtlichen Erwachsenen mit geschlossenen Wachstumsfugen (N=140) wurden die Schulter-, Ellenbogen-, Hand-, Hüft-, Knie- und Sprunggelenke jeweils rechts und links auf degenerative Veränderungen hin untersucht und der schwerste notierte Grad pro Individuum zum Vergleich herangezogen. Insgesamt zeigen 13 Individuen (9,29%) keine Veränderungen (Grad 1), 64 Individuen (45,71%) leichte Veränderungen (Grad 2), 54 Individuen (38,57%) mittelstarke Veränderungen (Grad 3) und 9 Individuen (6,43%) bereits starke Veränderungen (Grad 4) an mindestens einem dieser Gelenke. Da diese Veränderungen mit dem Alter tendenziell zunehmen, wurden die Frequenzen der jeweils höchsten Schweregrade für die Altersklassen Adult und Matur getrennt betrachtet (die Gelenke des senilen Individuums konnten aufgrund des Erhaltungszustandes nicht untersucht werden) und in Abb. 33 veranschaulicht. Unter den 65 eindeutig adulten Individuen zeigen 9 (13,85%) keine, 36 (55,38%) leichte, 17 (26,15%) mittelstarke und 3 (4,62%) starke Veränderungen (hier u. a. auch traumabedingt). Innerhalb der maturen Altersklasse (N=40) finden sich 14 (35%) mit leichten, 22 (55%) mit mittelstarken und 4 (10%) mit starken Veränderungen.

---

14   Roberts/Manchester 2010, 139–140.
15   Waldron 2009, 26–28.

Unter den Sulnern finden sich auch noch andere Anzeichen von starker Beanspruchung, wie etwa *Osteochondrose*. Bei Kindern ist in so einem Fall die Umwandlung
von Knorpel zu Knochen im Zuge des Wachstumsprozesses gestört und das betroffene Gelenk bleibt durch unzureichende Blutzufuhr unterversorgt. Dies kann zu

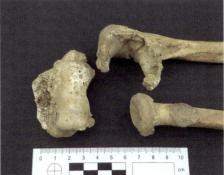

Abb. 31: SE 127 (männlich, mind. 30 Jahre): mittelstarke Veränderungen bzw. Osteoarthritis im linken
Kniegelenk mit einer großflächigen medialen Eburnisation an Schienbein und Oberschenkel und star-
ker Osteophytenbildung | **Abb. 32:** SE217 (männlich, ca. 35–45 Jahre): rechtes Ellenbogengelenk mit
starken degenerativen Veränderungen bzw. Osteoarthritis: starke Randlippenbildung bzw. Aufbauten
sowie Eburnisation an der *Trochlea humeri* des Oberarms

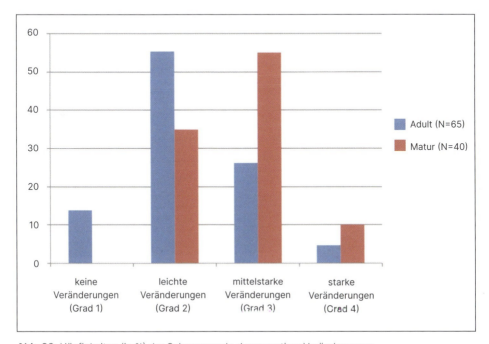

Abb. 33: Häufigkeiten (in %) der Schweregrade degenerativer Veränderungen

einem Absterben des lokalen Gewebes (*Nekrose*) führen. Wird das betroffene Areal abgetrennt, verbleibt ein Defekt in der Gelenkfläche (*Osteochondrosis dissecans*), wie möglicherweise bei einem 9-jährigen Kind (SE231). Neben erblichen und endokrinen Faktoren kommt aber besonders bei Erwachsenen (u. a. SE73, SE112, SE223) auch wiederholtes Mikrotrauma bei übermäßiger Beanspruchung als Ursache in Frage, was zu Mikrofrakturen und somit ebenfalls zu einer Störung der Blutversorgung im Gelenk führen kann.[16]

Als *Costochondritis* wird eine Entzündung der Verbindungsstelle zwischen Rippen und Knorpel (*costochondrales Gelenk*) bzw. Knorpel und Brustbein (*chondrosternales Gelenk*) bezeichnet, unter der sowohl Kinder als auch Erwachsene (z. B. SE193) leiden können. Obwohl in der Regel die zweite bis fünfte Rippe am häufigsten betroffen ist, kann jedes der sieben costochondralen Gelenke involviert sein.[17] Das Gelenk wird durch Trauma bzw. Überbelastung irritiert und verursacht Schmerzen. Klinisch gesehen weisen Patienten mit *Costochondritis* meist Vorerkrankungen mit einhergehendem Husten auf oder betreiben physische Aktivitäten, welche die obere Körperhälfte sehr stark beanspruchen (u. a. starkes Beugen, Heben oder Verdrehen bei heutigen Athleten).[18]

3.4. Zusammenfassung

37,7% der Gesamtbevölkerung konnten als (eher) männlich, 30% als (eher) weiblich und 6,8% als indifferent identifiziert werden. Der Rest bleibt aufgrund des teils sehr schlechten Erhaltungszustandes bzw. aufgrund der Tatsache, dass es sich um Kinder bzw. Jugendliche handelt, in Bezug auf das Geschlecht vorerst nicht bestimmbar. Die Lebenserwartung lag bei der Geburt bei 27,88 Jahren.

Der Anteil der Subadulten, die das Erwachsenenalter nicht erreicht haben, liegt bei 18,9%, wobei der Anteil der Neugeborenen und Kleinkinder bis 3 Jahre auffällig niedrig ist: Die beiden Individuen der Altersklasse Fetus/Neonatus sind sogenannte „Sarggeburten", die erst nach dem Tod der schwangeren Mutter im Sarg „geboren" wurden, und die beiden Individuen der nächsten Altersklasse Infans Ia sind mind. 1 und 2,5 Jahre alt. Möglicherweise liegt dieses Defizit daran, dass der Friedhof nicht vollständig ergraben und die zugehörige Kirche noch nicht gefunden wurde. Ungetauft verstorbenen Neugeborenen und Kleinkindern war eine Bestattung auf dem Friedhof der christlichen Sitte entsprechend nicht gestattet. Möglicherweise wurden diese entlang der Außenmauer des damaligen Friedhofs, entlang der Trauflinie des

---

16 Waldron 2009, 153–154.
17 Proulx/Zryd 2009.
18 Proulx/Zryd 2009 ; Burt et al. 2013, 16.

damaligen Kirchendaches („Traufkinder") oder in einem gesonderten Areal begraben.

Körperhöhenrekonstruktionen lassen erste Rückschlüsse auf die allgemeinen Lebensbedingungen einer Population zu. Da Kinder besonders empfindlich auf physiologischen Stress (Ernährungsmängel, Infektionskrankheiten) reagieren, kann es dabei zu Wachstumsverzögerungen kommen, die im Erwachsenenalter eine geringere Körperhöhe zur Folge haben.[19] Hinsichtlich der Körperhöhe beträgt der Durchschnitt bei den Männern 169,9cm und bei den Frauen 160,6cm, was knapp über dem mittelalterlichen Durchschnitt in Mitteleuropa liegt.[20]

Insgesamt zeigen die Bestatteten eine mit zunehmendem Alter immer höhere kariöse Belastung der Zähne. Die Kariesfrequenz liegt bei 54,48%, die Kariesintensität bei 13,44% und der Anteil der Individuen mit intravitalem Zahnverlust bei 49,60%. Außerdem besitzen mehr als ein Viertel der Sulner (29,69%) einen oder mehrere periapikale Abszesse, was insgesamt für eine sehr kohlenhydratreiche Ernährungsform und somit für eine agrikulturelle Gesellschaftsform spricht.[21] Überreste von Zahnstein sowie die in vielen Fällen damit zusammenhängende Rückbildung der Kauleiste konnten in ca. 95% der Erwachsenen nachgewiesen werden. Anzeichen für physiologischen Stress aufgrund von Mangelernährung und/oder Infektionskrankheiten, die an den bestatteten Sulnern untersucht wurden, sind transversale Schmelzhypoplasien (23,74%), porotische Hyperostose (14,55%), *Cribra orbitalia* (57,5%) und unspezifische periostale Reaktionen (54,14%). Darüber hinaus lassen sich entzündliche Veränderungen im Bereich des harten Gaumens (oft Folge einer mangelhaften Mundhygiene bzw. von Skorbut), den Nasennebenhöhlen (chron. Atemwegsinfektion), der Gehörgänge, des Schädelinneren (z. B. Gehirnhautentzündung) und an der Innenseite der Rippen (zumeist Anzeichen einer Lungenerkrankung) nachweisen. An 9,68% der Gesamtbevölkerung wurden gutartige Tumore (v. a. Knopfosteome) entdeckt und in vier Fällen liegt der Verdacht auf einen bösartigen Tumor vor. Letztere können aber nur mit weiterführenden Untersuchungen eindeutig abgeklärt werden. Obwohl kalzifizierte Gebilde wie etwa Arterienverkalkungen im Zuge einer Ausgrabung meist Gefahr laufen, übersehen zu werden, konnte bei einem Mann eine Arterienverkalkung (*Atherosklerose*) festgestellt werden, was u. a. auf eine sehr fettreiche Ernährung hindeuten kann.

26,2% der Bestatteten – zum überwiegenden Teil Männer! – zeigen ein bzw. mehrere Traumen in Form von Knochenbrüchen und Verrenkungen auf, wobei es sich hier wahrscheinlich größtenteils um Folgen von Stürzen und Unfällen (u. a. möglicherweise im Umgang mit domestizierten Tieren) handelt. Aber auch Anzeichen von zwischenmenschlicher Gewalt wie etwa Parier- und nicht verheilte Schädelfrakturen

---

19   Larsen 1997, 8–22.
20   Siegmund 2010, 81.
21   Mays 2010, 227.

sind vereinzelt erkennbar. Die meisten Frakturen erscheinen jedoch gut verheilt, wenngleich dislozierte Schaftenden nicht repositioniert wurden, was deformierte bzw. verkürzte Langknochen und in manchen Fällen assoziierte Gelenksschäden mit sich brachte.

An den Sulnern erkennt man sowohl an den Wirbelsäulen als auch an den untersuchten Gelenken Anzeichen von Überlastung, aber auch degenerative Veränderungen, die vor allem mit dem zunehmenden Alter in Zusammenhang stehen.

Insgesamt vermitteln die Bestatteten in dem hochmittelalterlichen Friedhof von Sulz den Eindruck einer typisch ruralen, christlichen Gemeinschaft, die zumindest phasenweise (möglicherweise auch saisonabhängig) mit physischem Stress wie Vitaminmangel und/oder Infektionserkrankungen zu kämpfen hatte. Verrenkungen und Knochenbrüche sind fast ausschließlich bei Männern vorhanden, was für eine geschlechtsspezifische Arbeitsteilung sprechen könnte, bei der Frauen weniger Unfallrisiken ausgesetzt waren als Männer.

4. Prähistorische Nutzung des Areals vor dem Friedhof

Im obersten Erdbereich fanden sich einige aufgewühlte moderne Funde (Plastikknöpfe, glasierte Keramik), auf die ich aber hier nicht näher eingehen möchte.

Neben den bereits erwähnten drei Grabbeigaben und vereinzelt vorkommenden undatierbaren Eisennägeln konnten im Gräberfeld auch Kleinfunde einer älteren Besiedlungsphase entdeckt werden.

Es fanden sich dabei zwei Wandscherben von Lavezgefäßen mit Rillen auf der Außenseite (Abb. 34). Da solche Koch- und Vorratsgefäße seit der Römerzeit bis ins Mittelalter gebräuchlich waren, lassen sich diese kleinteiligen Stücke leider nicht genauer einordnen. Leichter zuzuordnen waren dagegen zwei verzierte Wandscherben von Gefäßen der Eisenzeit. Es handelt sich dabei um zwei unterschiedliche

Abb. 34: Scherben von 2 Lavezgefäßen | **Abb. 35:** Verzierte Wandscherben von zwei Keramikgefäßen

Töpfe (eines oxidierend, eines reduzierend gebrannt) mit geritzten Linien auf der Außenseite (Abb. 35).

Was jedoch am meisten überraschte, waren die zahlenmäßig nicht gering vorkommenden bronzezeitlichen keramischen Rand- und Wandscherben. Sie waren durchwegs sehr grob gemagert, unregelmäßig gebrannt und handaufgebaut. Die vorkommenden Ränder wiesen außerdem die typischen Fingertupfenverzierungen auf (Abb. 36–38).

Alle oben dargestellten Kleinfunde stammen aus den diversen Grabverfüllungen und wurden auf und zwischen den Skeletten v. a. in der Osthälfte der Fläche gefunden.

Der Schluss, den wir aus diesen Funden ziehen können, ist jener, dass der Hügel schon vor seiner Nutzung als hochmittelalterlicher Friedhof bereits in der Bronzezeit besiedelt war. Eventuell vorhandene Siedlungsspuren wie Pfostenlöcher und Balkengräben konnten im später als Friedhofsbereich genützten Gebiet natürlich nicht unbeschadet bestehen bleiben, die Keramik dagegen schon.

Abb. 36: Bronzezeitliche Wandscherben

Abb. 37: Bronzezeitliche Randscherbe von vorne

Abb. 38: Bronzezeitliche Randscherbe von oben

Literaturverzeichnis

Brooks und Suchey 1990 = Sheilagh T. Brooks/Judy M. Suchey, Skeletal Age Determination Based on the Os Pubis. A Comparison of the Ascádi-Nemeskéri and Suchey-Brooks Methods, in: Human Evolution 5 (1990), 227–238.

Burt et al. 2013 = Nicole M. Burt/Dyan Semple/Kathryn Waterhouse/Nancy C. Lovell, Identification and interpretation of joint disease in paleopathology and forensic anthropology, Springfield, Illinois 2013.

Carli-Thiele 1996 = Petra Carli-Thiele, Spuren von Mangelerkrankungen an steinzeitlichen Kinderskeletten, in: Michael Schultz (Hg.), Fortschritte in der Paläopathologie und Osteoarchäologie. Band 1, Göttingen 1996, 201–217.

Ferembach et al. 1979 = Denise Ferembach/Ilse Schwidetzky/Milan Stloukal, Empfehlungen für die Alters- und Geschlechtsdiagnose am Skelett, in: Homo 30/2 (1979), 1–32.

Hershkovitz et al. 2002 = Israel Hershkovitz/Charles M. Greenwald/Bruce Latimer/Lyman M. Jellema/ Susanne Wish-Baratz/Vered Eshed/Olivier Dutour/Bruce M. Rothschild, Serpens Endocrania Symmetrica (SES): A New Term and a Possible Clue for Identifying Intrathoracic Disease in Skeletal Populations, in: American Journal of Physical Anthropology 118 (2002), 201–216.

Larsen 1997 = Clark S. Larsen, Bioarchaeology. Interpreting behavior from the human skeleton, Cambridge 1997.

Lewis 2004 = Mary E. Lewis, Endocranial Lesions in Non-adult Skeletons: Understanding their Aetiology, in: International Journal of Osteoarchaeology 14 (2004), 82–97.

Lusis 2000 = Aldons J. Lusis, Atherosclerosis, in: Nature 407 (2000), 233–241.

Lusis et al. 2004 = Aldons J. Lusis/Rebecca Mar/Päivi Pajukanta, Genetics of Atherosclerosis, in: Annual Review of Genomics and Human Genetics 5 (2004), 189–218.

Mann und Hunt 2005 = Robert W. Mann/David R. Hunt, Photographic Regional Atlas of Bone Disease. Springfield, Illinois ³2005.

Mays 2010 = Simon Mays, The Archaeology of Human Bones, London–New York ²2010.

Miles 1963 = Albert E. W. Miles, The dentition in the assessment of individual age in skeletal material, in: Don R. Brothwell (Hg.), Dental Anthropology, Oxford 1963, 191–209.

Okumura et al. 2007 = Maria M. Okumura/Célia Boyadjian/Sabine Eggers, Auditory Exostoses as an Aquatic Activity Marker: A Comparison of Coastal and Inland Skeletal Remains from Tropical and Subtropical Regions of Brazil, in: American Journal of Physical Anthropology 132 (2007), 558–567.

Ortner 2003 = Don J. Ortner, Identification of Pathological Conditions in Human Skeletal Remains, USA 2003.

Proulx und Zryd 2009 = Anne M. Proulx/Teresa W. Zryd, Costochondritis: Diagnosis and Treatment, in: American Family Physician 80/6 (2009), 617–620.

Roberts und Manchester 2012 = Charlotte Roberts/Keith Manchester, The Archaeology of Disease, Gloucestershire³ 2012.

Rösing 1977 = Friedrich W. Rösing, Methoden der Aussagemöglichkeiten der anthropologischen Leichenbrandbearbeitung, in: Archäologie und Naturwissenschaften 1 (1977), 53–80.

Scheurer und Black 2004 = Louise Scheurer/Sue Black, The Juvenile Skeleton, London–San Diego 2004.

Siegmund 2010 = Frank Siegmund, Die Körpergröße der Menschen in der Ur- und Frühgeschichte Mitteleuropas und ein Vergleich ihrer anthropologischen Schätzmethoden, Norderstedt 2010.

Stloukal und Hanáková 1978 = Milan Stloukal/Hana Hanáková, Die Länge der Längsknochen altslawischer Bevölkerungen – Unter besonderer Berücksichtigung von Wachstumsfragen, in: Homo 29 (1978), 53–69.

Szilvássy 1977 = Johann Szilvássy, Altersschätzung an den sternalen Gelenkflächen der Schlüsselbeine, in: Beiträge zur Gerichtlichen Medizin 35 (1977), 343–345.

Ubelaker 1989 = Douglas H. Ubelaker, Human Skeletal Remains, Washington D.C.² 1989.

Waldron 2009 = Tony Waldron, Palaeopathology, Cambridge–New York–Melbourne–Madrid–Cape Town–Singapore–Sao Paolo–Delhi 2009.

Wanke et al. 1962 = Robert Wanke/Richard Maatz/Heinz Junge/Wolfgang Lentz, Knochenbrüche und Verrenkungen, München–Berlin 1962.

Abbildungsverzeichnis

Martin Gamon

WEIZENEGGERS SPAZIERGÄNGE IM RÖMISCHEN BREGENZ

„Der erste Ausgräber von Brigantium"?

Brigantium – das römerzeitliche Bregenz – ist sicherlich die bekannteste archäologische Fundstelle Vorarlbergs. Bereits zu Beginn der Forschungen zur römerzeitlichen Besiedlung im heutigen Vorarlberg stand die stadtähnliche Siedlung am Bodensee im Fokus, in welchem sie sich auch heute noch befindet. Brigantium weist daher eine sehr lange Forschungsgeschichte auf. Bislang wurde angenommen, dass die ersten Grabungstätigkeiten im Gebiet Brigantiums in der Mitte des 19. Jahrhunderts stattfanden. Die ersten planmäßigen archäologischen Ausgrabungen setzten erst nach der Gründung des Vorarlberger Landesmuseumsvereins im Jahr 1857 ein.[1] Unter dessen Obmann Samuel Jenny (1837–1901) wurden ab 1861 regelmäßig archäologische Grabungen im Siedlungsgebiet Brigantiums durchgeführt, vor allem auf dem Ölrainplateau.

Umso überraschender ist daher ein kurzer Absatz, der sich in einem bislang – zumindest in archäologisch-forschungsgeschichtlicher Hinsicht – kaum beachteten Artikel des Historikers und Landesarchivars Ludwig Welti (1904–1971) aus dem Jahr 1965 findet.[2] Die Publikation befasst sich mit den Aktivitäten und Forschungskontakten[3] des Geistlichen Franz Josef Weizenegger[4] (1784–1822), dem sogenannten

---

1   Als Zusammenfassung der archäologischen Forschungsgeschichte der römischen Kaiserzeit in Bregenz sowie im Gebiet des heutigen Vorarlbergs siehe Truschnegg 2001, hier speziell 53–55, 194.

2   Welti 1965. Der Artikel Weltis bezieht sich anscheinend – vor allem bezüglich der für diesen Beitrag relevanten Stelle – großteils auf Briefe, welche Weizenegger von anderen Forschern erhielt. Die verwendeten Quellen werden im Artikel Weltis nicht zitiert, die verwendeten Publikationen nur angedeutet. Vermutlich befinden sich die von Welti wiedergegebenen Briefe im Vorarlberger Landesarchiv (VLA, Nachlass Franz Josef Weizenegger). Diese Unterlagen wurden für den vorliegenden Artikel nicht gesichtet. Der Grund, warum die Publikation Weltis – zumindest in der archäologischen Forschungsgeschichte – bislang kaum Beachtung fand, ist vermutlich, dass diese im schwer zugänglichen Jahresbericht 1965 des Bundesrealgymnasiums für Mädchen in Bregenz veröffentlicht wurde. Im grundlegenden Werk zur Forschungsgeschichte der römischen Kaiserzeit im heutigen Vorarlberg wird der Artikel Weltis zwar zitiert, jedoch auf die vermeintlichen Grabungen Weizeneggers 1822 in Brigantium nicht eingegangen, siehe Truschnegg 2001, 20 bzw. 193. An dieser Stelle sei Tobias Riedmann für den Hinweis sowie seine vielfältige Unterstützung herzlich gedankt! Dank gebührt auch Brigitte Truschnegg für ihre Unterstützung.

3   Zu Weizeneggers Kontakten mit anderen Forschern, siehe Welti 1965 sowie überblicksmäßig Burmeister 1989, 12.

4   In der Vorarlberger Geschichtsschreibung hat sich die Schreibweise „Weizenegger" eingebürgert, wahrscheinlich aufgrund der posthumen Publikation seiner Unterlagen durch seinen ehemaligen Lehrer, den

„Vater der Vorarlberger Geschichtsschreibung".[5] Welti zitiert in dem betreffenden Absatz einen Brief des Appenzeller Gelehrten Johann Caspar Zellweger (1768–1855) vom 2. März 1822, in dem dieser „die Nachgrabungen, welchen Sie [Anm.: Weizenegger] nachgegangen sind, recht interessant" fand, da dadurch die Lage von Brigantium bestätigt werde.[6] Daher postuliert Welti, dass Weizenegger neben seinen anderen Verdiensten auch als „erster Ausgräber von Brigantium angesprochen" werden dürfe.[7] Ansonsten findet sich kein weiterer Hinweis auf Brigantium oder Grabungen in Bregenz im Artikel Weltis.[8]

Die Erwähnung dieser „Nachgrabungen" durch Weizenegger 25 Jahre vor den ersten bislang bekannten Grabungstätigkeiten verwundert vor allem, da bisher keine weiteren Hinweise zu dermaßen frühen Grabungen in Brigantium existierten. In dem nach Weizeneggers Tod von Meinrad Merkle (1781–1845) veröffentlichten dreibändigen Werk, welches Weizeneggers Forschungen zusammenfasst und als das erste gedruckte Geschichtswerk Vorarlbergs gilt, finden sich lediglich Hinweise auf „aufgefundene Münzen und einsinkende Gewölbe die Spuren eines ehemaligen Baues" auf dem Ölrain zeigen.[9] Was hat es also mit den von Zellweger als „Nachgrabungen" bezeichneten Aktivitäten Weizeneggers in Brigantium auf sich? Der vage Hinweis aus dem Brief Zellwegers allein kann jedenfalls nicht als Bestätigung von Grabungstätigkeiten Weizeneggers ausreichen. Gibt es weitere Quellen, die diese „Nachgrabungen" belegen?

Geistlichen und späteren Präfekten des Gymnasiums Feldkirch Meinrad Merkle, in welcher er als „Weizenegger" bezeichnet wird. Diese übliche Schreibweise wird auch im vorliegenden Artikel verwendet. In seiner selbst verfassten Biografie (Waitzenegger 1822), in seinen Briefen an Zellweger und in seinen Nekrologen (o. V. 1823; BLKÖ 1885; ADB 1896) findet sich die Schreibweise „Waitzenegger". Auf seinem Gedenkstein wurde er als „Weitzenegger" verewigt, siehe Abb. 2. Zu den verschiedenen Schreibweisen des Familiennamens siehe Fußenegger 1994, 184, Anm. 5.

5   Burmeister 1989, 14.
6   Welti 1965, 14.
7   Welti bezeichnet Weizenegger im gleichen Satz auch als „ersten Meteorologen" (Vorarlbergs?), siehe Welti 1965, 14. Auch der Titel des Artikels Weltis – „Erster Organisator einer planmäßigen Landesgeschichtsforschung" – verweist im Superlativ auf die Pionierleistungen Weizeneggers.
8   Welti erwähnt zwei vorherige Treffen zwischen Weizenegger und Zellweger in Trogen/Appenzell (Oktober 1820 und November 1821, siehe Welti 1965, 12–15). Ob bei diesen Treffen über Brigantium geredet wurde, ist nicht belegt. Besuche Weizeneggers in Trogen für das Jahr 1822 werden in dessen Briefen nicht erwähnt. Es sei an dieser Stelle auf eine etwas eigenartige etymologische Erwähnung im Artikel Weltis hingewiesen, auf die an späterer Stelle nochmals eingegangen wird (siehe Fußnote 11). Welti schreibt, dass Zellweger den Versuch, das Wort „Brigantium" von „Brigantes-Filzläusen" herzuleiten, „nicht sehr rühmlich" fand (Welti 1965, 14). Mit Brigantes wird eigentlich ein keltisches Volk in Britannien bezeichnet, das getrennt vom vindelikischen Stamm der Brigantii zu betrachten ist. Die Übersetzung von Brigantes zu Filzläusen (lat. pthirus pubis) scheint kurios, eventuell handelt es sich um einen Lese- oder Transkriptionsfehler.
9   Merkle 1839b, 265.

Einen Schritt zurück: Der Brief Weizeneggers an Zellweger

Dem von Welti zitierten Brief Zellwegers an Weizenegger vom 2. März 1822 müsste ein dementsprechender Brief Weizeneggers vorausgegangen sein, auf welchen Zellweger antwortete. Tatsächlich findet sich unter der in der Kantonsbibliothek Appenzell Ausserrhoden aufbewahrten Korrespondenz Weizeneggers an Zellweger aus den Jahren 1820 bis 1822 ein Brief vom 22. Februar 1822, in welchem Weizenegger die Umstände beschreibt, unter denen er die Gebäudereste von Brigantium entdeckte:[10]

Brigantium ist keltischen Ursprungs, den Briga heißt Berg Felsen, und so Brigantium eine von Berg Felsen eingeschlossene Stadt.[11] […] Da das alte brigantium kaum einige 100 Schritte von meinem Hause entfernt sich befand, wo ietz lauter schöne Güter und Felder sind, so spazirte ich die vorigen schönen Tage, wo ich nichts thun konnte, öfter dahin, wo Acker umgegraben und gearbeitet wurde. Ich blieb bey einem bekanten Manne mehrere Stunden, und er zeigte mir durch weniges Nachgraben auf seinem Aker etwa ¼ Jauchert groß 5 Mauern, derer 2 wohl 5 eine 4 und 2 stark 3½ Fuß dik sind, dan zwischen zweyen eine schön gepflasterte Straße. An einem andern Orte grub mir auf einem kleinen Hügel ein anderer, und wir hatten bald eine wahre Römermauer von 7 Fuß dike, die in gerader Linie über 300 Fuß fortläuft, vielleicht noch viel weiter, aber ich konnte nicht mehr weiter suchen. Der Flächeninhalt, auf dem ich bisher überall Mauern genug fand, betragt immer 20 bis 30 Jauchert. Vielleicht wird an einem Orte noch mehr gegraben, und ich kann später wichtigeres mittheilen. Wären nur die Güter nicht so gut und fruchtbar, dan könnte man schon etwas thun, aber so ist der Schaden bald bedeutend, den gute Erde ist nur oben wenig, und beim Graben verliert sich diese und die schlechte kömmt oben auf.[12]

Eine Anmerkung Zellwegers am Ende des Briefs Weizeneggers belegt, dass der Brief Zellwegers vom 2. März 1822, auf welchen Welti sich bezieht, die direkte Antwort auf den hier wiedergegebenen Brief war.[13]

---

10   An dieser Stelle sei Gabriela Falkner (Kantonsbibliothek Appenzell Ausserrhoden) für ihre Hilfe und das unkomplizierte zur Verfügung Stellen der Scans der Korrespondenz Weizenegger – Zellweger herzlich gedankt. Aus dem Jahr 1820 sind 11 Briefe (zusammengefasst als „Nro 71"; KBAR, Fa Zellweger 40/C : 01, Bd. 3, S. 463–504), aus dem Jahr 1821 17 Briefe („Nro 98"; KBAR, Fa Zellweger 40/C : 01, Bd. 3, S. 729–794) und aus dem Jahr 1822 11 Briefe („Nro 134"; KBAR, Fa Zellweger 40/C : 01, Bd. 3, S. 1237–1268) erhalten. Für die Transkription sei Josef Scherer und Tobias Riedmann herzlich gedankt!

11   Die angebliche Herleitung Brigantiums von Filzläusen im Brief Zellwegers (Welti 1965, 14, siehe auch Fußnote 8) wird hier nicht erwähnt. Aufgrund Weizeneggers Formulierung *Berg Felsen* könnte es sich eventuell um einen Lesefehler des Worts „Felsberg" zu „Filzlaus" handeln, dies ist jedoch rein hypothetisch.

12   KBAR, Fa Zellweger 40/C: 01, Bd. 3, S. 1244–1245.

13   KBAR, Fa Zellweger 40/C: 01, Bd. 3, S. 1246.

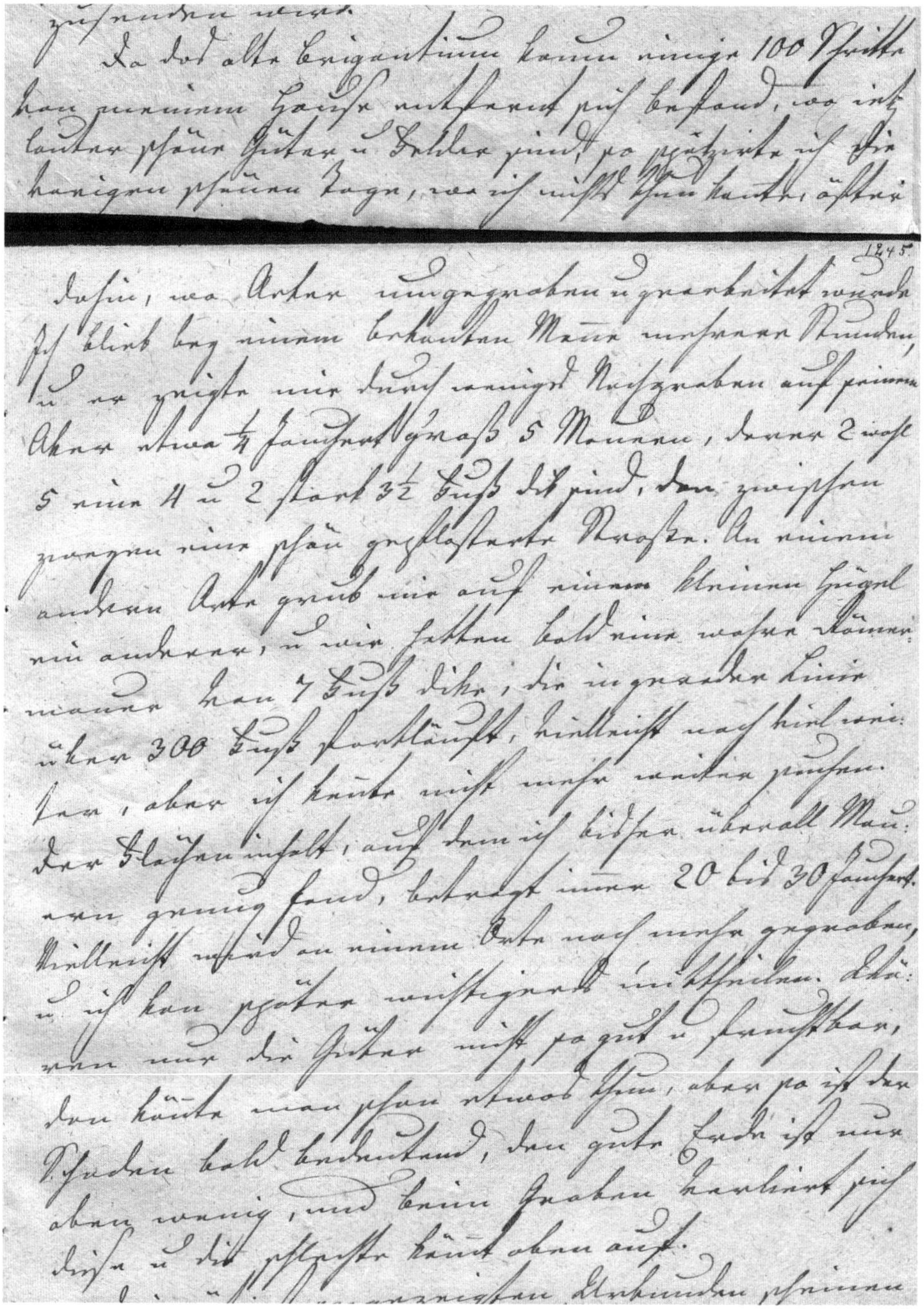

Abb. 1: Auszug aus dem Brief Weizeneggers an Zellweger vom 22. Februar 1822, in welchem Weizenegger seine Beobachtungen von römerzeitlichen Gebäuderesten beschreibt.

Franz Josef Weizenegger (1784–1822)

Um die Umstände der „Spaziergänge" Weizeneggers besser verstehen zu können, werfen wir einen Blick in sein Leben.[14] Geboren am 8. Mai 1784 in Bregenz (Steinebach, heutige Adresse Belruptstraße 42) besuchte er die Schule von 1789 bis 1795, danach war er bis 1799 in der väterlichen, am Seeufer gelegenen Ziegelei beschäftigt. Interessant ist, dass es seinem Vater Joseph Weizenegger (1732–1797) wichtig war, dass sein Sohn erst einen handwerklichen Beruf erlernte, bevor er ein Studium aufnahm. Weizenegger respektierte den Wunsch seines Vaters auch nach dessen Tod und war bis 1802 bei einem Kürschner in der Lehre.

Nach einem halbjährigen Aufenthalt in Feldkirch als Kürschnergeselle besuchte er auf der Heimreise den Gottesdienst in der Wallfahrtskirche Rankweil, während dem er sich schlussendlich für das Studium entschied. Am 11. November 1802 trat er mit 18 Jahren ins Benediktinerkloster Mehrerau ein, das dortige Gymnasium schloss er 1805 ab.

Der Dritte Koalitionskrieg (September–Dezember 1805) hielt Weizenegger von einem Studium in einer Universitätsstadt ab, daher studierte er zunächst Philosophie in der Mehrerau. Sein Professor war der bereits erwähnte Meinrad Merkle, der später Weizeneggers begonnenes Werk zur Geschichte Vorarlbergs überarbeiten und publizieren sollte. Im Herbst 1806 – nachdem Vorarlberg und Tirol an Bayern gefallen waren und das Kloster Mehrerau aufgelöst worden war – setzte Weizenegger sein Philosophiestudium in Innsbruck fort, von 1808 bis August 1809 studierte er Theologie in Landshut.

Nach Abschluss des Studiums kehrte Weizenegger nach Bregenz zurück. Im Herbst 1809 wurde er in das „bischöflich-konstanzische Seminarium" in Meersburg aufgenommen, 1810 erhielt er die Priesterweihe in Konstanz. Nach Stationen in Bregenz, Kennelbach, Gortipohl[15] und Hörbranz kam er nach Oberdorf/Dornbirn[16], wo er im Mai 1813 zum Kaplan der weitläufigen Kuratie bestellt wurde.

Im Februar 1814 erkrankte er an „bösartigem hitzigem Nervenfieber"/Typhus, von dem er sich nicht mehr völlig erholte.[17] Da er auch sein Gehör weitgehend verloren

---

14 Die folgenden biografischen Daten sind großteils Weizeneggers Autobiografie entnommen, siehe Waitzenegger 1822. Eine weitere Grundlage bildet die noch detailliertere Biografie Burmeisters über Weizenegger, siehe Burmeister 1989.

15 Weizenegger erwähnt Gortipohl nicht, siehe Waitzenegger 1822, 597. Wahrscheinlich war der Grund hierfür, dass ihm die Stelle in Gortipohl nicht gefiel (siehe Burmeister 1989, 11) und er diesen Umstand in seiner Autobiografie nicht erwähnen wollte.

16 Zu Weizeneggers Zeit in Oberdorf/Dornbirn siehe Fußenegger 1994.

17 Merkle erwähnt, dass Weizenegger aufgrund eines Sturzes von einem Obstbaum für die Seelsorge arbeitsunfähig wurde, siehe Merkle 1839a, III. Laut Burmeister war Weizenegger aufgrund des Sturzes von einem Apfelbaum nur vorübergehend (während seiner Zeit in Gortipohl?) nicht in der Lage, seinen Seelsorgetätigkeiten nachzugehen.

Abb. 2: Das Epitaph Weizeneggers, gestiftet vom Vorarlberger Landesmuseumsverein 1901

hatte, gab er in Folge im Mai 1815 seine Stelle als Kaplan auf. Daraufhin zog er nach Bregenz in das Haus 365 zu seiner einzigen Schwester Anna Maria Barbara (*1785), welche im Februar 1816 starb.[18] Seine Mutter Maria Barbara (*1743) war bereits 1811 verstorben. Somit war der Geistliche Weizenegger ohne Anstellung und Familie. Die freie Zeit widmete er – neben seiner Genesung – der Erforschung der Geschichte Vorarlbergs, wofür er sein eigenes Vermögen aufwendete. Im August 1819 wurde er zum Beichtvater des Dominikanerinnenklosters Thalbach bestellt, was ihm jedoch weiterhin ausreichend Zeit für seine Forschungen ließ.[19] Am 7. Dezember 1822 starb Weizenegger im Alter von nur 38 Jahren.

Zwischen den Zeilen gelesen

Beschäftigen wir uns nun genauer mit dem Brief Weizeneggers. Aufgrund der Zeitangabe (*die vorigen schönen Tage*) scheint es, dass Weizenegger in den Tagen oder Wochen vor dem 22. Februar 1822 seine Spaziergänge unternahm und dabei die Gebäudereste beobachtete. In seinem vorhergehenden Brief an Zellweger vom 29. Jänner 1822[20] erwähnt er jedenfalls keine römerzeitlichen Gebäudereste, daher erfolgten die Spaziergänge wahrscheinlich im Zeitraum zwischen diesen beiden Briefen. Somit ergäbe sich ein Zeitfenster von etwa drei Wochen im Februar 1822. Es überrascht jedoch, dass mitten im Winter bei Bregenz geackert wurde und die Witterung dies möglich machte.[21] Der Vermerk der *vorigen schönen Tage* könnte auf eine Gunstphase hinwei-

---

18 Burmeister 1989, 11. Das Haus 365 erhielt später die Adresse Blumenstraße 8 (StAB, Historisches Archiv, Akten, Akt 278). Das Gebäude existiert heute nicht mehr, es stand an der Einmündung der Blumenstraße in die Gallusstraße, im Zwickel zwischen Riedergasse und Blumenstraße (siehe Abb. 3). Heute befindet sich hier das Gebäude Riedergasse 2. An dieser Stelle sei Thomas Klagian (Stadtarchiv Bregenz) für seine Hilfe bei der Lokalisierung gedankt.

19 Teilweise wird fälschlicherweise der 24. August 1816 genannt, siehe BLKÖ 1885, 155; ADB 1896, 633.

20 KBAR, Fa Zellweger 40/C: 01, Bd. 3, S. 1241–1242.

21 Die Sommer der Jahre 1810 bis 1822 werden als „Eiszeitsommer" bezeichnet, siehe Sutterlüti 2014, 30–31.

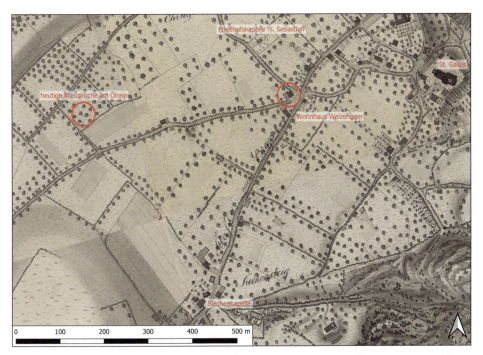

Abb. 3: Die Rheinstromkarte von 1826 im Bereich Ölrain. Die eingezeichneten Äcker könnten jene Äcker sein, in denen Weizenegger im Jahr 1822 römerzeitliche Gebäudereste beobachtete (M: 1:3500).

sen, welche von den Bauern und Weizenegger genutzt wurde. Eine Verortung der Felder, auf denen die beiden anonymen Männer – wahrscheinlich Bauern – arbeiteten, ist anhand der Angabe *kaum einige 100 Schritte von meinem Hause entfernt* nur ungefähr möglich.[22] Wie bereits erwähnt wohnte Weizenegger ab 1815 im Haus 365 (heutige Adresse Riedergasse 2), welches direkt östlich des Ölrains lag. Daher ist anzunehmen, dass die angesprochenen Felder auf dem Ölrain liegen, auch wenn Weizenegger diesen Flurnamen nicht namentlich erwähnt. Folgt man in der Rheinstromkarte aus dem Jahr 1826 der am Haus 365 vorbeiführenden Straße (der heutigen Riedergasse) nach Westen, sind etwa 300–550 m entfernt nördlich und südlich der Straße einige Äcker eingezeichnet.[23] Diese Äcker befanden sich zwischen der 1862 bis 1864 erbau-

22 Mit der vagen Ortsangabe *an einem andern Orte* könnte natürlich auch eine weiter entfernte Stelle außerhalb des Ölrains gemeint sein, jedoch ist wahrscheinlicher, dass damit ebenfalls der Ölrain gemeint ist.

23 Der Vergleich der Rheinstromkarte mit den Luftbildern der 1930er und 1950er Jahre zeigt, dass die Karte zumindest im Raum Bregenz sehr präzise zu sein scheint. Dies gilt nicht nur für Gebäude, Straßen und das Gelände, sondern zumindest teilweise auch für Flurgrenzen und (schematisch) eingezeichnete Bäume und Vegetation. Daher ist anzunehmen, dass auch die landwirtschaftliche Nutzung des Gebiets und somit die Äcker relativ genau eingezeichnet wurden. Es ist daher wahrscheinlich, dass die Rheinstromkarte von 1826 die als Äcker genutzten Flächen des Jahres 1822 relativ gut repräsentiert. Zur

ten evangelischen Kreuzkirche am Ölrain und der Siechenkapelle beziehungsweise im Bereich zwischen der heutigen Josef-Huter-Straße und der heutigen Willimargasse.[24] Auch entlang der von Weizeneggers Wohnhaus nach Süden verlaufenden Straße (der heutigen Gallusstraße) sind in etwa 350 m Entfernung westlich und östlich der Straße kleinere Äcker eingezeichnet.[25]

Die Formulierung *so spazierte ich die vorigen schönen Tage, wo ich nichts thun konnte, öfter dahin* verweist darauf, dass Weizenegger nicht an einem einzelnen, sondern an mehreren Tagen *mehrere Stunden* bei den Gebäuderesten verbrachte. Möglicherweise deuten die Worte *wo ich nichts thun konnte* darauf hin, dass Weizenegger die Spaziergänge ursprünglich aus gesundheitlichen Gründen und nicht zum Zweck der Auffindung von römerzeitlichen Überresten unternahm. Es scheint, dass Weizenegger nach der ersten, zufälligen Sichtung von Gebäuderesten, welche durch Ackertätigkeiten teilweise freigelegt worden waren, absichtlich öfter den Ölrain und die aufgefundenen Mauern aufsuchte. Die zunächst zufällig beim Ackern entdeckten Mauern und Straßenreste hatten offensichtlich sein Interesse geweckt: Die Formulierungen *er zeigte mir durch weniges Nachgraben* sowie *an einem andern Orte grub mir [...] ein anderer* deuten in weiterer Folge auf das absichtliche Freilegen der Gebäudereste hin. Das Wort *Nachgraben* könnte auch den von Zellweger verwendeten Begriff „Nachgrabung" erklären.[26] Außerdem lässt sich aus diesen Formulierungen ableiten, dass der gesundheitlich beeinträchtigte Weizenegger die Mauern nicht selbst freilegte, sondern die – wie so oft – namenlosen Ausgräber, die beiden auf den Äckern beschäftigten Bauern.[27]

Auch wenn die Längen- und Maßangaben Weizeneggers vermutlich grob geschätzt sind, sollen auch diese näher betrachtet werden.[28] Laut dem Brief ließ Weizenegger

Rheinstromkarte siehe Krapf 1901, 165–166 sowie in Bezug auf die historische Landschaft im Umfeld des Ölrains Kopf/Oberhofer 2022, 2–3.

24 Laut VoGIS bzw. dem Digitalen Bregenzer Stadtplan befinden sich im Bereich dieser ehemaligen Äcker zwischen der heutigen Kreuzkirche am Ölrain und der Siechenkapelle die Fundzonen „Thermenareal" (Fundstellennummer 9/02/91103 10), „Händlerviertel" (FuStnr. 9/02/91103 14), „Frühkastellareal" (FuStnr. 9/02/91103 16) und „Randbereich Ölrain" (FuStnr. 9/02/91103 27), siehe Abb. 4.

25 Laut VoGIS bzw. dem Digitalen Bregenzer Stadtplan ist das Gebiet bei den beiden ehemaligen, kleinräumigen Äckern beidseitig der Gallusstraße (Adressen Gallusstraße 37, 39, 40, 41) Teil der archäologischen Fundzone „Randbereich Ölrain" (FuStnr. 9/02/91103 27), siehe Abb. 4.

26 Laut dem Goethe-Wörterbuch wurde im frühen 19. Jahrhundert unter „Nachgrabung" eine „(nochmalige) geol. od archäologische Grabungsarbeit" verstanden, siehe Schulz/Kwaśniak 2018.

27 Ob die beiden Ausgräber von Weizenegger für ihren Aufwand finanziell entlohnt wurden, wird nicht erwähnt. Zu den im 19. Jahrhundert im Schatten der Forschung stehenden tatsächlichen Ausgräbern von archäologischen Hinterlassenschaften siehe Gamon/Riedmann 2022, speziell 18–19, 30.

28 Es scheint anhand der groben Distanz- und Flächenangaben Weizeneggers wenig relevant zu sein, welches Fuß- und Flächenmaß Weizenegger verwendete. Es ist anzunehmen, dass Weizenegger die Distanzen und Flächen im Feld nicht genau vermaß, sondern grob schätzte. Dennoch soll hier kurz auf die damals gängigen Maße eingegangen werden: Wahrscheinlich bezog sich Weizenegger auf den Nürnberger Fuß (0,3039 m), jedoch auch der englische Fuß (0,304794 m) und der Wiener Fuß (0,316081 m) wären möglich, siehe Rottleuthner 1883, 29–30 bzw. 50. Mit einem Jauchert oder Joch wurde die Fläche

in einem *etwa ¼ Jauchert* (ca. 1000 m²) großen Bereich *5 Mauern* freilegen. Anscheinend waren davon zwei Mauern fünf Fuß (ca. 1,5 m), eine Mauer vier Fuß (ca. 1,2 m) und zwei Mauern 3½ *Fuß* (ca. 1,05 m) mächtig. Wie die Mauern zueinander lagen – ob sie z. B. Teil eines Gebäudes waren – wird aus dem Brief nicht ersichtlich. Zwischen zwei dieser Mauern soll sich eine *schön gepflasterte Straße* befunden haben, welche jedoch nicht näher beschrieben wird. Es ist daher ungewiss, ob Weizenegger tatsächlich eine Straße sah oder einen gepflasterten oder geschotterten Platz, vielleicht auch einen Estrichboden. Ebenfalls unklar ist, was Weizenegger mit dem *kleinen Hügel* meinte. Möglicherweise handelte es sich um eine kleinräumige Erhebung aus dem Versturz einer Gebäuderuine in diesem Bereich. Allerdings hätten Weizenegger und der namenlose Ausgräber dann wahrscheinlich mehr als eine einzelne *300 Fuß* (ca. 90 m) lange und *7 Fuß* (ca. 2,1 m) mächtige Mauer gefunden, wobei zu hinterfragen ist, ob diese tatsächlich auf die gesamte Länge freigelegt wurde.[29]

In welchem zeitlichen Kontext der Satz *Der Flächeninhalt, auf dem ich bisher überall Mauern genug fand, betragt immer 20 bis 30 Jauchert* (8–12 ha) zu verstehen ist, ist nicht eindeutig.[30] Vermutlich meinte Weizenegger damit, dass er bereits in der Vergangenheit weitflächig (römerzeitliche) Gebäudereste auf dem Ölrain beobachten konnte. Dies ist durchaus vorstellbar, weil er selbst den Hinweis gibt, dass die Mauern nur durch wenig *gute Erde* abgedeckt waren. Somit wäre es wahrscheinlich, dass diese regelmäßig durch das Pflügen der Äcker teilweise freigelegt wurden. Dies könnte bedeuten, dass Weizenegger mehrfach Mauerreste beobachtete und eben einige davon in dem hier vorgestellten Brief Erwähnung fanden. Offen bleibt, warum Merkle bei der Veröffentlichung des Werks Weizeneggers nur „aufgefundene Münzen und einsinkende Gewölbe die Spuren eines ehemaligen Baues zeigen" erwähnt.[31]

Es stellt sich die Frage, ob die Mauern und Straßenreste, die Weizenegger vorfand, tatsächlich Überreste des römerzeitlichen Siedlungshorizonts waren oder ob er eventuell Mauern und Schotter- oder Steinlagen einer anderen Zeitstellung vorfand.

---

bezeichnet, welche ein Ochse in einem Tag pflügen konnte. Durchschnittlich war ein Jauchert 4018,4 m² (Rottleuthner 1883, 2) bzw. nach dem Hofdekret Maria Theresias 1768 3597 m² (Rottleuthner 1883, 15, Anm. 22) groß. Da diese Angabe natürlich auch vom Gelände abhängig war, ergaben sich unterschiedlich große Jauchert in unterschiedlichen Regionen. In Vorarlberg variierten die Jauchert anscheinend von 3884 m² (Dornbirn und Rheintal) bis 5395 m² (Hofrieden/Lochau und Sulzberg), siehe Rottleuthner 1883, 47. Der Einfachheit halber werden im Folgenden 1 Fuß mit 0,3 m und 1 Jauchert mit 4000 m² umgerechnet.

29 Eine 90 m lange und 2,1 m breite Mauer scheint sehr massiv, beinahe zu massiv. Die Außenmauern des Forums und des Kaiserkultbezirks hätten zumindest eine ähnliche Länge, jedoch nicht dieselbe Breite. Denkbar ist, dass Weizenegger in die 2,1 m Breite auch den Mauerversturz miteinbezogen hat. Die Länge und Breite lassen auch an einen Kanal oder eine gemauerte Wasserleitung denken. Freundlicher Hinweis Karl Oberhofer.

30 Die in der Rheinstromkarte am Ölrain eingezeichneten Äcker umfassen nur eine Fläche von ca. 3,5 ha. Die Fläche der Fundzonen des Ölrains (ohne Randbereich und Gräberfeld) umfasst mindestens 20 ha.

31 Merkle 1839b, 265. Auch Zellweger erwähnt die „Nachgrabungen" Weizeneggers anscheinend nicht in seinen Publikationen.

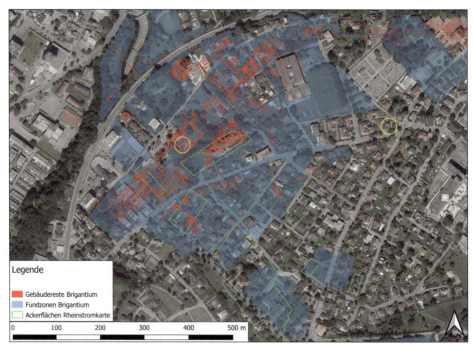

Abb. 4: Die bekannten Gebäudereste und die archäologischen Fundzonen auf dem Ölrain. Gelb markiert sind das ehemalige Wohnhaus Weizeneggers sowie die Kreuzkirche am Ölrain (M: 1:3500).

Die Archäologie als wissenschaftliches Fach war im Jahr 1822 – wenn überhaupt – noch in ihren frühesten Kinderschuhen, der erste Lehrstuhl für Klassische Archäologie der Donaumonarchie wurde erst 46 Jahre später in Wien eingerichtet. Archäologische Ausgrabungen im Alpenraum waren zur Zeit Weizeneggers rar und es ist daher fraglich, ob er vor seinen Spaziergängen jemals römerzeitliche Gebäudereste gesehen hat und er – abgesehen von seiner historischen Bildung und der ihm bekannten relevanten Literatur – Vergleichsmöglichkeiten hatte. Dass sich Weizenegger auch mit der römischen Geschichte Vorarlbergs befasste, ist bekannt.[32] Funde, anhand

---

32 Dass sich Weizenegger eingehender mit der Geschichte der römischen Kaiserzeit, speziell des heutigen Vorarlbergs, befasste, ist aus den erhaltenen Briefen Weizeneggers an Zellweger erkennbar. Laut Welti (Welti 1965, 29–30) ist ein anonymer Zeitungsartikel über das römische Straßennetz sowie die Straßenstationen und Siedlungen im Bereich des heutigen Vorarlbergs aus dem Jahr 1820 (o. V. 1820) Weizenegger zuzuschreiben, jedoch ist aufgrund eines Manuskripts Weizeneggers, in welchem er die Ausführungen des anonymen Autors des Zeitungsartikels kritisiert, dessen Autorenschaft auszuschließen, siehe VLA, Nachlass Weizenegger, Sch. 2, Undatiertes Schriftstück zu Clunia. Burmeister erwähnt zudem, dass sich Weizenegger in seinen Briefen mit anderen Gelehrten und Forschern zu römischen Straßen äußerte, siehe Burmeister 1989, 12. Eine eingehende Bearbeitung des Briefverkehrs Weizeneggers könnte daher noch weitere, bislang unbekannte Informationen zur frühesten Erforschung der (römischen) Geschichte Vorarlbergs (und vielleicht auch seiner Grabungstätigkeiten in Brigantium) bringen.

derer er die Gebäudereste als römerzeitlich interpretieren hätte können, erwähnt er in seinem Brief nicht. Daher ist anzunehmen, dass er keine relevanten Funde machte.

In Kombination mit seinen anderen Beobachtungen in diesem Gebiet und dem heutigen Kenntnisstand zur Ausdehnung des römischen Siedlungsgebietes erscheint es durchaus wahrscheinlich, dass Weizenegger Teile römerzeitlicher Gebäudereste am Ölrain gesehen hat. Somit wäre er nach derzeitigem Wissensstand der Erste, der – geleitet durch sein historisches Interesse an der römerzeitlichen Siedlung Brigantium – 1822 für einen kurzen Zeitraum die Gelegenheit nutzte, archäologische Befunde auf einem eingeschränkten Areal auf dem Ölrain durch zusätzliche Grabungsarbeiten freilegen zu lassen.

Interessant ist in diesem Zusammenhang der Umstand, dass damit am Beginn des Forschungsinteresses an der Geschichte Brigantiums ein katholischer Geistlicher stünde, die darauf folgende Forschung in der zweiten Hälfte des 19. Jahrhunderts jedoch vorwiegend von Protestanten geprägt war.[33] Der Kulturkampf, der sich auch in der archäologischen Forschungsgeschichte widerspiegelt, wird erst in der 2. Hälfte des 19. Jahrhunderts schlagend.

Fassen wir zusammen

Anhand des Briefs Weizeneggers an Zellweger vom 22. Februar 1822 wird klar, dass mit dem von Zellweger verwendeten Begriff „Nachgrabungen" nicht eine auf eine frühere Ausgrabung folgende Grabung zu verstehen ist (was der heutigen Bedeutung entsprechen würde), da keine Hinweise zu einer noch älteren Grabung vorliegen und auch im Briefwechsel zwischen Weizenegger und Zellweger keine frühere Grabung in Brigantium erwähnt wird. Vielmehr sind damit offensichtlich Grabungsarbeiten gemeint, die auf eine zufällige Entdeckung folgen und im Zuge derer den Spuren Brigantiums nachgeforscht bzw. den römerzeitlichen Mauern nachgegraben wird. Von einer Grabung im heutigen Sinne einer geplanten, archäologischen Ausgrabung kann nicht die Rede sein, doch belegt der Brief die Freilegung von Siedlungsresten, welche leider nicht näher dokumentiert wurden. Bislang sind außer seinem persönlichen Brief an Zellweger keine Dokumente oder andere Hinweise zu seiner Entdeckung bekannt, welche die Freilegung der Siedlungsreste genauer verorten oder beschreiben.

Zusammenfassend scheint die Bezeichnung Weizeneggers als „erster Ausgräber von Brigantium" aufgrund der beiläufigen Sichtung und der fehlenden Dokumenta-

---

33 Truschnegg 2002, 72.

tion der Siedlungsreste auf dem Ölrain wohl zu viel der Ehre zu sein. Dies könnte mit einer posthumen Überhöhung der Verdienste des „Vaters der Vorarlberger Geschichtsschreibung" zusammenhängen, der die reale Person Weizenegger nicht gerecht werden kann.[34] Nichtsdestotrotz ist die Nachricht Weizeneggers über das Entdecken und Freilegen von Gebäuderesten auf dem Ölrain ein spannendes historisches Dokument, da es zum einen das aufkommende Interesse an römerzeitlichen Gebäuderesten und auch das Wissen darüber in den gebildeten Gesellschaftsschichten der 1820er Jahre dokumentiert. Zum anderen verweist es auf die wichtige Rolle landwirtschaftlicher Tätigkeiten bei der Entdeckung archäologischer Gebäudereste.[35] Natürlich waren die alten Mauern, die Störfaktoren bei der landwirtschaftlichen Arbeit darstellten, gerade der bäuerlichen Bevölkerung bekannt. Davon zeugen auch die *bedeutenden Schäden* an den Gebäuderesten Brigantiums, auf die auch Weizenegger hinweist, die vermutlich über Jahrhunderte hinweg verursacht wurden, da sie *nur wenig gute Erde* schützte.

Literaturverzeichnis

ADB 1896 = Franz Krones, Waitzenegger, Franz Josef, in: Allgemeine Deutsche Biographie, Bd. 40: Vinstingen–Walram, Leipzig 1896, 633–634.

BLKÖ 1885 = Waitzenegger, Franz Josef, in: Constantin von Wurzbach, Biographisches Lexikon des Kaiserthums Oesterreich, Bd. 52: Vrčevic–Wallner, Wien 1885, 154–156.

Burmeister 1989 = Karl Heinz Burmeister, Franz Josef Weizenegger 1784 – 1822, in: Franz Josef Weizenegger, Vorarlberg. Aus dem Nachlaß bearbeitet und herausgegeben von Meinrad Merkle. Erster Band. Unveränderter Nachdruck, Bregenz 1989, 7–19.

Digitaler Bregenzer Stadtplan = Stadt Bregenz/Dienststelle Bregenz, Digitaler Bregenzer Stadtplan, URL: https://www3.bregenz.at/WebOffice/synserver?project=stadtplan&client=flex [eingesehen am 30.04.2023].

Fußenegger 1994 = Jacob Fußenegger, Franz Joseph Weizenegger als Seelsorger im Oberdorf (Dornbirn), in: Jahrbuch Vorarlberger Landesmuseumsverein (1994), 183–221.

Gamon/Riedmann 2022 = Martin Gamon/Tobias Riedmann, „Heute werden Sie mich wohl nicht erwartet haben". Die Ausgrabungen Samuel Jennys und Josef Zösmairs „uf dr Studa" in den 1880er Jahren, in: Jahrbuch Vorarlberger Landesmuseumsverein (2022), 13–33.

Kopf/Oberhofer 2022 = Julia Kopf/Karl Oberhofer, Brigantium / Bregenz. Der frühkaiserzeitliche Militärplatz und der Übergang zum raetischen Zentralort. Mit Beiträgen von Alfred Galik, Gerald Grabherr, Arpad Langer und Martina Pacher, vorarlberg museum Schriften 70, 2022.

---

34 Die Pionierleistungen Weizeneggers sollen natürlich in keiner Weise geschmälert werden, jedoch sind die Superlative „Vater der Vorarlberger Geschichtsschreibung", „der erste Ausgräber von Brigantium", „der erste Meteorologe" und „erster Organisator einer planmäßigen Landesgeschichtsforschung" (Welti 1965) kritisch zu betrachten, vor allem im Hinblick darauf, dass sich der bei seinem frühen Tod 38-jährige Weizenegger anscheinend nur die letzten sieben Jahre seines Lebens der Geschichtsforschung widmete. Siehe zur (kritischen) Würdigung Weizeneggers auch Burmeister 1989, 12–15.

35 Diese zufälligen Entdeckungen führten unter anderem auch zur Erforschung der archäologischen Überreste, siehe dazu z. B. Gamon/Riedmann 2022, 28.

Krapf 1901 = Philipp Krapf, Die Geschichte des Rheins zwischen dem Bodensee und Ragaz, in: Schriften des Vereins für Geschichte des Bodensees u. seiner Umgebung 30 (1901), 119–222.

Merkle 1839a = Meinrad Merkle, Vorarlberg. Aus den Papieren des in Bregenz verstorbenen Priesters Franz Joseph Weizenegger, I. Abtheilung, Innsbruck 1839.

Merkle 1839b = Meinrad Merkle, Vorarlberg. Aus den Papieren des in Bregenz verstorbenen Priesters Franz Joseph Weizenegger, II. Abtheilung, Innsbruck 1839.

o. V. 1820 = ohne Verfasser, Geschichte und Literatur, in: Kaiserlich-Königlich privilegirter Bothe von und für Tirol und Vorarlberg 57 (Beilage Nro. 2), 17. Juli 1820.

o. V. 1823 = ohne Verfasser, in: Kaiserlich-Königlich privilegirter Bothe von und für Tirol und Vorarlberg 50, 23. Juni 1823, 200.

Rottleuthner 1883 = Wilhelm Rottleuthner, Die alten Localmasse und Gewichte nebst den Aichungsvorschriften bis zur Einführung des metrischen Mass- und Gewichtssystems und der Staatsaichämter in Tirol und Vorarlberg, Innsbruck 1883.

Schulz/Kwaśniak 2018 = Christiane Schulz/Renata Kwaśniak, Nachgrabungen, in: Goethe-Wörterbuch. Bd. 6: Medizinalausgabe – Promenade, Stuttgart 2018, 495.

Sutterlüti 2014 = Sabine Sutterlüti, Vom Geld und den Schulden. Studie zur sozioökonomischen Entwicklung von Fußach zwischen 1795 und 1836 mit besonderer Bezugnahme auf die Auswirkungen politischer, wirtschaftlicher und klimatischer Ereignisse auf die privaten und kommunalen Vermögensverhältnisse (= Institut für sozialwissenschaftliche Regionalforschung Veröffentlichungen 12), Regensburg 2014.

Truschnegg 2001 = Brigitte Truschnegg, Vorarlberg und die Römer. Geschichtsbewußtsein und Landesgeschichte im Wechselspiel (1800-1945) (= Schriften der Vorarlberger Landesbibliothek 4), Graz/Feldkirch 2001.

Truschnegg 2002 = Brigitte Truschnegg, John Sholto Douglass (1838-1874), in: Bludenzer Geschichtsblätter 66+67 (2002), 69–80.

VoGIS = Landesamt für Vermessung und Geoinformation, Vorarlberger Geografisches Informationssystem, URL: http://vogis.cnv.at/atlas/init.aspx?karte=planung_und_kataster [eingesehen am 30.04.2023].

Waitzenegger 1822 = Franz Joseph Waitzenegger, in: Gelehrten- und Schriftsteller-Lexikon der deutschen katholischen Geistlichkeit, Band 3, 1822.

Welti 1965 = Ludwig Welti, Franz Josef Weizenegger. Erster Organisator einer planmäßigen Landesgeschichtsforschung. Sonderdruck aus dem Jahresbericht 1965 des Bundesrealgymnasiums für Mädchen in Bregenz, 3–41.

Abbildungsverzeichnis

Abb. 1: Quelle: Kantonsbibliothek Appenzell Ausserrhoden
Abb. 2: Photo: Andreas Praefcke (https://commons.wikimedia.org/wiki/File:Bregenz_St_Gallus_Gedenktafel_F_J_Weizenegger.jpg), „Bregenz St Gallus Gedenktafel F J Weizenegger", https://creativecommons.org/licenses/by/3.0/legalcode
Abb. 3: Datengrundlage: Rheinstromkarte 1826, VoGIS
Abb. 4: Datengrundlage: Fundzone und Befunde Brigantium, BDA; Luftbild 2020, VoGIS

GESCHICHTE

Ulrike Längle

POST VON BORD DER „SOWITASGOHT"

Die Briefe von Fred Jochum an die Sängerfamilie Hämmerle

Von den drei wagemutigen Bregenzer Seglern Franz Plunder (1891–1974, akademischer Bildhauer und Bootskonstrukteur), Josef Einsle (1893–1969, Absolvent der k. und k. Marineakademie) und Fred Jochum (1892–1975, aus dem Hotelfach) und dem Württemberger Sepp Ledergerber (1893–1938, Sekretär und Segelmeister des Königlich-Württembergischen Yachtclubs Friedrichshafen), die von Juni bis September 1923 den Atlantik von Hamburg nach New York mit dem von Plunder entworfenen und selbst gebauten Segelboot „Sowitasgoht V" überquerten, hat nur Plunder schriftliche Erinnerungen veröffentlicht. Am ausführlichsten berichtet er in einem 1956 bei J. N. Teutsch in Bregenz gedruckten und verlegten Büchlein „Im Segelboot über den Atlantik" (79 Seiten) sowie in einem Abschnitt von ca. dreißig Seiten in seinen Lebenserinnerungen, die 1972 unter dem Titel „Sowitasgoht" bei Eugen Russ in Bregenz erschienen sind.

Bisher unbekannt waren die Briefe, die Fred Jochum an die Sängerfamilie Hämmerle in Lustenau geschrieben hat, die zu den Unterstützern dieser Reise zählte. Sie bilden eine Art kleines „Bordtagebuch", da sie nicht aus dem Rückblick, sondern unmittelbar auf der Segelfahrt geschrieben wurden und bieten einen komprimierten Reisebericht, kunstlos, aber dafür umso lebendiger. Manchmal ergänzen oder widersprechen sie Plunders Erzählungen: So erfährt man bei Jochum einiges mehr über den Speiseplan oder liest, dass es auch große Spannungen an Bord gegeben hat, was Plunder verschweigt: Im Hafen von Southampton, als sich herausstellte, dass das Geld für die Versicherung fehlte, schreibt Jochum: „Große Meinungs-Verschiedenheit[en], die bis zu Meuterei ausarten"; auch von Differenzen mit dem Kapitän Einsle ist die Rede. Erhalten hat sich dieses Material im Nachlass der Sängerfamilie Hämmerle (N 47) im Franz-Michael-Felder-Archiv der Vorarlberger Landesbibliothek in Bregenz.

Der Schreiber Fred Jochum

Jochum, dessen Familie aus Lech stammte, wurde am 1. August 1892 in Bregenz geboren und machte eine Ausbildung im Gastgewerbe. Schon vor dem Ersten Weltkrieg arbeitete er in New York als Kellner oder Hotelsekretär, hier differieren die Quellen. 1914 wurde er eingezogen, wann er ausgemustert wurde, ist unbekannt. Ab 1919 war er Mitarbeiter und Mitgesellschafter der von Franz Plunder gegründeten Werft in Hard, später der „Bodenseewerft" und des Atlantik-Projektes, 1922 soll er Mitglied des Lindauer Segelclubs gewesen sein. Jochum leitete mit großem persönlichem Einsatz die Werbekampagne zur Finanzierung der Reise und war beim Bootsbau für die Materialbeschaffung zuständig. Plunder berichtet, er habe nach einer seiner Werbereisen durch Deutschland nur mehr fünfzig Kilo gewogen.[1] Bei der Überfahrt fungierte er als Schiffskoch.

Nach der Ankunft in New York nahm er wieder eine Tätigkeit im Hotel Astor an, wo er früher schon gearbeitet hatte. 1924 heiratete er Anna Marie Will(i)e (1900–1947) aus München, aus der Ehe ging eine Tochter namens Joan hervor. 1925 wechselte er zum Book Cadillac Hotel in Detroit, einer der besten Adressen in der Stadt, in der

Abb. 1: Franz Plunder (Mitte), Josef Einsle (links) und Fred Jochum (rechts)

1   Plunder 1972, 73.

auch amerikanische Präsidenten wie Theodore Roosevelt zu Gast waren. 1940 ist er in Chicago nachgewiesen, er soll im besten Hotel der Stadt, dem Palmer House, Personalchef gewesen sein. 1927 und 1948 war Jochum auf Heimatbesuch in Vorarlberg. Er starb 1975 als amerikanischer Staatsbürger Frederick Jochum in Los Angeles.[2]

Die Empfänger: Die Sängerfamilie Hämmerle

Bereits der Sticker Josef Hämmerle (1824–1905) war in Lustenau als Chordirigent tätig gewesen. Sein Sohn Hermann (1860–1921), ebenfalls Sticker, begründete 1910 mit seinen acht Kindern Martina, Flora, Hermann, Sophie, Bianca, Willy, Lotte und Vera das Gesangsensemble „Sängerfamilie Hämmerle", das mehr als dreißig Jahre lang in Deutschland und der Schweiz auftrat. Nach dem Tode des Vaters 1921 ergänzte die Truppe ihr volkstümliches Liedrepertoire durch Instrumentalstücke und kleine Theaterszenen.[3]

Abb. 2: Fünf Mitglieder der Sängerfamilie Hämmerle

2   Die Informationen über Fred Jochum wurden mir von Dr. Markus Barnay zur Verfügung gestellt, wofür ich ihm herzlich danke.
3   Bösch-Niederer.

Die Erwerbung des „Bordtagebuchs" ist mit persönlichen Erinnerungen an die Sängerfamilie verbunden: Im Jahre 1996 kam ich, damals als Leiterin des Franz-Michael-Felder-Archivs, mit Willy und zwei seiner Schwestern, Flora und Vera, in Kontakt; die Geschwister waren damals schon hochbetagt. Im Zuge der Erwerbung einer Reihe von Briefen des Vorarlberger Schriftstellers Joseph Wichner, die sich in ihrem Besitz befanden, kam es zu einem Besuch im „Grünen Haus", ihrem mit goldschimmernden grünen Schindeln bedeckten Wohnhaus in der Bahnhofstraße 46 in Lustenau, unweit des Gasthauses Habsburg. Sie zeigten mir die Mappe „Leiden und Freuden vom Grünen Haus", in die neben den Wichner-Briefen und vielen Erinnerungen an ihre berufliche Tätigkeit auch die Briefe von Fred Jochum von Bord der „Sowitasgoht" eingeklebt waren. Willy, der rüstigste der drei, erzählte, dass sich auch Frauen um die Mitfahrt beworben hätten (was auch Plunder berichtet), unter anderem angeblich die berühmte Filmschauspielerin Pola Negri, doch sei dies wegen der Probleme, die eine Frau an Bord verursachen würde, abgelehnt worden. Die Familie Hämmerle habe die Atlantikfahrt finanziell unterstützt und versprochen, jeden Abend quasi als Reisesegen mehrstimmig das Lied La Paloma zu singen, worauf Jochum in einem Brief anspielt.

Das Textkonvolut

Eingeklebt in eine Mappe mit dem Titel „Leiden und Freuden vom Grünen Haus" sind, neben Briefen und Materialien zu Joseph Wichner und Materialien zur Berufstätigkeit der Familie, auch eine Reihe von Dokumenten zur Fahrt der „Sowitasgoht": Zeitungsausschnitte zu Bau und Fahrt des Segelbootes, Werbematerial, verschiedene Briefe von Bekannten aus New York, eine Ansichtskarte der „Sowitasgoht" aus Hamburg vom 14. Juni, unterschrieben von Plunder und Jochum, eine weitere mit dem Poststempel 30. Juni mit Jochums Unterschrift und eine Reihe von Briefen im Umfang von insgesamt zwölf Blättern und neunzehn beschriebenen Seiten aus der Feder von Fred Jochum, die dieser an die ihm befreundete Familie gerichtet hat und die vom 14. Juli bis zum 16. September 1923 datiert sind.

Drei unter den Briefen eingeklebte Briefumschläge legen nahe, dass drei Sendungen nach Vorarlberg abgegangen sind: eine aus Southampton (Poststempel Southampton, 16. 7. 1923), eine aus Funchal/Madeira (Poststempel unleserlich, Datum vermutlich Anfang August) und eine aus New York (Poststempel City Hall Sta., NY 5, 20. 9. 1923). Zum Abschluss ist ein handschriftliches Gedicht von Rudolf Alge, vermutlich einem Lustenauer Bekannten, eingeklebt, das die Reise der „Sowitasgoht" feiert.

Die Wiedergabe der Briefe folgt der Originalorthographie und Zeichensetzung, auch bei Eigennamen, um den Eindruck der Unmittelbarkeit und der besonderen

Schreibbedingungen an Bord zu erhalten. Lediglich die Positionierung der Orts- und Datumsangaben, Anreden und Grußformeln wurde vereinheitlicht und Fehlendes und Anmerkungen der Herausgeberin in eckigen Klammern ergänzt.

An Bord von Sowitasgoht 6h p.m.
Southampton, 14. VII. 23

Liebe Familie Hämmerle!

Ich schätze Euch unterdessen im Besitze meiner Karten und will Euch nun einen kurzen Bericht schreiben, über unsere Erfahrungen bisher. In Hamburg wurden wir ja gut aufgenommen und der Abschieds-Abend gestaltete sich sehr herzlich. Am 28. Juni Abends 9h30 lichteten wir Anker und unter tausendfachen Hurrarufen und Glückwünschen sowie unter Mitwirkung der Musikkapelle ging es raus. Es wurde „Nun Ade du mein lb. Heimatland" und „Deutschland über alles" [gesungen], wo alles mitsingte. Um 10h30 warfen wir Anker im Yachthafen. Am Samstag, den 30. VI., 6h früh fuhren wir vom Yachthafen weg. Unterdessen fuhr ich mit der Bahn nach Cuxhafen, da ich noch in Hamburg Ölzeug beschaffen mußte. Sie mußten 4 Stunden opfern zur Kompasscompensierung. Nachts 12h legten sie sich for Anker, da gegen die Strömung und Flut nicht anzugehen war. Um ½ 2 Früh gab es einen Ruck und der Anker mit 20 m Kette war dahin. Sonntag früh um 6h liefen sie in Cuxhafen ein. Wir mußten nun auf eine neue Kette von Hamburg warten, die wir erst am Mittwoch erhielten. Anker war keiner zu haben.

[Handschrift Plunder] Meine liebe Familie Hämmerle! Es ist furchtbar schade, dass Ihr nicht hier seid, da wär ein ganz anderes Leben. Uns geht es ja ganz gut, wenn wir wie immer auch stier sind, das macht aber nichts, wenn wir einmal drüben sind, lachen wir, vorderhand lachen wohl die anderen.

Über die Reise brauche ich ja nichts zu schreiben, Jochum hat ja schon alles erzählt.

Recht herzl. Grüße und nochmals vielen Dank.
Ihr Plunder

[Handschrift Jochum] So fuhren wir nur mit unserm großen Anker.

Am Mittwoch früh um 4 h in See gegangen.

Das Wetter war schön, aber diesig, so daß wir 2 Stunden später ausser Sicht vom Lande war[en]. Donnerstag kam schöne Brise auf. Freitag benutzten wir den Motor, um rascher vorwärts zu kommen. Freitag [Samstag durchgestrichen] Nacht kam starker S. West auf, der sich bis in der Früh zu Windstärke 7–8 entwickelte. Ein schöner Nordsee-Sturm. Nach 10stündiger Dauer gabs die ersten Seekranken an Bord. An Schlafen war nicht zu denken. Das Boot arbeitete wunderbar. Wir hatten den Wind direkt gegen uns, und so mußte aufgekreuzt werden. Was [es] ja nicht besonders angenehm machte, zumal wir in den Kanal fuhren. Nach 24stündiger Dauer liefen wir in [den] Hafen [von] Dover unter nicht geringem Aufsehen unserer Flagge ein. Die Engländer waren aber sehr liebenswürdig in jeder Beziehung. Nun mußten wir aber 7 Schilling für Lichtgebühr und 3 für Hafengebühr bezahlen und hatten kein Engl. Geld. Da ich nun allein mich verständigen konnte, mußte ich wieder von einer Behörde zur anderen laufen. Es gibt vieles zu erzählen.

stier: wienerisch für pleite.
unserer Flagge: Die „Sowitasgoht" war das erste Schiff, das mit der Flagge der nach dem 1. Weltkrieg neu entstandenen Republik Österreich den Atlantik überquerte.

Sonntag den 15. VII. 1923
Adresse in New York
Mr. Fred Jochum
1)
(2 c/o Austrian Consulat
(21) Yacht Sowitasgoht V
New York
U.S.A.

Heute war[en] Plunder und ich zum Besuch des „Leviatan", der früheren „Vaterland", die unter amerikanischer Flagge fährt, an Bord geladen. Sie liegt in Southampton und geht mit uns in See. Wir waren auch zu Tisch geladen, ein herliches Dinner mit amerikanischer Eiscreme, daß uns ja ganz fremd war. Die herlichen Zimmer und Säle wirkten ganz imponierend auf uns.

Alles ist ganz sprachlos, daß wir mit unserem Dingi über den Atlantik wollen und es wird uns allgemein das Leben abgesprochen. Nach Ihren Reden können die Leute schon anfangen, das Requiem zu spielen. Ich will Euch noch von unserem Dienst etwas näheres schreiben. Die Wachen sind 4 Stunden, meine Wache geht von 8 h Abends bis 12 h Nachts, von 12–4 h Ledergerber, 4–8 h Plunder, 8–12 Einsle und ich. Einsle und ich übernehmen die Küche. Nun grüßen sie nur alle Bekannten und unser Ländle. Spezielle Grüße Herrn Dir. Wehner. Es gäbe ja auch wider zu schreiben, aber die Zeit ist zu kurz. Nochmal viele herzliche Grüße an Euch alle mit der Hoffnung auf ein gesundes Wiedersehen. In Dankbarer Erinnerung Ihr F. Jochum

Grüße von Herrn Plunder, Einsle, Ledergerber.

Leviatan: „Der Transatlantikliner Vaterland wurde 1914 für die deutsche Reederei HAPAG in Hamburg als zweiter Dampfer der Imperator-Klasse in Fahrt gebracht. Das bei Kriegsbeginn in den USA befindliche Schiff wurde von 1917 bis 1919 unter dem Namen Leviathan als Truppentransporter eingesetzt. Nach dem Ersten Weltkrieg den USA als Reparationsleistung zugesprochen, kam die Leviathan von 1923 bis 1934 in den Dienst der United States Lines. Die Vaterland ist bis heute das größte jemals unter deutscher Flagge gefahrene Passagierschiff und zugleich das größte mit Kohlefeuerung betriebene Dampfschiff der Geschichte." https://de.wikipedia.org/wiki/Vaterland_(Schiff,_1914) [eingesehen am 30. 5. 2023].

Dingi: kleines Beiboot.

Dir. Wehner: Der aus Franken stammende Alfred Wehner (geb. 1878) erwarb die Lehrbefähigung für Deutsche Sprache, Geographie und Geschichte und war der erste Direktor der „Kommunal-Handelsschule" in Lustenau, dem Vorläufer der späteren Handelsakademie, die er bis 1937 leitete und der er zu ihrem ausgezeichneten Ruf verhalf. Festschrift, 32.

Montag Früh verließen wir Dover und Mittwoch Abend liefen wir in Southampton ein. Jetzt liegen wir schon einige Tage hier und versuchen unsere Lage zu verbessern. Nun ist daß eingetroffen, was ich Euch schon früher sagte. Große Meinungs-Verschiedenheit[en], die bis zu Meuterei ausarten. Vor allem fehlt Geld zur bezahlung unserer Versicherungsprämie. Ohne Versicherung will Plunder nicht in See gehen (aber er wird gehen sonst gibt's kein Weg). Dann fehlt Benzin und das Wichtigste: wir haben zu wenig Trinkwasser, also heißt es 2 Fässer zu beschaffen und die kosten Geld. Wir verlieren kostbare Tage, die uns vielleicht alles kosten. Madeira wird nicht mehr angelaufen, wir treten die große Fahrt direkt ohne anzulaufen nach New York an.

Nun haben wir daß Boot gegen 6 Pence zur Besichtigung frei gegeben, aber bis heute ohne großen Erfolg. Am Montag, den 16., geht es und muß es bestimmt loßgehen. Alles andere wird sich finden. An Bord ist alles gesund. Wie geht es Euch und was gibt es neues? Spielt Ihr noch fleißig Lapaloma? Bitte schreiben Sie nach New York und bitte nochmals um die Adresse Eurer Cousinen, die ich leider zu Hause vergessen habe.

Viele herzliche Grüße und auf Wiedersehen in dankbarer Erinnerung Ihr F. Jochum

An Bord von Sowitasgoht V
(Höhe Cap Lizard)
Samstag, den 21. VII. 1923

Liebe Familie Hämmerle!

Wann und Wo ich diesen Brief zur Post bringen kann, weiß ich selbst noch nicht. Es drängt mich aber, meine Gedanken zu Papier zu bringen und so will ich nun heute mit Euch plaudern. Ich glaube doch, daß Sie mich am meisten verstehen werden. Meinen letzten Brief von Southampton dürfen Sie inzwischen schon erhalten haben. Wir sind nun am Dienstag Mittag 11h30 mit der Ebbe ausgelaufen. Der Wind frischte andauernd auf und das scheußliche ist, daß wir immer den Wind vor der Nase haben, so daß wir fortwährend aufkreuzen mußten. Da der Wind und Seegang bis zur Stärke 4–6 zugenommen hatte und wir trotz aller Anstrengung nicht vom Platze kamen, beschlossen wir Abends auf der Reede von Cover (Insel of Wihgt) vor Anker zu gehen.

In der Nacht mußten wir 2 mal auf, da der Anker nicht hielt. Am Morgen des 18ten beschlossen wir weiter zu fahren, trotzdem wir immer noch Kopfwind hatten. Wir kreuzten den ganzen Tag und Abends warfen wir Anker, da wir gegen Wind und Seegang nicht länger ankämpfen [konnten] wegen der unsicheren Gebiete. Zur späten Stunde kam noch ein alter Fischer an Bord, der uns aufmerksam machte, daß wir felsigen Grund haben und bei eintritt der Strömung wir leicht unsern Anker verlieren, da große Kabel lagen. So beschlossen wir abermals unseren schweren Anker zu lichten, was gerade keine leichte Arbeit ist. Wir hatten 40 m Kette und den Anker mit 150 kg draußen. Es brauchte alle Kräfte und zu 5 Mann stark brachten wir ihn endlich loß. Nachdem wir einen guten Ankerplatz hatten, lagen wir bis [eingefügt] 3 h früh. Es wurde Frühstück gekocht und um 4 h ging es wied. los, gegen Wind und Seegang. Ja, den Engl. Kanal hassten wir schon alle. Nun kreuzten wir schon 3 Tage gegen Wind und Seegang und haben kaum 100 Meilen hinter uns. Wenn es gut geht, passieren wir heute Nacht das Leuchtfeuer von Lizard, das letzte Zeichen vom Festland. Die Stimmung an Bord ist den Verhältnissen angemessen, sehr verschieden. Mit unserm Käpt. gibt es immer kleine Differenzen, speziell Plunder und Ledergerber verstehen sich nicht mit ihm. Seekrank waren die 3 alle schon und bei mir hätte es nicht mehr viel gefehlt. Ledergerber ist leider schon 2 Tage seekrank, gibt alles den Fischen und ist froh, wann er liegen kann. Den Dienst macht er aber noch. Auch Herr[n] Einsle, der bis her die Küche hatte, will es nicht mehr behagen. Keiner will herunter und kochen. So blieb mir nichts übrig, als die Kocherei zu übernehmen. Einsle schiebt stillschweigend meine Wache und jeder ist froh am Deck zu sein oder in der Koje zu liegen. Es ist auch nicht leicht zu kochen bei den fortwährenden Bewegungen und gar manchmal geht einem etwas durch. Auch ist es schwer, die Herren zu befriedigen. Der eine will Caffee, der andere Thee, der dritte Cacao. Ärgerlich ist es, wenn man sieht, wie alle Dampfer so ruhig an uns vorüberziehen und uns rollt es beinahe die Seele aus dem Leibe. In Southampton haben wir nicht viel erreicht und fahren eben ohne Versicherung des Bootes – ein Leichtsinn, aber was nützt es, das eiserne <u>Muß</u> ist stärker. Wir können nicht warten, bis der Herbst kommt. Jeder einzelne ist froh, mal loß zu kommen.

<u>2 h nachmittags</u>: Soeben bin ich mit der Kocherei und Spülarbeit fertig. Eine unangenehme Spülerei mit Salzwasser. Wenn wir nur es auch so einrichten könnten, wie bei Ihnen: alle Woche eine neue Küchenwache: aber bei uns geht es nicht. Unser Mittagstisch war heute folg.: Cornbeef gebraten mit Bratkartoffeln und Kartoffelsalat. Nachtisch – 1 Flasche Selterswasser mit Limejuice. Jetzt wird eine Zigarette geraucht und 2 Stunden geschlafen. Unterdessen ist Ledergerber am Steuer, Plunder nimmt den Motor auseinander, da er nicht laufen will und Einsle versucht das Deck dicht zu machen, da sein Schlafplatz bei Seegang ziemlich naß wird. Wir haben heute schönes Wetter, wenig Wind, hoffen bis Abends Cap Lizard zu erreichen und wollen Ihnen die letzten Grüße vom Continent (England) geben. Die engl.

Küste ist wunderbar. Der Dampfer Leviatan (die frühere Vaterland) verließ mit uns Southampton und ist bereits auf halbem Weg. Wir gedenken von Cap Lizard nach Cap Finisterre zu segeln. Wir werden von hier bis New-York, wenn es gut geht, 40–45 Tage brauchen. Vor Ende August oder Anfang September werden wir wohl nicht ankommen. Wir müssen irgend eine Insel anlaufen, da wir zu wenig Wasser an Bord haben. Nun, liebe Familie, was gibt es bei Euch Neues? Ist der Sommer noch so kalt und nass? Sonst weiß ich für heute nichts Neues. Unser Schiff hat sich bis jetzt gut bewährt. Was sprechen auch die Lustenauer? Haben die Zeitungen auch schon etwas gebracht? Bitte [be]halten Sie mir die Notizen von den Zeitungen auf.

Cap Lizard: Lizard Point ist der südlichste Punkt in Cornwall.
Insel of Wihgt: Die Isle of Wight liegt an der Südküste von Großbritannien gegenüber der Stadt Southampton.
Cap Finisterre: Kap an der Westküste von Galicien im Nordwesten Spaniens.
Cornbeef: Corned Beef.

Sonntag, den 29. VII. 8 h Abends (Höhe Gibraltar)

Nun sind bereits 8 Tage vergangen, seit wir Cap Lizard passiert haben. Wir hatten gute Fahrt bisher und sind auf der Höhe von Gibraltar, ca. 200 Engl. Seemeilen von uns entfernt. Gestern sahen wir den ersten Dampfer am Horizont, eine kl. Freude. Dienstag Nacht oder Mittwoch hoffen wir, das erstemal wieder Land zu [sehen] und zwar die Insel Madeira, welche wir anlaufen, um Wasser zu ergänzen und Verschiedenes zu ändern. Von Madeira geht es dann quer über den großen Teich. Die erste Woche im N. Atlantischen Ozean war nicht besonders erfreulich und mir scheint, wir müßen alles durchkosten. Wir hatten 4 Tage grobe See und Wind von hinten, so daß unser Boot in Folge der Schmäle den reinen Veitstanz [auf]führte. Es rollte und schlingerte Tag und Nacht, so daß ich überhaupt nicht mehr kochen konnte und wenn, dann durfte ich keinen Topf aus der Hand [geben], sonst marschierte er. Leider hat Ledergerber einen zu schwachen Magen, so daß er nichts mehr halten konnte. Einsle packte es auch und so war mit Kochen nicht viel los, wenn ich mal was zusammenbrachte, konnte ichs wieder wegschütten, da keiner Appetit hatte. Gott sei Dank ist es gestern und heute etwas besser geworden und sie können sich wieder erholen. Jetzt gabs nur 2 weiche Eier für jeden. Heute ist alles wieder munter an Bord. Herliches Wetter und leichter Seegang. Wir haben jetzt Vollmond und die Nächte sind wunderbar, einen ganz überwältigenden Eindruck gewinnt man, wenn [man] nachts allein am Steuer sitzt, ringsherum das schöne Meer, fast kommt man sich als König vor. (Leider nur am Sowitasgoht). Nur schade, daß es schon um 7h dunkel ist. Jetzt bin ich stillschweigend der Wache enthoben und Einsle macht meine Wache von 8 – 12 h. Abends und vormittags löse ich ihn ab, wenn ich Zeit und Lust habe, sonst wird in Dir. Wehners Bücherschatz gelesen. Dafür bin ich Koch, Geschirrwascher,

Lampenputzer, Menagemeister, Pumpmeister u.s.w. Vor 3 Tagen gabs um 6 h Früh Alarm, ich mußte ran an die Pumpe, denn der Boden in unserer Kabine schwamm im Wasser. Es war aber nicht so schlimm, das Boot hatte durch daß heftige <u>Rollen</u> so stark gearbeitet, was ja bei Holzschiffen der Fall ist, [und] Wasser gemacht. Plunder allerdings staunte ein wenig. Er wird wohl noch mehr staunen, wenn wir nicht alle bis dahin verstummt sind? Wann wir wieder beisammen sind, so gemütlich, wie es immer bei Ihnen war, gibt's wieder viel zu erzählen, ernstes und heiteres. Auf Wiedersehen, ich muß aufhören, da Plunder von der Wache kommt und schlafen will, um 4 h geht's wieder los.

Dir. Wehners Bücherschatz: Vermutlich hatte Alfred Wehner, der auch Germanist war, die Crew für die Reise mit Lektüre versorgt.

An Bord von Sowitasgoht V
Dienstag, den 31. Juli
4 h nachmittags 1923

Liebe Familie Hämmerle!

Rasch einige Zeilen: Wir liegen gemütlich in unseren Kojen, als plötzlich der Mann an Wache (Ledergerber) ein kräftiges Hurra brüllte „Land in Sicht". Alle stürmten an Deck und ein 3-faches Hip-Hurra war unser Dank. Also nach 11 Tagen wieder Land in Sicht und alles ist gut gegangen bisher. An Bord alles wohl. Allerdings wird es bei der nächsten Fahrt von Madeira etwas länger dauern, bis wir Land zu sehen bekommen (20–25 Tage). Aber es ist dies unser erster kleiner Erfolg. Gibt uns wieder frischen Mut und Hoffnung für die große Reise. Jetzt wird noch die Lampen zum letzten Mal gefüllt, denn ab Madeira führen wir keine mehr, Nachtmahl gekocht und die Vorbereitungen zum Ankern getroffen. Morgen ist der 1. August und bin glücklich, meinen Geburtstag auf der schönen Insel feiern zu können, aber leere Taschen haben wir alle, macht aber nichts, es wird schon gehen, sonst stehlen wir halt ein paar Weintrauben.

[bisher lila Stift, ab hier grauer Bleistift]
Sonntag, den 4. [recte: 5.] August 1923
Funchal

Am 1. August 10 h 30 haben wir in Funchal geankert. Wir bewunderten diese herliche glückliche Erde.

Nachmittags machten wir unsern Besuch beim Deutschen Consulat, nachdem kein Österr. hier war und wurden äusserst liebenswürdig vom Konsul und allen Deutschen aufgenommen. Eine große Freude und so wurden wir überall zu Tisch geladen. Leider ist die Zeit zu kurz, um allen Einladungen Folge zu leisten. Das herlichste Dinner gab uns wohl das Consulat. Es sind im ganzen 50 Deutsche und 2 Österreicher in der Kolonie. Gestern machten wir mit den Herren eine <u>Schlittenpartie</u>. Kaiser Karl liegt noch hier. Wie wir erfahren, hatte die Familie traurige Zeiten hier. Es ist nur schade, daß Sie nicht hier sein können, um das schöne Madeira bewundern zu können. Die Privatgärten gleichen den Paradiesen.

Nun sind wir soweit klar, das Schiff ist wieder dicht (ein Bolzen leckte ziemlich stark), so daß wir heute Abend wieder in See gehen können. In 4 Wochen hoffen wir in New York zu sein. Bitte grüßen Sie Herrn Wehner und Fr. Hämmerle (2. Johanna). Leider habe ich die Adresse des Vorstandes vom White Cran Fishing Club Herr Hämmerle auch verloren. Nochmals recht herzliche Grüße an alle in dankbarer Erinnerung Fred Jochum.

Schlittenpartie: „Um so größer war der Kontrast, als wir mit dem Ochsenschlitten des deutschen Konsuls, Herrn Gösche, eine Fahrt über die mit kleinen, runden Steinen gepflasterten Gassen fuhren. Es war das typische Fahrzeug Funchals, gut geeignet für die oft sehr steilen Straßen. Diese sind staubfrei, weil die Kufen der Schlitten während des Gebrauchs geschmiert werden, indem man sie ab und zu über einen mit Talg getränkten Sack laufen läßt. So glänzen die Straßen von Funchal, als ob sie naß wären." Plunder 1956, 51.
Kaiser Karl: Der letzte österreichische Kaiser Karl I. lebte nach seiner Entmachtung von 1921 bis zu seinem Tod 1922 im Exil in Madeira, wo er auch begraben ist.
Fr. Hämmerle: nicht identifiziert.

[wieder lila Stift]
An Bord von Sowitasgoht V
Atlantischer Ozean
B. 25.20 Grad
L. 48.40 Grad
Am 15. August 23

Liebe Familie Hämmerle!

Heute ist es nun der dritte Sonntag, seit wir Funchal (Madeira) verlassen haben, und Ihr werdet unterdessen schon im Besitze meines letzten Briefes sein. Wie schon erwähnt, war die Aufnahme in Funchal eine ganz unerwartet gemütliche. Die Tage vergingen leider all zu schnell, und heute kommt mir alles noch wie im Traume vor. Der Abschied war sehr schön. Nachdem wir um 7 h Abends den Anker lichteten, brachten wir noch ein 3faches Hipp-Hurra dem Amerikanischen Schulschiffe aus, daß auch kräftigst erwidert wurde, dann zog unser Schiff bei leichter Brise in die Nacht hinaus, unserem ferneren Ziele entgegen. Das Wetter war bisher schön und sehr heiß, so daß wir meistens im Badekostüm herumgehen oder besser gesagt herumliegen. Da wir zu wenig Bewegung haben, fehlt es auch immer am nötigen Appetit. Wir werden langsam alle mager. Sonst ist Gottseidank alles wohl an Bord. Vor 4 Tagen hatten wir gegen 10 h Abends ein heftiges Gewitter mit unzähligen Blitzen in der Minute. Ein herliches Schauspiel, daß man nur in diesen Tropen erleben kann. Die Zeit wird langsam lang, und dennoch sind es circa 20 Tage nach New-York. Wie wird es uns in New-York gehen und was weiter?? Kommt Zeit, kommt Rat. Heute Sonntag ein herlicher Tag mit wenig Wind. Ich wollte am Deck ein Duschbad nehmen, und bei dieser Gelegenheit gingen mir beide Bordeimer über Bord. Nun muß Ledergerber einen machen. Zur Feier des 3. Sonntags gab es heute nach unseren Begriffen ein gutes Essen.

Frühstück:
Chocolade
Birnenkompott
Eier im Glas
Zwieback

Luncheon
Nudelsuppe
Br. Blutwurst
Geröst. Kartoffel
Junge Erbsen
Milchreis m. Komp.
Süße Cakes

Dinner
Kartoffelsalat
D. Wurst
Thee
Z. Zwieback
Reismus m. Himbeer

Leider versuche ich vergebens, daß jemand die Küche übernimmt, denn bei der großen Hitze ist es nicht gerade angenehm, beim Feuer zu stehen. Wir haben heute 38 Grad in der Küche.

Sonntag den 8. September 1923
Br. 33 Grad 8 N
L. 72 Grad 38 W
Golfstrom

Nun sind wir schon 5 Wochen von Madeira weg und [haben] manches hinter uns. Freitag vor 8 Tagen war uns nicht besonders wohl zu Mute, da wir in einem Cyklon steckten, wir fuhren, was wir konnten, und nach 2tägigem harten Ringen ist es uns gelungen zu entkommen, heute können wir erst ermessen, was wir für Glück hatten. Die See war bis zu 5–6 M. Höhe und Blitz an Blitz leuchtete zu unserer Nachtfahrt, wir machten unsere größte Tagesleistung mit 175 Meilen. Nun könnt Ihr es Euch ausrechnen.

Leider haben wir mit Entsetzen festgestellt, daß wir nur noch für 8 Tage Wasser haben, bei größter Einschränkung, da uns das große Tank undicht wurde. Gestern gabs den ersten Sturm bei Einsle, weil ich keinen Tee mehr gab Abends. Er und Ledergerber empfinden es am meisten. Wir sind noch 600 Meilen von New York und hoffen, bei guter Brise in einer Woche am Ziele zu sein. Unterdessen warten wir sehnsüchtig auf Regen. Jetzt lernt mann erst den Wert des Wassers zu schätzen. Plunder und Einsle haben heute Nacht 3 schöne Fische harpuniert und einer schmort bereits im Öle. Ist aber auch gut, denn auch der Proviant wird langsam alle. Unser Stand ist außer Nudeln sehr gering. So haben wir nur noch 3 Obstkonserven, 10 Gemüsekonserven. Kartoffel[n] noch für eine Mahlzeit.

Heute haben wir gute Fahrt und sind bereits mit dem Golfstrom auf dem Weg nach New York. Wenn wir Abends nach dem Nachtmahl alle an Deck sitzen, wird viel an die Heimat gedacht, und so kommen alle lb. Jugendstreiche aufs Tablett. Was werden sie wohl Zuhause von uns denken? Ob es nicht viele gibt, die uns schon als verloren geben? Hat die Presse den letzten Bericht von Madeira gebracht? Nun – wir werdens aber schaffen, kommt was kommt. In New-York werden sie wohl auch schon warten? Ja – wir sind leider etwas spät daran und Abends wird es schon langsam kühler, jetzt sagen wir oft abends, es wäre bei Hämmerles schöner und gemütlicher, aber es kann nicht sein, auch unsere Fahrt wird auch ein Ende haben.

Unser Patentlock ist zum 2. Mal, vermutlich von einem Haifisch abgebissen worden. – Mahlzeit –

Patentlock: Patentlog, Gerät zum Messen der Schiffsgeschwindigkeit, bei dem ein Propeller im Wasser mitgeschleppt wird.

Sonntag, den 9. September 23
Br. 36 Grad 2 N.
L. 74 Grad 1 W.

[neuer, gespitzter Stift]

Wir schwimmen immer noch am Ozean, mir scheint, daß letzte Stück macht uns noch zu schaffen. Wir sind noch 280 Meilen von New-York. Wir hatten letzte Woche in einer Nacht starken Regen – Alle Mann an Deck und Regenwasser sammeln, es reichte nur für 3 Tage, gestern war es wieder fertig. Jetzt heißt es wieder sparen. Die letzten Tage hatten wir wenig Wind, dafür aber heute Nacht wieder ein[en] Cyklon, so daß wir von 11 h bis 4 h früh beidrehen mußten. Heute ist wieder schönes Wetter, dafür aber fast kein Wind. Gestern passierte uns auf 10 Meter ein Haifisch, hörte aber auf meinem Pfiff nicht. Wir sind 60 Meilen vom Lande weg und es kommen schon langsam Booten desselben. Ein schöner Nachtfalter setzte sich auf die Petroleumkanne, ich brachte ihn in die Kajüte, aber nach 2 h reißte er wieder ab. Wir sehnen uns schon mächtig, an Land zu kommen, um sich wieder einmal anständig Waschen und Baden zu können, wir sind alle schon ganz schmierig und fettig. Es ist höchste Zeit. Sonst ist alles wohl an Bord. Aber Zigaretten gehen uns rießig ab, wir haben wohl eine Privatsorte von Hamburg, aber so stark, daß man sie fast nicht rauchen kann. Ein Königreich für eine Österreichische – ist gut gesagt, wenn man selbst nichts hat. Unser Barvermögen aller vier ist – sage und schreibe – 1 Dollar 25 Cent und 100.000 Kronen. Es gehört wohl kein großer Mut dazu, unter solchen Verhältnissen eine derartige Reise zu machen, aber eine große Portion Leichtsinn – nicht wahr?! Aber es geht auch schließlich ohne.

Nun – wie geht es Euch? – ist alles gesund und munter? Hoffen wir auf ein gesundes, fröhliches Wiedersehen im Ländle, bis dahin grüßt Euch alle in Dankbarer Erinnerung Ihr Fred Jochum

NB.
In New-York dann mehr.

Montag, den 16. Sept. 23

Nach 65tägiger guter Reise haben wir am 13. September Abends 7 h 30 in der Quarantäne-Station in New-York Anker geworfen. Der Empfang war gut. Nun veranstalten die Vereine und der Consul einige Vorträge. Unterdessen grüßt Euch alle recht herzlichst

F. Jochum

Besten Dank für Euren lieben Brief, es war der erste Gruß vom Ländle.
Adresse F. J.
c/o Austrian Consul
New York
State Street
N.Y.

Rudolf Alge: Gedicht über die Fahrt der „Sowitasgoht"

Sowitasgoht!
Kaum, dass sie verglommen, die Weltkriegsglut,
durchquerten vier Männer mit Heldenmut
des Ozeans stürmische Fluten.
Dem Segelboot, das sie sich selber gebaut,
hat jeder der viere sein Leben vertraut,
zu Liebe der Sache des Guten.

Mit grosser Entbehrung, mit Mühe und Not,
mit freiwilligen Spenden, die ihnen man bot
ging das Schiff der Vollendung entgegen.
Und noch ehe der Frühling zur Neige ging,
das verheissende Werk seine Taufe empfing,
Als im Land es vor Anker gelegen.

Nach Hamburg wird es sodann transportiert,
denn von dorten aus wurde das Wagnis vollführt.
Ein Wagnis, so darf man es nennen.
Unterm Klang der Musik und im Jubelgebraus
fuhren sie mutig ins Meer hinaus,
wo die schäumenden Wogen sie trennen.

Acht Tage wohl mochten vergangen sein,
da langte von England die Nachricht ein,
in Southampton glücklich gelandet.
Nur kurze Zeit gönnten die Helden sich Ruh,
dann steuerten sie auf Madaira zu,
zur Insel, vom Meere umbrandet.

Jetzt begann nun der Ernst, und die grösste Gefahr,
weil Newyork das Ziel ihrer Reise war,
dieses Ziel war ein stolzes, ein hehres.
Trotz aller Gefahren, die ihnen gedroht,
kämpft tapfer und standhaft die Mannschaft, das Boot
durch die grausamen Stürme des Meeres.
Und nach mehr als 2 Monate langer Fahrt,
wo Mut und Entbehrung der Schiffer sich paart
in Sehnsucht und Liebe zur Heimat,

[am Rand mit Bleistift:
unbändige Freude, Freude,
Freude]

137

durchquerten die Helden trotz Krankheit und Not
das unendliche Wasser im Segelboot.
Zur Ehre dem Land ihrer Heimat.

Hoch sollen geehrt und gepriesen sie sein,
die Ozeansegler vom Ländle klein,
denn gross waren all ihre Taten.
Sie hissten die Flagge im Segelboot,
durch Sturmesnacht, Krankheit, Entbehrung und Not
hinüber in die vereinigten Staaten.

Drum wollen wir rühmen die Heldentat,
die die Mannschaft des Bootes geleistet hat
auf des Oceans stürmischen Wogen.
Und niemals vergessen der Männer vier,
des Landes Stolz und der Heimat Zier,
wenn auch Jahre vorübergezogen.

Gedichtet und geschrieben von Rudolf Alge z. Habsburg 1923
[mit Bleistift verschiedene Namen am Rand]

Rudolf Alge: nicht identifiziert.
Habsburg: Lustenauer Gasthaus in der Nähe des Wohnhauses der Familie Hämmerle.

Literaturverzeichnis

Bösch-Niederer = Annemarie Bösch-Niederer, Hämmerle, Familie, in: Oesterreichisches Musiklexikon
    online, URL: https://dx.doi.org/10.1553/0x0001d008 [eingesehen am 20. 5. 2023].
Festschrift = 100 Jahre Handelsschule Lustenau, Dornbirn 2004.
Plunder 1956 = Franz Plunder, Im Segelboot über den Atlantik. Die Fahrt der „Sowitasgoht" nach New
    York, Bregenz 1956.
Plunder 1972 = Franz Plunder, Sowitasgoht. Lebenserinnerungen, Bregenz 1972.

Abbildungsverzeichnis

Abb. 1: Abbildung aus der Zeitschrift *Yacht* von 1924, Reproduktion: Günter König
Abb. 2: Bildpostkarte Franz-Michael-Felder-Archiv

Noam Zadoff

„JERUSALEM AM EMSBACH"

Die Europäische Sommeruniversität für Jüdische Studien Hohenems,
oder: über Jüdische Geschichte und Kultur in der Alpenregion

Sommerabend auf der Wiese

Es ist ein warmer Sommerabend, nah am Wasser, und die Menschen stehen und
sitzen, ins Gespräch vertieft, auf der Wiese. Sie halten Teller oder Getränkeflaschen
in den Händen. Einige kommen gerade vom Schwimmen oder sonnen sich auf
Badetüchern im Gras. Der Ort ist das Ufer des Alten Rheins und der Anlass die Europäische Sommeruniversität für Jüdische Studien, die das Jüdische Museum in Hohenems gemeinsam mit verschiedenen Universitäten aus der Alpenregion jährlich organisiert und veranstaltet. Seit 2009 findet sie hier in Hohenems statt, wo Studierende
und Interessierte eine Woche lang in einer informellen und offenen Atmosphäre
über zentrale Aspekte des Judentums und seiner Geschichte mit verschiedenen

Abb. 1: Grillfest am Alten Rhein. Sommeruniversität Hohenems 2010

Dozent*innen diskutieren können. Darüber hinaus wagen hier Student*innen auch erste Schritte zum Erwerb zentraler jüdischer Sprachen: Jeden Morgen werden Workshops in Hebräisch, Jiddisch und Judenspanisch (Ladino) angeboten. Die Offenheit der Sommeruniversität wird gerade daran sichtbar, dass auch Interessierte außerhalb der akademischen Welt zu allen Veranstaltungen eingeladen sind.

Die Themen der Sommeruniversität ändern sich jährlich und sind immer brisant. Den Veranstaltern geht es zum einen darum, aktuelle Tendenzen im Bereich der Jüdischen Studien zu präsentieren, zum anderen das Themenfeld durch die Auseinandersetzung mit neuen Perspektiven oder Zugängen zur jüdischen Geschichte und Kultur zu erweitern. Diese Tendenz spiegelt sich schon in den Titel-Mottos der Sommeruniversität, wie etwa: „Treten sie ein! Treten Sie aus! Konversion und Grenzgänge" (2010), „Arme Juden! Über den Umgang mit Not" (2015), oder „Fake: Über fromme und unfromme Lügen" (2022). Manchmal sind die Veranstaltungen thematisch mit der jeweils aktuellen Ausstellung des Jüdischen Museums abgestimmt. Beispiele dafür sind die erste Veranstaltung 2010 „,Gespräch im Gebirg'. Jüdische Begegnungen mit den Alpen", die zusammen mit einer Ausstellung über Juden in den Alpen stattfand,[1] oder die Sommeruniversität 2016 zum Thema „Jüdische Heimstätte. Jerusalem und andere Jerusalems", die in Verbindung mit der Ausstellung „Endstation Sehnsucht. Eine Reise durch Yerushalayim – Jerusalem – Al Quds" über die Bühne ging.[2]

„Jerusalem an der Ems" nannten die Veranstalter jener Sommeruniversität im Jahr 2016 das kleine Vorarlberger Städtchen Hohenems in ihrem Programmheft. Obwohl diese Bezeichnung humorvoll war, ist sie nicht so weit hergeholt: In der jüdischen Tradition bekamen immer wieder Zentren jüdischen Lebens weltweit das Attribut „Jerusalem". So zum Beispiel war für einige Jahrhunderte die osmanische und dann griechische Stadt Saloniki in der jüdischen Welt auch als „Jerusalem des Balkans" bekannt, oder die Stadt Worms im heutigen Deutschland wurde von Juden auch als „Jerusalem am Rhein" bezeichnet. Und tatsächlich war Hohenems für lange Zeit ein lebendiges jüdisches Zentrum. Zwischen dem Anfang des 17. Jahrhunderts und der Nazizeit lebte im jüdischen Viertel im Zentrum von Hohenems eine blühende jüdische Gemeinde, die manche Spuren in der Stadt hinterlassen hat. Den Höhepunkt erreichte sie Mitte des 19. Jahrhunderts, als die Gemeinde mehr als 550 Mitglieder zählte. Zwischen 1849 und 1878 bildete Hohenems tatsächlich die einzige jüdische politische Gemeinde Österreichs, die mit einem eigenen Bürgermeister und Gemeinderat ein gewisses Ausmaß an Selbstverwaltung genoss. Der Preis

1 Loewy/Milchram 2009.
2 Ein Katalog mit dem gleichen Titel, von Hanno Loewy und Hannes Sulzenbacher herausgebracht, erschien 2015 in Berlin. Für die vollständige Liste der Themen der verschiedenen Sommeruniversitäten in Hohenems siehe: https://www.jm-hohenems.at/programm/sommeruniversitat [eingesehen am 25.05.2023].

dafür waren allerdings höhere Steuern und die Begrenzung einiger allgemein gültiger Rechte. 1878 wurde dieser Status mit der Verleihung gleicher Rechte für alle, also auch für die Juden, abgeschafft und die Gemeinde wurde strukturell in eine Kultusgemeinde umwandelt. Allerdings nahm seit diesen Jahren die Zahl der Juden stetig ab: In der zweiten Hälfte des 19. Jahrhunderts zählte die Gemeinde gerade noch neunzig Personen, und beim „Anschluss" 1938 lebten nur mehr sechszehn Personen, die nach den Definitionen der Nazis als jüdisch galten, in Hohenems (neun von ihnen wurden deportiert und ermordet).[3] Eines der diskriminierenden Gesetze gegen die jüdische Gemeinde schon zu Zeiten der bayerischen Herrschaft zwischen 1806 und 1815 begrenzte die Anzahl der jüdischen Familien auf neunzig. Diese Situation machte auf eine interessante Weise Hohenems zu einem jüdischen Zentrum mit einer eigenen Diaspora: Aus jeder Familie durfte nur ein Kind im Ort bleiben, während die anderen emigrieren mussten. Diese blieben aber in intensivem Kontakt mit ihren ursprünglichen Familien in Hohenems und hielten so noch lange emotionale Beziehungen zu ihrer Geburtsstadt aufrecht. Ein Beispiel dafür ist der jüdische Friedhof von Hohenems, der nach dem Holocaust von den in alle Welt verstreuten Familien gekauft wurde und von deren Verein bis heute verwaltet wird. Ein anderes Beispiel ist die Unterstützung des 1991 eröffneten Jüdischen Museums, das unter anderem als kulturelles Zentrum der Hohenemser Diaspora dient. Seit 2004 von Hanno Loewy geleitet, widmet das Museum seine permanente Ausstellung der Geschichte dieser einzigartigen, ehemals blühenden jüdischen Gemeinde, während die Wechselausstellungen verschiedene Aspekte der allgemeinen jüdischen Geschichte und Kultur behandeln. Darüber hinaus hat das Museum eine eigene Bibliothek und ein Archiv, in dem Dokumente und Objekte zu jüdischen Familiengeschichten aus Hohenems sorgfältig aufbewahrt werden.

Die jüdische Vergangenheit von Hohenems hat bis heute sichtbare Bedeutung, da die kleine Vorarlberger Stadt inzwischen eine Reihe kommunaler und anderer Einrichtungen in erhalten gebliebenen Bauwerken der ehemaligen Gemeinde untergebracht hat: Die alte Synagoge wurde in eine Musikschule und einen Vortrags- und Konzertsaal umgewandelt; im sanierten Gebäude der ehemaligen jüdische Schule befindet sich heute ein Restaurant mit einem Veranstaltungssaal, benannt nach dem jüdischen Schuldirektor Moritz Federmann, der die Schule bis zur ihrer Schließung am Vorabend des Ersten Weltkriegs über Jahrzehnte leitete; und nicht weit von hier kann man auch die 1829 gebaute Mikwe – das traditionelle Ritualbad – als Teil des jüdischen Museums besichtigen. Die Präsenz jüdischer Vergangenheit in der Hohenemser Gegenwart nimmt weiter zu: In der historischen Villa von Iwan und Franziska Rosenthal an der Radetzkystraße 1 wird gerade das Vorarlberger Literaturhaus eingerichtet, das 2024 eröffnet werden soll.

3 Über die Geschichte der jüdischen Gemeinde in Hohenems siehe: Sulzenbacher 2008.

Hohenems ist nicht nur ein wichtiger Ort für einschlägig Studierende, die aus Wien, München, Innsbruck, Zürich, Bamberg oder Basel jeden Sommer nach Vorarlberg kommen. Hierher reisen auch akademische Vertreter*innen der Jüdischen Studien, um Themen, die mit ihrer Forschung verknüpft sind, zu diskutieren. Und ein besonderer Platz wird an der Sommeruniversität dem Staat Israel und der israelischen Gesellschaft eingeräumt, und damit kommt auch der Bereich der Israelstudien jeden Sommer nicht zu kurz.

Im Programm der Hohenemser Treffen vermischen sich nicht nur verschiedene Themen und Disziplinen, auch die traditionellen akademischen Barrieren fallen: Die geografischen Grenzziehungen verschwinden aufgrund der Studierenden und Dozent*innen von verschiedenen Universitäten und die hierarchischen Strukturen werden in der lockeren Urlaubsatmosphäre unscharf: Nicht nur auf der Wiese beim Grillen, sondern auch im Hörsaal ist es schwierig auszumachen, wer Student*in, wer Lehrende*r ist und wer hier als freie*r Hörer*in teilnimmt.

Dieser besondere Kontext wird auch immer wieder von den Studierenden betont, die den außergewöhnlichen Charakter der Veranstaltung sehr schätzen. Die verschiedenen Reaktionen geben eine Erfahrung wieder, deren Kern ein entspanntes Zusammenspiel zwischen akademischer Anregung und Sommerfrische-Atmosphäre an einem sicheren Ort ausmacht. „Auch in diesem Jahr wurde die harmonische und

Abb. 2: Seminar im Salomon-Sulzer-Hörsaal (ehemalige Synagoge). Sommeruniversität Hohenems 2010

wenig hierarchische Atmosphäre der Sommeruniversität von allen Teilnehmern als sehr anregend empfunden," schrieb eine Studentin in einem Bericht im Sommer 2010. „Die Diskussionen nach den Vorträgen wurden bei gemeinsamen Unternehmungen, in den Kaffeepausen und während des Grill- und Badeausflugs vor der herrlichen Kulisse des Ortes der ‚Übergänge und Übertritte' am Alten Rhein – der die Grenze zwischen Österreich und der Schweiz markiert – fortgeführt."[4] Und ein Senioren-Teilnehmer meinte über E-Mail im gleichen Jahr: „Eine Woche Hohenems ist mehr als drei Wochen Urlaub."[5]

So entsteht Jahr um Jahr für kurze Zeit eine diverse Gruppe, die sich in sommerlichem Ambiente intensiv mit Aspekten des jüdischen Lebens beschäftigt. Die behandelten Themen sind immer auch von Bedeutung für die europäische Gesellschaft jenseits der akademischen Welt – wobei hier der Forschungsbereich der Jüdischen Studien als ein perfekter Rahmen dient.

Jüdische Studien zwischen Israel und Europa

Das Forschungsfeld der Jüdischen Studien stammt im Übrigen aus dem deutschsprachigen Raum. Im 19. Jahrhundert begann hier die philologische und historiographische Tradition einer „Wissenschaft des Judentums", als jüdische Historiker wie Heinrich Graetz oder Leopold Zunz die Grundlagen für die akademische Erforschung des Judentums legten. Diese Tradition wurde im späten 19. Jahrhundert durch die Gründung der Hochschule für die Wissenschaft des Judentums 1872 in Berlin institutionalisiert. Diese Hochschule, die Inhalte und Methoden der „Wissenschaft des Judentums" als ihr hauptsächliches Forschungsfeld festlegte, beeinflusste auch das 1924 eingerichtete Institut für Jüdische Studien an der neugegründeten Hebräischen Universität in Jerusalem. Diese war ein zionistisches Projekt und sollte als ein neuer säkularer „Tempel" des Wissens als eine der zentralsten Säulen im Prozess des Aufbaus der neuen jüdischen Nation dienen. Deshalb war es auch das Ziel des Jerusalemer Instituts, die jüdische Geschichte neu zu betrachten und Grundlagen für das Verständnis der Vergangenheit für zukünftige Generationen aufzubereiten.

Obwohl sich das zionistische Institut für Jüdische Studien zum einen als Weiterführung des europäischen Erbes verstand, galten seinen Repräsentanten die Ziele beider Bewegungen – ihrer eigenen und der des 19. Jahrhunderts – doch als höchst konträr. In den Augen zionistischer Historiker wie Gershom Scholem, Ben-Zion Dinur oder Yitzhak Baer war die Arbeit der vorigen deutschen Generation von Wis-

---

4 Ein Bericht von Dana Brüller (2010) für die Sommeruniversität „Treten Sie ein! Treten Sie aus!", 85.
5 Aus dem digitalen E-Mail-Archiv des Jüdischen Museums Hohenems. Der Autor bedankt sich bei Hanno Loewy für seine Hilfe, diese und andere relevante Materialien und Informationen zu finden.

senschaftlern von ihrer Neigung beeinflusst, sich in die nichtjüdische Gesellschaft akkulturieren zu wollen. Deshalb hätten sie die Richtungen und Phänomene in der Geschichte hervorgehoben, die das Judentum als rationale und vernünftige Religion und Kultur präsentierten. Obwohl diese aus Deutschland stammende Tendenz also vehement von zionistischen Akademikern der ersten Generation im Land Israel kritisiert wurde, lag der thematische Schwerpunkt der historischen Forschung weiter meist in Ost- und Westeuropa.[6] Nach dem Holocaust entwickelten sich Israel und die USA zu Zentren jüdischer Studien. Im deutschsprachigen Raum wurde das Feld „Judaistik" genannt und sein Schwerpunkt auf Religions- und Sprachwissenschaft (und weniger Geschichte) gelegt. In Wien etablierte und vertrat das Feld seit 1948 Kurt Schubert (1923–2007), vor allem dann im 1966 gegründeten Institut für Judaistik an der Universität Wien. Im gleichen Jahr wurde der erste Lehrstuhl für Judaistik in Deutschland an der Freien Universität Berlin eingerichtet und Jakob Taubes (1923–1987) zum ersten Professor für Judaistik hierzulande bestellt. Sukzessive entstanden weitere Initiativen; in den 1990er Jahren etablierte sich auch in Leipzig und München der Bereich der jüdischen Geschichte.[7]

Abb. 3: Evita Wiecki (1968–2022) mit ihren Jiddisch-Studierenden in Hohenems

6 Siehe dazu: Brenner 2016, 15.
7 1994 wurde das Leibniz-Institut für jüdische Geschichte und Kultur – Simon Dubnow (DI) in Leipzig und 1997 der Lehrstuhl für Jüdische Geschichte und Kultur an der Ludwig-Maximilians-Universität München gegründet.

Ein anderes Feld, das für das Verständnis des jüdischen Lebens in Europa zentral ist und auch an der Sommeruniversität einen fixen Platz einnimmt, ist die jiddische Sprache und Kultur. Jiddisch ist wegen seiner Nähe zur deutschen Sprache und seiner Bedeutung als jüdische Fremdsprache für Studierende gerade im deutschsprachigen Raum sehr attraktiv.[8] An der Sommeruniversität in Hohenems wurde Jiddisch über viele Jahre von Evita Wiecki, die zudem die ganze Veranstaltung zusammen mit Hanno Loewy organisierte, betreut. 2022 starb Evita Wiecki unerwartet, ihr Verlust hinterlässt nachhaltige Spuren.

Da der flexible Rahmen der Sommeruniversität in Hohenems interdisziplinäre Zugänge möglich macht und erleichtert, eröffnet er für Studierende auch die Chance, sich mit der europäisch-jüdischen Vergangenheit auseinanderzusetzen und Fragen zu einer europäischen Identität nach dem Holocaust in einer ungezwungenen Atmosphäre zu stellen. Darüber hinaus erweitert das Programm die geographischen Bezugnahmen der Diskussion, da auch jüdische Geschichte und Kultur in außereuropäischen Ländern diskutiert werden.

Im Vergleich zu den USA und Israel ist Österreich kein zentraler Ort für die akademische Welt der Jüdischen Studien, nichtsdestotrotz ist es Hanno Loewy über die Jahre gelungen, mit den verschiedenen Ausstellungen und der jährlichen Sommeruniversität im Jüdischen Museum Hohenems eine Art Gegenzentrum einzurichten, nicht nur für die Hohenemser jüdische Diaspora, sondern auch als einen nicht unbedeutenden Hotspot für Forschung und Lehre jüdischer Geschichte und Kultur. Hier wird der Blick auf das Judentum von einer dritten Warte aus möglich gemacht, die – obwohl sie mit den beiden anderen Zentren in Verbindung steht – unabhängig von ihnen agiert. Das betrifft vor allem den Umgang mit dem Zionismus und dem Staat Israel, der sich als das wichtigste Zentrum für das Judentum versteht und der durch den Bereich der Israelstudien repräsentiert wird.

Ein Blick von Westen: Israelstudien und der Staat Israel

Israelstudien sind inzwischen ein etabliertes akademisches Feld in Israel und den USA, wo auch ihre Anfänge liegen, ausgelöst vom wachsenden wissenschaftlichen Interesse am Nahen Osten nach dem Ende des Kalten Kriegs. Im Gefolge der islamistischen Terroranschläge auf das World Trade Center in New York 2001 investierten einige arabische Regierungen und einzelne Persönlichkeiten in den USA in den Ausbau von Nahost- und Islamstudien, um ein positiveres Bild des Islams zu befördern. Wegen des politischen Klimas im Nahen Osten war es schwierig, Forschung über

---

8   Aptroot 2017.

Israel im Rahmen solcher Strukturen zu intensivieren. Vorhanden war aber ebenso der Wunsch – nach der Al-Aqsa-Intifada im Jahr 2000 und der wachsenden Kritik an Israels Politik in den besetzten Gebieten – das Image Israels in den USA zu verbessern. Dieser Auftrag verlieh Israelstudien in den USA eine politische Richtung und mit der Zeit wurden zahlreiche Lehrstühle und Zentren für Israelstudien innerhalb der Institute für Jüdische Studien in den USA über private Spenden eingerichtet. Durch die internationale Association for Israel Studies sind inzwischen Israelstudien als akademisches Fach weltweit etabliert.[9]

Auch in Israel entwickelte sich das Forschungsfeld ausgehend von politischen Fragen. In den ersten Jahrzehnten nach der Gründung des Staates 1948 diente die Geschichtsschreibung über Israel dazu, vor allem zionistische Narrative und das nationale Ethos zu stärken. 1988 begann eine Gruppe von Historikern die Interpretation des israelischen Unabhängigkeitskriegs neu zu diskutieren. Durch die Forschung unter anderem in neu eröffneten Archiven wurden zentrale Mythen wieder zum Thema gemacht. Ein Hauptmotiv in der Diskussion war die fragwürdige Rolle der Armee in der Konfrontation mit der palästinensischen Zivilgesellschaft und die damit verbundene Verantwortung für die Entstehung des „palästinensischen Flüchtlingsproblems". Fachvertreter wie Benny Morris, Avi Shlaim oder Tom Segev, die zusammen mit anderen diese Gruppe der „neuen Historiker" bildeten, unterzogen in ihrer Forschung „die zionistischen Gründungsmythen Israels, wie etwa die Heldenerzählung nach dem Muster ‚Wenige gegen Viele', oder die Vorstellung der israelischen Armee als ‚der humansten Armee der Welt' einer grundsätzlichen Prüfung".[10] Aufgrund solcher Ansätze wurden sie als Repräsentanten der „postzionistischen" Phase der israelischen Geschichtsschreibung wahrgenommen.[11]

In Europa entwickelt sich das Fach langsamer als in den USA und Israel. Obwohl auch eine Dachorganisation besteht in der Form der European Association of Israel Studies, gibt es wenige akademische Institute und Einrichtungen, die sich dem Thema Israel widmen. An vielen Universitäten – vor allem in Großbritannien – werden Israelstudien im Rahmen von Nahost-Studien betrieben und gelehrt. Dies bedeutet, dass Israel hier als regionales Phänomen betrachtet wird und seine Verbindung zum Judentum und zur jüdischen Geschichte nicht im Fokus steht. Im deutschsprachigen Raum vertritt das Zentrum für Israelstudien an der Abteilung für Jüdische Geschichte und Kultur der LMU-München eine andere Tendenz, nämlich Israelstudien im Rahmen von Jüdischen Studien wahrzunehmen. Weitere relevante Institutionen

---

9   Diese und die folgende Beschreibung basieren auf: Zadoff 2020a. Über die Entwicklung der Israelstudien als akademisches Feld, siehe auch Troen 2021.
10 Zadoff 2020b, 42–43.
11 Mittlerweile spricht man schon von der „post-postzionistischen Phase" der Geschichtsschreibung, in deren Fokus Individuen und Alltagsgeschichten statt großer Narrative stehen. Dazu: Kaplan 2013.

sind eine Professur an der Hochschule für Jüdische Studien in Heidelberg und eine Gastprofessur an der Universität Mainz. In Österreich sind Israelstudien durch eine permanente Stelle am Institut für Zeitgeschichte der Universität Innsbruck und durch das Center for Israel Studies in Wien vertreten. Darüber hinaus sind sie in Österreich eben auch im jährlichen Programm der Europäischen Sommeruniversität für Jüdische Studien in Hohenems präsent. Seit deren Beginn gibt es jedes Jahr mindestens eine Veranstaltung zum Thema Israel, und in den letzten Jahren wurden verschiedene Aspekte des jüdischen Staates manchmal in bis zu vier getrennten Lehrveranstaltungen diskutiert. Der Zionismus, die komplexen Einstellungen zum Nationalismus und die Gefühle, die der Staat Israel in Individuen auslöst, stehen hier im Zentrum. Themen, die sich mit dem Spannungsbereich zwischen Israel und der Diaspora beschäftigen, werden gerade für Europäer*innen immer relevanter, da sie die aktuelle Frage der Zugehörigkeit in einer Migrationsgesellschaft behandeln. Die Beschäftigung mit Minderheiten und sozialem Unrecht in Israel dient oft als ein Spiegel, der aktuelle Probleme unserer Gesellschaft reflektiert. So ist die Geschichte und Kultur Israels ein spannendes Labor, in dem man Fragen über Toleranz, die Wahrnehmung des Anderen, Migration und Flucht und die Rolle von Emotionen im Alltag diskutieren kann. Für solche Gespräche stellt Hohenems eine Bühne dar, die dank des Jüdischen Museums und der besonderen Geschichte des Ortes aus der jährlichen Sommeruniversität ein alternatives, jüdisches, intellektuell anspruchsvolles „Gegenzentrum" zu den existierenden Zentren erschafft – ein „Jerusalem am Emsbach".

Nachwort – Theorie und Praxis

Jüdische Geschichte und Israelstudien, wie sie im Rahmen der Europäischen Sommeruniversität für Jüdische Studien in Hohenems gelehrt und betrieben werden, verknüpfen die theoretischen Aspekte der akademischen Welt mit praktischen und aktuellen Einblicken in die Gesellschaft, in der wir leben. Der soziale Teil der Veranstaltung, der Menschen mit verschiedenem professionellem und persönlichem Hintergrund zusammenführt, fügt sich harmonisch in dieses Setting ein. So hat es ein Student humorvoll und gleichzeitig sehr treffend in einem Bericht über die Sommeruniversität 2019 zum Thema „Mahlzeit! Vom Sinn des Essens" zum Ausdruck gebracht: „Die gemeinsam eingenommenen Mahlzeiten und das Grillfest boten Gelegenheit, sich von der Theorie des Essens nahtlos in die Praxis zu begeben und über den fachlichen Austausch hinaus kennen zu lernen."[12] An der Europäischen Sommeruniversität für Jüdische Studien in Hohenems kann man viel an und für sich

---

12   Ein Bericht von Haffner 2019, 111–112.

Widersprüchliches erleben: Man kann Theorie mit Praxis kombinieren, akademische Hierarchien fallen sehen und dabei ein anspruchsvolles akademisches Programm in herrlich sommerlicher Atmosphäre wahrhaft genießen. All das geschieht an einem Ort, der sich als ein jüdisches Zentrum an der Peripherie versteht. Diese „Widersprüche" verleihen der Sommeruniversität den Charme, der jahraus, jahrein an Jüdischen Studien Interessierte nach Hohenems bringt.

Literaturverzeichnis

Aptroot 2017 = Marion Aptroot, Jiddisch an deutschen Universitäten, in: Andreas Lehnhardt (Hg.), Judaistik im Wandel. Ein halbes Jahrhundert Forschung und Lehre über das Judentum in Deutschland, Berlin–Boston 2017, 31–40.

Brenner 2016 = Michael Brenner, „Mada'i ba-misrah ve-anokhi be-ma'arav". Reflections on Israel Studies in Germany, in: Terumah 23 (2016), 14–21.

Brüller 2010 = Dana Brüller, Treten Sie ein! Treten Sie aus! Konversionen und Grenzgänge, in: Münchner Beiträge zur jüdischen Geschichte und Kultur 4 (2010) Heft 2, 84–85.

Haffner 2019 = Simon Haffner, Mahlzeit! Vom Sinn des Essens, in: Münchner Beiträge zur jüdischen Geschichte und Kultur 13 (2019) Heft 2, 111–112.

Kaplan 2013 = Eran Kaplan, Post-Post-Zionism. A Paradigm Shift in Israel Studies?, in: Israel Studies Review 28 (2013), 142–155.

Loewy/Milchram 2009 = Hanno Loewy/Gerhard Milchram (Hg.), Hast Du meine Alpen gesehen? Eine jüdische Beziehungsgeschichte, Hohenems–Wien 2009.

Löwy/Sulzenbacher 2015 = Hanno Loewy/Hannes Sulzenbacher, Endstation Sehnsucht. Eine Reise durch Yerushalayim – Jerusalem – Al Quds, Berlin 2015.

Sulzenbacher 2008 = Hannes Sulzenbacher, Die Juden von Hohenems, in: Hanno Loewy (Hg.), Heimat Diaspora. Das Jüdische Museum Hohenems, Hohenems 2008, 46–199.

Troen 2021 = Ilan Troen, Israel as a Field of Study. A Historical Overview, in: Reuven Y. Hazan u. a. (Hg.), The Oxford Handbook of Israeli Politics and Society, Oxford 2021, 19–34.

Zadoff 2017 = Noam Zadoff, Scienece and Politics. On the Presence and Future of Israel Studies in Germany, in: Andreas Lehnhardt (Hg.), Judaistik im Wandel. Ein halbes Jahrhundert Forschung und Lehre über das Judentum in Deutschland, Berlin–Boston 2017, 81–92.

Zadoff 2020a = Noam Zadoff, Panther im Exil. Israel-Studien und Jüdische Geschichte, in: Johannes Becke/Michael Brenner/Daniel Mahla (Hg.), Israel-Studien. Geschichte – Methoden – Paradigmen, Göttingen 2020, 75–88.

Zadoff 2020b = Noam Zadoff, Geschichte Israels. Von der Staatsgründung bis zur Gegenwart, München 2020.

Abbildungsverzeichnis

Abb. 1–3: Foto: Jüdisches Museum Hohenems

Karin Rass und Margarete Zink

LISL THURNHER-WEISS (1915–2003)

Ein Leben für die Muster der Welt

Von 1975–1985 gab es eine von Amerika ausgehende Bewegung der modernen Kunst, die unter der Bezeichnung „Pattern and Decoration" (Muster und Dekoration) mit der Prämisse „Ornament als Versprechen" weltweite Berücksichtigung erlangte. „Die etablierten und strikten Parameter der Moderne verloren ihre Bedeutung und jenseits davon gab es prächtige Dinge zu erfühlen und zu malen – etwa feine Muster, Ornamente, eine Aufwertung des Gestalterischen, Designs aus allen Kulturen der Welt, Volkskunst – Dinge und Themen, die als zu feminin erachtet worden waren und daher als trivial und ‚Low Art' galten."[1]

Dieser Trend führte dazu, dass man sich auch in der sogenannten „High Art" verstärkt mit der „Low Art" beschäftigte, wie zum Beispiel dem Textildesign.[2] Bis zu diesem Zeitpunkt wurden Ornamente in der Hierarchie der Kunstformen meist dem Bereich der Volkskunst zugeordnet und fanden darüber hinaus wenig Beachtung. Zur selben Zeit erlebten Muster und Dekoration ein globales Revival im Design und in der Mode, zu dem auch der Dirndlboom der 1960er und 1970er Jahre und der sogenannte „Folklore-Look" gehörten, die dem Textildesign dieser Zeitspanne seinen Stempel aufdrückten.

Im Rahmen einer Ausstellung im Stadtmuseum Dornbirn und der wissenschaftlichen Begleitpublikation wurde der Dirndl-Trend zuletzt in Bezug auf das Textilunternehmen Franz M. Rhomberg in Dornbirn differenziert aufgearbeitet. Dabei rückte eine Frau besonders in den Vordergrund: die Grafikerin und Musterzeichnerin Lisl Thurnher-Weiss[3] (Abb. 1).

Lisl Thurnher-Weiss war maßgeblich an der Gestaltung der Muster als Dessinateurin und in der Folge an der Entwicklung der Firma Franz M. Rhomberg zum Spezialisten für die Produktion von Dirndl- und Trachtenstoffen beteiligt. Ihr gesamtes Leben widmete sie sich der Volkskunst und betrieb auch selbst Trachtenforschung,

---

1   Ammer/Boehle 2019, 74. In einer Ausstellung im mumok in Wien 2019 wurde Kunst der „Pattern and Decoration-Bewegung" aus den Beständen der Sammlung Ludwig präsentiert.
2   Swartz 2019, 25.
3   Für die von Margarete Zink kuratierte Ausstellung „Ware Dirndl. Austrian Look von Franz M. Rhomberg" im Stadtmuseum Dornbirn wurde die Biografie von Lisl Thurnher-Weiss durch Karin Rass genauer erforscht. Vgl. dazu auch: Neuner/Schatz 2021, 94 und Wöss 2021, 184.

Abb. 1: Porträt von Lisl Thurnher-Weiss, vermutlich um 1935

was ihr wiederum einen unerschöpflichen Fundus für ihre zahlreichen Trachtenbilder und Musterzeichnungen bot. Ihre Auftraggeber waren schon seit Ende der 1930er Jahre das Heimatwerk, der Fremdenverkehrsverband, das Volkskunstmuseum Innsbruck mit der „Mittelstelle Deutsche Tracht" und später die Vorarlberger Landesregierung mit dem Landesmuseum und dem Landestrachtenverband. Alle arbeiteten sie mit Vorarlberger Textilproduzenten zusammen, die auf diese Weise das Bild des Trachtenlands Vorarlberg und Österreichs mitprägten.

Neben ihrer Tätigkeit als Musterentwerferin und Trachtenexpertin gab es eine weniger bekannte Seite der Künstlerin Lisl Thurnher-Weiss, die sich mit Zeichnungen und Malereien von pflanzlichen und tierischen Formen der Natur, Landschaftsansichten und spirituellen Motiven beschäftigte. Beeinflusst von ihrer tiefgehenden Beschäftigung mit Mustern als Dessinateurin gelangte sie in ihrer künstlerischen Spätphase, der sie sich vor allem ab den 1970er Jahren widmen konnte, zu einer Form der Musterzeichnung in der Kunst, die hohen technischen Anspruch bewies. In ihrem künstlerischen Schaffen verband sie die allgemeingültigen Formensprachen der Natur mit den vielfältigen Ornamenten aus aller Welt. Im vorliegenden Beitrag beabsichtigen die Autorinnen nun, diese sich ergänzenden Aspekte in Leben und Werk der Grafikerin und Malerin Lisl Thurnher-Weiss aufzuzeigen.

Die Dornbirnerin Lisl Thurnher-Weiss

Luise Josefine Elisabeth Weiss, „Lisl", wie sie lieber genannt werden wollte, wurde am 19. März 1915 als erste und einzige Tochter des Dornbirner Weinhändlers und Hoteliers Josef Weiss (1879–1975) geboren. Ihre Mutter Loni Weiss (1892–1979) war durch die Heirat des Bruders Edmund (1888–1978) mit den „Färbers", also der 1832

Abb. 2: Familienporträt des Dornbirner Weinhändlers Josef Weiss (1879–1975) mit seiner Gattin Leontine, geborene Rhomberg (1892–1979) und ihren Kindern Luise Josefina Elisabeth (1915–2003) und Karl Theodor (1920–2015)

gegründeten Familiendynastie des Textilunternehmens Franz M. Rhomberg, verwandt[4] (Abb. 2).

Ihr Großvater Josef Weiss (1838–1907) kam im Jahr 1867 nach Dornbirn mit dem Vorhaben, die Vorarlberger mit Südtiroler Weinen zu versorgen. Seine Familie betrieb in Bozen-Dorf das Weingut Rauchenhof. Möglich und erstrebenswert erschien das zu diesem Zeitpunkt durch den Ausbau des Eisenbahnnetzes und durch die damit verbundene Entwicklung des Tourismus.[5] Josef Weiss bemühte sich, in Dornbirn Fuß zu fassen und heiratete 1871 Maria Veronika Herburger, die Tochter des Dornbirner Gastwirtes Karl Heinrich Herburger. Das Ehepaar Weiss bekam acht Kinder.[6] 1886 erwarb Josef Weiss in Dornbirn ein längliches Grundstück in direkter Bahnhofsnähe und

4   Loni Weiss, geb. Rhomberg, war die Schwester von Edmund Rhomberg (1888–1978), der mit Maria Helene Rhomberg (1897–1981) verheiratet war, der Schwester von Hermann Rhomberg (1900–1970), kaufmännischer Leiter und Betriebsführer des Unternehmens Franz M. Rhomberg. Gespräch Karin Rass mit Verena und Peter Wladika, Dornbirn, 10.3.2023. Vgl. dazu auch: Hämmerle 1974, 144 f und 254.

5   Die Geschichte des Hotel Weiss und des Gründers Josef Weiss hat sein Enkel Theodor Weiss in seinen Erinnerungen beschrieben. Vgl. Weiss 2000, 15.

6   Es waren dies: Ida (1872–1955), Olga (1874–1948), Maria (1876–1950), Emma (1877–1928), Josef (1879–1975), Armin (1881–1883), Robert (1883–1969) und Anna (1886–1967). Vgl. Weiss 2000. Darin ein Dokument von Kurt Wratzfeld Wien, Nachkomme von Ida Weiss, mit dem Stammbaum der Familie Weiss.

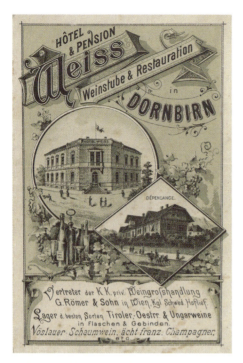

Abb. 3: Deckblatt einer Speisekarte mit Abbildungen von Hotel Weiss und „Dependance", dem Gebäude der Weingroßhandlung, nach 1892

errichtete neben einem Kellereigebäude und mehreren Zweckbauten darauf eine zweistöckige Villa im Stil der Neorenaissance. Anfangs von der Großfamilie als Wohnhaus genutzt, wurden bereits 1885 die Weinstube und ein Café eingerichtet. 1892 entstanden im oberen Stock Gästezimmer und das „Hotel & Pension Weiss" öffnete seine Tore (Abb. 3).

Es wurde bald eines der bestbesuchten Hotels der Gemeinde Dornbirn, die 1901 zur Stadt erhoben wurde. Die ‚große Welt' kam zu Besuch und für das internationale Reisepublikum wurde schon mal die jeweilige Fahne auf dem Dach gehisst. Nach dem Tod des Gründers Josef Weiss im Jahr 1907 übernahm sein gleichnamiger Sohn mit seinen Geschwistern die Leitung von Hotel und Weinhandel, bis er 1914 einrücken musste. 1917 wurde das Hotel geschlossen. Nach dem ersten Weltkrieg und der Rückkehr des Vaters wurde ihr Bruder Theodor Weiss (1920–2015) geboren, der den Weinhandel später nach dem Zweiten Weltkrieg weiterführte.[7] Die Mitglieder der Familie bewohnten jahrzehntelang gemeinsam die oberen Stockwerke, während sich im Parterre das Büro für den wieder aufgenommenen Weinhandel befand. Im Laufe der Jahre wurden Teile des Hauses vermietet und unterschiedlich genutzt. Zuletzt erwarb die Hotel Feurstein Immo GmbH das Areal und errichtete angrenzend das Hotel „Flint" als elfgeschossiges Gebäude.[8] Das historische Gebäude des „Hotel Weiss" ist seit 2014 denkmalgeschützt, wurde saniert und erlebt nun als „Villa Flint" im neuen Hotelkomplex eine Renaissance.[9]

Ein Foto zeigt Lisl Weiss im Jahr 1942 umgeben von ihrer Familie bei ihrer Verlobungsfeier im „Erzherzog-Eugen-Zimmer", benannt nach dem Gast, der 1900 bei

7   Theodor Weiss (1920–2015) war verheiratet mit Hertha Weiss geb. Neurauter (1927–2021), die einzige Tochter Christina Grabner-Weiss war die letzte Eigentümerin des Anwesens.
8   Das vom Architekturbüro Marte.Marte konzipierte Objekt öffnete Anfang 2023 seine Tore. URL: https://www.dasflint.at/historische-villa-flint-dornbirn/ [eingesehen am 12.03.2023].
9   Vgl. Vorarlberger Nachrichten, 4./5.3.2023, 6.

der Gewerbeausstellung in Dornbirn hier nächtigte.[10] Das Zimmer zeigt das typische Ambiente eines noch aus der Gründerzeit geprägten großbürgerlichen Stils mit Jagdtrophäen, Zinntellern und einem Vorhang mit volkstümlichen Motiven (Abb. 4). Ihr Verlobter Armin Thurnher (1915–1942), den sie bereits seit 1933 aus ihrer ge-

Abb. 4: Verlobungsfeier von Lisl Weiss während eines Fronturlaubs ihres Verlobten Armin Thurnher, der am 8. Mai 1942 an der Front starb, vermutlich März 1942

10   Foto aus dem Nachlass von Lisl Thurnher-Weiss. Gespräch Karin Rass mit Verena und Peter Wladika, Dornbirn, 10.3.2023.

meinsamen Zeit an der Realschule Dornbirn kannte, fiel kurz vor der geplanten Hochzeit an der Eismeerfront.[11] Die Ehe wurde allerdings mit 8. Mai 1942 posthum anerkannt.[12] Ab etwa 1943 signierte sie ihre Werke mit dem Nachnamen Thurnher-Weiss. Zeitlebens hatte sie eine starke Bindung zu ihrer Familie und zu ihrem Elternhaus. Erst nach dem Tod beider Eltern Ende der 1970er Jahre verließ sie das Gebäude in der Bahnhofstraße und zog in eine Wohnung im Dornbirner Oberdorf.

Gestalterin der ‚Trachtenlandkarte'

Die Nähe zu Tourismus und Werbung war Lisl Thurnher-Weiss auf Grund ihrer Abstammung aus einer Hotelier- und Weinhändler-Familie im ‚Bahnhofsviertel' von Dornbirn schon in die Wiege gelegt. Sowohl verwandtschaftliche als auch geschäftliche Beziehungen durch den Weinhandel förderten die Vernetzung mit der Gastronomie, dem Fremdenverkehr und der Gesellschaft in Dornbirn. Obwohl der Vater sie gerne im elterlichen Betrieb gesehen hätte, setzte Lisl Weiss sich durch und begann nach dem Besuch der Oberstufe als „Externistin" an der Realschule Dornbirn ein Studium an der „Akademie für das grafische Gewerbe" in München.

Ihre Verwandten und Bekannten erzählten, dass sie „glückselig" gewesen sei, endlich in einem „künstlerischen Umfeld zu lernen", und es für sie eine sehr „aufregende Zeit" war.[13] Für ihre weitere Entwicklung bot München vermutlich die notwendige, prägende Umgebung, welche sie mit kreativen, aber auch sozialen und politischen Impulsen erfüllte: „Als sie eine Rede von Adolf Hitler hörte, war sie im ersten Moment völlig fasziniert, aber dann kam sie heim und dachte, dass es inhaltlich eigentlich gar nichts war. Nur die Inszenierung war packend."[14]

In ihrer Studienzeit von 1937 bis 1940 übte sie sich bereits im Zeichnen von Kleidungsstilen und Trachten.[15] 1939 nahm sie an einem Grafik-Wettbewerb zum Thema „Ferienland Österreich" teil. In einem Zeitungsartikel aus dem Vorarlberger Tagblatt vom 1. Juni 1939 wird die junge Künstlerin, die mit ihrem Plakatentwurf den 4. Platz

---

11 Armin Norbert Franz Josef Thurnher, geb. 29.5.1915 in Taxenbach/Sbg., Schulzeit in Dornbirn, Technische Hochschule in Wien von 1933–1938, Abschluss mit Dipl. Ing., gefallen am 9.5.1942 in Liza bei Murmansk. Armin Thurnher war der Onkel von Verena Wladika, der Bruder ihrer Mutter. Gespräch Karin Rass mit Verena und Peter Wladika, Dornbirn, 8.11.2019.
12 Eine sogenannte „Leichentrauung" von Frauen mit Gefallenen oder im Feld Verstorbenen war ab 1941 durch einen geheimen Führererlass möglich. Frauen waren dadurch als „Kriegswitwen" sozial abgesichert. Vgl. dazu: Essner/Conte 1996, 211.
13 Gespräch Karin Rass mit Verena und Peter Wladika, Dornbirn, 8.11.2019.
14 Gespräch Karin Rass mit Verena und Peter Wladika, Dornbirn, 8.11.2019.
15 Im Zuge der Recherche zum Thema fanden die Autorinnen dieses Beitrags als Dokument aus der Münchner Zeit zwei Studienmappen mit Zeichnungen und Aquarellen, die sich nun in der Sammlung des Stadtmuseums Dornbirn befinden.

erringen konnte, sehr gelobt: „Hiezu ist Lisl Weiß, die Tochter des Weinhändlers Weiß, umso mehr zu beglückwünschen, da die Konkurrenz bei diesem Wettbewerb eine ganz bedeutende war. Es ist nur zu begrüßen, wenn Vorarlberg noch mehrere kunstsinnige, junge Gebrauchswerber erhalten könnte, welche sich in den Dienst der Verkehrswerbung stellen würden, um die Eigenart der Vorarlberger im Reiseland Großdeutschland zur Geltung zu bringen."[16]

Nach Beendigung ihrer Ausbildung 1940 war Lisl Thurnher-Weiss als ‚Gebrauchsgrafikerin' tätig. Ihre Aufträge erhielt sie hauptsächlich aus dem näheren Umfeld, darunter befanden sich Weinetiketten, Exlibris, Buchillustrationen, Familienwappen, Kalender oder Weihnachtskarten in unterschiedlichen Techniken wie Aquarellmalerei, Holzschnitt, Linolschnitt oder Kupferstich. Zugute kamen der jungen Grafikerin außerdem ihre Beziehungen zum Textilunternehmen Franz M. Rhomberg.[17] Im Stadtarchiv Dornbirn aufbewahrte Firmenunterlagen belegen, dass sie in dieser Zeit auch Aufträge für das von den Dornbirner Textilunternehmen Franz M. Rhomberg und F. M. Hämmerle im Zuge der Arisierung übernommene Kaufhaus Herzmansky in Wien ausarbeitete.[18] In der Korrespondenz ist die Rede von „einer hiesigen Grafikerin Frl. Weiss", die Entwürfe für Plakate und Zeitungsanzeigen fertige, die „unbedingt brauchbar" wären.[19]

In den 1950er Jahren, als Dirndl und Tracht zum Mittelpunkt der Inszenierung des Alpenlandes Österreich in Heimatfilmen und in der Tourismuswerbung wurden, erfuhr die Trachtenbegeisterung der 1930er Jahre wieder einen Höhepunkt. Lisl Thurnher-Weiss gestaltete für die Fremdenverkehrswerbung von Vorarlberg und Österreich eine ‚Trachtenlandkarte'. Das 1950 geschaffene Plakat wurde im Vorarlberger Volksblatt als ein „reizvolles Sommerwerbeplakat" beschrieben, welches „das ganze Ländle mit allen wichtigen Orten, Bodenerhebungen und Flüssen anschaulich darstellt". „Vollkommen trachtenrichtig aufscheinende Figuren […] vereinen sich mit wirkungsvoller Beschriftung […] zu einem Werbeplakat, das für lange Zeit werben soll für die Schönheiten des Ländle."[20] Dieses Plakat existiert in mehreren Varianten und wurde auch als Postkarte und Kleinplakat gedruckt (Abb. 5).

16 Vgl. Vorarlberger Tagblatt, 1.6.1939, 7.
17 Zur verwandtschaftlichen Beziehung mütterlicherseits kam auch eine Freundschaft mit Künstlerinnen aus der Familie Rhomberg wie Trudi Rhomberg oder Hedwig Gölkl hinzu. Vgl. dazu: Vorarlberger Landesmuseum 2006, 118 und 259.
18 Zur Arisierung vgl. Feuerstein 2021, 35 und Pichler 2021, 221.
19 Korrespondenz A. Herzmansky, Wien und Firma Franz M. Rhomberg Dornbirn, 15. Juni 1940, in: Schriftgut der Firma Franz M. Rhomberg im Stadtarchiv Dornbirn, Sig. AT-STAD-C.2005.006.
20 Vorarlberger Volksblatt, 16.06.1950, 3.

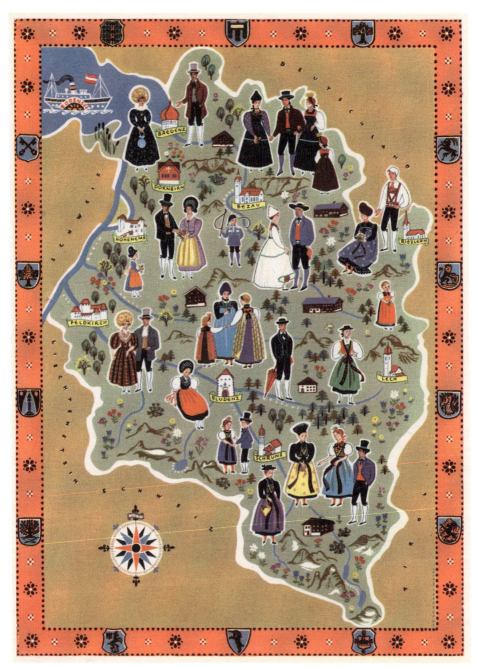

Abb. 5: Eine kleinere Variante der ‚Trachtenlandkarte' Vorarlbergs von Lisl Thurnher-Weiss, herausgegeben vom Heimatwerk, vermutlich 1950–1955

Zeichnerin der „Trachtenmappen"

Die in den Plakatgestaltungen und Publikationen von Lisl Thurnher-Weiss abgebildeten Bauerntrachten und biedermeierlichen Städtetrachten nach historischen Vorlagen basieren auf einer Trachtendokumentation, die von der seit 1939 eingerichteten „Mittelstelle deutsche Tracht" des Volkskunstmuseums Innsbruck beauftragt worden war. Das Volkskunstmuseum in Innsbruck war schon seit Anfang der 1930er Jahre das Zentrum einer aktiv betriebenen „Trachtenerneuerung". Der damalige Direktor Josef Ringler (1893–1973) und seine Sekretärin Gertrud Pesendorfer (1895–1982) orientierten sich dabei zwar am Schnitt des Dirndlkleides, lehnten aber die populäre Trachtenmode ab.[21] Mit dem Dirndl würde vielmehr auf eine Schnittform der ländlich-bäuerlichen Welt zurückgegriffen, es sei also im eigentlichen Sinne Tracht. Dafür spricht auch der Ausdruck „Trachtendirndl", den Ringler 1935 verwendete.[22] Die später von Gertrud Pesendorfer an der „Mittelstelle" kreierten Varianten des Dirndls sollten für die einzelnen Regionen durch Vereinfachung bequemer und kostengünstiger in der Herstellung sein und setzten einen uniformierenden Maßstab.[23] Ab 1939 hatte sie als „Reichsbeauftragte für die Trachtenarbeit" zudem die Aufgabe, sämtliche Trachten im „Großreich" zu dokumentieren, um diese zu erhalten, um die „Erneuerungen" auf diesem volkskundlich legitimierten Wissensstand aufzubauen.[24]

Für die Mappen mit „Bestandsaufnahmen" und „Trachtenerneuerungen" engagierte Gertrud Pesendorfer mehrere Malerinnen und Zeichnerinnen, die streng nach ihren Vorgaben arbeiteten. In den verschiedenen Regionen wurden dafür Zweigstellen errichtet.[25] Für Vorarlberg wurde Lisl Thurnher-Weiss als Koordinatorin dieser einflussreichen Bestrebungen tätig und hat „Kreisnähstuben" eingerichtet.[26] In diesen Nähstuben wurde gelehrt, welche Stoffe wie kombiniert werden sollten und welche der neuen Schnitte für die jeweilige Tracht angewendet werden sollten. Die Auswahl und Kombination der sogenannten „volksechten" Stoffe, die Franz M. Rhomberg speziell seit den 1930er Jahren bewarb, spielte dabei eine große Rolle. Als Zeichnerin nahm Lisl Thurnher-Weiss in der Zeit um 1942 bis 1943 die Bestände aus den Regionen Württemberg, Schwaben, Steiermark und Vorarlberg auf. Eine Tätigkeit, „die sie sehr mochte, obwohl das Erreichen entlegener Häuser und Höfe

---

21 Neuner-Schatz 2021, 90 und Egger 2021, 118f.
22 Vgl. Neuner-Schatz 2021, 90.
23 Vgl. Ringler 1935, 3 und Neuner/Schatz 2021, 86.
24 Neuner-Schatz 2021, 86 und 90–92. Zu Pesendorfer und deren Tätigkeiten in der „Mittelstelle Deutsche Tracht" der Reichsfrauenführung während der NS-Zeit vgl. Bodner 2017, 360–385.
25 Die Zweigstelle Dornbirn der Trachtenwerkstätte des Volkskunstmuseums Innsbruck wurde 1944 eingerichtet. Vgl. Motter 2021, 110.
26 Neuner-Rizzoli 2022, 31.

Abb. 6: Mappe 35/IV „Bestandsaufnahmen Tirol-Vorarlberg/Walgau, Walsertal" (1943), vorarlberg museum, Inv. Nr. Z/5268

vor allem in der Dunkelheit teilweise schon aufregend war", wie sie später erzählte.[27] Wie prägend diese Aufgabe für ihre künstlerische Arbeit war, beweisen ihre späteren Trachtenbilder. Bis in die 1980er Jahre verwendete sie einzelne Motive und Details aus den „Pesendorferschen Trachtenmappen" (Abb. 6).

Die Mappen mit Vorarlbergbezug aus dem Nachlass des früheren Obmanns des Landestrachtenverbandes Paul Rachbauer (1948–2014) werden im vorarlberg museum aufbewahrt.[28] Einige Zeichnungen von Lisl Thurnher-Weiss befinden sich im Volkskunstmuseums Innsbruck und wurden von Reinhard Bodner im Rahmen eines mehrjährigen Forschungsprojekts zur Tiroler Trachtenpraxis mit einem Schwerpunkt auf die Tracht in der NS-Zeit entdeckt.[29] Die einflussreiche Rolle der „Mittelstelle Deutsche Tracht" im Nationalsozialismus wirkte sich auch auf die politische Positionierung von Lisl Thurnher-Weiss aus. Sie wurde „Parteianwärterin". Laut Registrierungsliste gemäß Verbotsgesetz von 1947 war sie dies von 1939 bis 1945.[30] Als sie 1949 das Gewerbe der Gebrauchsgrafik anmeldete, wurde von der Kammer der gewerblichen Wirtschaft Vorarlberg bestätigt, dass sie im Sinne des Untersagungsgesetzes als „Minderbelastete" und nicht „sühnepflichtig" einzustufen sei.[31] Von Zeitgenossen wird das politische Umfeld der Familie Weiss als „nationalliberal" bezeichnet.[32] Ihre Auftraggeber waren jedoch tief in das NS-Regime verstrickt, wie die Dornbirner Textilfirmen Franz M. Rhomberg und F. M. Hämmerle. Zusätzlich dazu bekleidete etwa Hermann Rhom-

27   Gespräch Karin Rass mit Verena und Peter Wladika, Dornbirn, 8.11.2019.

28   Mappen 35/Ia: Bestandsaufnahmen Tirol–Vorarlberg/Bregenzerwald; 35/II: Bestandsaufnahmen Tirol–Vorarlberg/Montafon; 35/III: Bestandsaufnahmen Tirol–Vorarlberg/Klostertal; 35/IV: Bestandsaufnahmen Tirol–Vorarlberg/Walgau, Walsertal; 35/B: Erneuerungen Tirol–Vorarlberg/Vorarlberg. Siehe dazu auch: Wöss 2021, 186 f und Neuner-Schatz 2021, 86f.

29   Vgl. Egger 2015, Langreiter 2019 und Bodner 2020.

30   Über die „Registrierungspflicht" in Registrierungslisten wurde je nach Einstufung eine Sühnepflicht festgelegt. 1957 befreite dann eine allgemeine Amnesie auch alle dauerhaft sühnepflichtigen. Vgl. dazu: Stiefel 1981, 23.

31   Wortlaut auf der Rückseite des polizeilichen Führungszeugnisses zur Vorlage bei der Gewerbekammer, zwecks Gewerbeansuchen: „Die umseitig genannte Luise Thurnher ist seit ihrer Geburt in Dornbirn im Aufenthalte. Sie ist im hierortigen Strafregister nicht vorgemerkt. In den besonderen Listen nach dem Verbotsgesetz 1947 ist Luise Thurnher als Minderbelastete § 17 Abs. 3 verzeichnet." Dokument im Landesarchiv Vorarlberg, Bregenz, Akt Thurnher Luise IIIa 553/1954.

32   Gespräch Karin Rass mit Albert Bohle, Dornbirn, 5.11.2019.

berg (1900–1970) hohe politische Funktionen.[33] Seit den 1930er Jahren band Franz M. Rhomberg Elemente einer „nationalkonservativen" Ideologie, die bestimmte „völkische Ideale" pflegte, auch in das Werbeimage der Firma ein.[34] Zu diesem Zweck erstellte er die baumwollbedruckten Dirndlstoffe streng nach volkskundlich legitimierten Mustervorlagen und in enger Zusammenarbeit mit den Heimatwerken und Volkskundemuseen.

Zeichnerin der „volksechten" Muster

Ab 1956 bis Anfang der 1970er Jahre war Lisl Thurnher-Weiss in der Dirndl-Abteilung des Textilunternehmens Franz M. Rhomberg in leitender Funktion als Entwurfszeichnerin tätig. In einem Interview sprach Lisl Thurnher-Weiss 2002 einmal die Frage des Musterschutzes an: „Kein Dirndlmuster war geschützt. Ich habe nie gefragt, ob ich das Muster verwenden darf, oder nicht. Die Urquelle für die Dirndlmuster bildeten die Unterlagen der Heimatwerke. Natürlich fanden auch die Muster der Konkurrenz Beachtung."[35] Die hier erwähnten „Unterlagen der Heimatwerke" boten somit die Möglichkeit, die Stoffmuster für Trachten durch eine volkskundliche Expertise zu legitimieren. Dazu war das Anlegen von Musterarchiven erforderlich, die ein großes Repertoire boten, um neue Muster zu entwickeln: „Es galt, über dieses Archiv neue Ideen und damit neue Kunden und Druckaufträge zu lukrieren."[36]

Den Grundstock für das Musterarchiv von Franz M. Rhomberg legte August Rhomberg (1905–1998), ein Gesellschafter und ab 1942 auch Leiter der „Dirndlabteilung" von Franz M. Rhomberg. August Rhomberg, der Lisl Thurnher-Weiss ab 1956 als Musterzeichnerin in die „Dirndlabteilung" holte, war vermutlich ihr einflussreichster Mentor und Förderer. Für das Unternehmen kaufte er schon seit den 1930er Jahren Kollektionsbücher aus der Konkursmasse von in- und ausländischen Textilfirmen an und bewahrte auch die eigenen Erzeugnisse in Form von Musterbüchern auf.[37] Den Ausgangspunkt solcher Interessen von Seiten der Textilproduzenten bildete jedoch Viktor Geramb, der 1934 das erste Heimatwerk in Österreich gegründet und dem Steirischen Museum für Volkskunde angegliedert hatte. Geramb vermittelte den Produzenten von Trachtenstoffen wie Franz M. Rhomberg, Stapf (Imst) oder Flemmich (Wien) „Mustervorlagen aus Museumsbeständen".[38]

---

33 Pichler 2021, 221 und Holzschuh 2021, 264f.
34 Zum Begriff „völkisch": Holzknecht 2021, 255 und zum Begriff „nationalkonservativ" im Kontext von Werbung und Heimatfilmen: Högner 2021, 286f.
35 Zit. nach Figner 2004, 151.
36 Anwander 2021, 52.
37 Anwander 2021, 50 und Figner 2004, 43.
38 Vgl. Anwander 2021, 66, Greger/Verhofsek 2007, 27–30 und Weissengruber 2004, 123.

Die Bestände der volkskundlichen Museen und Heimatwerke prägten in der Folge sowohl die Produktion von neuen Mustern – beispielsweise von nun durch die entsprechenden Zertifikate als „volksecht" bezeichneten „Dirndl- und Trachtenstoffen" – als auch die Werbung des Unternehmens Franz M. Rhomberg.[39] Ab den 1970er Jahren wurden allerdings Begriffe wie „volksecht" durch „Original" ersetzt.[40] Die eingeschränkte Bedeutung von „Tracht" und „Dirndl" wurde erweitert durch einen allgemeinen Trend zur Folklore, in der eine Vielfalt von Ornamenten ‚aus aller Welt' Eingang fand. Ein typisches Beispiel für eine solche Werbemaßnahme ist das ab Ende der 1960er Jahre jährlich gedruckte ‚Kalendertuch' von Franz M. Rhomberg[41] (Abb. 7). Auf einem mit einem Kalender bedruckten Stoff wurden volkstümliche Muster und Dekorationen aus verschiedenen kunstgewerblichen Anwendungen von der Bauernmalerei bis hin zur Stickerei kombiniert, um das ganze Repertoire an Möglichkeiten der Musterzeichner der Firma Franz M. Rhomberg zu zeigen. Die Dornbirner*innen bezeichneten dieses Kundengeschenk gerne auch als „Geschirrtuchkalender", weil es sich sowohl als Dekoration als auch für den Haushalt eignete. Das Motiv des ‚Kalendertuchs' von 1983 stammt von Lisl Thurnher-Weiss und zeigt eine winterliche Ansicht der Oberdorfer Kirche in Dornbirn in einem Medaillon von Ornamenten eingefasst, kombiniert mit einem Trachtenpaar. Es stammt aus dem 1980 publizierten „Volkskunstkalender" mit der um 1975 von Lisl Thurnher-Weiss geschaffenen Werkserie, in der sie in Ornamente gefasste Ansichten der Städte Vorarlbergs mit Trachtenpaaren kombinierte (Abb. 8).

Expertin der Trachtengeschichte des Landes

Lisl Thurnher-Weiss entwickelte sich mit der Zeit in allen Fragen zur Gestaltung von „Tracht" und „Dirndl" zur führenden Expertin Vorarlbergs. Mit ihrer eigenen Expertise und dem volkskundlichen Wissen konnte sie ab 1956 als Dessinateurin der Dirndlabteilung von Franz M. Rhomberg ebenfalls neue Kreationen legitimieren und diese von „Phantasieschöpfungen" abgrenzen, so wie es Gertrud Pesendorfer seit den 1930er Jahren bis in die 1960er Jahre tat.[42] Pesendorfer arbeitete mit Überzeugung: „Da die konfektionelle Verkitschung der Tracht ihre verseuchende Wirkung überall ausübt, ist die Verbindung aller für die Reinerhaltung der Tracht kämpfenden Kräfte besonders notwendig", schrieb sie in einem bereits 1938 erschienenen Band über „Neue Deutsche Bauerntrachten in Tirol".[43] Um 1960 verfasste Lisl Thurnher-Weiss

---

39 Beispiele dafür sind die zwei Broschüren und aufwendig produzierte Werbefilme von 1936 und 1937. Vgl. Feurstein 2021, 32–33 und Holzknecht 2021, 257–258.
40 Vgl. Rass/Zink 2021, 324.
41 Vgl. Rass 2022, 143.
42 Zum Begriff „Phantasiedirndl" vgl. Neuner-Schatz 2021, 98.
43 Vgl. Pesendorfer 1938, 10 und Pesendorfer 1966.

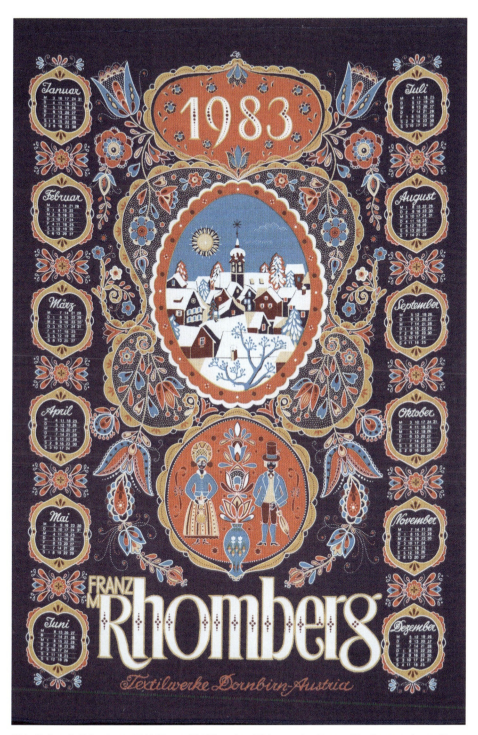

Abb. 7: Detail ‚Kalendertuch' 1983 von Lisl Thurnher-Weiss, gedruckt vom Textilunternehmen Franz M. Rhomberg

Abb. 8: Lisl Thurnher-Weiss, „Dornbirn", um 1975, publiziert im Kalender „Vorarlberger Volkskunst", Galerie Edition Villa Mutter Feldkirch, 1980

ein vergleichbares Typoskript mit der Überschrift „Hinweise zur Dirndlkollektion". Darin werden verschiedene Dirndl-Varianten detailliert beschrieben und die applizierten Stoffmuster als Anleitungen miteinander kombiniert, bewertet und bezeichnet, vom „Austrian Look" bis zum „Phantasie-Dirndl". Die Absicht dieses Leitfadens, der hauptsächlich für die Schneiderinnen der Dirndl in der Werbeabteilung von Franz M. Rhomberg geschaffen wurde, wird in der Einleitung verdeutlicht: „Zum Teil wurde in den letzten, vergangenen Jahren das Dirndl auch in der Dessinierung so sehr mit modischen Elementen gestaltet, daß von einer regelrechten Verkitschung gesprochen werden kann und mit Recht die Klage laut wurde, daß diesem Treiben Einhalt geboten werden müsse."[44]

Dass sich Lisl Thurnher-Weiss mehr an der Tracht als an der abgelehnten „Trachtenmode" orientierte, beweist ihr bereits 1957 in Zusammenarbeit mit der Vorarlberger Landesregierung verfasstes Buch mit dem Titel „Volkstrachten in Vorarlberg" mit Trachtenbildern und Beschreibungen (Abb. 9). Ihre unter dem Eindruck von Krieg und Nachkriegszeit entstandenen Trachtenbilder sind regelrechte „Familienszenen". Sie präsentieren – wie Neuner-Schatz kritisch und treffend festhält – „Requisiten des vorindustriellen Lebens vor klischeehaften Landschaftsbildern" und sind „Bilder eines imaginiert ländlich-idyllischen Vorarlbergs als vermeintliches Agrarland – ungeachtet dessen, dass es längst von einer, in den Nachkriegsjahren auch wieder florierenden, modernen Textilindustrie geprägt war."[45]

Im selben Jahr wurde auch der Vorarlberger Landestrachtenverband gegründet. Der Obmann des neuen Verbandes war ein weiterer „Trachtenerneuerer", der Schneidermeister Hans Konzett (1896–1970), der seit 1945 im Auftrag der Vorarlberger Landesregierung in einem „Fachbeirat für Trachtenwesen" tätig war. Die erste Veröffentlichung des Landestrachtenverbandes war das Werk „Erneuerte Vorarlberger Volkstrachten für Frauen (mit Schnittbogen)" von Hans Konzett.[46] Auf der Grundlage seiner Entwürfe kam es in den 1980er Jahren zu einer weiteren Phase der „Trachtenerneuerung", mit der eine neuerliche Veröffentlichung einherging: 1984 gab der Vorarlberger Landestrachtenverband eine „Trachtenmappe" heraus, so die an Pesendorfer angelehnte inoffizielle Bezeichnung (Abb. 10). Lisl Thurnher-Weiss wurde beauftragt mit der künstlerischen Gestaltung von Trachtenbildern auf großformatigen Blättern mit Beschreibungen. Eugenie Moosbrugger aus Bezau lieferte die Schnittanleitungen. Vorangestellt ist ein Geleitwort des damaligen Landeshauptmanns Herbert Keßler und eine Einleitung mit dem Titel: „Tracht ist das, was getragen wird" von Paul Rachbauer (1948–2014), dem damaligen Obmann des Vorarlberger Trachtenverbands.[47] Den

---

44 Thurnher-Weiss um 1960, o.S, in: Wöss 2021, 184
45 Neuner-Schatz 2021, 95.
46 Vgl. Wöss, 2021, 187.
47 Rachbauer 1984, o. S.

Abb. 9: Lisl Thurnher-Weiss: „Bregenzerwald", publiziert im Buch „Volkstrachten in Vorarlberg", 1957 |
Abb. 10: Lisl Thurnher-Weiss: „Bregenzerwald" in der vom Vorarlberger Landestrachtenverband herausgegebenen und gemeinsam mit Eugenie Moosbrugger verfassten Mappe „Trachten in Vorarlberg überlieferte und erneuerte, beschrieben und bildlich dargestellt", 1984

Anstoß für diese aktualisierte „Trachtenmappe" mit neu gestalteten Bildern, die dem Zeitgeist entsprechen sollten, gab Rosi Forster, die damalige Trachtenreferentin des Landestrachtenverbandes.[48] Für ihre jahrzehntelange Tätigkeit im Bereich Dokumentation des Trachtenwesens wurde Lisl Thurnher-Weiss 1999 mit der Ehrenmedaille in Gold des Landestrachtenverbandes Vorarlberg geehrt. Paul Rachbauer meinte anerkennend: „Sie hat den Großteil der Trachtengeschichte des Landes geschrieben".[49]

Künstlerin mit vielen Facetten

Die ‚Grande Dame' der Vorarlberger Trachtengeschichte Lisl Thurnher-Weiss trug selber kein Dirndl. Zeitgenossen beschreiben sie darüber hinaus als „kunst- und kulturaffine Person, vor der man Respekt hatte." [50] Sie war eine „sportliche und natur-

48   Gespräch Karin Rass und Margarete Zink mit Rosi Forster und Ulrike Bitschnau, Bregenz, 22.1.2020.
49   Rachbauer 1999, o. S.
50   Gespräch Karin Rass mit Albert Bohle, Dornbirn, 5.11.2019.

verbundene" Person, die sich Gedanken machte „über das Leben, die Welt, das Universum und die Zusammenhänge", wie sich Ivo Löpfe erinnerte, ihr Verleger beim Neufeld Verlag in der Schweiz.[51] Neben ihrem Engagement für die Tracht war Lisl Thurnher-Weiss auch bei Kunstausstellungen präsent. Belegt ist etwa eine frühe Teilnahme an einer gemeinschaftlichen Kunstausstellung im Zeichensaal der Dornbirner Oberschule 1940 mit Blumenbildern in Aquarelltechnik.[52] Ebenfalls mit Blumenstudien konnte sie „ihr großes Talent und ihren Bienenfleiß kundtun" bei einer Kunst-Schau in Bregenz im Juli 1950.[53]

Nach ihrem Rückzug von der Tätigkeit als Musterzeichnerin und Leiterin der Dirndlmuster-Abteilung bei Franz M. Rhomberg widmete sie sich verstärkt ‚freien', künstlerischen Aufgaben. Gleichzeitig griff sie eine weitere Seite ihrer künstlerischen Tätigkeit wieder auf, die sie schon in den 1940er Jahren begonnen hatte: Pflanzen- und Käferstudien nach der Natur. Einige dieser Zeichnungen finden sich

Abb. 11: Lisl Thurnher-Weiss, Käfer, signiert „LTh", 1947. Für ein geplantes Biologiebuch entstand auch eine Serie von Käfer-Darstellungen. Einige davon befinden sich im Privatbesitz von Freunden und Sammlern der Kunstwerke von Lisl Thurnher-Weiss.

51 Gespräch Karin Rass mit Ivo Löpfe, St. Margrethen, 23.1.2020.
52 Vorarlberger Tagblatt, 16.8.1940, 6.
53 Vorarlberger Nachrichten, 29.7.1950, 7.

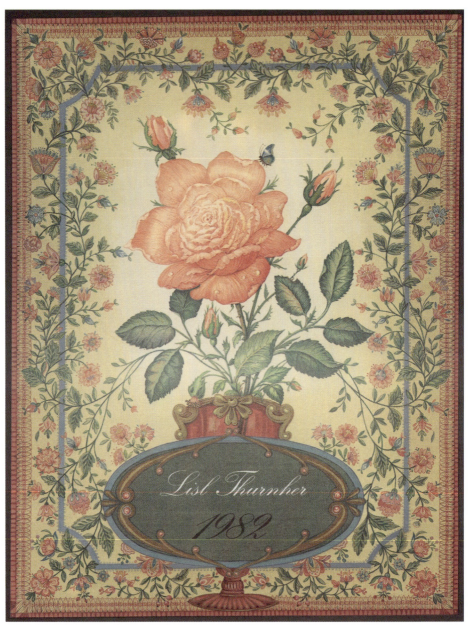

Abb. 12: Titelblatt des Kalenders „Das allerschönste Blumenjahr", Edition Dr. Hans Peters, Hanau 1982 mit einer Serie von Lisl Thurnher-Weiss, „Blumen im Tierkreis", 1976

heute in manchem Dornbirner Haushalt oder bei ihren Freunden und Bekannten (Abb. 11).

Ab Anfang der 1970er Jahre schuf Lisl Thurnher-Weiss eine bemerkenswerte Serie von Kunstwerken, die unmittelbar an die Idee der „Kalendertücher" anzuknüpfen scheinen. In diesen Spätwerken verwendete sie das Material ihres ganzen Lebens. Muster-Motive aus der „Trachtenmappe" der 1940er Jahre verband sie mit verschiedenen Motiven aus der ornamentalen Kunst und Eindrücken aus dem riesigen Musterarchiv der Firma Franz M. Rhomberg, um so ihre eigene, individuelle künstlerische Form zu finden.[54] Es ist bemerkenswert, dass sie dabei ihre Werkserien oft auch mit einem Druckwerk kombinierte, meistens mit einem Kalender (Abb. 12).

Bei einer Einzelausstellung im Kaplanhaus in Dornbirn-Oberdorf 1981 präsentierte sie Kalender- und Themenbilder in Aquarelltechnik. Der Schuldirektor und Kulturreferent Albert Bohle hielt bei der Ausstellung von Lisl Thurnher-Weiss im „Kaplanhaus" die Eröffnungsrede.[55] 1996 eröffnete er eine weitere Einzelausstellung der Künstlerin in der „Galerie im Winkel" in Höchst und beschreibt ihre Werke in seiner Rede folgendermaßen: „Jeder Strich wird da wohlbedacht gezogen, in sauberster Genauigkeit werden Farben und Linien abgestimmt: dem Pinsel, der Feder wird jeder fahrige oder expressionistische Ausdruck versagt."[56] Ihr persönlich sei es immer wichtig gewesen, erinnern sich ihre Zeitgenossen, dass man an einem Bild erkennen könne, „dass Arbeit investiert wurde".[57] Im Manuskript zur Rede von Bohle 1981, das im Stadtmuseum Dornbirn aufbewahrt wird, finden sich handschriftliche Randnotizen von Lisl Thurnher-Weiss selbst: „Nach Hundertwasser hat es wenig Sinn den Leuten immer wieder vor Augen zu führen, wie schrecklich die Welt ist. Sinnvoller wäre es wieder neue Wege ins Paradies zu zeigen."[58]

Ihre Freunde und Bekannten erzählen, dass Lisl Thurnher-Weiss voller Bewunderung von dem Maler und Philosophen Joseph Anton Schneiderfranken (1876–1943) gesprochen habe.[59] Unter dem Pseudonym Bô Yin Râ veröffentlichte dieser ab 1913 Bücher zu unterschiedlichen Themen mit dem gedanklichen Hintergrund, den Menschen zu Selbstentdeckung zu verhelfen. Seine Bücher sind für sie Wegweiser hin zu einem auf festem Selbstbewusstsein beruhenden Optimismus. In seinen kunsttheoretischen Überlegungen und Wertungen beschreibt er, welche wertgebenden

54 Lisl Thurnher-Weiss hat ihre Fähigkeiten teilweise auch weitergegeben: 1973 hat sie etwa einen Folkloremalkurs am Industrie- und Gewerbemuseum St. Gallen geleitet. Erwähnung im Jahresbericht der Handelskammer für die Kantone, St. Gallen, Appenzell und beider Rhoden 1973, 23.
55 Gespräch Karin Rass mit Albert Bohle, Dornbirn, 5.11.2019.
56 Bohle 1996, o. S.
57 Gespräch Karin Rass mit Verena und Peter Wladika, Dornbirn, 8.11.2019.
58 Bohle 1981, o. S.
59 Gespräch Karin Rass mit Ivo Löpfe, St. Margrethen, 23.2.2020.

Elemente das Werk eines Künstlers in den Rang eines Kunstwerkes erheben, unabhängig von diversen Kunstrichtungen.[60]

In Lisl Thurnher-Weiss' künstlerischer Auseinandersetzung mit der Welt, mit Naturdetails und Landschaften, dominieren in der Spätphase die Muster, die sie aus ihrer jahrzehntelangen Beschäftigung mit Motiven der Volkskunst entwickelte. Der Kunsthistoriker Helmut Theodor Bossert (1889–1961) schreibt in seinem 1949 veröffentlichten Bildband „Ornamente der Volkskunst", dass für den Beschauer eines „Volkskunstwerkes" zwei Eigenschaften besonders sind: „[...] ihre Farbenfreudigkeit, die sofort in die Augen springt, und ihre außerordentlich feine, liebevolle Arbeit, die sich erst dem in sie Versenkenden erschließt."[61] Aus diesem Zeitgeist heraus entwickelte Lisl Thurnher-Weiss ihre eigenständige künstlerische Tätigkeit. Für ihr Gesamtwerk gilt, dass es weder definierten Kunstrichtungen noch einem bestimmten Stil zuordenbar bleibt. Die Hinwendung zum „Ornament als Versprechen", die eingangs vorgestellt wurde, entspricht einem allgemeinen Trend ihrer Zeit, in ornamentalen Kunstformen das Narrative hinter dem Dekorativen zurücktreten zu lassen, um transzendentale Vorstellungen und scheinbar tieferliegende Zusammenhänge zu verdeutlichen. Diese Intention formulierte Lisl Thurnher-Weiss selbst in den bereits erwähnten Notizen so: „Mein Ziel, das „Transzendente" sichtbar zu machen, das, was ich hinter den Dingen und Erscheinungsformen ahne, ist ein kühnes Unterfangen, aber ich wünsche es mir wenigstens."[62]

Literaturverzeichnis

Anwander 2021 = Theresia Anwander, Der Stoff geht nicht aus. Strategien rund um das Stoffarchiv des Unternehmens Franz M. Rhomberg, in: Margarete Zink/Petra Zudrell (Hg.), Ware Dirndl. Austrian Look von Franz M. Rhomberg, Dornbirn 2021, 50–77.

Ammer/Boehle 2019 = Manuela Ammer/Esther Boehle, „Etwas Neues. Vielversprechendes. Unverfrorenes, Positives." Joyce Kozloff, Kim Mac Connel, Valerie Jaudon und Robert Kushner beantworten einen Fragebogen ... und Robert Zakanitch macht ein Statement, in: Manuela Ammer/Esther Boehle (Hg.), Pattern and Decoration. Ornament als Versprechen, Ausstellungskatalog mumok – Museum moderner Kunst Stiftung Ludwig Wien, Köln 2019, 65–75.

Bodner 2017 = Reinhard Bodner, Porträt einer Sekretärin. Ein Beitrag zur frühen Biografie Gertrud Pesendorfers (1895–1982) und zu den Anfängen der Trachtenerneuerung in Tirol, in: Zeitgeschichte, Jg. 44, 2017, H. 6, ‚Volkskultur' und Nationalsozialismus. Vorgeschichten und Kontexte in Tirol, 360–385.

Bodner 2020 = Reinhard Bodner, Tracht. Eine Neuerkundung. Zur Ausstellung und zu diesem Band, in: Peter Assmann/Reinhard Bodner/Karl C. Berger (Hg.), Tracht. Eine Neuerkundung. Tiroler Volkskunstmuseum, Innsbruck 2020, 9–33.

60 Bô Yin Râ 1989, 7.
61 Bossert 1962, 7.
62 Bohle 1981, o. S.

Bohle 1981 = Albert Bohle, Lisl Thurnher-Weiss. Typoskript der Rede von Albert Bohle zur Ausstellung von Lisl Thurnher-Weiss im Kaplanhaus im Oberdorf, 1981, Stadtmuseum Dornbirn, Akz.-Nr. 01486.

Bohle 1996 = Albert Bohle, Luise Thurnher, Typoskript der Rede von Albert Bohle zur Ausstellung von Lisl Thurnher-Weiss in der Galerie im Winkel in Höchst, 1996, Stadtmuseum Dornbirn, Akz.-Nr. 01486.

Bossert 1962 = Helmuth Theodor Bossert, Ornamente der Volkskunst: Gewebe, Teppiche, Stickereien, Thübingen 1962.

Bô Yin Râ 1989 = Bô Yin Râ, Das Reich der Kunst. Ein Vademekum für Kunstfreunde und Bildende Künstler, Bern 1989.

Egger 2015 = Simone Egger, Zur Trachtenpraxis von Gertrud Pesendorfer. Gutachten für das Projekt „Tiroler Trachtenpraxis im 20. und 21. Jahrhundert“. Unveröffentlichtes Manuskript, Innsbruck 2015.

Egger 2021 = Simone Egger, Dirndl und Lederhosen. Zur Kostümgeschichte moderner Tracht, in: Margarete Zink/Petra Zudrell (Hg.), Ware Dirndl. Austrian Look von Franz M. Rhomberg, Dornbirn 2021, 118–142.

Essner/Conte 1996 = Cornelia Essner/Eduard Conte, „Fernehe“, „Leichentraung“ und „Totenscheidung“. Metamorphosen des Eherechts im dritten Reich, in: Karl Dietrich Bracher u. a. (Hg.), Vierteljahreshefte für Zeitgeschichte, 444. Jahrgang 1996, 2. Heft, 201–228.

Feurstein 2021 = Christian Feurstein, Wirtschaftsfaktor Dirndl und Tracht. Zur Geschichte es Unternehmens Franz M. Rhomberg, in: Margarete Zink/Petra Zudrell (Hg.), Ware Dirndl. Austrian Look von Franz M. Rhomberg, Dornbirn 2021, 20–49.

Figner 2004 = Maria Figner, Ein Jahrhundert Textildesign der Firma Franz M. Rhomberg am Beispiel der Musterbücher im Stadtmuseum Dornbirn, Phil. Diss., Graz 2004.

Greger/Verhofsek 2007 = Michael J. Greger/Johann Verhovsek, Viktor Geramb 1884–1958. Leben und Wirken (= Buchreihe der Österreichischen Zeitschrift für Volkskunde, NS Bd. 22), Wien 2007, 27–30.

Hämmerle 1974 = Rudolf Hämmerle, Geschichte der Familie Rhomberg mit Auszug aus dem Familienbuch, Dornbirn 1974.

Högner 2021 = Anna Högner, „Ein Stück Österreich in alle Welt“. Die Werbefilme von Franz M. Rhomberg zwischen Heimatgefühl und industriellem Imperativ, in: Margarete Zink/Petra Zudrell (Hg.), Ware Dirndl. Austrian Look von Franz M. Rhomberg, Dornbirn 2021, 286–313.

Holzknecht 2021 = Severin Holzknecht, Hans Nägele. Franz M. Rhomberg und die Vorarlberger Identität, in: Margarete Zink/Petra Zudrell (Hg.), Ware Dirndl. Austrian Look von Franz M. Rhomberg, Dornbirn 2021, 238–261.

Holzschuh 2021 = Ingrid Holzschuh, Franz M. Rhomberg, Dornbirn–Wien. Von der nationalsozialistischen „Stadt der Mode. Wien“ zur demokratischen „Messestadt Dornbirn“, in: Margarete Zink/Petra Zudrell (Hg.), Ware Dirndl. Austrian Look von Franz M. Rhomberg, Dornbirn 2021, 264–282.

Langreiter 2019 = Nikola Langreiter, Trachtenerneuerung, in: Wolfgang Meighörner/Timo Heimerdinger/Reinhard Bodner/Karl C. Berger (Hg.), Gertrud Pesendorfer und die Trachtenerneuerung. Glossar zu einem Forschungsprojekt, Innsbruck 2019, 69–73.

Motter 2021 = Barbara Motter, Eine Südtirolerin in der Trachtenwerkstätte Dornbirn, in: Margarete Zink/Petra Zudrell (Hg.), Ware Dirndl. Austrian Look von Franz M. Rhomberg, Dornbirn 2021, 110–113.

Neuner-Schatz 2021 = Nadja Neuner-Schatz, Dirndl und Tracht. Vom Marktwert einer Definition, in: Margarete Zink/Petra Zudrell (Hg.), Ware Dirndl. Austrian Look von Franz M. Rhomberg, Dornbirn 2021, 78–109.

Neuner Rizzoli 2022 – Angelika Neuner-Rizzoli, Vorarlberger Trachten – BE-TRACHT-UNGEN, in: Vorarlberger Landestrachtenverband (Hg.), Die Trachten in Vorarlberg, Bregenz 2022, 29–35.

Pesendorfer 1938 = Gertrud Pesendorfer, Neue Deutsche Bauerntrachten Tirol, München 1938.

Pesendorfer 1966 = Gertrud Pesendorfer, Lebendige Tracht in Tirol, Innsbruck 1966.

Pichler 2021 = Meinrad Pichler, Hermann Rhomberg. „Ein echter Dornbirner, als Industrieller ein würdiger Nachfahr Franz Martin Rhombergs […] und nicht zuletzt ein überzeugter Nationalsozialist.", in: Margarete Zink/Petra Zudrell (Hg.), Ware Dirndl. Austrian Look von Franz M. Rhomberg, Dornbirn 2021, 218–235.

Rachbauer 1984 = Paul Rachbauer, Tracht ist was getragen wird. Eine Einführung von Dr. Paul Rachbauer, in: Vorarlberger Landestrachtenverband (Hg.), Die Trachten in Vorarlberg. Überlieferte, erneuerte, beschrieben und bildlich dargestellt, Schwarzach 1984, o. S.

Rachbauer 1999 = Paul Rachbauer, Auszug aus dem Protokoll der Vorstandssitzung des Landestrachtenverbandes am 25.02.1999, Information von Ulrike Bitschnau.

Rass 2022 = Karin Rass, Blick–Fang. Zur Werbung im 20. Jahrhundert am Beispiel des Textilunternehmens Franz M. Rhomberg–Dornbirn von 1930–1993, Masterarbeit Universität Innsbruck, Innsbruck 2022.

Rass/Zink 2021 = Karin Rass/Margarete Zink, Blickfang Dirndl. Zur Werbung bei Franz M. Rhomberg, in: Margarete Zink/Petra Zudrell (Hg.), Ware Dirndl. Austrian Look von Franz M. Rhomberg, Dornbirn 2021, 316–342.

Ringler 1935 = Josef Ringler, Neue Tiroler Trachten, Innsbruck 1935.

Stiefel 1981 = Dieter Stiefel, Entnazifizierung in Österreich 1945–1955, Wien 1981.

Swartz 2019 = Anne Swartz, Pattern and Decoration und Feminismus, in: Manuela Ammer/Esther Boehle (Hg.), Pattern and Decoration. Ornament als Versprechen, Ausstellungskatalog mumok – Museum moderner Kunst Stiftung Ludwig Wien, Köln 2019, 23–30.

Thurnher-Weiss um 1960 = Lisl Thurnher-Weiss, Hinweise zur Dirndlkollektion, Typoskript [um 1960], Stadtmuseum Dornbirn, o. S.

Vorarlberger Landesmuseum 2006 = Vorarlberger Landesmuseum (Hg.), Bildende Kunst in Vorarlberg 1945 – 2005. Biografisches Lexikon, Bregenz 2006.

Weiss 2000 = Theodor Weiss, Mein Leben. Versuch eines Rückblicks, Dornbirn 2000. Nicht veröffentlicht. Privatbesitz Christina Grabner-Weiss.

Weissengruber 2004 = Thekla Weissengruber, Zwischen Pflege und Kommerz. Studien zum Umgang mit Trachten in Österreich nach 1945 (= Volkskunde, Bd. 11), Wien 2004.

Wöss 2021 = Angelika Wöss, Das Rhomberg-Dirndl in Schnitt und Bild, in: Margarete Zink/Petra Zudrell (Hg.), Ware Dirndl. Austrian Look von Franz M. Rhomberg, Dornbirn 2021, 180–207.

Abbildungsverzeichnis

Abb. 1–5, 7–8, 11–12: Privatbesitz
Abb. 6: vorarlberg museum
Abb. 9–10: Stadtbibliothek Feldkirch

Günter Bischof

DREI ERFOLGREICHE VORARLBERGER MIGRANTEN IN DEN USA[1]

Einführung

Es ist ein Kennzeichen der Migrationsgeschichte, dass die Forschung Einzelschicksale meist außer Acht ließ. Die *Österreichische Zeitschrift für Geschichtswissenschaft* hielt vor wenigen Jahren kritisch fest: „Während Migrationen in der Geschichtswissenschaft lange Zeit vorwiegend quantitativ und/oder sozialhistorisch, jedenfalls selten unter Bezugnahme auf biographische Ansätze analysiert wurden, lag der Fokus bei Auto-/Biographien vornehmlich auf *weißen*, männlichen, westlichen und sesshaften Leben […].“[2] Im Folgenden sollen drei Vorarlberger Auswanderer- bzw. Einwanderer-Schicksale in den USA vorgestellt werden. Es handelt sich ebenfalls um drei „weiße“ Männer, die ihre „Heimat in der Fremde“ suchten.[3] Erfolgreiche Vorarlberger Migrantinnen sind schwer zu finden, und *people of color* gab es in Vorarlberg kaum.

Bei den hier präsentierten drei Migranten, die erstaunliche Karrieren als Firmengründer vorweisen können, hielten die USA tatsächlich das Versprechen vom „Land der unbegrenzten Möglichkeiten“.[4] Der Dornbirner Franz Martin Drexel gelangte in der ersten Hälfte des 19. Jahrhunderts im Bankwesen Philadelphias (Pennsylvania) zu großem Vermögen. Der Schnepfauer Johann Michael Kohler baute im späten 19. Jahrhundert in Sheboygan, Wisconsin, eine Firma für emaillierte Eisenwaren (also Sanitäranlagen) auf.[5] Und der Mellauer Norbert Bischofberger wurde in der zweiten

1 Ich bedanke mich bei den Archivar*innen der *Drexel University* in Philadelphia für die Zurverfügungstellung von „Life and Travels of Francis M. Drexel" sowie von dessen lateinamerikanischem Tagebuch; Isabella Sangaline hat mir ihre unveröffentlichte Seminararbeit zukommen lassen. Norbert Bischofberger danke ich für die Beantwortung meiner Fragen; Taylor Lindner ordnete als Assistentin Unterlagen an der *University of New Orleans*. Annemarie Steidl und Philipp Strobl haben den Aufsatz gelesen und mir wertvolle Anregungen gegeben.
2 Gehmacher 2018, 11; zum biographischen Ansatz auch Pertilla 2014; eine klassische quantitative Analyse ist Steidl 2017a. Günter Bischof betont den einzelbiographischen Zugang in: Bischof 2017, 7–23.
3 Szene 34: Heimat in der Fremde, in: Barnay 2022, 100–202.
4 Eine prosopographische Studie von Migrantenbiographien ist Bischof 2017.
5 Meinrad Pichler hat in seinem wichtigen Buch zu Vorarlberger Ausgewanderten in die USA Drexel und Kohler portraitiert. Pichler 1993, 231–240.

Hälfte des 20. Jahrhunderts einer der erfolgreichsten Firmengründer und Biochemiker Kaliforniens.[6]

Der Soziologe Josef Langer untersuchte die Gruppe der Sozialwissenschaftler*innen, darunter Paul Lazarsfeld, Marie Jahoda und der Rechtsphilosoph Hans Zeisel, von denen die berühmte Studie über die Arbeitslosen von Marienthal stammt, die in den 1930er Jahren aus Österreich in die USA migrierten. Zwar gab es auch solche, die beruflich scheiterten, aber Langer wies nach, dass es, insgesamt betrachtet, den Vertreter*innen der Psychoanalyse, der Schule der Österreichischen Nationalökonomie etc. gelang, auf ihren Gebieten in den USA einen beachtlichen Einfluss zu entwickeln. Ihre rationale Denkweise, argumentiert der Autor, begünstigte den Neuanfang und ließ sie rasch Anschluss finden.[7]

Abgesehen davon, dass wir diese Eigenschaft auch den hier dargestellten Migrantenleben zuschreiben, sind diese klassische Beispiele einer komplexen „transnationalen Geschichte". Matthew Pratt Guterl beschrieb die transnationale Geschichte als ein im Grunde methodisch konservatives Unterfangen, dessen Mehrwert aber darin liegt, „über eine bekannte Landkarte eine weitere Folie zu legen".[8] Mit der Betonung der transnationalen Dimension – die im vorliegenden Fall auch als transatlantische verstanden werden kann[9] – sollen somit die Leben der drei Genannten neu beleuchtet werden (die Biographien von Drexel und Kohler sind wohl bekannt, die von Bischofberger weniger).

Die Forschung teilt die Amerika-Auswanderung meist in unterschiedliche Phasen ein. Nach Meinrad Pichler erstreckte sich eine erste Vorarlberger Migrationsphase von 1700 bis 1820. In dieser Zeitspanne reiste zwar nur eine sehr kleine Zahl Abenteuer- oder Unternehmungslustiger vom Bodensee über den „Großen Teich", aber Franz Martin Drexel war einer dieser frühen Auswanderer. Die zweite Phase dauerte von 1820 bis 1880: In den 1850er Jahren brachen die Kohlers nach Amerika auf. In der dritten Phase, der zweiten Hälfte des 19. Jahrhunderts, fand eine Massenwanderung von Europa (inkl. der Habsburgermonarchie) in die USA statt. Die vierte Periode von 1919 bis 1938 war die Zeit der „Flucht aus der Krise" – zuerst aus der Wirtschaftskrise im neuen, kleinen Österreich nach dem Ersten Weltkrieg, auf welche die politische des „Anschlusses" folgte. In den 1920ern wanderten vor allem Burgenländer*innen aus; mit der Machtübernahme des Nationalsozialismus verließen viele jüdische Vertriebene und politische Flüchtlinge das Land.[10] Diesen vier Zeitabschnitten wäre noch

6   Dolan 2003.
7   Langer 1992, 83–100.
8   Guterl 2013, 132.
9   Longman 2014; auch Nolan 2012.
10 Pichler 1993, 16–18. Im Falle Kärntens identifiziert Werner Koroschitz drei Phasen: 1. von 1800 bis 1914, 2. die harten Jahre der Zwischenkriegszeit, 3. die 1950er, also die Zeit nach dem Zweiten Weltkrieg. Koroschitz 2005, 25.

ein fünftes „Kapitel", das nach dem Zweiten Weltkrieg beginnt und bis zur Gegenwart andauert, hinzuzufügen. Mit Österreich ging es nun bergauf, weshalb das Glück nicht mehr in „Amerika" gesucht werden musste. Dennoch führten, wie bei Norbert Bischofberger, Karrieregründe immer wieder Menschen aus Vorarlberg in die USA.

Im ausgehenden 18. und im gesamten 19. Jahrhundert waren aus Vorarlberg Einwandernde durch ihre Herkunft bei der Einbürgerung begünstigt. Matthew Frye Jacobson analysierte Rassismus in der US-amerikanischen Gesellschaft aus der Perspektive der sich ändernden Definition von *whiteness* (Wer wird als privilegierte*r „Weiße*r" betrachtet?) und schlug ebenfalls ein dreiteiliges Phasenmodell vor: Die erste Phase dauerte demnach von 1790 bis 1840, als „Weiße" pauschal die privilegierten Einwandernden darstellten. 1790 hat der Kongress ein Gesetz verabschiedet, das festlegte „that all free white persons who have, or shall migrate into the United States, and shall give satisfactory proof, before a magistrate, by oath that they intend to reside therein, and shall take an oath of allegiance, and shall have resided in the United States for one whole year, shall be entitled to the rights of citizenship." Die nächste Phase dauerte von der irischen und deutschen Masseneinwanderung der 1840/50er bis zu den 1920ern und der Einführung einer Quotenregelung, die den Zustrom aus Süd- und Osteuropa eindämmen wollte. Bei „Weißen" wurde nun zwischen „nordisch", „angelsächsisch", „keltisch", „slawisch", „alpin", „hebräisch", „mediterran" oder „iberisch" unterschieden. In der daran anschließenden dritten Phase ab den 1920er Jahren galten „Weiße" als „kaukasisch" (im Sinne von hellhäutig).[11]

Temporäre und dauerhafte Arbeitsmigration blicken in Vorarlberg auf eine lange Tradition zurück.[12] Beschäftigung Suchende zog es in den Westen oder Norden und sie etablierten früh migrantische Netzwerke – etwa in der benachbarten Schweiz und den süddeutschen Territorien wie dem Königreich Württemberg und dem Großherzogtum Baden. Bald gingen sie auch ins Elsass und nach Frankreich und von dort aus war es kein weiter Schritt mehr, die Migration über den Atlantik nach „Amerika" zu wagen.[13] Bregenzerwälder Barockbaumeister und Handwerker etwa bauten bereits im 17. und 18. Jahrhundert Kirchen und Klöster im Schweizer und süddeutschen Raum. Als Ende der 1880er Jahre hohe Zölle den Export von Schweizer und Vorarlberger Stickereiwaren in die USA verhinderten, verlegten zahlreiche Sticker ihre Produktion in die USA, vornehmlich nach New Jersey. Oft gut ausgebildet im Baugewerbe oder in der Textilindustrie, wäre es bei solchen Gruppen falsch, von „Armutsflüchtlingen" im engeren Sinn zu sprechen.[14]

---

11 Jacobson 1998, 8–9, 22 (Zitat).
12 Böhler 2022; Szenen 13–17, in: Barnay 2022, 103–126.
13 Steidl 2021, 210.
14 Pichler 1993, 44–46; Steidl 2021, 125–127; Steidl 2017b, 82–86.

Franz Martin Drexel (1792–1863)

Franz Martin Drexel kam am 7. April 1792 in Dornbirn auf die Welt. Sein Vater war ein Gastwirt und *businessman*. Er verfügte über die Mittel, seinen Sohn nach Italien zu schicken, um dort die Sprache zu erlernen. Dass tat dieser so intensiv, dass er nach der Rückkehr 1805 seine Muttersprache erst wieder lernen musste. 1805 und 1809 fielen Napoleons Truppen im Habsburgerreich ein: Tirol und Vorarlberg kamen 1805 an Bayern. 1809 löste die antiklerikale bayerische Verwaltung den Tiroler Aufstand unter Andreas Hofer aus und französische Truppen wurden ins Land verlegt, um die Erhebung niederzuwalzen. Diese Neuunterwerfung Tirols und Vorarlbergs führte auch dazu, dass junge Männer ins französische Heer eingezogen werden sollten. Sein Vater brachte den jungen Franz Martin daher bei Nacht und Nebel über den Rhein in die Schweiz, um ihn vor einem solchen Militärdienst zu bewahren. Es folgten unruhige Wanderjahre in der Schweiz, in Italien und Frankreich. Der gut 17-jährige Franz Martin schlug sich nach eigenen Angaben tapfer und wendig mit Gelegenheitsjobs durch, wobei er in einem autobiographischen Text manche Schweizer, die ihn gut behandelten und bezahlten, lobte.[15]

Als Napoleon besiegt war, Tirol und Vorarlberg wieder österreichisch wurden und eine allgemeine Amnestie erlassen worden war, kehrte Franz Martin kurzzeitig nach Dornbirn zurück. Nun betätigte er sich als Porträtmaler und versuchte zunächst, sich im deutschen Bodenseeraum damit zu etablieren. In dieser Zeit reifte in ihm aber auch der Plan, nach „Amerika" auszuwandern. Sein Grund: „[…] several whose acquaintance I made went also, and above all one fool makes many." Dem fügte er noch hinzu: „Ich entschloss mich, die andere Hälfte der Welt, oder zumindest einen Teil davon, zu sehen; mein Argument war, dass meine Heimatgemeinde lediglich 5.000 Einwohner zählte und ich dort professionell nie ein Fortkommen erlangen würde. […] Und da ich von zu Hause fortmusste, machte es keinen Unterschied, ob ich 100 oder 10.000 Meilen entfernt

Abb. 1: Selbstporträt Francis Martin Drexel, 1817

---

15 Drexel o. D.; auch Sangaline 2020 sowie die gut illustrierte Biographie von Falcone 2020.

sein würde. Ich konnte immer nach Hause zurückkehren, wenn es mir nicht gut gehen würde."[16]

Mit einem Schiff fuhr der 25-Jährige im Jahr 1817 rheinabwärts. Die Reise über den Atlantik begann für ihn in Amsterdam. Nach einer 72 Tage dauernden Fahrt – die meiste Zeit war er seekrank – kam er in Philadelphia an. Bereits nach drei Monaten erlangte er die amerikanische Staatsbürgerschaft (seine Herkunft wurde als „Deutsch" eingetragen). Die englische Sprache erlernte er in einem Jahr. Er änderte seinen Namen auf Francis Martin; 1821 heiratete er Catherine Hooker, mit der er sechs Kinder in die Welt setzte.[17] Seine vielversprechende Laufbahn als Porträtist und Zeichenlehrer (er präsentierte sich auch in Ausstellungen) kam ins Stocken, als sein Schwager negative Gerüchte über ihn verbreitete. Da sein guter Ruf verloren schien, begab er sich wieder auf Wanderschaft. Es folgten eine Reihe von Jahren, die ihn durch verschiedene latein- und mittelamerikanische Länder führten. Als Porträtist bekannter Persönlichkeiten (er fertigte auch Drucke seiner Bilder an) verdiente er genug, um seine Familie in den USA zu versorgen. Als er sich schließlich mit 20.000 Dollar Ersparnissen wieder in Philadelphia niederlassen wollte, musste er erkennen, dass er als Maler nicht mehr Fuß fassen konnte. Als 45-Jähriger unternahm Drexel einmal mehr einen radikalen Neuanfang.[18]

Auf all seinen transnationalen Reisen hatte er so viel über Wechselkurse von Fremdwährungen gelernt, dass er 1838 in Philadelphia eine Bank, das „Drexel Brokerage House", eröffnete und bald eine Filiale in Louisville, Kentucky. Als der *gold rush* 1849 in Kalifornien begann, baute er in San Francisco eine Zweigstelle (1849–1856) auf und brachte das kalifornische Gold in den amerikanischen Finanzmarkt.[19]

Die Söhne Francis Anthony and Anthony Joseph erhielten eine gute Ausbildung; das Bankgeschäft brachte ihnen der Vater aber auch persönlich bei. Bald wurden sie Partner in der Bank, die nun „Drexel & Co" hieß. Da damals jeder Bundesstaat sein eigenes Geld druckte und Präsident Andrew Jackson (1829–1837) die sogenannte Zweite Nationalbank (ein erster Versuch war 1811 gescheitert) abschaffte, gab es für die Drexels viel zu tun. Das Bankhaus handelte mit Fremdwährungen und bald auch mit Aktien und Staatsanleihen. Drexel & Co war in den späten 1840er Jahren groß genug, um im Auftrag der Regierung zur Finanzierung des Mexikanisch-Amerikanischen Krieges eine 49-Millionen-Dollar-Staatsanleihe aufzulegen.[20]

Den Söhnen des Gründers gelang es, der Drexel-Bank in der Frühindustrialisierung und aufstrebenden Finanzindustrie der USA eine starke Position zu verschaffen,

16   Drexel o. D., 19.
17   Falcone 2020.
18   Drexel o. D., 16–27; Sangaline 2020, 10–16; Pichler 1993, 232. Auf seiner Reise durch Lateinamerika führte Drexel auch ein Tagebuch. Drexel 1826–1830.
19   Sangaline 2020, 13; Pichler 1993, 234.
20   Pichler 1993, 234.

vor allem mit ihren Investitionen in die Eisenbahnindustrie. Schließlich legten sie ihre Geschäfte mit der Bank von J. P. Morgan zusammen, dem wichtigsten Investor in die amerikanische Industrialisierung, was auch die Drexels endgültig zu den bedeutendsten Bankiers der an die Weltspitze drängenden Industrienation USA machte. Der umsichtige Anthony J. Drexel leitete 1871 den *merger* mit Morgan zum Bankhaus „Drexel-Morgan" ein. Zu dieser Zeit waren die Drexels reicher als die Morgans und in Bankkreisen angesehener. Diese „Ehe" in der Finanzindustrie hielt bis 1940.[21]

Francis Martin Drexel kam 1863 bei einem Eisenbahnunglück ums Leben. Die Söhne Anthony J., Francis A. and Joseph W. machten sich neben ihrem Bankberuf in Philadelphia und New York City als Philanthropen verdient. Der Firmenchef Anthony Joseph gründete 1891 das *Institute of Arts, Science and Industry* in Philadelphia, das 1969 in *Drexel University* unbenannt wurde (38 Gemälde der *Drexel Collection* befinden sich dort).[22]

Katherine Drexel (1858–1955), die Tochter von Francis A. Drexel und Emma Bouvier (die Urgroßtante der späteren Präsidentengattin Jaqueline Bouvier Kennedy), gründete 1891 den katholischen Frauenorden *Sisters of the Blessed Sacrament for Indians and Colored People*. Sie investierte ihr Erbe von zehn Millionen Dollar in die Errichtung von Schulen und Spitälern in „Indianer"-Reservaten und schwarzen Ghettos; 1925 gründete sie die *Xavier University* in New Orleans für afro-amerikanische Studierende, die heutzutage die führende Universität in den USA in der Ausbildung von Afro-Amerikaner*innen in medizinischen Berufen ist. Für ihr soziales Engagement wurde Katherine Drexel 1964 vom Vatikan seliggesprochen.[23]

Das Leben von Francis Martin Drexel war durch sein transnationales Profil entscheidend geprägt. Meinrad Pichler charakterisiert ihn als einen Menschen, den in hohem Maße „Bereitschaft zur Mobilität, die Fähigkeit zu schneller Anpassung an neue Lebensumstände, Fremdsprachenbegabung, Umgangsformen und ein unbändiger Wille zur Durchsetzung seiner Lebenspläne" auszeichneten.[24] Francis Martin Drexel traf zu einer Zeit in den USA ein, als sich nur ganz wenige Vorarlberger dorthin aufmachten. In der Zeit von 1789 bis 1820 führten die USA keine Einwanderungsstatistik. Schätzungen gehen für diese Jahre von insgesamt ca. 250.000 Einwanderer*innen aus, die meisten davon „Weiße" aus Europa.[25]

21 Chernow 1990, 33–35, 470; Pichler 1993, 234–235.
22 Falcone 2020.
23 Pichler 1993, 234–235; Falcone 2020.
24 Pichler 1993, 231.
25 Vgl. Kapitel C „International Migration and Naturalization" in: U.S. Census Bureau 1975, 97.

Johann Michael Kohler (1844–1900)

Im Oktober 1854 kam Johann Michael Kohler, Sohn des gleichnamigen Kronenwirts aus Schnepfau im Bregenzerwald, mit seinem Vater, der Stiefmutter und vier Geschwistern in New York an. Die Familie ließ sich dann in St. Paul, Minnesota, in der Nähe von Kaspar Moosbrugger, einem Verwandten, nieder und betrieb eine eigene Farm. Die zweite Ehefrau des ausgewanderten Wirts brachte dort weitere acht Kinder zur Welt. Johann Michael Junior musste früh auf eigenen Beinen stehen. Mitte der 1860er ging er nach Chicago, wo er zuletzt als Vertreter für eine Möbelfirma tätig war. Von dort zog er 1871 anlässlich seiner Heirat nach Sheboygan, Wisconsin, an den Michigansee. Seine Frau Lilly Vollrath war die Tochter eines dort ansässigen reichen Eisengießereibesitzers. Kohler arbeitete zunächst für seinen Schwiegervater, machte sich jedoch bald selbstständig.[26] Wann genau er die amerikanische Staatsbürgerschaft erwarb, ist nicht bekannt.

Kohler spezialisierte sich in den frühen 1880er Jahren auf die Herstellung emaillierter Eisenwaren wie Badewannen und Toiletten und baute für sein aufstrebendes Unternehmen ein landesweites Vertriebssystem auf. Ende des 19. Jahrhunderts war fließendes Wasser in den Haushalten des amerikanischen Mittelstands zum Standard geworden. Die *Kohler Company* wusste die enorme Nachfrage nach den von ihnen erzeugten Produkten zu nutzen. Beim Tod von John Michael, wie er mittlerweile genannt wurde, im Jahr 1900 arbeiteten bereits 4.000 Beschäftigte im Unternehmen, das seinen Sitz von Sheboygan kurz zuvor in das nahe gelegene *Kohler Village* verlegt hatte.[27]

Abb. 2: Porträt von Johann Michael Kohler

Unter John Michaels Söhnen Walter Jodok (1875–1940) und Herbert Vollrath Sr. (1891–1968) nahm die Expansion des Unternehmens nochmals stark zu. Ihr patriarchaler Führungsstil mündete aber auch in zwei mehrjährige Streiks in der Firma (1934–1941, 1955–1961). Meinrad

---

26   Pichler 1993, 237–238; Biographie: Johann Michael Kohler, in: Barnay 2022, 201; Steidl 2021, 127. Ein amerikanischer Autor verortete den Ursprung der Kohler-Dynastie in Tirol, vgl. Uphoff 1966, 2.

27   Pichler 1993, 238.

Pichler kommt dabei zu folgendem Urteil: „Die öffentliche Meinung entschied sich weitgehend gegen die unversöhnliche Haltung der Unternehmensleitung, weshalb der Name Kohler heute nicht nur ein Synonym für Badewannen und Waschbecken ist, sondern auch für fehlende Bereitschaft zum sozialpartnerschaftlichen Konsens."[28]

Herbert V. Jr. übernahm die Firma 1972. Neben dem traditionellen Geschäft investierte der passionierte Golfspieler unter anderem in den Golfsport, in Feriendestinationen und andere Realitäten. Während seiner Führung verdreißigfachte sich der Umsatz des Unternehmens auf 4,7 Milliarden Dollar mit weltweit 30.000 Beschäftigten. Herbert Jr. brachte Kohler & Co. auf Rang 64 der *Forbes*-Liste der größten Privatfirmen in den USA.[29] Sein Sohn David setzte ab 2009 den unternehmerischen Erfolgskurs fort.[30]

Mitglieder der Familie ließen sich immer wieder auch in politische Ämter wählen. Der Firmengründer John Michael bekleidete das Amt des Bürgermeisters von Sheboygan; sein Sohn Herbert V. Sr. war eine Periode lang Gouverneur von Wisconsin (1928–1932), ebenso sein Enkel Herbert V. Jr. (1952–1956). Philanthropische Aktivitäten ergänzen das öffentliche Bild, das die Kohler-Familie von sich selber zeichnet. Die *Kohler Foundation* setzt sich unter anderem für den Erhalt (volks-)kulturellen Erbes ein und das *John Michael Kohler Arts Center* eröffnete zuletzt in Sheboygan ein neues Kunstmuseum.[31] Zudem vermachte Ruth DeYoung Kohler II, eine Tochter von Herbert V. Jr., 440 Millionen Dollar an die *Ruth Foundation* in Milwaukee, die im Jahr 17 bis zwanzig Millionen Dollar an Kunstprojekte verteilt.[32]

Die Immigration von John Michael in den 1850er Jahren erfolgte zu einer Zeit, als in den USA die nativistische, migrationsfeindliche und antikatholische *Know-Nothing*-Bewegung gegen den massiven Zustrom irischer und deutscher Einwandernder agitierte.[33] Es ist nicht bekannt, ob die Familie Kohler im von Skandinavisch-Stämmigen bevorzugten Bundesstaat Minnesota bzw. in Wisconsin, wo sich zahlreiche Deutschsprachige ansiedelten, vom Nativismus betroffen waren. 1924, auf dem Höhepunkt der Anti-Einwanderer-Xenophopie, die zur Verabschiedung der Quotengesetzgebung führte, argumentierte der bekannte Eugeniker Thurman Rice: „Members of the Slavic and Alpine sub-race should be allowed to enter only in exceptional cases, since we now have all of this blood that we can absorb, and probably more than is good for us."[34]

28 Pichler 1993, 239. Zu den harten Kämpfen der Firmenleitung gegen die Arbeitsniederlegungen, bei denen es sogar zu Schießereien und Toten kam, Uphoff 1966, 55–65. Auf der *Kohler Company*-Website, die einen historischen Abriss der Geschichte des Unternehmens enthält, werden die Streiks nicht erwähnt.
29 Burke 2010.
30 Goldsmith 2017; Kohler 2022.
31 Artists 2021.
32 Loos 2022.
33 Jacobson 1998, 69–70. 1855 wanderten beinahe 50.000 Menschen aus Irland und über 70.000 Deutsche in die USA ein. Die Zahl der Ankömmlinge aus Mitteleuropa ist nicht bekannt. U.S. Census Bureau 1975, 106.
34 Jacobson 1998, 85; zu den Vertretern der Eugenik Okrent 2019, 195–342.

Norbert Bischofberger (*1956)

Norbert Bischofberger wurde 1956 in Mellau im Bregenzerwald geboren. Er besuchte dort die Volksschule und anschließend das Gymnasium Mehrerau in Bregenz. Schon als Schüler zeigte er ein leidenschaftliches Interesse für Chemie und forderte mit seinem Wissen seine Lehrer heraus. Auch im Elternhaus, dem Gasthof Sonne in Mellau, führte der Gymnasiast Versuche durch; für ortsweites Aufsehen sorgten Spreng-Experimente im Dorfbach, dem Mellenbach, mit einem damals handelsüblichen Herbizid.

Es folgte ein Chemiestudium an der Universität Innsbruck, die ihren Absolventen Jahrzehnte später, 2016, mit einem Ehrendoktorat in den Naturwissenschaften würdigen sollte. Nach dem ersten Studienabschluss in Innsbruck 1979 ging Bischofberger an die ETH (Eidgenössische Technische Hochschule) in Zürich, um ein Doktorat in organischer Chemie zu erwerben. Er schrieb seine Dissertation in der Fotochemie, einem „sehr esoterischen Forschungsfeld", wie er selbst bekannte.[35] Nun begannen für ihn die Wanderjahre auf sogenannten Post-doc-Stellen, die für ambitionierte Wissenschaftler*innen gewissermaßen Pflicht sind und im erweiterten Sinn als Teil der Ausbildung gelten. Bischofbergers erste Station war Syntex in Kalifornien, eine Firma, die der berühmte österreichische Flüchtling Carl Djerassi mitbegründet hatte.

Abb. 3: Norbert Bischofberger in seinem Labor bei Gilead

---

35 Niederer 2016.

Er blieb zwei Jahre (1983/84), arbeitete im Hauptforschungsfeld der Firma, der steroiden Chemie, und lernte hier auch seine spätere Frau kennen. Anschließend begab er sich an die Ostküste, um für zwei Jahre an eine Universität zurückzukehren. An der *Harvard University* als Mitglied des Teams von George Whitesides entstanden zahlreiche wissenschaftliche Arbeiten auf dem Gebiet der organischen Chemie und Enzymologie.

Anstatt nun als Professor an der Universität zu bleiben oder nach Europa zurückzukehren (es lag ein Angebot des Schweizer Pharmariesen Ciba-Geigy vor), setzte Bischofberger auf eine Zukunft in der Industrieforschung in den USA. Seine nächste Wirkstätte bildete somit das auf dem Weltmarkt erfolgreich positionierte kalifornische Biotechnologie-Unternehmen Genentech, wo er von 1986 bis 1990 zur DNA-Synthese forschte, gefolgt vom *start up* Gilead Sciences, das 1987 gegründet worden war, um mit neuen antiviralen Medikamenten den Markt zu erobern.[36] Bischofberger begann 1990 als Direktor des Bereichs für organische Chemie und stieg bald zum Vizepräsidenten für Forschung auf. 2000 wurde er zum *Executive Vice President* für Forschung und Entwicklung ernannt. In den 1990er Jahren war er an der Entwicklung des Grippemittels Tamiflu beteiligt, das beim Ausbruch der Vogelgrippe 2009 weltweit zum Einsatz kam und ein Bestseller wurde. Gileads Produktpalette umfasste aber auch Medikamente zur Aids-Bekämpfung oder ein potentes Mittel gegen Hepatitis C. Gilead Sciences in Foster City, Kalifornien, stieg zu einem der erfolgreichsten Pharmaunternehmen der USA auf. Gestartet mit zwanzig Mitarbeiter*innen, betrug deren Zahl 2015 bereits 9.000. Mit einem Börsenwert von 170 Milliarden Dollar war Gilead Sciences höher kapitalisiert als die Pharmariesen Merck und GlaxoSmithKline.[37]

2018 gründete Bischofberger mit Kronos Bio eine neue Firma, die hauptsächlich in der Krebsforschung aktiv ist. Der Sitz des seit 2020 börsennotierten Unternehmens befindet sich in San Mateo, Kalifornien, und unterhält Forschungslabors in Cambridge, Massachusetts.[38] Als Bischofberger gefragt wurde, warum er nicht an seine Pensionierung denke, meinte er: „Ich bin 62, fühle mich wie ein 42-Jähriger und verhalte mich, als ob ich 22 Jahre alt wäre." Kronos Bio beschäftigte 2022 110 Mitarbeiter*innen und war 330 Millionen Dollar wert.[39] Das 2022 am weitesten fortgeschrittene Forschungsprogramm namens „Entospletinib", das einem Präparat gegen Leukämie galt, befand sich zu diesem Zeitpunkt bereits im dritten Stadium der klinischen Zulassung.[40]

Arnold Schwarzenegger mag als Bodybuilder und Filmstar in der US-amerikanischen Öffentlichkeit als österreichischer Amerikaauswanderer besser bekannt sein,[41]

36 Dolan 2003.
37 Niederer 2016.
38 Bischofberger o. D.
39 Bischofberger o. D.; E-Mail Norbert Bischofberger an Günter Bischof, 8.8.2022.
40 E-Mail Norbert Bischofberger an Günter Bischof, 8.8.2022.
41 Bischof 2011, 237–262.

das hohe Ansehen Bischofbergers in der wissenschaftlichen *community* ist unter anderem aber darin zu erkennen, dass das bekannte *Baylor College of Medicine* in Texas ihm 2017 ein Ehrendoktorat in Medizin verlieh.

Wie erklärt nun Bischofberger, der seit 2004 amerikanischer Staatbürger ist, selbst den Zusammenhang zwischen seiner steilen wissenschaftlichen Laufbahn und der Entscheidung, in den USA zu bleiben? Während seiner zwei Post-doc-Anstellungen in den USA gelangte er zur Erkenntnis, dass das Forschen dort viel leichter fällt, weil Arbeitsabläufe weniger von Bürokratie bestimmt sind. Gleiches gilt für Firmengründungen, unter anderem weil für *start ups* über Risikokapital-Finanzierung viel mehr Geld zur Verfügung steht: „[A]ls ich zuerst in die USA kam, war alles so neu und ich war ein Ausländer. Mit der Zeit kam ich drauf, dass dieses Land Möglichkeiten bietet, die in Österreich gar nicht existierten. […] Bei Gilead Sciences steckten wir 2 Milliarden Dollar in die Forschung, bevor die Firma Profite abwarf.“ Zu Bischofbergers positiven Erfahrungen in den USA zählte außerdem, dass Karrierechancen auf *merit* (Verdiensten) beruhen, nicht auf Hierarchien. „Meine Zukunft wurde also zunehmend davon bestimmt, nicht nach Österreich zurückzukehren. Mit der Zeit fand ich mich immer weniger mit Österreich verbunden. Bei meinen Besuchen fühlte ich mich immer mehr als Tourist, der einen schönen Ort besucht. So wurde meine Rückkehr in die USA zunehmend von dem Gefühl bestimmt ‚das ist meine Heimat‘.“[42]

In den 1980er Jahren, als Bischofberger einwanderte, trafen so viele Immigrant*innen in den USA ein wie in der Dekade zu Beginn des Jahrhunderts, nämlich ca. neun Millionen. Jährlich waren dies rund 750.000 Neuankömmlinge, der Großteil stammte nun aber aus Mittel- bzw. Südamerika, der Karibik oder Asien.[43] In den späten 1970ern registrierten die US-Behörden jährlich lediglich ca. 500 Personen mit dem Herkunftsland Österreich. Überhaupt war der Zustrom aus Europa nach dem Zweiten Weltkrieg deutlich zurückgegangen, was wohl den gestiegenen Wohlstand in Österreich bzw. Europa reflektierte. Diejenigen, die kamen – zumal jene, die berufliche Pläne verfolgten –, leisteten aber zweifelsohne einen Beitrag zur US-amerikanischen Wirtschaft, Kultur oder Wissenschaft.[44]

Schlussfolgerungen

Alle drei hier vorgestellten Auswanderer hielten den Kontakt mit der Heimat aufrecht. Francis Martin Drexel kam 1859 auf Familienbesuch nach Dornbirn. Die Kohlers unterstützten in Zeiten der Not ihre Bregenzerwälder Verwandtschaft und ließen

---

42 E-Mail Norbert Bischofberger an Günter Bischof, 8.8.2022.
43 Arocha 1988.
44 U.S. Bureau of the Census 1982.

sich einen Stammbaum anfertigen. In den 1930er Jahren baute der Auer Architekt und Bildhauer Kaspar Albrecht im *Kohler Village* ein *Waelderhaus* nach, in dem heute Kulturveranstaltungen stattfinden.[45] Norbert Bischofberger besucht Mellau beinahe jedes Jahr. Er ließ das Gasthaus seiner Eltern zu einem Hotel um- bzw. ausbauen, das er jüngst seiner Nichte vermachte.[46]

Meinrad Pichler weist darauf hin, dass nicht alle Migrant*innen in den USA so viel Erfolg hatten wie Drexel und Kohler – oder eben später Bischofberger, für die der amerikanische Traum in Erfüllung ging. Er stellt in seiner Studie zahlreiche aus Vorarlberg Ausgewanderte vor, die – aufgrund von Krankheit, Verletzungen, Heimweh, der ruinösen Folgen des amerikanischen Bürgerkriegs oder weil das Glück bei der Jobsuche fehlte – in „Amerika" scheiterten. Manche kehrten nach Hause zurück, bei vielen verliert sich die Spur irgendwo in der Weite des Landes. Sie blieben also „marginale" Existenzen.[47]

Drexel und Bischofberger dürfen als klassische transnationale Migranten über den Atlantik gelten. Drexels Spruch „Und da ich von zu Hause weg sein musste, machte es keinen Unterschied, ob ich 100 oder 10.000 Meilen entfernt sein würde", ist ein geradezu idealtypisch transnationales Statement. Beide waren in ihren Leben äußerst mobil – und mit dieser hohen Mobilität ist ein Element identifiziert, das mit Blick auf die Geschichte jedenfalls zum „Vorarlbergerischen" dazugehört. Kohler, den seine Eltern in die USA mitnahmen, traf zwar die Entscheidung zum Auswandern nicht selbst, aber wie sein späteres Leben offenbart, fielen auch ihm Ortswechsel nicht schwer. Gemeinsam ist den dreien zudem ihr auffallendes Talent fürs Unternehmerische. Ohne je eine vertiefende Ausbildung im Kaufmännischen oder gar ein Wirtschaftsstudium absolviert zu haben, besaßen sie offensichtlich Sinn für geschäftliche Möglichkeiten. Ist das eine spezifische Vorarlberger Eigenschaft? Es fällt auf, dass alle drei aus Familien kamen, die im Gastgewerbe tätig waren.

Literaturverzeichnis

Arocha 1988 = Zita Arocha, 1980s Expected to Set Mark as Top Immigration Decade, The Washington Post, 23.07.1988, URL: https://www.washingtonpost.com/archive/politics/1988/07/23/1980s-expected-to-set-mark-as-top-immigration-decade/9ecd472f-e691-4d49-a0f4-00a3200250f5/ [eingesehen am 24.06.2023].

Artists 2021 = Rescuing Artists of Vision, New York Times, 27.05.2021, URL: https://www.nytimes.com/2021/05/27/arts/design/Art-Preserve-Sheboygan.html?fbclid=IwAR1xZ6k8WdCb4VjaxJOyAAXnknSLBBK_tPfblgQvGsdu2DWEZyxhjnd9RIM [eingesehen am 24.06.2023].

45 Pichler 1993, 239.
46 Vorarlberger am Sonntag 2008.
47 Pichler 1993, 214–223; Langer 1992, 89–94.

Barnay 2022 = Markus Barnay/Andreas Rudigier (Hg.), vorarlberg. ein making-of in 50 Szenen. Objekte – Geschichte – Ausstellungspraxis (vorarlberg museum Schriften 64), Bielefeld 2022.

Bischof 2011 = Günter Bischof/Philipp Strobl, California Dreaming: Arnold the Quintessential American Immigrant, in: Michael Butter/Patrick Keller/Simon Wendt (Hg.), Arnold Schwarzenegger – Interdisciplinary Perspectives on Body and Image (American Studies – A Monograph Series 198), Heidelberg 2011, 237–262.

Bischof 2017 = Günter Bischof (Hg.), Quiet Invaders Revisited: Biographies of Twentieth Century Immigrants to the United States (Transatlantica 11), Innsbruck 2017.

Bischofberger o. D. = Norbert Bischofberger, Ph.D., President & Chief Executive Officer, Kronos Bio, Inc., o. D., URL: https://www.kronosbio.com/biographies/norbert-bischofberger-bio/ [eingesehen am 24.06.2023].

Böhler 2022 = Ingrid Böhler, Durch die Industrialisierung vom armen Auswanderungs- zum reichen Einwanderungsland, in: Markus Barnay/Andreas Rudigier (Hg.), vorarlberg. ein making-of in 50 Szenen. Objekte – Geschichte – Ausstellungspraxis (vorarlberg museum Schriften 64), Bielefeld 2022, 98–101.

Burke 2010 = Monte Burke, Craziest Damn Thing, Forbes, 03.11.2010, URL: https://www.forbes.com/forbes/2010/1122/private-companies-10-herb-kohler-golf-craziest-damn-thing.html?sh=6cd50bc22ef8 [eingesehen am 24.06.2023].

Chernow 1990 = Ron Chernow, The House of Morgan. An American Banking Dynasty and the Rise of Modern Finance, New York 1990.

Dolan 2003 = Kerry A. Dolan/Zina Moukheiber, The Golden Age of Antiviral Drugs, Forbes, 27.10.2003, URL: https://www.forbes.com/global/2003/1027/090.html?sh=7f58da0e753b [eingesehen am 24.06.2023].

Drexel o. D. = Francis Martin Drexel, Life and Travels of Francis M. Drexel (für seine Familie geschrieben), o. D., Archiv der Drexel University, Philadelphia.

Drexel 1826–1830 = Francis Martin Drexel, Journal of Trip to South America, 1826–1830. Archiv der Drexel University, Philadelphia.

Falcone 2020 = Alissa Falcone, Hidden Treasures. America's First Drexel, Drexel News Report, 22.01.2020, URL: https://drexel.edu/news/archive/2020/january/hidden-treasures-francis-martin-drexel [eingesehen am 24.06.2023].

Gehmacher 2018 = Johanna Gehmacher/Klara Löffler/Katharina Prager, editorial. leben in bewegung. interdependenzen zwischen biographie, migration und geschlecht, in: Österreichische Zeitschrift für Geschichtswissenschaften 29 (2018), 7–16.

Goldsmith 2017 = Margie Goldsmith, Everything but the Kitchen Sink. The Kohler Family Dynasty, Next Gens and Philanthropy, FB Camden, 30.10.2017, URL: https://www.campdenfb.com/article/everything-kitchen-sink-kohler-family-dynasty-governance-next-gens-and-philanthropy [eingesehen am 24.06.2023].

Guterl 2013 = Matthew Pratt Guterl, AHR FORUM – Comment: The Futures of Transnational History, in: American Historical Review 118 (2013), 130–139.

Jacobson 1998 = Mathew Frye Jacobson, Whiteness of a Different Color. European Immigrants and the Alchemy of Race, Cambridge MA 1998.

Kohler 2022 = Herbert Kohler, Plumbing Mogul Who Created Golf Mecca, dies at 83, New York Times, 16.09.2022, URL: https://www.nytimes.com/2022/09/16/business/herbert-kohler-dead.html [eingesehen am 24.06.2023].

Koroschitz 2005 = Werner Koroschitz, Die Kärntner Amerikawanderung, in: Werner Koroschitz (Hg.), Der Onkel aus Amerika. Aufbruch in eine neue Welt, Villach 2005, 23 52.

Langer 1992 = Josef Langer, The Careers and Failures of Austrian Social Science Immigrants to the United States (1930–1940), in: Walter Hölbling/Reinhold Wagnleitner (Hg.), The European Emigrant Experience in the U.S.A., Tübingen 1992, 83–100.

Longman 2014 = Jan Longman/Mary Nolan (Hg.), More Atlantic Crossings? European Voices in the Postwar Atlantic Community (Bulletin of the German Historical Institute Supplement 10), Washington D.C. 2014.

Loos 2022 = Ted Loos, With $440 Milllion a New Arts Foundation Spreads the Wealth, New York Times, 29.06.2022, URL: https://www.nytimes.com/2022/06/29/arts/design/ruth-foundation-for-the-arts.html [eingesehen am 24.06.2023].

Niederer 2016 = Alan Niederer, Hepatitis C ist für mich erledigt, Neue Zürcher Zeitung, 05.01.2016, URL: https://www.nzz.ch/zuerich/hepatitis-c-ist-fuer-mich-erledigt-ld.93249 [eingesehen am 24.06.2023].

Nolan 2012 = Mary Nolan, The Transatlantic Century. Europe and America, 1890–2010, Cambridge 2012.

Okrent 2019 = Daniel Okrent, The Guarded Gate. Bigotry, Eugenics, and the Law that Kept Two Generations of Jews, Italians, and Other European Immigrants Out of America, New York 2019.

Pertilla 2014 = Atiba Pertilla/Uwe Spiekermann (Hg.), FORUM: The Challenge of Biography, in: Bulletin of the German Historical Institute 55 (2014), 39–101.

Pichler 1993 = Meinrad Pichler, Auswanderer. Von Vorarlberg in die USA 1800–1938, Bregenz 1993.

Sangaline 2020 = Isabella Sangaline, The Evolution of Francis Martin Drexel, unveröffentlichte Seminararbeit Drexel University 2020 (Kopie im Besitz des Verfassers).

Steidl 2017a = Annemarie Steidl/Wladimir Fischer-Nebmaier/James W. Oberly, From a Multiethnic Empire to a Nation of Nations. Austro-Hungarian Migrants in the U.S., 1870–1940 (Transatlantica 10), Innsbruck 2017.

Steidl 2017b = Annemarie Steidl, Migration Patterns in the Late Habsburg Monarchy, in: Günter Bischof/Dirk Rupnow (Hg.), Migration in Austria (Contemporary Austrian Studies 26), New Orleans–Innsbruck 2017, 82–86.

Steidl 2021 = Annemarie Steidl, On Many Routes. Internal, European, and Transatlantic Migration in the late Habsburg Empire, West Lafayette IN 2021.

U.S. Bureau of the Census 1982 = U.S. Bureau of the Census, Statistical Abstract of the United States: 1982–83 (103rd edition), Washington D.C. 1982, URL: https://www2.census.gov/library/publications/1982/compendia/statab/103ed/1982_83-02.pdf [eingesehen am 24.06.2023].

U.S. Census Bureau 1975 = U.S. Census Bureau, Bicentennial Edition: Historical Statistics of the United States, Colonial Times to 1970, Bd. 1, Washington D.C. 1975, URL: https://www.census.gov/library/publications/1975/compendia/hist_stats_colonial-1970.html [eingesehen am 24.06.2023].

Uphoff 1966 = Walter H. Uphoff, Kohler on Strike. Thirty Years of Conflict, Boston 1966.

Vorarlberger am Sonntag 2008 = Vorarlberger am Sonntag (Interview): Multimillionär mit Bodenhaftung, Neue, 28.12. 2008.

Abbildungsverzeichnis

Abb. 1: Image courtesy of Drexel Founding Collection, Drexel University, Acc. 2003.001.0003, Photograph by Kelly & Massa

Abb. 2: URL: https://commons.wikimedia.org/wiki/File:John_Michael_Kohler.jpg), „John Michael Kohler", als gemeinfrei gekennzeichnet

Abb. 3: Credit Kronos Bio, Inc.

Christoph Volaucnik

MOBILITÄT ANNO DAZUMAL

Das Jahr 2022 wurde in Vorarlberg als „Jahr der Mobilität" gefeiert, wobei der Beginn der Eisenbahnära im Jahre 1872 als historischer Anlass diente. Mit einem Bahnfest in Rankweil, Nostalgiefahrten mit einer aus Osttirol kommenden Lokomotive der Reihe 1020 und einer vom Bludenzer Stadtarchivar Christof Thöny gestalteten Wanderausstellung in einem alten Waggon wurde dieses Jubiläum gefeiert. Ein Jahr danach soll ein Rückblick auf die frühe Mobilität geworfen werden. Welche Art von Mobilität gab es in Vorarlberg, speziell in Feldkirch vor 1872? Ein Blick in Bestände Vorarlberger Archive und Bibliotheken kann vielleicht Auskunft geben.

Anfänge des Tourismus

Im Frühmittelalter wurden Pilgerherbergen in Lindau im Schatten des Damenstifts und 882 der Konvent auf Viktorsberg durch Kaiser Karl III. dem Kloster St. Gallen geschenkt mit der Verpflichtung, Pilger und Arme zu verpflegen. Drei Jahre später schenkte Karl St. Gallen weiteren Besitz in Röthis mit der Auflage, zwölf Pilger in Viktorsberg zu verpflegen. 1218 gründete Graf Hugo I. von Montfort ein Hospiz in Klösterle, in Zusammenhang mit der Gründung der Johanniterkommende in Feldkirch. Diese wurden verpflichtet, armen Pilgern und Reisenden, die über den Arlbergpass kamen, Feuer, Wasser und Unterkunft zu geben. Wie gefährlich eine Arlbergüberquerung sein konnte, erfuhr Gegenpapst Johannes XXIII., der 1414 während seiner Anreise zum Konzil in Konstanz mit seinem Wagen verunglückte.[1]

Erste Zusammenhänge zur Beherbergung von Fremden finden sich ebenso in den sogenannten Weistümern, Rechtssammlungstexten der Niedergerichte. Um 1400 war der in Lingenau residierende Propst des Klosters Mehrerau verpflichtet, zwölf Betten jederzeit für die Richter und Beisitzer des Gerichts bereitzuhalten. Er hatte sie an den Gerichtsterminen auch zu verpflegen, ebenso musste er die Jagdhunde und den Jagdfalken, den der Gerichtsherr als Zeichen seiner Macht bei sich hatte, füttern.[2]

Eine besondere Herausforderung für die Städte und die Bevölkerung waren die Besuche von Kaisern, Königen oder Landesfürsten. König Sigismund besuchte Feldkirch 1431 und 1433, König Friedrich III. 1442 und König Maximilian 1499 und

---

1   Burmeister 1985a, 15.
2   Burmeister 1985a, 16; Volaucnik 2020, 42.

Abb. 1: Der „Marstall", der Pferdestall der Schattenburg, befand sich in der Neustadt. Bis in die zweite Hälfte des 20. Jahrhunderts erinnerten nur noch klägliche Mauerreste daran.

1510. Zum Gefolge der Herrscher gehörten hunderte Personen von höchstem Stand, Geistliche und Gelehrte ebenso wie ihre Diener und Knechte. Wo übernachteten diese Personen? In Gasthäusern, in Privatwohnungen? Unterlagen dazu fehlen. Eine Herausforderung war natürlich auch die Unterbringung der vielen Pferde, die zum Tross des Herrschers gehörten.[3] 1604 erschien der Landesfürst Erzherzog Maximilian der Deutschmeister in Feldkirch zur Durchführung eines Landtags. Er wohnte in der Schattenburg, wo er die Vorschläge der Vorarlberger Landstände entgegennahm. Über die Unterkunft seines Gefolges ist nichts bekannt.[4]

Reisen mit Pferdestärken

Während wir heute bequem mit über viele, viele PS (Pferdestärken) verfügenden Autos oder Autobussen verreisen können, begnügten sich unsere Vorfahren, sofern sie vermögend waren, mit einer Pferdestärke. Der Ankauf und der Unterhalt eines Pferdes waren sehr teuer und nur „besseren" Leuten möglich.

3   Burmeister 1985a, 16; Burmeister 1985b, 101–103.
4   Burmeister 1985b, 18; Details dazu siehe Niederstätter 1981, 52–57.

Bereits die Montforter waren Pferdekenner und Pferdeliebhaber, die sie nicht nur als Nutztiere für Reisen einsetzten, sondern sie auch pflegten und achteten. Rassige Pferde waren auch ein Statussymbol, vergleichbar mit heutigen Autos der Superklasse. Innerhalb des Hofstaats der verschiedenen Montforter Adelslinien war jeweils der Marschall für den Pferdebestand, den Pferdestall zuständig und hatte damit das höchste Amt in der Ämterhierarchie inne. Als Graf Hugo I. 1218 das Johanniterkloster in Feldkirch gründete, verfügte er in der entsprechenden Urkunde, dass die Untertanen die Niederlassung durch die Stiftung von Pferden unterstützen sollten. Lindenberg im Allgäu, ebenfalls eine Gründung der Montforter, entwickelte sich zu einem Pferdehandelszentrum, von wo große Pferdebestände nach Italien gingen. Graf Georg erfand ein Heilpulver auf Kräuterbasis für erkrankte Pferde. Der Minnesänger Graf Hugo XII. aus der Bregenzer Linie war in Diensten der Habsburger ununterbrochen im Reitersattel und errichtete in Wien einen Stall neben seiner Wiener Wohnung.[5]

Wie gut überlegt der Ankauf teurer Pferde sein musste, bewies ein halbes Jahrtausend nach den Montfortern der oberste Beamte Vorarlbergs, Kreishauptmann Johann Nepomuk Ebner von Rofenstein, der seinem Tagebuch seine Bedenken wegen der Pferdepreise anvertraute. Der Pferdehändler Johann Bilgeri bot ihm zwei Pferde zu einem beachtlichen Preis an. Als Ebner zögerte, bot ihm der geschäftstüchtige Bilgeri die beiden Pferde für einen Schlittenausflug („Schlitage) kostenlos an. Das Eis war gebrochen, der Kauf erfolgreich.[6]

Als besonders erfahrene und erfolgreiche Pferdehändler betätigten sich die Hohenemser und Sulzer Juden. Der Pferdehändler Abraham Levi aus Sulz verwendete in seinem Siegel ein Pferd als Symbol. Besonders die Kriege des 18. Jahrhunderts mit dem enormen Bedarf an Kriegspferden bescherten diesem Wirtschaftszweig einen ungeahnten Aufschwung und dessen Vertretern die Ernennung zu Hoffaktoren. Dies verhinderte jedoch nicht die zahlreichen Prozesse, die von unzufriedenen Kunden gegen sogenannte Rosstäuscher angestrengt wurden. Kreishauptmann Ebner notierte bei einer Fahrt nach Innsbruck jüdische Pferdehändler als Passagiere, die sich an einer Versteigerung von Pferden beteiligen wollten.[7]

In schlecht erschlossenen Talschaften blieb auch wohlhabenden Herrschaften nichts anderes übrig, als von der Kutsche aufs Pferd umzusteigen, wie beispielsweise dem Gouverneur von Brandis bei seinem Besuch in Vorarlberg im Jahr 1836. Der höchste Beamte von Tirol und Vorarlberg musste in Ludesch aufs Pferd wechseln, um nach Raggal zu kommen. Begleitet wurde er vom Kreishauptmann Ebner.[8]

5   Burmeister 1996, 75–77; Scheller 1976.
6   Ebner-Tagebuch, 20.3.1840, 22.3.1840.
7   Burmeister 1987, 35–36; Ebner-Tagebuch, 24.6.1840.
8   Ebner-Tagebuch, 24.6., 25.6.1836.

Reisen im Mittelalter und der frühen Neuzeit

Montforter Reisende

Über Reisen im mittelalterlichen Vorarlberg gibt es kaum Quellen. Eine Ausnahme bilden dabei die Grafen von Montfort. Der Chronist Thomas Lirer berichtet über eine Reise mit den Montfortern bis nach Portugal. Als Basis für die Reisen über den Bodensee nutzten die Grafen Schiffe. In Bregenz gab es sogenannte „Fahrlehen", die mit der Verpflichtung zur Bereitstellung eines Schiffes verbunden waren.

Die Montforter reisten zumeist mit Pferden, wobei der Besitz von edlen Rassepferden mit großem Aufwand verbunden war. Mit den Pferden war es möglich, Tagesstrecken von bis zu hundert Kilometern zurückzulegen. Die Montforter reisten per Pferd zu ihren Besitzungen und begleiteten die Habsburger auf ihren Reisen, besuchten Reichstage oder zogen mit ihren Pferden in den Krieg wie beispielsweise zur entscheidenden Schlacht von Göllheim.[9]

Reisen zu Sportveranstaltungen

Aus der frühen Neuzeit ist dem Verfasser nur eine einzige Quelle bekannt, die Rückschlüsse erlaubt hinsichtlich Reisen von Bürgern und Adeligen. Das im Jahr 1504 abgehaltene Schützenfest in Zürich war eine Veranstaltung, die Schützen und Neugierige aus der ganzen Schweiz und den benachbarten Ländern anzog. Die Gastgeber boten den Gästen viele besondere Unterhaltungsmöglichkeiten und gute Unterkünfte. Auch aus Vorarlberg, insbesondere aus Feldkirch reisten Besucher an, ganze Familien, wie beispielsweise die Familie des Klaus Hippolyt (Cläws Joppolit), der mit Ehefrau, Sohn, Bruder und Schwager nach Zürich kam. Auch die Familie der Grafen von Sulz besuchte das Schützenfest, mitsamt Koch und dessen Ehefrau. Bemerkenswert sind die Familien des Buchdruckers und Buchführers Hans Beheim, der Chronist Ulrich Im Graben, die Familien Widnauer (Wydnower), Gantner, Metzler und Sattler. Der Feldkircher Pfarrhelfer Jacob Bodmer reiste mit seinen neun Lindauer Verwandten an. Weitere Teilnehmer kamen aus Bregenz, Bludenz und Schlins.[10]

Vermutlich sind die 94 Feldkircher auf dem Landweg, vielleicht mit Wagen oder zu Fuß, sicherlich mit Pferden über Walenstadt, die Linthebene und den Zürichsee nach Zürich gereist.[11] Es ist doch bemerkenswert für die Reiselust von Feldkircher Bürgern zu Beginn des 16. Jahrhunderts, dass man für ein sportliches und offensicht-

---

9   Burmeister 1996, 75–77.
10   Schnetzer 2005, 116.
11   Bilgeri 1937, 10–12.

lich gesellschaftliches Ereignis diese Reise unternahm. Auffallend ist vor allem, dass ganze Familien, Vater, Mutter mit Kindern und Schwiegersöhnen zu Besuch waren.

Über organisierte Gruppenfahrten ins Ausland geben erst wieder Quellen des 19. Jahrhunderts Auskunft. 1838 fand in St. Gallen ein eidgenössisches Schützenfest statt, das viele Vorarlberger anlockte. Kreishauptmann Ebner berichtet in seinem Tagebuch über dieses Fest am 1. Juli. Er, seine Familie und „eine Menge Bregenzer" bestiegen morgens um 5 Uhr einen Bodenseedampfer, fuhren bis Rorschach, wo jedes Dampfschiff mit Kanonenschüssen begrüßt wurde, und von dort mit der Kutsche weiter nach St. Gallen. Für die Besucher gab es ein reichhaltiges Angebot, die Stadt war festlich geschmückt. Den österreichischen Offizieren war übrigens der Besuch des Festes von ihrem Kommandanten verboten worden. 1842 wurde von der Familie Ebner und vielen Bregenzern das Kantonsschießen in St. Gallen besucht, wiederum benutzten sie das Schiff bis Rorschach.[12] Der Besuch des Basler Schützenfests im Jahre 1844 wurde österreichischen Beamten verboten. Kreishauptmann Ebner, dem die Ausstellung von Reisepässen zu diesem Fest in Basel verboten wurde, war über diese Polizeimaßnahme erbost, denn er hatte sich auf dieses Schützenfest mit 72 Scheiben und einem Speisesaal für 4500 Gästen gefreut. Die Angst der polizeistaatlichen Obrigkeit vor politischen Einflüssen aus dem Ausland grenzte für ihn ans Lächerliche.[13]

Abb. 2: Die Schützenfeste in St. Gallen waren ein Anziehungspunkt für zahlreiche Gäste, auch aus Vorarlberg.

---

12 Ebner-Tagebuch, 16.5.1842.
13 Ebner-Tagebuch, 1.7., 3.7., 22.6.1842.

Das seit 1842 bzw. 1843 in Bregenz und Feldkirch aufkommende Sängerwesen wurde vom Polizeistaat des österreichischen Regierungschefs Fürst Metternich als politische Gefahr angesehen, da er den Vereinen unterstellte, neues, politisches Gedankengut aufzunehmen, insbesondere bei Fahrten zu Sängertreffen im benachbarten Ausland.[14]

Als die Feldkircher Liedertafel im Juli 1843 beim Sängerfest in St. Gallen den ersten Preis gewann und von ihren Schweizer Kollegen mit Fahnen bis zum Rhein begleitet wurden, sah sich der Feldkircher Landrichter Johann von Sterzinger veranlasst, den im Urlaub weilenden Ebner mit einer Depesche darüber zu informieren. Dieser vermerkte im Tagebuch, dass „höheren Orths diese Theilnahme nicht gern gesehen werde".

Auch aus späterer Zeit ist die Teilnahme an Festen und die Benützung der Kutschen als Transportmittel dokumentiert. So besuchten Feldkircher Feuerwehrmänner 1865 das Feuerwehrfest in Bregenz und reisten mit einem von fünf Pferden gezogenen Stellwagen an. Sie benötigten bis Bregenz drei Stunden Fahrzeit.[15]

Weggelder und Brückenmauten

Autofahrer sind es dieser Tage gewohnt, im Inland wie im Ausland für die Benützung von Autobahnen und Schnellstraßen Mautgebühren zu entrichten. Aber bereits in früheren Zeiten mussten Kutscher auf bestimmten Wegstrecken und beim Passieren von Brücken Gebühren bezahlen. Dokumente zu den Weggeldern befinden sich im Stadtarchiv Bregenz. An der Bregenzerachbrücke musste man 1841 für die Wegstrecke Bregenz–Hohenems für ein Pferd an einer „Chaise" oder ein Reitpferd vier Kreuzer an Wegmaut bezahlen, für ein Pferd ohne Reiter drei Kreuzer. Seltsamerweise hatte man von Hohenems nach Bregenz fünf bzw. drei Kreuzer zu bezahlen. Weshalb dieser Unterschied gemacht wurde, ist unklar. Das Landgericht verlangte Auskunft darüber. Die Stadt berief sich auf ein Privileg aus dem Jahre 1517, dem Errichtungsdatum der Brücke. 1831 hatte die Hofkanzlei dieses Privileg bestätigt. Als Gegenleistung für die Einhebung der Brückenmaut und des Weggeldes musste die Stadt Bregenz die Straße vom Siechenhaus bis zur Achbrücke erhalten, obwohl die Straße auf dem Gebiet des Gerichts Hofrieden verlief.[16]

---

14 Bilgeri 1982, 288–289; Ebner-Tagebuch, 16.7.1843.
15 Feierabend 14.8.1936, 3.
16 Stadtarchiv Bregenz, Akt 723, Zahl 3648, 26.12.1841; Tschaikner 2007, 292, 297.

Gasthäuser und das Stallgeld

Zum Serviceangebot der Gasthäuser gehörten neben Speisen, Getränken und Zimmer für die Übernachtung auch die Zurverfügungstellung von Stall und Futter für die Pferde.

Auf dem Speisezettel des Feldkircher Gasthauses Sonne aus dem Jahre 1839 gab der Wirt Franz Anton Winter neben den Preisen für Getränke und Speisen auch die Unkosten für die Unterkunft der Pferde bekannt. An Stallgeld waren für jedes Pferd vier Kreuzer fällig, für den Hafer mussten 24 Kreuzer und für ein Büschel Heu acht Kreuzer bezahlt werden. Zum Vergleich: Das halbe Maß Tischwein kostete zwölf Kreuzer und für das Zimmer waren 24 Kreuzer zu bezahlen.[17]

1846 führte die Stadt Feldkirch eine Erhebung über das Angebot der Feldkircher Gasthäuser und Schankwirte durch. 22 Wirte reichten ihre Speisekarten ein, die uns über die bescheidenen Speisen, die Weine – einheimische wie Südtiroler und badische – und das „Stallgeld" Aufschluss geben.[18] Zehn Wirte boten den Reisenden Stall, Hafer und Heu für die Pferde an. Es waren dies größere Gasthäuser wie der „Ochsen", das „Schwert" in der Marktgasse, die „Sonne" und der „Hecht" sowie der „Löwen"

Abb. 3: Das Hotel Löwen in der Neustadt, noch mit Fresken versehen, mit einer Kutsche

---

17   Volaucnik 2018b, 42–43.
18   Stadtarchiv Feldkirch, F II, Sch. 42/27.

in der Neustadt, das „Lamm", das „Rössle" in der Walgaustraße und der „Hirschen". An Stallgeld wurden zumeist sechs Kreuzer eingehoben, lediglich F. M. Weinzierl vom „Schwert" und Arbogast Tschohl vom „Löwen" verlangten zwölf Kreuzer. Der „Vierling" Hafer kostete überall 24 Kreuzer, das Büschel Heu zwischen 24 und 26 Kreuzer.

Fernhandelskaufleute unterwegs

Kaufleute und deren Angestellte pflegten ebenso wie der Adel mit dem Pferd zu reisen. Ein wohlhabender Kaufmann residierte zumeist an den großen Handelsplätzen, während seine Angestellten und Fuhrleute die Frachten durch die Länder begleiteten und transportierten.[19]

Das „alte" Feldkirch war Ende des Mittelalters und in der frühen Neuzeit Sitz bedeutender Kaufleute, die im Fernhandel tätig waren. Während ihre Fuhrleute mit Saumpferden und Fuhrwerken Luxuswaren aus Italien über die Graubündner Pässe an den Bodensee und nach Deutschland transportierten, unternahmen sie selbst tagelange Ritte zu ihren Kunden und Lieferanten. Bekannte Fernhändler waren die Familien Furtenbach und die Gebrüder Ludwig und Hieronymus Münzer, die von Nürnberg und Genua aus ihr Fernhandelsgeschäft betrieben. Junge Feldkircher wie Clas Haslach waren als Mitarbeiter der Kaufleute ständig mit ihren Pferden unterwegs, zu Firmenstandorten, Kunden oder Häfen, beispielsweise in Genua. Für seine Reisen und Warentransporte erhielt Ludwig Münzer 1515 von den Eidgenossen sicheres Geleit zugesichert. Für Münzer und seine Geschäftspartner galt als Maxime, schnell zu sein, schnell einzukaufen und schnell wieder zu verkaufen. Ein 1494 vom Herzog von Mailand für Münzer ausgestellter Reisepass zeigt ihn auf Reisen zwischen Mailand, Buchhorn (heute Friedrichshafen), Frankfurt, Lyon und Aragon.[20]

Ein weiterer wichtiger Handelsplatz für Feldkircher und Vorarlberger Kaufleute war Bozen bzw. die Bozner Messe, wo sie Waren aus der Levante einkauften und Vorarlberger Textilien verkauften. Der Weg über den Arlberg stellte dabei eine Gefahr dar. Wie schwierig diese Passage war, zeigt das Beispiel des Basler Ratsherren Hans Rot im Jahre 1440. Nur mit Hilfe von Knechten gelang die Überquerung, der Weg musste freigeschaufelt werden. Graf Wilhelm von Werdenberg-Sargans gestattete den Leuten von Klösterle, von jedem Reisenden, der einen Knecht als Bergführer oder Reisebegleiter erbat, drei böhmische Groschen als Lohn zu kassieren.

Seit dem 15. Jahrhundert verfiel der Fahrweg über den Arlberg immer mehr. Er war nun nur mehr über eine Trasse für Saumrosse und hintereinander gehende Reit-

19 Egger/Pfaundler/Pizzinini 1976, 302; Schadendorf 1961, 31–32.
20 Schnyder 1973/1975, 561–563, 567–570; Volaucnik 2018a, 17–18.

pferde passierbar. [21] Noch zu Beginn des 19. Jahrhunderts ist der Besuch des Bozner Markts durch einen Vorarlberger Textilhändler nachgewiesen. Christian Getzner fuhr mit seinem Fuhrwerk voller Textilien über den Arlberg bis Bozen und deckte sich dort mit Waren für seinen Handelsbetrieb sowie mit Südtiroler Wein für sein Gasthaus ein. Die Fahrt mit einem Fuhrwerk über den damals zwar bereits ausgebauten Arlberg war sicherlich keine Vergnügungsreise, doch die erwähnten Beispiele zeigen, dass die schlechten Straßenverhältnisse keinen Kaufmann von seinen Geschäftsreisen abhalten konnten. [22]

Paul Hoffmann – Feldkircher Fernhändler und Diplomat

Fast in Vergessenheit geraten ist der Feldkircher Großkaufmann Paul Hoffmann. Nur über Quellen im Kloster Disentis ist bekannt, dass er Waren zwischen Mailand und Brandenburg transportierte. Wie bedeutend, allseitig geschätzt und mächtig er war, beweist sein Einsatz als Diplomat und Friedensstifter zwischen dem Herzog von Mailand und dem Kloster Disentis nach einem Feldzug der kriegerischen Eidgenossen im Jahr 1478. Unter seiner Federführung gelang es 1480, den Friedens- und Zollvertrag zwischen Mailand und Disentis abzuschließen. Hoffmann wird in dieser Zeit wohl oft mit seinem Pferd über den Lukmanier-Pass nach Mailand und von dort zurück nach Disentis gereist sein. [23]

Wallfahrten oder „Beten mit den Füßen"

Wallfahrten, natürlich zu Fuß, waren für viele Personen die einzige Möglichkeit, für eine kurze Zeit aus ihrem Dorf oder ihrer Stadt wegzukommen, neue Länder kennenzulernen, Bekanntschaften zu machen, manchmal Buße zu tun und vielleicht auf neue Gedanken zu kommen oder gute Vorsätze zu fassen. [24] Für die Vorarlberger war und ist bis heute das Kloster Einsiedeln der wichtigste Wallfahrtsort. Das älteste Dokument zur Wallfahrt in dieses Innerschweizer Kloster stammt aus dem Jahre 1337, als die Ritter Thumb von Neuburg für Pilger aus Vorarlberg einen Geleitbrief ausstellten, um sie und ihre Güter auf dem Pilgerweg zu schützen. [25] Ein kleiner Rundturm der Burgruine dieser Ritterfamilie ist von der Rheintalautobahn aus auf einem Hügel vor dem Kummenberg gut sichtbar, die Überreste der einst stolzen Burg

---

21 Büchner 2005, 189; Tschaikner 2007, 290. Erst im 18. Jahrhundert gab es Verbesserungen.
22 Getzner 1980, 23, 26.
23 Müller 1942, 217.
24 Über Motive der Wallfahrten siehe Sigal 1984, 76–84.
25 Kwasnitzna 2008, 80.

wurden vom Burgenausschuss des Vorarlberger Landesmuseumsvereins unter Franz Josef Huber renoviert und werden heute von einem Verein betreut.

350 Feldkircher Bürger, versehen mit Kreuz und Fahnen, machten sich 1648 zu einer Dankwallfahrt nach Einsiedeln auf. Sie bedankten sich bei der Muttergottes dafür, dass Feldkirch im Dreißigjährigen Krieg vor Zerstörung bewahrt wurde. Bei der Rückkehr von der Pilgerfahrt gingen die Daheimgebliebenen den Pilgern bis zum Letzebühel, einem rund zwei Kilometer von Feldkirch entfernten Weiler der Gemeinde Tisis, entgegen. Die Rankweiler unternahmen ab 1450 Wallfahrten an das Grab des Heiligen Gerold im Walsertal, vorher waren sie nach Einsiedeln gepilgert. 257 Angehörige der Pfarre Nenzing unternahmen 1796 eine Dankeswallfahrt nach Einsiedeln, da ihre ausgerückten Landesverteidiger gesund nach Hause gekommen waren.[26]

Diese Tradition einer gemeinsamen Wallfahrt wurde lange Zeit gepflegt. Heute noch unternimmt die Diözese Feldkirch Anfang Mai eine Wallfahrt nach Einsiedeln, bis 1983 mit der Eisenbahn, seither werden die Wallfahrer mit Omnibussen transportiert. [27]

Wallfahrten wurden vom Stadtgericht Feldkirch als Buße für Verfehlungen im sittlichen Bereich verhängt, wie beispielsweise 1684, als Jakob Zech wegen Trunkenheit zu einer Wallfahrt nach Bildstein verurteilt wurde.[28] Von der staatlichen Obrigkeit konnten Wallfahrten zu bestimmten freudigen Ereignissen angeordnet werden, wie beispielsweise im Jahr 1686, als wegen der Eroberung von Ofen (Budapest) eine Prozession nach Rankweil veranlasst wurde.[29] Die Wallfahrer haben sich nach den Gebeten bestimmt über das Angebot an Speis und Trank in den Gasthäusern Rankweils gefreut.

Über die Wallfahrten von Einzelpersonen gibt es nur wenige Unterlagen. In den Rechnungsbüchern des Feldkircher Heiliggeistspitals, das kein Krankenhaus, sondern ein Alters- und Pflegeheim war, finden sich zwei Ausgabeposten für Wallfahrten. Maria Anna Bertschlerin war 1778 sieben Tage lang nach Einsiedeln unterwegs. Maria Cecilie Scherrerin unternahm im selben Jahr eine Wallfahrt nach Kaufbeuren zum Grab der Seligen Crescentia Höß (1682–1744), sie war elf Tage unterwegs. Beide Wallfahrerinnen erhielten während dieser Zeit ein Taggeld von zehn Kreuzern mit auf den Weg. Damit sollten sie die Lebensmittel und die Übernachtungskosten begleichen.[30]

An den Festtagen von besonders verehrten Heiligen zogen viele Gläubige an jene Orte, wo eigens Messen für diese abgehalten wurden. Ein Beispiel dafür ist der

26 Prugger 1930, 65; Ulmer 1934, 110, 112.
27 Vorarlberger Kirchenblatt 23.3.2023, 24.
28 Stadtarchiv Feldkirch, Ratsprotokolle, Hs. 6, 11.12.1684.
29 Stadtarchiv Feldkirch, Ratsprotokolle, Hs. 6, 13.9.1686.
30 Volaucnik 2022, 50; Crescentia Höß wurde 1900 heilig gesprochen.

Annentag in Frastanz. Seit 1474 gab es dort eine „St. Anna Jahrzeit", die von der 1491 gegründeten Bruderschaft organisiert wurde. Der St.-Anna-Tag war in Frastanz ein voller Feiertag, an dem in der Kirche eine Messe gelesen und eine Predigt gehalten wurde. Der Zustrom an Gläubigen war derart groß, dass ab 1720 zwei Kapuziner aus Feldkirch nach Frastanz kamen, um die Beichte abzunehmen. Auch in Lech war der Andrang zum Annentag der dortigen Bruderschaft derart groß, dass mehrere Priester und ein Kapuziner für die Gläubigen anwesend waren. Ende der 1890er Jahre entwickelte sich das Anna-Fest in Götzis zu einem regelrechten Volksfest, zu dem auch Besucher aus dem Rheintal und der Schweiz kamen.[31]

Derartige Heiligenfeste boten den Gläubigen die Möglichkeit zu religiöser Einkehr und Besinnung, waren aber gleichzeitig auch ein Ausflug und wahrscheinlich eine willkommene Unterbrechung des Alltags. Vor der Einführung der Eisenbahn waren diese religiösen Stätten nur zu Fuß erreichbar.[32]

Pilgerschaft nach Jerusalem

Einen ganz anderen Aufwand und sehr viel Mut erforderten die Fahrten nach Jerusalem, die von vermögenden Feldkirchern unternommen wurden.

Graf Rudolf V. von Montfort begab sich im Jahre 1372 auf eine Pilgerfahrt in das Heilige Land in Begleitung von Ulrich Harzer (Udalrich Hartzer) von Salenstein aus Konstanz. Die zwei Edelleute erreichten ihr Ziel, doch deren Diener Sturzries starb auf dieser Reise.[33]

Unglücklich verlief eine solche Pilgerreise für den Feldkircher Moritz von Altmannshausen, der 1556 über Venedig und Zypern nach Jerusalem reiste. Er geriet in türkische Gefangenschaft und wurde drei Jahre in Konstantinopel in Haft gehalten. Achilles von Altmannshausen, als Hubmeister Feldkirchs höchster Finanzbeamter, starb 1560 auf der Rückreise von Jerusalem, nachdem er Kreta passiert hatte. Seine Jerusalemreise überlebte auch David Furtenbach nicht. Er war 1561 über Venedig in das Heilige Land gereist, unternahm dort zahlreiche Reisen zu Heiligen Stätten wie dem Berg Sinai, wo er von Räubern tödlich verletzt wurde. Er wurde im Katharinenkloster am Sinai beerdigt, wo ihm die Mitreisenden einen Grabstein setzten. 1603 wagte Paul Frey, ohne vorher seine Frau zu informieren, eine Reise nach Jerusalem, von wo er zu Weihnachten wohlbehalten und glücklich nach Feldkirch zurückkehrte.[34]

---

31 Volaucnik 2021a, 43.
32 Volaucnik, Verehrung, 42–43.
33 Prugger 1930, 24.
34 Burmeister 1985b, 195.

Studenten auf Reisen

Viele Reisen konnten nur zu Fuß unternommen werden. Studenten, die zwecks Studium nach Graz oder Wien aufbrachen, wurden von der Stadt Feldkirch mit einem Reisegeld „nach Österreich" unterstützt. Zwei „Studiosi", Adam und Johannes „die Gihren", erhielten 1665 von der Stadt 30 Gulden für die Fortsetzung ihrer Studien in Graz.[35] Aber auch während der Ferien pflegten Studenten wie auch Gymnasiasten Reisen zu unternehmen, bei denen sie einerseits etwas von der Welt sehen konnten, andererseits aber auch, um dabei Geld für ihr Studium zu erbetteln. Der 1852 geborene Volksschriftsteller Josef Wichner, dessen Todestag sich 2023 zum hundertsten Mal jährt, erinnerte sich an das „Viatizieren", an bettelarme Studenten, die gezwungen waren, sich auf diese Weise Geld für ihren Lebensunterhalt zu verdienen. Ihre Wanderziele waren alle Regionen Vorarlbergs sowie die angrenzenden Gebiete, wo sie sich vornehmlich von Mönchen und Pfarrherren durchfüttern ließen. Als „Ausweis" diente ihnen ihr Zeugnis. Wichner selbst wanderte durch den Norden Vorarlbergs, das Tiroler Oberland und die Ostschweiz. Er schilderte seine Erlebnisse auf diesen Wanderungen in der ihm eigenen Sprache und seine Anekdoten gewähren dem heutigen Leser einen Einblick in eine längst vergangene Zeit.[36]

Dass in Feldkirch im Gegenzug auch fremde Studenten Unterstützung fanden, geht aus einem Eintrag im Rechnungsbuch des Jahres 1737 hervor, demzufolge „studiosi Pragensi", Studenten aus Prag, für ihre Reise („pro viatico") 15 Kreuzer aus der Stadtkasse erhielten.[37]

Was war dies für ein Abschied!

In Bludenz ist hingegen aktenkundig, wie eine ganze Familie das „Studentlein" bis zum Stadttor begleitete, wo dann – wohl tränenreich – Abschied genommen wurde. Es war dies die Familie des Bludenzer Baumeisters Rhoni (= Hieronymus) Zürcher, die am 22. September 1585 mit „etlichen ehrlichen Leuten", unter ihnen der Pfarrer und der Schulmeister, seinen Sohn und den Sohn des verschwägerten Baumeisters Jakob Brügel zum oberen Stadttor begleitete, um sie zum Studium in die Fremde zu verabschieden. Vermutlich zogen Ulrich Zürcher und Georg Sigmund Brügel nach Dillingen, wo sie seit 1583 an der Jesuitenuniversität immatrikuliert waren.[38]

---

35 Stadtarchiv Feldkirch, Hs. 432, 156.
36 Wichner 1987, 134 –147.
37 Stadtarchiv Feldkirch, Hs. 122, 1737, 145.
38 Welti 1971, 111–112. Spuren in den Akten hinterließ der Abschied aus einem ganz anderen Grund: Zürchers Schwägerin wurde nämlich wegen Ehrenbeleidigung verklagt, da sie sich anlässlich der Verabschiedung auf offener Straße abschätzig gegen Dritte geäußert hatte.

300 Jahre später brach Robert Ebner, Sohn des Kreishauptmanns, zum Studium auf. Am Nachmittag des 29. September 1843 ging es los. Zum Abschied kamen die Kreiskommissäre Toggenburg und Strehle, und „Papa Ebner" hatte erreicht, dass die Kutsche vor seinem Haus am Bregenzer Leutbühel stehen blieb. Frühmorgens ging es mit dem Eilwagen über Dornbirn und Hohenems nach Feldkirch. Dort angekommen, logierten Vater und Sohn Ebner in einem beheizten Gasthaus, was ihnen aufgrund eisiger Temperaturen samt einsetzendem Schneefall guttat. Dort nahmen sie das Abendessen ein und gingen zu Bett. Nach zweieinhalb Stunden Schlaf wurden sie geweckt und der Sohn bestieg um Mitternacht den Eilwagen nach Bludenz. Papa Ebner „empfahl" dem „Conducteur" seinen Sohn besonders, ging darauf noch einmal zu Bett und bestieg um 4:15 Uhr den aus Chur kommenden Eilwagen nach Bregenz.[39]

Studenten als Ruderer unterwegs

Heute nur noch schwer vorstellbar, wurde selbst der Inn für Reisezwecke genutzt. Doch Reisen zu Land waren beschwerlich und jeder Wasserweg verkürzte die Reisezeit beträchtlich. Folgerichtig wurde die Innschifffahrt bis Passau samt Weiterfahrt auf der Donau bis Wien nicht nur für Warentransporte, sondern auch für die Passagierschifffahrt genutzt. Für die Strecke von Kufstein nach Wien mussten Reisende sechs Tage einplanen. Der Schiffsweg war aber nicht nur kürzer, sondern auch bequemer und billiger als die Fahrt mit der Postkutsche. Auch hohe Gäste nutzten den Inn als Verkehrsweg, darunter König Ferdinand 1525 und Maria Theresia 1765, die mit 18 Schiffen von Hall aufbrach. Auch Truppen wurden in Tirol verschifft, wie beispielsweise im Jahr 1620, als spanische Truppen aus Vorarlberg über den Arlberg nach Telfs marschierten, wo sie sich flussabwärts einschifften. Auch die Truppen des Oberst Baldiron, die das Prättigau im Dreißigjährigen Krieg zerstört hatten, wurden über Telfs mit dem Schiff abtransportiert. Der einfache Reisende konnte jeden Samstag ein Schiff nach Wien besteigen.[40]

Arme Studenten aus Tirol und Vorarlberg verdingten sich auf diesen Schiffen als Ruderer ab Hall. Die zwei bekanntesten Ruderer waren sicherlich Josef Bergmann (1796–1872), später der erste Historiker Vorarlbergs, der 1815 als Ruderer zum Studium nach Wien aufbrach, und der Feldkircher Künstler Maximilian Schreiber (1812–1839).[41]

39 Ebner-Tagebuch, 30.9.1843.
40 Sinwel 1938, 246–248; Zösmair 1922, Nr. 60, 3; Nr. 61, 3. An die Untaten der Truppen des Baldiron wurde 2022 im Gedenkjahr des Hl. Fidelis in der Wanderausstellung „Täler in Flammen" erinnert.
41 Bechter 1995, 90; Feierabend 14.11.1927, 272.

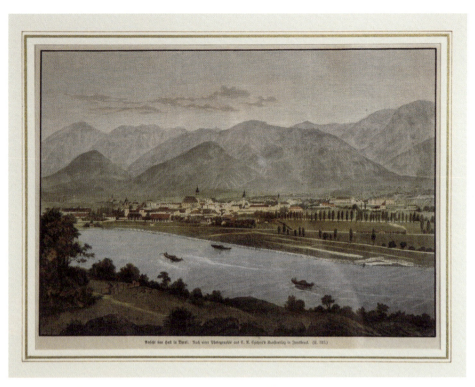

Abb. 4: Hall in Tirol war der Ausgangspunkt der Inn-Schifffahrt.

In einem biografischen Aufsatz über das kurze und nicht gerade leichte Leben des heute fast vergessenen Maximilian Schreiber findet sich zu dieser Schiffsreise folgende Passage:

An einem Spätsommertage, nur 17 Jahre alt geworden, ergriff er seinen Wanderstab, verließ seine Vaterstadt mit den romantischen Umgebungen, nahm seinen Weg über Bludenz. Dort warf er noch einen letzten Blick zurück über die Berge, nicht ahnend, daß er zum letzten Mal auf diesem Boden stehe. Einen längeren Aufenthalt gönnte er sich in Zirl und Umgebung, wo er Studien nach der Natur zeichnete. Max benützte, wie viele seiner Landsleute vor ihm, ein Schiff auf der Donau, wo er als Ruderer arbeitete, um billiger durchzukommen. Die Landung bei Nußdorf, eine Stunde ob Wien, fand an einem schönen Herbsttage des Jahres 1829 statt.[42]

Auch der bekannte Tiroler Schriftsteller Adolf Pichler (1819–1900), dessen Vater 1832 als Offizial ans Hauptzollamt Feldkirch gekommen war, von wo er sich jedoch als-

---

42 Vorarlberger Volksblatt 10.2., 11.2.1897; Volaucnik 2021b, 418.

bald nach Tirol versetzten ließ, nutzte das Schiff für seine Fahrt nach Wien. Der junge Pichler bestieg 1842 mit seinem Freund Adolf Purtscher in Hall ein Frachtschiff, das sie nach Wien bringen sollte. In seinen Erinnerungen hielt er dazu fest:

[…] *am 20. September stiegen wir bei sehr launischem Wetter an Bord. Nach kurzem Gebet kappten die Fergen laut rufend das Tau und schoben die Plätte mit Stangen vom Kiese los: Gruß und Gegengruß vom Ufer zum Ufer.* […]
Die Morgen waren kühl und nebelig, so griffen auch wir zum Ruder und arbeiteten wacker mit, dafür zahlten wir nur zwei Gulden Fahrgeld […]

Über die Verpflegung auf diesen Innschiffen berichtet Pichler, dass sie sich in der Frühe mit Lebensmitteln und Holz versorgten und auf dem Verdeck kochten. Nach zehn Tagen erreichten sie Wien.[43]

Auf diesen Schiffen, insbesondere den mit Zementplatten beladenen, war eine Gratisfahrt für Passagiere möglich. Als Gegenleistung waren sie zum Wasserschöpfen aus dem Schiffsbauch verpflichtet. Das Ende der Innschifffahrt kam mit dem Bau der Eisenbahn durch das Inntal, das letzte Schiff verließ Tirol 1873, sechs Jahre nach der Eröffnung der Bahnlinie.[44]

Einer anderen Quelle zufolge, einem Zeitungsartikel, ging die Innschifffahrt langsam aber stetig mit den Jahren zurück und endete erst 1880. Elf Jahre später, 1891, berichtete dieselbe Zeitung, dass vom Ende der Schifffahrt sowohl die Schiffsleute, die in einer Bruderschaft vereinigt waren, wie auch Schiffswerften in Wörgl und Kufstein betroffen waren.[45]

Handwerksgesellen auf der Walz

Zur Ausbildung eines Handwerkers gehörte die für zwei bis drei Jahre vorgeschriebene Wanderungszeit, und es konnte kein Geselle „lediggesprochen" werden, der nicht zuvor auf der „Walz" gewesen war. Während dieser Zeit sollten die jungen Handwerker bei anderen Meistern in benachbarten Staaten und Regionen neue Fertigkeiten erlernen. In Wanderbüchern wurden der Grenzübertritt wie auch die Dauer des Aufenthalts bei einem Meister notiert. Im reich bestückten Rankweiler Zunftarchiv finden sich zahlreiche Dokumente von Wandergesellen. Ein Fremdenbuch der späten 1840er Jahre nennt 216 zugewanderte Personen, davon 25 Handwerksgesellen, die sich auf 14 verschiedene Gewerbe verteilten. Rankweiler Gesellen

---

43 Pichler 1927, 39.
44 Koch 1939, 71; Tiroler Stimmen 1891, Nr. 195.
45 Tiroler Stimmen 1882, Nr. 1308; Tiroler Stimmen 1891, Nr. 91.

bevorzugten die Schweiz als Wanderziel. So befanden sich der Schlossergeselle Josef Ender 1810 in Brugg und der Schreiner Josef Madlener 1811 in Mellingen. Die sogenannten Kerzenzettel aus der zweiten Hälfte des 19. Jahrhundert nennen manchmal die Aufenthaltsorte Rankweiler Gesellen wie Josef Jenny aus Nofels, der ab 1859 vier Jahre in Meran lebte. Nicht ungewöhnlich war es, wenn einen Gesellen auf der Walz der Tod ereilte, wie etwa den Rankweiler Brauergesellen Georg Weiermeier, der 1805 in der Nähe von Sigmaringen verstarb. Andere wiederum erkrankten, so auch der Rotgerbergeselle Friedrich Seyfried 1806 im Elsass. Darauf wurde er arbeitslos und erhielt von einem Gipser aus Düns finanzielle Unterstützung.[46]

Saisonhandwerker

Einen besonderen Anblick müssen die bis zu 50 Mann starken Bregenzerwälder Handwerkertrupps abgegeben haben, die zu Beginn der warmen Jahreszeit zu Fuß vom Hinterwald in die Schweiz und nach Süddeutschland aufbrachen. Peter Thumb machte sich im Jahre 1729 sogar mit 200 Personen auf den Weg zu seinen Baustellen im Elsass. Ihre wenigen Habseligkeiten wie Kleidung und Werkzeug wurden auf Leiterwagen mitgenommen, lediglich der Baumeister hatte ein Pferd. Die Verpflegung wurde gemeinschaftlich organisiert und eingenommen.[47]

Der Baumeister Johannes Rueff aus Au erhielt 1729 den Auftrag für den Neubau des Engelberger Klosters. Die vereinbarte Geldsumme umfasste auch die Lohnkosten mitsamt Verköstigung von vier Vorarbeitern, der Baukünstler sowie der 50 Handwerker. Es wird berichtet, dass diese Gruppe bei der Ankunft im schweizerischen Engelberg mit einem „Juchezer" auf sich aufmerksam machte und von den Eidgenossen ebenfalls freudig begrüßt wurde.[48]

Schwabenkinder

Die „Schwabenkinder", die jedes Frühjahr zu Fuß aus den Bergtälern Tirols, Graubündens und Vorarlbergs in kleinen Gruppen in das Schwabenland zogen, um dort Arbeit als Mägde und Knechte anzunehmen, waren bestimmt nicht so lustig unterwegs wie die „Wölder Bauleute". In Feldkirch erhielten sie bei den Kapuzinern eine gute Jause und im Kloster Altenstadt konnten sie übernachten. In Dornbirn waren die Wirte verpflichtet, die Schwabenkinder in ihren Gasthäusern während der Nacht

---

46   Schnetzer/Volaucnik 2005, 65–74.
47   Lieb/Dieth 1977, 14; Straub 1986, 96.
48   Achermann 2009, 20–22, 202.

aufzunehmen. Ein Verstoß gegen diese amtliche Vorschrift, etwa durch den Mohrenwirt Josef Mohr, wurde strengstens geahndet. Nach Eröffnung der Eisenbahn nutzten auch die Schwabenkinder dieses Transportmittel.[49]

Schlittenfahrten

Während heute bei geringstem Schneefall Räumfahrzeuge ausrücken, um den Schnee von der Fahrbahn wegzuschieben oder mittels Salz die Eisbildung auf den Straßen zu verhindern, freuten sich unsere Vorfahren im 19. Jahrhundert auf den Schnee. Sie machten auf größeren Schlitten Ausflüge oder dienstliche Fahrten. Die sogenannten „Sonntagsschlitten" waren Kutschen auf Kufen, die mit allem Komfort versehen waren. Vorne befand sich eine Kutscherbank, im „Kupee" saßen die in warme Decken gehüllten Fahrgäste. Die Damenwelt steckte im 18. und 19. Jahrhundert ihre Hände zum Schutz gegen Kälte in den sogenannten „Muff", ein röhrenförmiges Bekleidungsaccessoire aus gefüttertem Stoff oder Pelz, der manchmal farblich an die übrige Kleidung angepasst war.[50] Man fuhr damit am Sonntag zur Kirche oder zu Festen.[51]

Kreishauptmann Ebner berichtet in seinem Tagebuch vom sehr kalten Wetter im Jänner 1842, mit viel Schneefall und damit idealen Schlittenbahnen. Am 16. Jänner und erneut zehn Tage später unternahm die Familie Ebner eine Schlittenfahrt von Bregenz nach Hörbranz. Bereits am 9. Jänner hatte sich eine andere Gruppe von Bregenzern zu einem Schlittenausflug zum Textil- und Papierfabrikanten Anselm Brielmayer nach Lauterach aufgemacht, wo dieser seit 1834 eine Ausschankkonzession innehatte und eine Badeanstalt betrieb. Ebner bezeichnet diesen Ausflug als „Slittage".[52] Derartige Ausflüge mit Schlitten gab es auch in Dörfern wie Wolfurt, wie eine Zeitungsmeldung aus dem Jahre 1887 erweist.[53] Zu einem besonderen Ereignis, der Eröffnung eines Teilstücks der Bregenzerwaldstraße, kamen im Jänner 1838 vierzig Schlitten mit Ehrengästen in Alberschwende zusammen. Allein die Bregenzer Behördenvertreter reisten mit drei Schlitten an, 37 Schlitten waren mit Bregenzerwälder Honoratioren und Gemeindevertretern besetzt.[54]

49 Volaucnik 2014, 167–177; Seglias 2004, 43–45.
50 Katalog 2022, 17–19.
51 Glaser 1995, 62.
52 Ebner-Tagebuch, 9.1.1842, 16.1.1842, 24.1.1842, 26.1.1842, 15.2.1842; Weitensfelder 2001, 492.
53 Volaucnik 1990, 35, Vorarlberger Landbote 4.2.1887. Diese Zeitung wurde 1990 vom Verfasser in der Stadtbibliothek Feldkirch eingesehen, ist zurzeit wegen Umbauten in einem Außendepot der Bibliothek und nicht zugänglich. Mikrofilme gibt es in der Vorarlberger Landesbibliothek.
54 Ebner-Tagebuch, 16.1.1838.

1795 wurde verfügt, dass die Schlitten mit „Schellen", kleinen Glocken versehen werden mussten. Man wollte durch das Geräusch der „Schellen" andere Verkehrsteilnehmer vor dem herannahenden Gefährt warnen.[55] Eine Besonderheit waren die Rennschlitten, die bei jährlichen Meisterschaften zwischen Dörfern eingesetzt wurden. Eine besondere Form von Schlitten, mit Schnitzereien versehene Prunkschlitten, waren 2022/23 im Landesmuseum Zürich ausgestellt. Diese in der Schweiz besonders im Fasching für Ausfahrten genutzten Schlitten waren mit geschnitzten Figuren und Gemälden verziert. Die Motive dieser Figuren waren oft gesellschaftskritisch, nahmen das „Fremde" und mutmaßlich „Unsittliche" aufs Korn. Die Ausflüge mit Schlitten fanden auch in der Literatur ihren Niederschlag, wie beispielsweise bei Gottfried Keller in seiner 1874 erschienenen Novelle „Kleider machen Leute".[56] Ob es in Vorarlberg ebenfalls derartige Schlitten gab, in denen maximal zwei bis drei Personen Platz hatten, ist noch unerforscht, aber die Wirtschaftsstruktur des Landes ermöglichte wohl kaum derartigen Luxus. Eine Ausnahme bildete sicherlich Graf Ferdinand Karl von Hohenems zu Vaduz. Während der Fasnacht fuhr er mit einer Gruppe junger Vaduzer Burschen nach Feldkirch, wobei er selbst auf dem Sattelpferd saß. Die Gruppe fiel durch ihr Verhalten und ihr lautes Gelächter

Abb. 5: Mit solchen Schlitten wurden in Gröden Touristen transportiert.

55   Stadtarchiv Feldkirch, Ratsprotokolle, Hs. 44, 7, 1795.
56   Katalog 2022, 35–37.

auf und brachte vermutlich Unruhe in das bürgerliche, ruhige Leben in Feldkirch. Ob auch sein Schlitten, wie damals bei Wohlhabenden üblich, mit dem Familienwappen geschmückt war, ist unbekannt. Der Graf wurde 1684 wegen anderer „Untaten" inhaftiert und starb zwei Jahre später in der Haft.[57] Die Schlittenfahrt dürfte daher um 1680 geschehen sein.

Sänften

Vornehme Personen wurden in Sänften von zwei bis vier starken Männern oder Saumtieren getragen. Diese wurden auch als „Sitzkabinen" oder „Tragestühle" bezeichnet, die in Deutschland seit 1700 als öffentliches Beförderungsmittel nachweisbar sind. In Vorarlberg dürfte die im Schattenburgmuseum ausgestellte Sänfte das einzige Exemplar dieses ungewöhnlichen Transportmittels sein. Sie wurde um 1820 gebaut und soll dem im Wohlwendhaus in Levis wohnenden ersten Weihbischof Vorarlbergs, Bernhard Galura (1777–1856), zur schonenden Beförderung gedient haben.[58]

Kutschen

Bereits im 16. Jahrhundert wurde die Kutsche als Reisemittel entdeckt, wobei der eigentliche Kutschenkörper mit Riemen und Ketten befestigt war. Erst später, etwa ab 1700, wurde der Wagenkasten von Stahlfedern getragen. Das Fahrgestell wurde elastisch eingehängt, was zu einem größeren Komfort für die Passagiere beitrug. Trotzdem dürfte es in diesen viereckigen Kästen mit ihren mehr oder weniger harten Sitzbänken nicht gerade gemütlich gewesen sein. Vor den Fenstern hingen bis ins 18. Jahrhundert Ledervorhänge oder Gardinen, erst später wurden Glasfenster eingebaut. Etwa zur selben Zeit verbesserte sich auch der Straßenaufbau, es entstanden Kunststraßen mit gewölbter oder gepflasterter Fahrdecke. Dies ermöglichte ein besseres Befahren und damit eine bequemere Fahrt für die Passagiere. Damals konnten etwa vierzig Kilometer pro Tag zurückgelegt werden.[59]

In Österreich wurde 1690 amtlich verordnet, dass auf der Fahrt von Wien nach Innsbruck eine von vier Pferden gezogene Landkutsche zum Einsatz kommen sollte. Diese Kutschen hatten maximal Platz für acht Personen. 1748 ordnete Maria Theresia in einer neuen Postordnung an, dass wöchentliche „Diligence-Wagen", regelmäßig

---

57 Glaser 1905, 66; Katalog 2022, 21; Welti 1956, 85; Welti zählt darin die wildesten (Un-)Taten des Grafen in Feldkirch auf.
58 Getzner 2012, 108.
59 Griep 1992, 16; Schadendorf 1961, 38; Katalog 1990, 22.

Abb. 6: Der Feldkircher Postmeister Adrian Häusler von Rosenfels war ein erfolgreicher, aber sehr streitbarer Geschäftsmann.

an- und abfahrende Postwagen, eingeführt werden. Diese dienten sowohl zum Transport von Paketen als auch Personen. Sie fuhren die ganze Strecke durch, lediglich Pferde und Kutscher wurden ausgetauscht. Außerdem wurden die Wagen von einem „Conducteur" (Schaffner) begleitet.[60]

In Vorarlberg traten erstmals im 18. Jahrhundert private Anbieter von Kutschenfahrten in Erscheinung. Wohl aus Konkurrenzneid beschwerte sich der Feldkircher Postmeister Adrian von Häusler am 14. August 1788 bei den Behörden über die Bregenzer „Lohnrössler" Benedikt Feßler und Maria Anna Dietrich, die Löwenwirtin. Sie hatten am 2. und 3. Juni Passagiere in der Annahme nach Feldkirch gefahren, dass es keine Bestimmung gebe, die es verbiete, zu Fuß ankommende Reisende „weiters zu verführen", also sie mit einer Kutsche weiter zu transportieren.[61] Ein weiterer Bregenzer „Lohnrössler", Joseph Reiner, wurde in der Sache ebenso verhört. Das Protokoll dazu fehlt leider, im Akt wird lediglich vermerkt, dass Reiner die Sache nicht in Abrede stelle.[62] Als Adrian von Häusler 1792 die Idee vorbrachte, eine private Botenfahrt über den Arlberg zu eröffnen, wurde ihm dies in Wien abgelehnt.[63]

Dagegen erhielt vierzig Jahre später der Bregenzer Nepomuk Sonntag die amtliche Bewilligung zur Eröffnung einer Stellwagenfahrt zwischen Bregenz und Feldkirch.[64] Zumindest bis 1838 führte er diese Fahrten aus, da er in diesem Jahr die Anweisung erhielt, sich wegen eines neuen Stellwagengesetzes bei der Postbehörde zu melden.[65] In den Stellwagen war Platz für zehn bis zwölf Personen, während nur halb so viele Passagiere in Eilwagen für die jeweilige Fahrstrecke nur die halbe Zeit benötigten, dafür aber den doppelten Fahrpreis zu entrichten hatten.[66]

60 Egg/Pfaundler/Pizzinini 1976, 303. Katalog 1990, 22.
61 Stadtarchiv Bregenz, Akt 723, Dokument 14.8.1788.
62 Stadtarchiv Bregenz, Akt 723, Dokument 1.3.1788, 24.1.1788.
63 Vallaster 1998, 39.
64 Stadtarchiv Bregenz, Akt 723, Dokument 6.10.1832.
65 Stadtarchiv Bregenz, Akt 723, Dokument 20.7.1838.
66 Tiefenthaler 2003, 46.

Fahrkurse im Rheintal

Innerhalb von Vorarlberg gab es ab 1851 – jedenfalls im Sommerhalbjahr – täglich um halb 5 Uhr eine Stellwagenfahrt von Feldkirch nach Bregenz, wo man um 9:30 Uhr ankam. In Feldkirch war der Postmeister Eduard Berl (1811–1861) für die Abwicklung des Fuhrverkehrs zuständig. In seiner Pferdestation hatte er stets zwei Dutzend Pferde zum Auswechseln stehen, gehörte es doch zu seinen Aufgaben, ausreichend Pferde für den Pferdewechsel zur Verfügung zu haben. 1847 stellte das Landgericht Bregenz fest, dass in Vorarlberg ein Mangel an geeigneten Pferden herrsche, was zu unliebsamen Wartezeiten führe. Doch nicht nur der Personentransport selbst bedeutete einen nicht unerheblichen Aufwand, die ausgetauschten Pferde mussten anschließend auch wieder an ihren ursprünglichen Standort geführt werden. Laut einem Dekret des Jahres 1817 hätten die lokalen Postmeister das Recht gehabt, in Notfällen Privatpferde zu beschlagnahmen, wobei deren Eigentümer mit einem sogenannten Reitgeld entschädigt wurden. Die Postmeister erklärten jedoch 1847, dass die Pferdebesitzer die Herausgabe der Pferde verweigerten – und welcher Postmeister wollte sich mit Pferdebesitzern, zumeist lokale Größen, anlegen?[67] 1847 bat Berl um eine Veränderung der Abfahrtszeiten der zwei Stellwagen.[68] Zwischen Bregenz und Feldkirch verkehrte ab 1851 täglich einmal eine Pferdekutsche, mit Pferdewechsel in Hohenems. In Feldkirch fuhr man frühzeitig um halb 6 Uhr los und kam um 10 Uhr in Bregenz an. Zum Wochenmarkt in Bregenz, der immer am Freitag stattfand und stattfindet, fuhr die Kutsche in Feldkirch bereits um 5 Uhr früh ab, damit die Kunden rechtzeitig zum Markt in Bregenz eintrafen. Auch bei diesen Fahrten erfolgte in Hohenems ein Pferdewechsel.[69]

Nach dem Ausbau der Arlbergstraße im Jahre 1824 wurde auch eine Postkutschenlinie zwischen Vorarlberg und Innsbruck eingeführt. Ab 1852 bis spätestens 1865 organisierte der Bregenzer Posthalter Karl August Braun, dessen imposantes Haus heute noch direkt gegenüber der Nepomukkapelle steht, die Kutschenfahrten nach Feldkirch und weiter bis nach Innsbruck. Diese Kurse wurden in zeitgenössischen Berichten als „Messagerie"-Fahrten angeboten.[70]

Laut einem Zeitungsinserat des Jahres 1856 fuhr der Postomnibus in Bregenz um 4 Uhr früh los, kam um 8:45 Uhr in Feldkirch und um 11:30 Uhr in Bludenz an. Nach der Ankunft in Landeck um 22 Uhr wurde dort übernachtet. Wollte man nicht auf die Postkutsche nach Südtirol umsteigen, kam man am darauffolgenden Tag um 5 Uhr nachmittags in Innsbruck an. Der Postomnibus verkehrte allerdings nur zwi-

---

67   Stadtarchiv Bregenz, Akt 723, Dokument LG 21.9.1847.
68   Vallaster 1998, 39; Stadtarchiv Bregenz, Akt 723, Dokument 22.8.1847.
69   Stadtarchiv Bregenz, Akt 723, BH Bregenz 12.12.1851.
70   Feldkircher Zeitung, 24.5.1865.

Abb. 7: Fahrkarte für eine Kutschenfahrt in die Schweiz, ohne Jahr. Abfahrt war um 3 Uhr früh.

Abb. 8: Vormerkschein für eine Kutschenfahrt von Feldkirch nach Bregenz

schen Mai und Oktober.[71] In Feldkirch betrieb der eilfertige Löwenwirt Arbogast Tschohl ab 1852 die Stellwagenfahrten weiter. Von Bregenz bis Lindau betrieb Johann Georg Magerle eine Stellwagenfahrt.[72]

Aus Vorarlberg gab es auch Kutschenverbindungen in die benachbarte Schweiz. Eine Quelle dazu ist der Amtsschematismus, wie beispielsweise derjenige des Jahres 1844. Von Feldkirch aus gab es täglich Postkutschenverbindungen nach St. Gallen, Schaffhausen und Zürich, wobei diese Tour bereits um 4 Uhr früh startete. Von diesen Schweizer Städten fuhren ebenso früh die Kutschen Richtung Feldkirch ab. So startete der Kurs in St. Gallen um 5 Uhr morgens und kam in Feldkirch um 10 Uhr vormittags an. In Zürich begann die Reise um 7 Uhr morgens, Ankunft in Feldkirch war dann erst abends um 22 Uhr.[73]

Nach Chur gab es eine Kutschenfahrt von Lindau aus, die über Feldkirch führte. In Chur startete man um 20 Uhr und kam erst am nächsten Tag um 9 Uhr in Lindau an. Feldkirch und Bregenz waren Stationen auf dieser Strecke. Kreishauptmann Ebner benützte öfters diese Linie. Über Feldkirch und Chur ging auch eine Briefkurierstrecke.[74]

71   Feierabend, 14.11.1927; Bregenzer Wochenblatt, 6.5.1856.
72   Stadtarchiv Bregenz, Akt 723.
73   Provinzial 1884, 304–305.
74   Provinzial 1884, 303.

Josef Wichners Kutschenfahrt 1872

In der Vorarlberger Literatur gibt es kaum Quellen zu den Verhältnissen in den Kutschen, mit einer Ausnahme: Josef Wichner.

Er beschreibt seine Reise in den Studienort Innsbruck im Jahre 1872 recht dramatisch. In dem von zwei „mageren Postkleppern" gezogenen Stellwagen befanden sich elf Passagiere, von Wichner als „Leidgenossen" bezeichnet. Der „Schwager" (Kutscher) freundete sich mit Wichner an, ebenso der „Conducteur", ein kleiner, behäbiger Mann, der im Hauptberuf Lehrer in der Volksschule Stuben am Arlberg war und sich in der Ferialzeit, wenn seine Schüler von Ende Mai bis Ende Oktober auf der Alpe oder im Schwabenland waren, als Reisebegleiter verdingte. Die lebhaften und persönlichen Gespräche, die der junge Wichner mit dem Schaffner führte, brachten

dem „Studentle" ein gutes Mittagessen ein, eine Forelle. Die Nacht verbrachte er wie alle anderen Fahrgäste im Gasthaus Post in Landeck. Auf dem Kutschbock saß neben dem Kutscher und dem Schaffner ein weiterer Passagier, ein „Tiroler Büeble" mit Lederhose, Schnappmesser und Gamsbart am Hut. Im Vorderteil der Kutsche befand sich ein Engländer in Begleitung einer Dame. Dies dürfte die erste Klasse gewesen sein, in die die Passagiere der zweiten Klasse durch ein kleines Guckfenster „spechteln" konnten. In der zweiten Klasse, von Wichner als „Kasten" bezeichnet, befanden sich vier Studenten, drei Erwachsene und eine Tiroler Käsehändlerin. Die sechzehn Beine der Passagiere waren ineinander verschlungen und bei jedem Halt mussten sie wieder entwunden werden.[75]

Josef Wichner

August 1872, nach der Matura.

Abb. 9: Der Maturant Josef Wichner 1872, vor seiner Abreise zum Studium nach Innsbruck

75 Wichner 1993, 37–40.

Mit dem Schiff auf dem Rhein und Bodensee

Heute verbindet man mit einem Schiff auf dem Bodensee meist Freizeitvergnügen, egal ob man mit dem eigenen Segelboot oder einem Schiff der Bodenseeflotte unterwegs ist. Für unsere Vorfahren waren die Schiffe hingegen eine günstige Möglichkeit, ihre Waren von Feldkirch über den Rhein und den Bodensee zu ihren Kunden in Deutschland und der Schweiz zu bringen. Eine Schiffsladung Feldkircher Waren fand sogar in der Chronik des Konstanzer Konzils Erwähnung, da das Schiff auf dem See von Georg von Enne und seinem Knecht überfallen wurde. Die Konstanzer verfolgten den Knecht mit ihren Schiffen, holten ihn ein und ertränkten ihn im See.[76]

Feldkirch ließ Getreide vom Bodensee per Schiff nach Altach-Bauern bringen und von dort mit dem Fuhrwerk zum städtischen Getreidemarkt. Die Stadtväter schlossen mit den Schiffsleuten aus Höchst, Rheineck und Lustenau sehr genaue Frachtverträge ab, verlangten gewisse Sicherheitsstandards und den Schutz für die transportierten Waren.

Der Schifftransport war natürlich vom Wasserstand des Rheins abhängig, in der Regel konnte der Fluss nur zwischen Ostern und dem Gallustag, dem 16. Oktober, befahren werden. Rheinaufwärts mussten die Schiffe von Pferden oder Menschen gezogen („getreidelt") werden.

Gab es auch einen Transport von Menschen auf den Rheinschiffen? Dies ist anzunehmen, doch gibt es kaum Dokumente dazu. 1475 nahm der Schiffsmann Gemperli aus Rheineck in Altach-Bauern eine Frau an Bord. Als sich herausstellte, dass sie den Fahrpreis nicht bezahlen konnte, setzte er sie am Rheinufer ab. Den gegen ihn angestrengten Prozess verlor der Schiffsmann. Am Bodensee war Personentransport durchaus üblich, von Fußach nach Lindau und von dort nach Konstanz nahm man zumeist das Schiff. Der bekannteste Fahrgast auf dem Bodensee war sicherlich Kaiser Friedrich III., der 1485 für eine Reise über den Bodensee das Lindauer Marktschiff benutzte, das Platz für 60 Personen bot. Während seines vierzehntägigen Bodensee-Aufenthalts wurde sein Schiff von sechs Booten begleitet. Ein wahrlich imperialer Aufwand.[77]

Ein Hindernis für Reisende waren natürlich die Flüsse, die man beim Fehlen von Brücken über Furten, wie beispielsweise in Wolfurt, oder auf Fähren über den Rhein überqueren konnte. Für die Rheinfähren legten die Behörden 1843 die Gebühren neu fest. Bei den Fähren in Altach-Bauern, Lustenau und Höchst-St. Johann hatten Einzelpersonen zwei Kreuzer an den Fährmann zu zahlen. Für die Überfahrt von Pferden, Ochsen, Stieren und Kälbern waren vier Kreuzer, für Esel jedoch nur ein Kreuzer an Gebühren fällig. Frachtwagen samt Knecht und Zugvieh kosteten belade-

---

76 Buck 2011, 75.
77 Volaucnik 2023b, 297–299.

nen acht, unbeladen nur sechs Kreuzer. Bei Hochwasser erhielt der Fährmann einen Zuschlag zur Gebühr. Der Fährmann wiederum musste für die Sicherheit der Passagiere garantieren und war verpflichtet, für den Flaschenzug, der die Fähre über den Fluss brachte, ein gutes Seil zu verwenden. Die Wartezeit der Passagiere war mit einer Viertelstunde festgelegt.[78]

Die Durchquerung von Flüssen konnte, besonders bei Hochwasser, lebensgefährlich sein. 1530 ertrank Abt Kilian Germann von St. Gallen 45-jährig beim Durchritt durch die Furt der Bregenzerach zwischen Kennelbach und Wolfurt. Zusammen mit seinem Konvent war er von St. Gallen nach Schloss Wolfurt geflohen, nachdem der Klosterbezirk während des Ersten Kappelerkriegs von aufständischen Reformierten besetzt worden war.[79]

Einem ähnlichen Schicksal entging 1556 der Verfasser der „Zimmerschen Chronik", Graf Christoph Froben von Zimmern (1519–1566), bei der Durchquerung der Kinzig nur durch Hilfe seines Dieners. Er war, umgeben von sechs Pferden, auf einem „kleinen Zelterle" durch den Fluss geritten, gestürzt und wäre ertrunken, hätte der Diener ihn nicht vor dem Untergang bewahrt.[80] Die Erinnerung an den Vorfall, an seine Familie und den Bau des Meßkirchner Schlosses bewahrte er mit dem Verfassen der nach ihm benannten Chronik.

Dampfschiffe auf dem Bodensee

Kreishauptmann Ebner berichtet in seinem Tagebuch unter dem 18. Juni 1843 erstmals von einem Ausflug mit seiner Familie und weiteren 250 Bregenzer Bürgern, den er als „Dampfschiffahrtspartie" bezeichnet. Die Teilnehmenden – „halb Bregenz in honoratioribus" – waren laut Ebner von „bürgerlicher Noblesse". Den Namen des vermutlich württembergischen Schiffs nennt er leider nicht, jedoch traf man in Lindau auf das bayerische Dampfschiff „Ludwig", das nach Rorschach fuhr. Die Bregenzer Ausflügler fuhren über Langenargen und Friedrichshafen nach Konstanz, wo Ebner den Oberzollinspektor Schmid traf, ehe der Ausflug weiter nach Mainau ging, wo man den Park besuchte. Ebner nützte den Ausflug mit dem Dampfschiff auch für den Weitertransport von privaten Dokumenten und Geldsendungen für einen Schweizer Lieferanten. Am 25. Juni machte der badische Kreisdirektor mit einer großen Gesellschaft einen Gegenbesuch in Bregenz, Ebner kam zur Abfahrt des Dampfers „Konstanzia" an den Hafen.[81]

78 Vallaster 1998, 37; Stadtarchiv Bregenz, Akt 723, „Circular Fähren", 20.3.1843.
79 Heim 1988, 6.
80 Jenny 1959, 114.
81 Ebner-Tagebuch, 18.6., 25.6.1843.

Abb. 10: Das Dampfschiff Ludwig geriet 1843 in einen schweren Sturm.

Abb. 11: Das Dampfschiff Max im Hafen von Konstanz

Im August 1843 geriet der Kreishauptmann mit Bruder und Sohn bei einer Dampferfahrt nach Friedrichshafen in einen Sturm, der auch das Spaziergehen an der dortigen Seepromenade wegen der Staubwolken unmöglich machte. Mit dem dortigen Hafenmeister zog man sich daher in das Gasthaus „Post" zurück. Nach der Einkehr wurden Ebner und seine Begleiter mit Kanonenschüssen verabschiedet.[82]

Bereits um die Jahrhundertmitte hatte sich das Dampfschiff zu einem Motor des Massentourismus entwickelt. Am 27. August 1843, dem Fest des Heiligen Gebhard, brachte das Dampfschiff aus Friedrichshafen 600 Passagiere nach Bregenz, die am Gottesdienst auf dem Gebhardsberg teilnahmen. Auch einen Besuch der Bregenzer beim Lindauer Jahrmarkt per Schiff vermerkt Ebner 1843, eine Tradition, die bis heute weiterlebt. 2022 fuhr die restaurierte „Austria" Vorarlberger Passagiere zum Lindauer Weihnachtsmarkt.[83]

Österreich, wie üblich der Nachzügler in technischen Angelegenheiten im Bodenseeraum, modernisierte seine Bodenseeflotte erst 1884/85, als mit der „Kaiser Franz Josef I." das erste dampfbetriebene Schiff in See stach.[84]

Reiseberichte anno dazumal

Einer der ersten Berichte über eine Reise nach und durch Vorarlberg stammt von Franceso Vettori aus Florenz aus dem Jahre 1507.[85] Ziel seiner Reise war der Reichstag zu Konstanz. Bei der Überquerung des Arlbergs am 6. Juli lag noch Schnee und es herrschte große Kälte. Neben dem Umstand, dass er in seiner leichten Sommerkleidung fror, kritisierte Vettori in seiner Unterkunft in Klösterle auch das Essen. Bereits zwei Generationen zuvor bemängelten zwei Venezianer, die 1433 auf dem Weg zum Konzil von Basel waren, das Nachtmahl und das Schwarzbrot. Aus Mangel an Betten mussten sie in der Stube, vermutlich auf Stubenbänken übernachten, was auf der beschwerlichen Reise weiteres Ungemach bedeutete. Als ein Reisender aus Florenz 1507 auf der Durchreise in Nenzing während des Mittagessens den Gesang eines Priesters vernahm und darauf eine Beerdigung beobachtete, wurde ihm auf seine Nachfrage mitgeteilt, dass ein Mädchen an der Pest gestorben wäre. Der Florentiner verließ daraufhin Nenzing überstürzt. Seltsamerweise lässt sich bisher für das Jahr 1507 kein Auftreten der Pest in Vorarlberg nachweisen, für 1510 jedoch schon.[86]

---

82 Ebner-Tagebuch, 20.8.1843.
83 Ebner-Tagebuch, 18.6., 25.6.1843, 79, 7.11.1843; Fritz/Jäckle 2003, 15. Das Schiff „Konstanz" war seit 1840 in Betrieb.
84 Fritz 1990, 85; Fritz/Jäckle 2003, 60.
85 Tschaikner 2012, 166–171.
86 Tschaikner 2012, 168.

In Lustenau wurde der Reisende in einem Wirtshaus in einen Wortwechsel hineingezogen und beleidigt. Der Florentinische Gesandte hatte Vorarlberg wohl nicht von seiner positiven Seite erlebt.

P. Gabriel Bucelins Reise nach Südtirol

Gabriel Bucelin wurde 1599 im Thurgau geboren und trat in das Benediktinerkloster Weingarten ein, später wurde er Prior des zu Weingarten gehörenden Priorats St. Johann in Feldkirch. Er betätigte sich auch als Historiker, Schriftsteller und Kunstsammler, baute das Priorat zu einer Kunstsammlung aus und war sicherlich der aktivste und bedeutendste Historiker in Feldkirch während der Barockzeit. Sein in Stuttgart befindlicher Nachlass umfasst 20 Bände, darunter zahlreiche Darstellungen des Feldkircher Johanniterklosters.[87] Er soll in St. Johann eine bedeutende Kunstsammlung aufgebaut haben, zahlreiche Lagepläne und Landkarten belegen aber auch sein eigenes zeichnerisches Talent.

Bucelin reiste 1642 nach Südtirol mit dem Ziel, dort den Weingartner Besitz aufzunehmen, der auf Schenkungen des Klosterstifters Welf IV. und seiner Ehefrau Juditha im Jahr 1056 zurückgeht. In vier Tagesmärschen ritten P. Bucelin und sein Begleiter von Weingarten zum Kloster Marienberg im Oberen Vinschgau. Neben seiner eigentlichen, amtlichen Aufgabe hatte er natürlich einen geschulten Blick für die Kunstschätze Südtirols. Doch auch diese Reise war von Problemen oder Unannehmlichkeiten begleitet. So wie die meisten Reisenden litt auch er nachts unter Kälte, etwa während seines Aufenthalts in der Leonburg oberhalb von Lana. Bei der Rückreise nahm er den Weg über den Brenner, Innsbruck und den Fernpass ins Allgäu, wo er und seine Begleiter durch mehrere von der Pest verseuchte Orte kamen.

Doch das Schicksal sollte Gabriel Bucelin noch ein weiteres Mal nach Südtirol führen, diesmal als Flüchtling. Bei der Plünderung von Bregenz 1647 durch eine schwedische Soldateska befand sich P. Gabriel auf der Burg Blumenegg im Oberland. Bei seiner Flucht über den verschneiten Arlberg machte er in Dalaas Halt, wo er viele verängstigte Flüchtlinge vorfand. Von dort führte ihn der Weg ins steirische Stift Admont und 1649 weiter nach Venedig. 1650 reiste er von Venedig weiter nach Trient, wobei er die Besichtigung von kulturhistorischen Sehenswürdigkeiten seinem Reisetagebuch anvertraute. In Südtirol fand er in Klöstern Unterkunft, erstickte bei der Überquerung des Reschen fast im Schneetreiben und wählte den Weg über den Fernpass und Füssen, nachdem der Arlberg wegen enormer Schneemengen unpassierbar

---

87   Stump 1966, 461. Über seine Feldkircher Zeit siehe Ulmer/Getzner 1999, 394, 399–400.

war. Seine Schriften hatte er bereits in Venedig als „kaiserliches Dienstgepäck" nach Lindau geschickt, wo er sie später unbeschädigt in Empfang nehmen konnte.[88]

Diese recht abenteuerliche Schilderung der Reisen des als Stubenhocker und in sich gekehrten Gelehrten eingestuften Mönchs zeigen anschaulich, welche Gefahren Reisende im 17. Jahrhundert durch Witterung, Wegverhältnisse und Krieg auf sich nahmen.

Dienstreisen anno dazumal

Jeder Angestellte, der in seinem Berufsleben eine Dienstreise unternommen hat, kennt die Abrechnungsformulare, heute natürlich digital. Auch unsere Vorfahren legten ihren Auftraggebern Abrechnungen vor, die teilweise archiviert wurden und die eine oder andere interessante Information enthalten. Das Stadtarchiv Bregenz verwahrt einige solcher Dokumente, die eine genauere Untersuchung wert wären.[89] So unternahmen städtische Vertreter 1644 im Rahmen des Salzhandels, der über Bregenz lief, eine Reise nach Schaffhausen und Baden. Die Reise dauert vier Tage. 1641 reisten Bregenzer Amtspersonen nach Konstanz zum Vikar der dortigen Diözese in der Angelegenheit einer „Sepultare" (Beerdigung) für das Bregenzer Kloster Thalbach. In Rorschach wurde übernachtet, später ein Pferd „angespornt", der Diener und das Pferd im Gasthaus Weißes Kreuz in Konstanz untergebracht. Auf der Rückreise wurde das Mittagessen wieder in Rorschach eingenommen und ein Pferd angespornt. Seltsam ist der Eintrag, dass ein Herr Dieterich die Reise zu Fuß mitgelaufen sei, da er sein Pferd hergeliehen habe.[90]

Ein Jahr später, 1642, unternahmen der Ravensburger Jurist Dr. Schatz und der Bregenzer Stadtschreiber eine Reise nach Innsbruck, die genau abgerechnet wurde. Man wählte die Route über das Allgäu und das Lechtal anstatt jener über den Arlberg. Die erste Übernachtung fand in Weiler im Allgäu statt, wo man auf einen nach Bregenz zurückgeschickten Boten wartete. Weiter ging die Fahrt über Immenstadt, wo die Pferde gefüttert wurden und die Herren speisten, nach Hindelang, wo übernachtet wurde. In Tannheim erfolgte ein „Anspann", es wurde ein Pferd als weiteres Zugtier vorgespannt. Es verwundert, dass diese schwierige Strecke gewählt wurde, die hauptsächlich dem Salztransport diente und die als Fernstraße 1543 fertiggestellt worden war.[91] Weitere Stationen waren Bichlbach im Lechtal und Nassereith, wo wiederum ein Pferd „angespornt" wurde.

88 Stump 1966, 468–469.
89 Stadtarchiv Bregenz, Akt 449.
90 Stadtarchiv Feldkirch, Akt 449, Reiserechnung 6.8.1641.
91 Besler 1995, 10.

Nach der Ankunft in Innsbruck verlangten die Herren Siegellack, vermutlich um damit Briefe an Behörden zu siegeln. Herr Dieterich, der auch diese Reisegruppe begleitet hatte, erhielt für die Heimreise zwei Doublonen als Reisegeld. In Innsbruck fielen einige Unkosten an, etwa für eine Wäscherin, die vermutlich die verstaubten Reisekleider reinigte, hingegen konnte eine erhoffte Verköstigung bei der Jungfrau Stromayr nicht stattfinden. Für den Besuch bei den Innsbrucker Behörden mussten zahlreiche Abschriften angefertigt werden. Während dies durchgeführt wurde, unternahmen die Herren einen Ausflug nach Hall. Als sie in Innsbruck bei Herrn Wittweiler zum Essen eingeladen waren, bedankten sie sich mit einem beachtlichen Trinkgeld bei der Küchenmannschaft und dem Diener. Ebenso wurde der Diener des Truchsessen mit einem Trinkgeld für die zahlreichen angeordneten Besuche in der Herberge der Bregenzer Gäste bedacht. Man zeigte sich ob der Dienste des Personals durchaus großzügig.

Die Rückreise erfolgte wiederum über das Lechtal und das Allgäu. Unterwegs wurde ein Almosen gegeben und abgerechnet. In Immenstadt musste ein Schmied das Wagenrad mit einem neuen Eisen und Nägeln versehen. Schmiede und Wagner lebten an den Hauptverkehrsrouten hauptsächlich von Reparaturen an Kutschen infolge von Unfällen oder Materialermüdung.[92] An der Rucksteig, einer kurvenreichen Wegroute von der Bayerischen Grenze über Möggers nach Hohenweiler, erhielt ein Einheimischer ein Trinkgeld, da er den zwei Reisenden den richtigen Weg gezeigt hatte.

In der Abrechnung kommen zweimal Verhandlungen mit Pferdeverleihern vor. In Tirol wurde wegen des Preises verhandelt, da die geliehenen Pferde nicht gut waren, und nach Vorarlberg zurückgekehrt, war man mit dem Preis für die drei geliehenen Pferde des Postillions nicht einverstanden. Offenbar war das einzige zur Verfügung stehende Verkehrsmittel, das Pferd, je nach Leistungsfähigkeit bzw. Preisvorstellung des Kunden Anlass für Verhandlungen.[93]

Nach der Rückkehr nach Bregenz erhielt der städtische Rechtsvertreter Dr. Schatz für seine Heimreise noch ein Zehrungsgeld, also ein Geld für eine Jause.

1645 unternahm der Bregenzer Stadtammann von Deuring mit seinem Stadtschreiber eine Reise an den Untersee und Schaffhausen, natürlich per Schiff. Leider fehlen dazu Details.

---

92 Beyrer 1992, 86. Stellwagenmacher sind Handwerker für Bau und Reparaturen von Kutschen.
93 Stadtarchiv Bregenz, Akt 449.

Bregenz als Verkehrsknotenpunkt in alter Zeit

Während heute Bregenz insbesondere in der Sommerferienzeit im Durchzugsverkehr erstickt, war die Verkehrslage der Stadt am See, quasi als Treffpunkt der Straßen vom Oberland und vom Allgäu, von großer wirtschaftlicher Bedeutung.

Die besondere Lage am Bodensee führte zum Besuch zahlreicher Gäste – einfache Bürger ebenso wie hochgestellte Persönlichkeiten – sowie der Umstand, dass in Bregenz die Landstände zusammenkamen und wichtige Behörden ihren Sitz hatten. Die Bregenzer Stadtammänner zeigten sich als wohlwollende Stadtherren und Gastgeber und verwöhnten diese Gäste mit einem manchmal bescheidenen, manchmal großzügigen Quantum Wein, das den Gästen bestimmt mundete und vom Wirt mit der Stadtkasse in den Jahren 1611, 1618, 1641 und 1644 abgerechnet wurde.[94] In diesen Abrechnungen finden sich die Namen wichtiger Persönlichkeiten wie der Propst von Waldsee, der Stadtamman von Buchhorn (Friedrichshafen), Hauptmann Tanner von Appenzell, der Graf von Hohenems, der Stadthauptmann von Konstanz oder eine Gruppe aus Feldkirch, die sich auf dem Weg zu einer Hochzeit nach Waldsee befand. Insgesamt kann die Abgabe des Weins als freundlicher Akt der Bregenzer Stadtväter angesehen werden, zugleich aber ist sie ein Hinweis auf die Mobilität der regionalen Führungselite des 17. Jahrhunderts.

Reiserechnungen in Feldkirch

Auch in Feldkirch erlauben im Stadtarchiv aufbewahrte Rechnungen Rückschlüsse auf Reisen und Reisekosten von anno dazumal. Interessant ist in dem Zusammenhang, dass sich die Reisenden bereits damals, ähnlich wie die heutigen Autofahrer, über zu hohe Preise beklagten, wenngleich für Pferdefutter und nicht für Benzin oder Diesel wie heute.

Eine Dienstreise zu den Kapuzinern in Luzern

Eine erste derartige Reiserechnung stammt aus dem Jahre 1600, als Stadtpfarrer Dr. Christian Cappitel und der Stadtammann Andreas Cappittel nach Luzern reisten, um dort Verhandlungen zur Gründung eines Kapuzinerklosters in ihrer Heimatstadt Feldkirch zu führen. Sie ritten über Liechtenstein ins Toggenburg und weiter über den Rickenpass nach Uznach. Von dort ging es über Zug nach Luzern, wo man sich

---

94 Stadtarchiv Bregenz, Akt 449.

in einem „Sightseeing" erging. Anschließend verhandelte man mit dem päpstlichen Legaten und den Kapuzinern, ehe auf der Rückreise en passent im Kloster Einsiedeln die Gnadenkapelle besichtigt wurde. Von der Linthebene nahmen die beiden „Gesandten" den Weg über den Kerenzerberg, die Hochebene über dem Walensee, die man heute, von Westen kommend, kurz vor dem Walensee von der Autobahn aus sehen kann. In Sargans nahmen sie ein Mittagessen, bevor sie den waghalsigen Weg über die Schollbergstraße – seit 1492 die erste „nationale" Fahrstraße der Alten Eidgenossenschaft – ins Rheintal einschlugen. Ein Stück dieses Weges wurde in den letzten Jahren vom Verein ViaStoria neu errichtet und ist einen Ausflug wert. Die beiden Reisenden vergaßen in ihrer Abrechnung nicht, alle Ausgaben, von der Übernachtung bis zum Trinkgeld, aufzulisten. Ihre Reise war erfolgreich, denn das Kloster, das aufgrund ihrer Initiative gegründet wurde, besteht als einziges Kapuzinerkloster in Vorarlberg bis heute.[95]

Das Gasthaus in Altach-Bauern

Eine ganze Serie von Reiserechnungen aus den Jahren 1646/1647 stammt aus dem der Stadt Feldkirch gehörenden Gasthaus in Altach-Bauern.[96] Dieses ursprünglich als Anlegeplatz und Stapelort für auf dem Rhein transportierte Waren bestimmte Gasthaus diente höheren städtischen Mitarbeitern und Stadtammännern auf Dienstreisen als Übernachtungsort. Hier speiste man auf Dienstreisen nach Hohenems oder nächtigte auf dem Weg nach Lindau. So finden sich Rechnungen für den Feldkircher Hauptmann Balthasar Heltmann, der in Bauern übernachtete und seine Pferde im Stall unterstellte.[97] Die Pferde des Baumeisters Bernhard Fröweis erhielten einen halben Vierling Hafer. Auch die drei Pferde des auf dem Weg nach Bregenz befindlichen Vespasian Zoller wurden versorgt, ebenso jene des Peter Hirschauer, der Wein nach Bregenz brachte. Stadtammann Zacharias Rainolt von Babenwohl wie auch sein Schreiber mitsamt einem Diener übernachteten im Gasthaus. Der Offizier Vespasian Zoller, der im Frühjahr 1645 wiederholt auf dem Weg zur Neuburg war, nahm hier lediglich seine Mahlzeiten ein, während sich auf der Rechnung des Leutnants Rainolt von Babenwohl hingegen noch ein Schlaftrunk und auch ein Nachttrunk finden. Auffallend an diesen Rechnungen ist der Umstand, dass sich der Stadtammann Rainolt von einem Diener begleiten ließ.[98]

95 Stadtarchiv Feldkirch, Akt 2449; Volaucnik 2007, 24–25.
96 Stadtarchiv Feldkirch, Akt 1035; Niederstätter 1999, 15–66; Volaucnik 2023a, 287–295.
97 Volaucnik 1998, 9–16. Er fiel 1647 am Haggen (Lochau) gegen die Schweden.
98 Alle diese Personen waren auch Stadtammänner in Feldkirch: Vespasian Zoller 1657/58, Bernhard Fröweis 1649, 1651, 1655, Rainolt 1620–1645. Über die Zoller siehe Ulmer 1978, 731–733. Zu Rainolt (auch Rainold) siehe Ulmer 1978, 674, 786.

Feldkircher Ratsangehörige nahmen 1737/38 als Gäste an den Ammannwahlen in Dornbirn und Höchst teil, in den Rentamtsrechnungen wurden die Ausgaben angegeben. Interessant dabei ist, dass der Feldkircher Amtsbaumeister in Dornbirn für die „Kuchl" und den Stall 1 Gulden 30 Kreuzer und in Höchst 1 Gulden 6 Kreuzer als Trinkgeld abrechnete.[99]

Eine Dienstreise von Alois Negrelli

1829 unternahm der Bauingenieurs-Adjunkt Alois Negrelli eine Dienstreise nach Feldkirch. Der junge Trentiner, der gemeinhin als Planer des Suezkanals, der Seeverbindung zwischen dem Mittelmeer und dem Roten Meer, bekannt ist, begann seine Berufskarriere in Vorarlberg. Darüber hinaus war Negrelli einer der einflussreichsten Verkehrsplaner seiner Zeit, der nicht nur an zahlreichen Eisenbahnbauten in der Habsburgermonarchie beteiligt war, sondern auch grundsätzliche Weichenstellungen für die Etablierung des Eisenbahnwesens im alpinen Raum legte. Nach seiner Dienstzeit in Vorarlberg wechselte er zuerst in den Kanton St. Gallen, wo er eine Stelle als kantonaler Baumeister antrat. Daneben konzipierte er die Münsterbrücke im Stadtzentrum von Zürich, ehe er die Planung der ersten Schweizer Eisenbahnstrecke zwischen Zürich und Baden, der „Spanisch-Brötli-Bahn"[100], übernahm.[101] Die SBB ehrte ihn 2021 mit einer Negrelli-Brücke in Zürich. Diese Fußgängerbrücke spannt sich über die gewaltigen Gleisanlagen des Hauptbahnhofs und verbindet die in Zusammenhang mit dem Bahnhofsneubau entstandenen neuen Quartiere.

1829 besichtigte Negrelli in Feldkirch die Baustelle des neuen Feldkircher Brunnenhauses. In seiner Dienstreiseabrechnung verrechnete er die Unkosten für ein Pferd, eine Kutsche („Chaise"), einen Knecht, für die bezahlten Weggelder und für die von ihm gewährten Trinkgelder. Als Vorlage für die Kostenrechnung diente ihm ein vom Landgericht erstellter Preisspiegel.[102] Interessant ist der Ausgabenposten Weg-

---

99   Stadtarchiv Feldkirch, Hs. 122, Rentamtsrechnung 1737/38.
100 Im reformierten Zürich war es den Bäckern verboten, Luxusgebäck herzustellen, daher mussten die Dienstboten der führenden Zürcher Familien nachts die 25 km von Zürich nach Baden gehen, um am Morgen Plundergebäck – darunter „Spanisch Brötli", eine badische Spezialität – zu kaufen und es möglichst frisch den Herrschaften zum Sonntagsfrühstück aufzutischen. Als 1847 die Schweizerische Nordbahn von Zürich nach Baden als erste Bahnstrecke innerhalb der Schweiz eingeweiht wurde, konnten die Spanisch Brötli in 45 Minuten von Baden nach Zürich transportiert werden. Dieser Verwendungszweck der Bahn war so beliebt, dass die Bahnlinie im Volksmund die Bezeichnung Spanisch-Brötli-Bahn bekommen hat. Vgl. dazu https://philatelisten.ch/Sammelgebiete/sam_affolter.html [eingesehen am 24.5.2023].
101 Bußjäger/Concin/Geistgrasser 1997, hier 75–84; Fritzsche/Lemmermeier/Flüeler 1996, 91; Ebner-Tagebuch, 25.10.1845.
102 Stadtarchiv Feldkirch, F II, Sch. 46/26. In der Reiserechnung des Kreisingenieurs Ducati vom selben Jahr fehlen diese Angaben. F II Sch. 50/17.

geld, also Unkosten für die Benutzung einer Straße, ähnlich unserer Maut. Leider gibt Negrelli nicht an, in welchem Ort er das Weggeld zu bezahlen hatte. Und das Trinkgeld? Wer erhielt dies? Vermutlich der Knecht oder der Stallbursche, der das Pferd betreute.

Das Tagebuch des Kreishauptmanns Ebner als Quelle zur Verkehrsgeschichte

Der spätere Kreishauptmann Johann Nepomuk Ebner wurde 1790 in Imst als Sohn eines Landrichters geboren. Er begann nach einem Studium an der Universität Landshut 1810 seine Berufskarriere als Verwaltungsbeamter, die ihn nach Zwischenstationen in Imst und Schwaz 1822 nach Vorarlberg führte, wo er bis 1850 blieb. Danach diente er als Gubernialsekretär in Innsbruck, ehe er 1857 in den Ruhestand ging und 1876 verstarb. Seine regelmäßig und akribisch geführten Tagebücher befinden sich im Vorarlberger Landesarchiv und wurden während der Jahre 1994 bis 1999 vom Verein Vorarlberger Wirtschaftsgeschichte ediert. In diesen Tagebüchern finden sich auch Quellentexte zur Mobilitätsgeschichte in der Zeit des „Vormärz". Neben seinen täglichen, stundenlangen Spaziergängen, die man wohl nach heutigen Maßstäben eher als Wanderungen einstufen würde, beschreibt er darin auch zahlreiche Reisen mit der Kutsche.[103] Insbesondere die Schilderungen seiner Reisen im Jahr 1840 erlauben der Nachwelt interessante Einblicke in die Lebens- und Reiseverhältnisse eines vermögenden Spitzenbürokraten.

Am 25. Februar vermerkte Ebner einen Ehezwist, da ihm die aus vermögendem Hause stammende Ehefrau Johanna geb. Schueller vorwarf, für die Familie keine eigene „Equipage" anzuschaffen. Doch der Ehegatte führte ins Treffen, dass man dies in Bregenz nicht benötige, da man sich stündlich eine Postkutsche einspannen könne, außerdem verstünde er nichts von Pferden. Letztendlich erfüllte er aber den Wunsch seiner Ehefrau und vermerkte unter dem 13. April, dass er mit eigener Equipage bis zum Wellenstein mitgefahren wäre, während die Familie bis Lindau weiterfuhr. Aufschlussreich ist auch die Schilderung einer Fahrt nach Innsbruck, allerdings per Postkutsche, ab dem 24. Juni. Um 7 Uhr morgens kam die Kutsche samt einem Beiwagen in Bludenz an. Da beide Wagen voll waren, erhielten Ebner und seine Schwägerin einen eigenen Wagen für sich. Um 8 Uhr morgens war Abfahrt, wobei Ebner einen guten Wagen mit Pferden des Magistratsrats Mutter erhielt. Da am Arlberg immer noch Schnee lag, benötigte man auf Tiroler Seite einen Vorspann. Allerdings wurden die Pferde auf alle Wagen aufgeteilt, sodass sich Ebner und

103 Tiefenthaler 2003, 48.

seine Begleiterin für ihr Wägelchen mit nur einem Pferd als Vorspann begnügen mussten.

Ebenfalls im Jahre 1840 reiste Ebners Neffe Albert nach Landeck, wobei die Kutsche um Mitternacht von Bregenz abfuhr. Ebner blieb bis zur Abholung des Neffen durch einen Bediensteten wach und vermerkte das „Vorbeirauschen" der Postwägen um halb ein Uhr. Im Oktober 1840 unternahm die Familie Ebner eine Reise nach München, wo sie ihre Tochter im Erziehungsinstitut in Nymphenburg unterbrachten. Bei der Gelegenheit beschrieb Ebner seine Eindrücke anhand genauer Beobachtungen der Landschaft und der Sehenswürdigkeiten Münchens und zeigt damit, wie kulturaffin und geschichtsbewusst das Bildungsbürgertum des Vormärz war.

Nächtliche Fahrten nach Innsbruck im Postwagen bezeichnete Ebner im Tagebuch als „Opfer", das er als Begleiter seines Sohnes auf dem Weg ins Theresianum in Wien gerne in Kauf nahm.[104]

Pferde

Wie unterschiedlich das Angebot an Pferden in den Pferdewechselstationen war, kann einem Eintrag in Ebners Tagebuch vom 24. Juli 1843 entnommen werden. Nach einer Badekur in Obladis („Tiroler Sauerbrunn") im Tiroler Oberland entschloss sich Ebner zu einem Besuch in seinem Geburtsort Imst. In Landeck waren keine „frischen", ausgeruhten Pferde vorhanden, sodass er sich „mit leer zurück gehenden Imsterpostpferden" begnügen musste. Postpferde von der Poststation Imst wurden also in Landeck ausgetauscht.[105]

Doch auch mit den Kutschern konnte man Pech haben, wie Ebner am 21. August 1843 in sein Tagebuch notierte. Als er mit seiner Familie von einem Ausflug nach Bregenz zurückkam und den „Steig" unterhalb der Kapuzinerstiege passieren wollte, fiel der Kutscher beim Versuch, vom Bock abzusteigen, in den „Straßenkoth" und war wegen seiner Trunkenheit außerstande, den „Radschuh" einzulegen. Nur mit Hilfe eines Passanten gelang es Ebner, diese für die steile Abfahrt in der Kirchstraße notwendige Bremshilfe anzubringen.

Dass man aber auch Rücksicht auf die Pferde nahm, geht aus einem Eintrag vom 5. Juni 1842 hervor, als das Wetter derart schwül war, dass man mit der Rückfahrt bis am Abend zuwartete, damit die Pferde, unbehelligt von den Fliegen, schneller liefen. Auch 1842 nahm man bei einer Reise nach Ravensburg wegen der Hitze und den „Bremsen" Rücksicht auf die Pferde und fuhr erst gegen 17 Uhr nach Bregenz zurück.

---

104 Ebner-Tagebuch, 21.9.1842.
105 Ebner-Tagebuch, 24.7.1843.

Man schonte die Pferde also bewusst – und ein wenig wohl zugleich auch sich selber. Ebenfalls 1842, bei der Rückreise von einer Fahrt nach Deutschland und den Niederlanden, bemerkte Ebner am 3. August, dass das Pferd namens Kastor sehr müde war und nur mit Schlägen zum Traben veranlasst werden konnte.[106]

Stellwagenfahrten in die Seitentäler

Nach dem Ausbau des Eisenbahnnetzes in den Haupttälern Tirols und Vorarlbergs und der Ablöse des Personen- und Gütertransportes durch dieses neue Verkehrsmittel übernahmen im Anschluss private Fuhrleute und Unternehmer den Transport der Touristen in die Seitentäler. In den größeren Poststationen standen Lohnkutschen und Postkutschen für den Weitertransport zur Verfügung. Dort befanden sich auch sogenannte Extraposten. Die Kosten waren zwar höher, boten dem Gast aber ein bequemes Reisen. Eine weitere Serviceleistung für die Touristen waren Stellwagen, quasi Omnibusse, die den Gast vom Bahnhof zum gewünschten Hotel brachten.[107]

Ein Beispiel für solche Stellwagenfahrten bietet das Montafon. Vor der Eröffnung der Montafonerbahn im Jahre 1905 bestand der öffentliche Verkehr aus einer Postkutsche, die von Bludenz nach Schruns verkehrte. Von dort gab es einen Stellwagen, der bis Gaschurn weiterfuhr. Wegen des mangelnden Komforts, des geringen Zeitgewinns und der hohen Unkosten bevorzugten viele Reisende den Fußmarsch in die Talschaft. Die Postkutsche benötigte für die zehn Kilometer von Bludenz nach Schruns zwei Stunden, stramme Wanderer nur unwesentlich länger. Mit der Eröffnung der Montafonerbahn im Dezember 1905 wurden die Postkutschenfahrten eingestellt, jedoch nach dem Jahrhunderthochwasser 1910 kurzfristig wieder aufgenommen.[108]

Eindrücke von einer Postkutschenreise hinterließ der Gymnasialprofessor und Historiker Hermann Sander in einem Bericht. Sander nutzte die Postkutsche zur Anreise ins Montafon anlässlich seiner Besteigung des Piz Buin im Jahre 1866. Er berichtet: „Rasch rollte der Wagen durch die Gefilde des Walgaus nach Bludenz. Nach kurzem Aufenthalt daselbst ließen wir uns auf der Montafonerstraße, die an Erbärmlichkeit eine Nebenbuhlerin suchen dürfte, gehörig durchrütteln. […] Wir passierten einige Brücken, deren Festigkeit dadurch in ein entsprechendes Licht gesetzt worden war, daß die erste derselben wenige Tage zuvor unter einem Kornwagen eingestürzt war, bei welchem Anlasse auch richtig zwei Menschen das Leben verloren haben […].“[109]

---

106 Ebner-Tagebuch, 13.6.1842.
107 Pizzinini/Forcher 1979, 70; Tiefenthaler 2003, 46.
108 Strasser 2010, 59–62.
109 Zitiert nach Strasser 2010, 59–61.

Als Abfahrts- und Ankunftsstelle der Pferdegespanne diente das Postamt in Schruns, das sich ab 1850 in der Dorfstraße befand. In die Innerfratte – das hintere Montafon von St. Gallenkirch bis Partenen – gab es bis 1823 nur eine Kutschenfahrt, die von Schruns bis Gaschurn vier Stunden benötigte, während das 1923 eingeführte Postauto die Strecke in 40 Minuten bewältigte.[110]

Ein Beispiel für einen Stellwagenunternehmer ist Thomas Bliem (1849–1907), der aus Tirol stammte und in jungen Jahren als Postillion auf der Arlbergroute unterwegs war. Als mit der Eröffnung der Arlbergbahn diese Fahrten eingestellt wurden, begann Bliem mit Stellwagenfahrten zwischen Bludenz und Bludesch, nach Schruns und nach Brand. Der schlechte Zustand der Straßen machte die Fahrten für die Passagiere beschwerlich und für die Pferde mühsam, weshalb sich Bliem fragte, wofür die jährlich von ihm zu zahlenden 200 bis 250 Kronen an Straßenzoll wohl verwendet würden. Als recht erfolgreicher Unternehmer erwarb er ein großes Haus unterhalb der Bludenzer Pfarrkirche. Doch der Bau der Montafonerbahn führte zu einem Niedergang seines Geschäfts, sodass er zum Verkauf von 18 Pferden gezwungen war. Es blieb ihm lediglich die Stellwagenfahrt nach Brand.[111]

Abb. 12: An die „Kutschenzeit" im Bregenzerwald erinnerte in den 1960er Jahren nur noch eine zu einem Blumenbett umgewandelte Kutsche vor dem Gasthaus Post in Bezau.

110 Strasser 2010, 62–63.
111 Häusle 2021, 12, 14, 16.

Auch auf dem Weg zum Arlberg veranlasste die Langsamkeit der Postkutschen so manchen Passagier, auszusteigen und zu Fuß Richtung Pass zu schreiten. Der Wanderbuchautor Leopold Höhl und seine Begleiter gaben 1875 „Schusters Rappen" den Vorzug, während der Postwagen langsam hinter ihnen nachtrottete.[112]

Der Stellwagen nach Brand führte 1902 immerhin 120 Fahrten durch und im Jahr darauf nahm der Gastwirt Burtscher vom Hotel „Bludenzer Hof" den täglich zweimal verkehrenden Stellwagenbetrieb zwischen Bludenz und Brand auf. Die damalige Brandnerstraße war steil und desolat, die Pferde mussten bei diesen Straßenverhältnissen viel erleiden und wurden vom Fuhrmann am Halfter gehalten. Im Sommer 1903 wurden 621 Gäste so ins Brandnertal transportiert, dazu kamen noch 80 Separatwagen für Einzelkunden. 1908 war die Anzahl der Passagiere auf 1895 Personen und 140 private Wagen angestiegen. Hofrat Ing. Julius Fritsch, Leiter der Bauabteilung der Landesregierung, erinnerte sich 1930 anlässlich der Eröffnung der neuen Brandnerstraße an diese Stellwagen. Er schilderte den Transport als beschaulich und schrieb, dass an schwierigen Stellen der Kutscher und einzelne Fahrgäste aus der Kutsche ausstiegen, um den Pferden die Zugarbeit zu erleichtern.[113]

Bregenzerwald

Die schlechten Straßen- und Wegverhältnisse im Bregenzerwald veranlassten 1866 einen Reiseschriftsteller, diese Region als „Eldorado für Fußwanderer" zu bezeichnen, Wagenfahrten waren nur mit Zeitverlust möglich.[114]

Eine erste Lizenz für eine Stellwagenfahrt zwischen Andelsbuch und Bregenz erhielt im Jahre 1845 Jodok Fink aus Andelsbuch.[115] Die Eröffnung der Postkutschenfahrten von Dornbirn in den Bregenzerwald am 1. Juni 1888 wurde feierlich begangen. Seit 1886 gab es eine Stellwagenfahrt von Dornbirn nach Schwarzenberg, ab 1888 verkehrte ein Postomnibus in den Bregenzerwald. Zur Eröffnung der neuen Linie war sogar der Postkommissär Pircher aus Innsbruck angereist. Die zu ihrer ersten Fahrt bestimmten Wagen waren mit Fahnen und Kränzen geschmückt, auch die drei anderen Wagen, die an diesem ersten Fahrtag eingesetzt wurden. Um 15 Uhr versammelten sich die Festgäste am Dornbirner Marktplatz, darunter die „Spitzen" der Behörden, der Gemeinderat und die Dornbirner Industriellen. In neun privaten Kutschen begleiteten die Festgäste den ersten Postwagen, der den steilen Weg von Dornbirn in den Bregenzerwald zurücklegte. In Haselstauden, wo der Weg über den Achrain

---

112 Tiefenthaler 2011, 7.
113 Beck 2013, 24.
114 Tiefenthaler 2003, 46.
115 Stadtarchiv Bregenz, Akt 723, Dokumente 13.9., 14.10.1845.

nach Alberschwende abzweigt, durchquerten die Gespanne einen kleinen „Triumph-bogen". In der Parzelle Knie wurden Böller gezündet und die Blasmusik spielte auf.[116] Die Zeit der Postkutschen dauerte im Bregenzerwald bis zum Jahr 1922, sie wurden erst allmählich durch die Bregenzerwaldbahn abgelöst, „das Wälderbähnle", das zwischen 1902 und 1983 auf Schmalspurgeleisen zwischen dem Rheintal und Bezau verkehrte.[117] Eine erste Postautobuslinie wurde 1922 zwischen Schoppernau und Bezau während der Sommermonate eingerichtet.[118]

Handwerker und Verkehr

Zahlreiche Handwerker lebten von den Kutschen, deren Bau, der Reparatur von gebrochenen Wagenrändern und der Erzeugung von Sätteln und Riemen.

In Vorarlberg ist nur ein Erzeuger von Kutschen und Wagen bekannt: der „Chaisenfabrikant" Josef Anton Albrich (1788–1885), der in Dornbirn an der Hatlerstraße eine Werkstatt betrieb und daneben auch als Schmied und Wagner tätig war. Auch sein Sohn Franz Josef (1811–1885) sowie sein Enkel Johann Georg Albrich (1841–1915) übten diesen Beruf aus.[119] In allen Vorarlberger Städten gab es Wagner, die Wagenräder erzeugten und reparierten sowie Sattler, die neben den Sätteln für Reitpferde auch Saumzeug aus Leder erzeugten. Ihr Hauptkundenkreis waren jedoch weniger Reiseunternehmer, sondern vielmehr die tausenden Bauern, die Holz für ihre Fuhrwerke und Riemenzeug für die Gespanne benötigten. So erhielt beispielsweise der Feldkircher Wagner Mathias Wegeler 1794 für die Anfertigung von Rädern aus dem Stadtwald Buchenholz zugeteilt.[120] In Feldkirch waren die Sattler in einer Zunft vereinigt, die 1665 bzw. 1698 ihre Zunftstatuten erhielt. Es gab ganze Sattlerdynastien wie die Familien Briem und Hagg, die sich über mehrere Generationen auf ihre Profession spezialisierten, ehe sie im 19. Jahrhundert ihr Tätigkeitsfeld ausweiteten und nun – jedenfalls die Haggs – auch Reiseartikel anboten und sich als Tapezierer betätigten.[121]

An der alten Zufahrtsstraße nach Feldkirch, nur wenige Meter von der Straße und der Heiligkreuzbrücke entfernt, befand sich im Haus „Im Kehr 3" eine Schmiedewerkstatt mitsamt Hufschmiede. Von 1815 bis 1887 übte Johann Georg Müller, danach ein gewisser Johann Thaler und zuletzt der alten Feldkirchern noch bekannte Mathias Büchel diesen Beruf aus. Heute erinnern nur noch die alte, überdachte

---

116 Dornbirner Gemeindeblatt, 3.6.1888.
117 Fink 2009.
118 Rupp 1997, 54–56.
119 Matt 1992, 106.
120 Stadtarchiv Feldkirch, Ratsprotokolle, Hs. 42, 1794, Hs. 44, fol. 92 (1795).
121 Großhammerzunft 2010, 133–141. Das Zunftarchiv befindet sich im Schattenburgmuseum.

Pferdebeschlagbrücke und ein altes Wagenrad an diese für Fuhrleute so wichtige Werkstatt.[122] Der Standort der Werkstätte in Heiligkreuz war für die Kundschaft ebenso ideal wie für den Handwerker.

Abb. 13: Die Hufschmiede und Wagnerei des Mathias Büchel in Heiligkreuz

122 Lang/Natter 1982, 152–156.

Was es für Reisende bzw. Kutscher bedeutete, wenn ein Pferd ein Hufeisen verlor, ist im Tagebuch Ebners vom Juli 1843 nachzulesen. Bei der Rückreise von einer Kur in Tarasp im Engadin passierte ein solches Malheur, worauf der Kutscher anhielt und die Straße vergeblich absuchte. Da in drei Dörfern an der Straße kein Hufschmied zu finden war, musste der Kutscher fast 50 Kilometer zurück nach Chapella fahren, wo das Beschlagen des Hufs vorgenommen wurde. Ebner ging zu Fuß weiter, der Kutscher holte ihn erst tags darauf ein.[123]

Arme unterwegs

Die in den vorherigen Kapiteln beschriebenen Reisen konnten nur von wohlhabenden Menschen unternommen werden, da sie mit nicht unerheblichem finanziellem Aufwand verbunden waren. Dennoch machte sich ab dem 19. Jahrhundert auch der weniger wohlhabende Teil der Bevölkerung, der die große Masse stellte, auf den Weg, vornehmlich auf der Suche nach Arbeit, Verdienst, einer Unterkunft oder einfach etwas Lebensglück. Und so zogen ständig Menschen von anderswo durch das Land und die Städte Vorarlbergs, und auch unsere Landsleute verharrten nicht zu Hause, sondern wanderten munter in alle Richtungen.[124] Über sie geben hauptsächlich einschlägige Sozialakten aus der zweiten Hälfte des 19. Jahrhunderts spärliche Auskunft. So finden sich im Stadtarchiv Feldkirch zahlreihe Akten, Dokumente über Personen, die verhaftet und „auf dem Schub" in ihre Heimatorte gebracht wurden, es handelte sich um sogenannte „Schüblinge". Auch Ansuchen um Unterstützung von in Feldkirch „gestrandeten" Handwerkern und von Feldkirchern, die in Wien oder in anderen Großstädten verarmten und ihren Heimatort um Hilfe baten, sind vorhanden. Für ihre Rückkehr in die Heimat erhielten sie eine Reiseunterstützung.[125] In den Akten des Feldkircher Spitals finden sich Hinweise auf die soziale Lage und Herkunft von in der Stadt erkrankten Menschen, da die Stadtverwaltung deren Verpflegskosten von deren Heimatorten zurückforderte. 1843/45 wurden in diesen Listen die Namen der Erkrankten, der Beruf, der Ort, der Zeitpunkt der Aufnahme und die Bezahlung der Unkosten festgehalten. Sieht man sich diese Liste durch, fällt auf, dass kaum Feldkircher auftauchen, sondern hauptsächlich Handwerker, Arbeiter und Bauern der Region. Die Herkunftsorte der Handwerker und Arbeiter wie Wien, Innsbruck oder Ungarn geben einen Hinweis auf die enorme Mobilität dieser Gruppe.[126]

123 Ebner-Tagebuch, 18.6.1843 bis 25.6.1943.
124 Tiefenthaler 2003, 46.
125 Stadtarchiv Feldkirch, F II, Sch. 42/40, 42/46 (Schubakten); Sch. 48/23 (Unterstützungsansuchen); Sch. 58/04 (Reiseunterstützungen, Gestrandete Handwerker 1877, Reiseunterstützung 1878).
126 Stadtarchiv Feldkirch, F II, Sch. 28, Akt 29; Volaucnik 2022, 97–98.

„Stadt-Geschenk"

Arme Durchreisende erhielten von der Stadt Feldkirch das sogenannte „Stadt-Geschenk", eine Geldspende, mit der man diese Menschen vermutlich vom Betteln abhalten wollte. Die Abrechnungen der Jahre 1870 bis 1875/76 belegen, dass jährlich zwischen 2000 und 2280 Personen dieses Stadtgeschenk in Höhe von 20 Kreuzern erhielten. Diese Zahlen beeindrucken, lassen aber das Elend herumreisender Arbeiter und Handwerksgesellen dennoch nur erahnen.[127]

Mit der Einrichtung einer „Naturalverpflegsstation" in der Schattenburg versuchte man aufgrund eines Landesgesetzes seit 1891 die Ströme umherziehender Armer zu kanalisieren, indem man ihnen eine Unterkunft anbot. Zugleich sollten sie durch ein karges Nahrungsangebot vom Betreten der Stadt abgehalten werden. Die Schattenburg diente seit dem 19. Jahrhundert als Gefängnis, Kaserne und Armenhaus, und nun auch als Ort der Ausspeisung für die Armen. Die Unterbringung der armen Reisenden dürfte in der verwahrlosten Burg ebenso wenig luxuriös gewesen sein wie andernorts, denn zahlreiche Gemeinden unterhielten solche Einrichtungen, zumeist außerhalb des Siedlungsgebiets.[128]

Als eine Vagabundin aus Appenzell im Wald zwischen Bludesch und Schlins 1862 ein Mädchen namens Viktoria Pfister geboren hatte, erhielt das Kind nur deshalb das Heimatrecht in Schlins, weil die Geburt knapp innerhalb der Gemeindegrenze stattgefunden hatte. Zweiundzwanzig Jahre später war die junge Frau in Feldkirch wiederholt wegen Bettelei sowie einem kleinen Diebstahl auffällig geworden, weshalb sie von Feldkirch nach Schlins abgeschoben wurde. Dort entschloss man sich, um weitere Unannehmlichkeiten zu vermeiden, zur zwangsweisen Verschiffung der Unglücklichen via Le Havre nach Nordamerika. Die damit beauftragte Basler Agentur A. Zwilchenbart stellte die Rechnung erst, nachdem das Schiff mit der unfreiwilligen Auswanderin den Hafen verlassen hatte. Damit ersparte man sich auf diese Weise, dass sie womöglich dauerhaft der Armenkasse zur Last gefallen wäre.[129] Leider fehlt bis jetzt eine genaue Untersuchung vieler Sozialakten, trotzdem gehören auch die durch Armut intendierten Wanderungen zum Thema Mobilität.

---

127 Stadtarchiv Feldkirch, F II, Sch. 44/09; Sch. 44/16: 1875/76; Sch. 60/21: 1870–1873/74.
128 Bersin 1987, 157.
129 Mitteilung von Dr. Dieter Petras, Walgau-Archiv, 25.5.2023.

Weitere Geldgeschenke der Stadt Feldkirch

Im Aktenbestand des Stadtarchivs finden sich Dokumente zu weiteren Geldgeschenken, die auch mit einer Art der Mobilität zu tun haben, dem Militärdienst. 1875 erhielt der Stellungspflichtige Clemens Grebner drei Gulden für seine Rückkehr nach Feldkirch, um an seinem Heimatort der Stellungspflicht nachzukommen. Um zu verhindern, dass sich die Jünglinge der Stellungspflicht entzogen, gewährte die Stadt ihm und einem weiteren jungen Feldkircher ein „Aufmunterungsgeld". Wohin es sie im Militärdienst verschlug, in welchem Winkel der alten Monarchie sie landeten, ist unbekannt.[130]

Reiseführer und Verkehrsmittel

Während wir heute von örtlichen Tourismusbüros, über das Internet, mit Google und anderen digitalen Hilfsmitteln Informationen aller Art über einen Ort erfahren – in Dornbirn ist dies beispielsweise bereits per Handy-App möglich –, waren unsere Vorfahren auf gedruckte Reiseführer angewiesen. Das erste derartige Reisehandbuch bzw. Routenhandbuch entstand 1563, das 1577 neu aufgelegt wurde. Die Karten waren anfangs noch ungenau,[131] doch seit dem 19. Jahrhundert entwickelte sich ein breiter Markt für Reiseführer und Reisehandbücher mit immer detaillierteren Informationen.

Für Bregenz war der 1857 in Stuttgart erschienene Reiseführer von Dr. Schnars „Der Bodensee und seine Umgebungen" von großer Bedeutung. Neben einer Schilderung des neuen „k. k. Staatshafens" beschreibt und lobt er die Gasthäuser und neuen Hotels sowie eine Bijouteriefabrik. Die Gerüchte über die Fremdenpolizei, gemeint war damit vermutlich die Grenz- und Passkontrolle, hält er für unbegründet. Auch kleine Ausflüge und Wanderungen um die Stadt empfiehlt er.[132] Am Ende des Textteils gibt Schnars ein Verzeichnis der Verkehrsmittel von Bregenz wieder: Dreimal am Tag fuhren Schiffe von Bregenz in Richtung Friedrichshafen, Rorschach und Konstanz. Zwischen Lindau und Bregenz verkehrten täglich fünf Dampfschiffe, ebenso täglich Pferdeomnibusse.

Über Feldkirch berichten die ersten Reiseschriftsteller des 19. Jahrhunderts wenig ausführlich. Der Bayer Ludwig Steub, der Tirol und Vorarlberg in den 1840er Jahren durchwanderte, hinterließ sehr persönliche Schilderungen und Eindrücke. Seine bekannteste Bemerkung ist sicherlich: „Feldkirch ist eine kleine Stadt mit

---

130 Stadtarchiv Feldkirch, F II, Akt 24/13.
131 Griep 1992, 16.
132 Dobras 2003, 69.

großen Erinnerungen", ein Bonmot, das noch heute gerne in Sonntagsreden und Zeitungsartikeln zitiert wird. Der 1837 in Feldkirch geborene Autor und Bibliothekar Ludwig Hörmann verfasste 1895 im Auftrag des Landesverbands für Fremdenverkehr ein Reisehandbuch über Vorarlberg. Zu Feldkirch bemerkte er, dass diese Stadt die geringste Sterblichkeitsziffer unter allen österreichischen Städten habe. Als Grund gab er die frische Luft, die durch die vier Stadttore wehe, und die am Stadtrand befindlichen Wälder an. Tatsächlich weht abends ein Wind, genannt der „Arlberger", durch die Stadt. Daneben zählte Hörmann auch die damals neu errichtete Spinnerei der Firma F. M. Hämmerle zu den Sehenswürdigkeiten der Stadt.[133]

Den ersten Reiseführer im heutigen Sinn gestaltete Franz Josef Vonbun im Jahr 1868. Er enthielt eine Mischung von Beschreibungen historischer Ereignisse, kunstgeschichtlicher Objekte und Schilderungen von Wanderungen. Laut Vorwort wollte er sowohl dem Einheimischen wie dem Gast ein „treuer Führer" in der Stadt und ihrer Umgebung sein. Einleitend schildert er die wichtigsten Straßen des damals 300 Häuser umfassenden und 3000 Einwohner zählenden Gemeinwesens. Als gute, solide Gasthäuser bezeichnet er das „Hotel Post" („Englischer Hof"), den „Löwen" und Bierbrauereien wie den „Ochsen", den „Bären" und das „Rössle".[134]

Nach der Eröffnung der Vorarlbergbahn im Jahre 1872 änderten sich natürlich auch die Verkehrsverhältnisse in Feldkirch entscheidend. In der zweiten Auflage von Vonbuns Reiseführer aus dem Jahr 1875 sind diese Neuerungen erwähnt. Die Eilwagenfahrten ab Feldkirch waren mit der Eröffnung der Eisenbahn eingestellt worden, nur noch auf der Arlbergstrecke von Bludenz bis Landeck fuhren Postkutschen. Für Touristen und Gäste boten die größeren Hotels wie der „Englische Hof" oder das Gasthaus „Schäfle" eigene Equipagen an, die sie zu „zivilen Preisen" mit Zweispännern, also von zwei Pferden gezogenen Kutschen, an ihre Ausflugsziele brachten. Billigere Einspänner gab es in allen Feldkircher Gasthäusern. Einen Omnibus von und zum Bahnhof boten der „Englische Hof" und der „Bären" an. Mit diesen Fahrzeugen sollte den Gästen der allzu weite Weg vom Bahnhof zur Stadt erleichtert werden.[135]

---

133 Ebenhoch 1985, 53–54; Tiefenthaler 2003, 51.
134 Ebenhoch 1985, 54–55. Mit Stichtag 31.3.2023 lebten 3860 Personen in der Feldkircher Innenstadt. Auskunft Bürgerservice 15.5.2023.
135 Vonbun 1875, 9, 11, 13, 14, 16.

Reiseutensilien

Reisen wurden, jedenfalls von besser gestellten Persönlichkeiten, nur mit einer Reihe von Reiseutensilien unternommen, die in großen Koffern untergebracht wurden. Dazu gehörten neben anderem ein Reisebesteck, Necessaires, Stiefelknechte und Reisekocher.[136]

Das vorarlberg museum verfügt in seinen Sammlungen über eine Vielzahl solcher Accessoires, darunter auch lederne Reisehandtaschen für Damen und sogar ein

Abb. 14: Reisebesteck aus dem Bestand des vorarlberg museums, Ende 18. Jahrhundert
Abb. 15: Reisetasche aus dem Bestand des vorarlberg museums

Abb. 16: Gepäck-Zettel 1843

136 Katalog Reiseleben-Lebensreise, 72–77.

Abb. 17: Reisepass ausgestellt im Jahr 1814 für den Stuckateur Johann Josef Moosbrugger aus Au

kleiner Reisealtar. Sie stammen aus Vorarlberger, zumeist bürgerlichem Bregenzer Privatbesitz.

Der schon oft zitierte Kreishauptmann Ebner verstaute die auf seinen Dienstreisen benötigten Gegenstände in einem unprätentiösen Reisesack. Wichtigere Reiseutensilien als feine Gepäckstücke waren sicherlich Mäntel als Schutz gegen Staub und Kälte,[137] zudem nahm das Reisegepäck unterwegs nur zu leicht Schaden.

Auf einer Reise nach Karlsbad fand eine Schachtel mit Reisegegenständen Ebners nur noch unter dem Kutschbock Platz, wo diese eingeklemmt zwischen Fahrgestell und „Schwager" beschädigt wurden.[138] Auch bei seiner Reise nach Innsbruck 1840 fand er es wert, seine Gepäcksangelegenheiten dem Tagebuch anzuvertrauen.[139]

Doch mindestens ebenso wichtig waren die Reisepapiere – Reisepässe und Passierscheine –, die nicht nur an den Grenzen genau kontrolliert und im Fall der Ausreise mit einem Stempel versehen wurden. Der Grenzübertritt, besonders die strengen Zollorgane, verursachten den braven Reisenden ein ungutes Gefühl, das von allen, die nach dem Schengen-Abkommen geboren wurden, nur noch schwer nachvollzogen werden kann.

Überfälle

Seit 1720 häuften sich in Deutschland Überfälle auf Postkutschen, die bis zum Ende des 18. Jahrhunderts jedoch meist glimpflich verliefen.[140] Wie sah es in Vorarlberg aus? Lediglich Christoph Vallaster hat in einem Gedicht einen Überfall auf Reisende in Tisis und das Ende der Räuber am Galgen beschrieben. Seine Quellen gibt er jedoch

---

137 Ebner-Tagebuch, 6.7.1837.
138 Ebner-Tagebuch, 5.7., 6.7.1837.
139 Ebner-Tagebuch, 24.6.1840.
140 Beyrer 1992, 94.

nicht preis.[141] Besonders schlimm wütete das Räubergesindel in den letzten Jahrzehnten des 18. Jahrhunderts in Oberschwaben, worüber der Kunstmaler Johann Baptist Pflug aus Biberach ausführlich berichtet. Sie wagten es sogar, die Kutsche von Franz Ludwig Schenk Reichsgraf von Castel mehrmals zu überfallen. Bei der Rückkehr von einem Ball in Ulm warfen die Räuber eine Granate in die Kutsche, bei der Rückfahrt von Sigmaringen wehrte der Graf die Angreifer mit einem Hirschfänger ab. Diese Überfälle sind auch deshalb makaber, da der Graf ein Gefängnis organisiert hatte.[142]

In einem Katalog zur Geschichte der Postkutsche findet sich das Foto einer Steinschlosspistole, die als Schutz der Postillione gegen Überfälle diente. Eine seltsame Geschichte dazu erfahren wir aus einer Gerichtsuntersuchung gegen Hans Peter Weinzierl 1683, der an der Wand seiner Stube verbotenerweise eine geladene Pistole hängen hatte. Als Beweggrund gab er seine häufigen Reisen an sowie den Umstand, dass es ihm nicht gelungen sei, die Waffe nach der Rückkehr zu entladen.[143] Wie der Prozess ausging und ob Weinzierl die Waffe bei seinen Reisen tatsächlich einsetzen musste, ist leider nicht bekannt.

Schmiere, Wagenschmiere

Zu den Aufgaben eines Kutschers bzw. des Dieners, der seinen Herrn auf einer Reise begleitete, gehörte das tägliche Schmieren der Radnaben, ohne dem die Gefahr eines Radbruchs drohte. Die monoton quietschenden Geräusche schlecht geschmierter Räder waren außerdem geeignet, die Reisenden zusätzlich zu den anderen Unannehmlichkeiten zu quälen, weshalb so mancher listige Kutscher ein „Schmiergeld" von ihnen verlangte.

Kreishauptmann Ebner berichtet von einem Aufenthalt von zwanzig Minuten in Nasserein, da man die Wagenräder nach der Arlbergüberquerung dringend schmieren musste.[144]

In Feldkirch erzeugte seit 1791 der aus Röthis stammende Ölmüller Johann Zimmermann auch Wagenschmiere. Seine Produktionsstätte befand sich im „Alten Rathaus" in der Vorstadt, unweit des Mühletors. 1794 verklagten ihn die Feldkircher Seilermeister wegen des Verkaufs von Wagenschmiere, der anscheinend nur ihnen zustand. Der Ausgang des Prozesses ist leider nicht bekannt.[145]

141 Beyrer 1992, 94; Vallaster 1985, 27.
142 Zengerle 1966, 167, 181, 255.
143 Stadtarchiv Feldkirch, Hs. 5, fol. 282, 27.9.1683; Beyrer 1992, 110–111.
144 Ebner-Tagebuch, 14.6.1845, 48.
145 Stadtarchiv Feldkirch, Ratsprotokolle, Hs. 37, 1791, fol. 34, 64, 128; Hs. 42, fol. 120, 199, 248, 292.

Trinkgelder

Heute gibt der großzügige Gast in einem Gasthaus bei der Bezahlung der Rechnung, sofern er mit dem Essen zufrieden war, der Bedienung ein Trinkgeld, das als Zubrot zum oft mageren Verdienst gerne entgegengenommen wird.

Ein Trinkgeld entrichteten aber bereits unsere Vorfahren, wenngleich in einem ganz anderen Zusammenhang. Eine der ersten Nennungen stammt aus dem Jahre 1482, als zwei Gesandte auf ihrer Reise von Friaul nach Innsbruck in Gasthäusern Mägden, die ihnen sehr gefallen hatten, Trinkgeld gaben und dies auch abrechneten.[146] Bei einer Reise nach Luzern verrechneten die Feldkircher Gesandten im Jahr 1600 Trinkgelder für Hilfsleistungen auf ihrem Weg. Der Wirt von Wollerau, der ihnen den Weg nach Menzingen zeigte, wurde mit einem Trinkgeld entlohnt. Beim Besuch des Hauses des päpstlichen Legaten wurde der Diener mit einem Trinkgeld entlohnt. Auch dem Küster des Klosters Einsiedeln wurde seine Hilfe bei der Besichtigung der Kirche mit einem Trinkgeld „verdankt". Die beiden Feldkircher zeigten nach ihrer Einkehr in Gasthäusern in Luzern, Einsiedeln und Vaduz dem Küchenpersonal ihren Dank durch die Abgabe einer „Lezi", eines Trinkgeldes.[147] Auch die im Auftrag des Bregenzer Rats Reisenden gaben einem Mann, der ihnen den richtigen Weg auf dem Rucksteig zeigte, ein Trinkgeld.[148]

Letzte Erinnerungsstücke an die alte Verkehrsgeschichte

Abb. 18: Da mit den Kutschen nicht sehr exakt gelenkt werden konnte, schützten die Hausbesitzer ihre Hausecken mit Pollern vor dem Zusammenstoß.

Ein Merkmal des historischen Straßenwesens waren Meilensteine oder Kilometersteine. In Hard befand sich neben der Bundesstraße ein römischer Meilenstein, und in Feldkirch erinnert fast vergessen in einem Winkel neben der Bushaltestelle Schulzentrum Schillerstraße ein Kilometerstein an den Verlauf der alten Bundesstraße.

Weitere Erinnerungsstücke an eine längst vergessene Verkehrsgeschichte sind „Poller", Steine, die an Hausecken angebracht wurden, um das Mauerwerk

---

146 Tiroler Bote 1886, 832.
147 Stadtarchiv Feldkirch, Akt 2449. Volaucnik, Kloster, 24–25.
148 Siehe Seite 17.

zu schonen für den Fall, dass die zumeist schwer lenkbaren Fuhrwerke die Kurve schnitten. In Feldkirch, an der Ecke Marktgasse – Schmiedgasse, sind zu dem Zweck angebrachte gemeißelte Steine bis heute sichtbar. Der alte Fahrweg durch die Stadt verlief tatsächlich vom Bregenzertor bei der Pfarrkirche durch die Schmiedgasse bis zur Marktgasse. Hier, beim heutigen Gasthaus Unterberger, musste der Fuhrmann einen „scharfen Rank" machen. Um das Haus vor Beschädigungen durch die Räder zu schützen, wurden Poller aufgestellt. In einem im Filmarchiv Austria aufbewahrten Film über Feldkirch ist ein Pferdefuhrwerk genau an diesem Standort zu sehen.[149]

Literaturverzeichnis

Achermann 2009 = Hansjakob Achermann (u. a.), Kloster- und Pfarrkirche Engelberg, Stans 2009.

Bechter 1995 = Alfons Bechter, Joseph Ritter von Bergmann. Ein Lebensbild, in: Bregenzerwald-Heft 1995, 89–95.

Beck 2013 = Manfred Beck, Geschichte der Brandner Straße, vom einstigen Saumpfad bis zum Jahr 2013, Brand 2013.

Bersin 1987 = Patricia Bersin, Die Naturalverpflegsstationen in Vorarlberg 1891–1914, Univ. Diss., Innsbruck 1987.

Besler 1995 = Walter Besler, Zur Straßengeschichte im Tannheimertal, in: Tiroler Heimatblätter 1995, 7–11.

Beyrer 1992 = Klaus Beyrer (Hg.), Zeit der Postkutschen. Drei Jahrhunderte Reisen 1600–1900, Karlsruhe 1992.

Bilgeri 1937 = Benedikt Bilgeri, Vorarlberger beim großen Schützenfest in Zürich 1504, in: Alemannia 3 (1937) 1/2, 1–15.

Bilgeri 1982 = Benedikt Bilgeri, Geschichte Vorarlbergs, Band IV., Graz 1982.

Buck 2011 = Thomas Martin Buck (Hg.), Chronik des Konstanzer Konzils 1414–1418 von Ulrich Richental, Ostfildern 2011.

Büchner 2005 = Robert Büchner, Sankt Christoph am Arlberg. Die Geschichte von Hospiz und Taverne, Kapelle und Bruderschaft, Innsbruck 2005.

Burmeister 1985a = Karl Heinz Burmeister, Anfänge des Fremdenverkehrs in Vorarlberg, in: 100 Jahre Verkehrsverein Feldkirch. Vorarlberger Oberland (1985) 1, 15–21.

Burmeister 1985b = Karl Heinz Burmeister, Geschichte der Stadt Feldkirch. Kulturgeschichte bis zum Beginn des 19. Jahrhunderts, Sigmaringen 1985.

Burmeister 1996 = Karl Heinz Burmeister, Die Montforter auf Reisen, in: Karl Heinz Burmeister, Die Grafen von Montfort. Festgabe zum 60. Geburtstag (= Forschungen zur Geschichte Vorarlbergs 2), Konstanz 1996.

Burmeister 1987 = Karl Heinz Burmeister, Das Siegel des jüdischen Pferdehändlers Abraham Levi von Sulz, in: Vorarlberger Oberland (1987) 2, 31–37.

Bußjäger/Concin/Gerstgrasser 1997 = Peter Bußjäger/Josef Concin/Karl Gerstgrasser, Alois Negrelli und seine Spuren in Vorarlberg 1822–1832 (= Bludenzer Geschichtsblätter 33/34), Bludenz 1997.

Dobras 2003 = Werner Dobras, Ein Reiseführer vom Jahre 1857 über Bregenz und den Bregenzer Wald, in: Montfort 55 (2003) 1, 69 77.

149 Schuschnig 2005.

Ebenhoch 1985 = Ulrike Ebenhoch, Feldkirch im Spiegel alter Reiseführer, in: 100 Jahre Feldkircher Verkehrsverein. Vorarlberger Oberland (1985) 1, 53–63.

Ebner-Tagebuch = Verein Vorarlberger Wirtschaftsgeschichte (Hg.), Ebner-Tagebuch 1836–1849, Feldkirch 1994–2002.

Egg/Pfaundler/Pizzinini 1976 = Erich Egg/Wolfgang Pfaundler/Meinrad Pizzinini, Von allerley Werkleuten und Gewerben, Innsbruck–Wien–München 1976.

Fink 2009 = Norbert Fink, Die Bregenzerwaldbahn 1902 bis 1983, Erfurt 2009.

Glaser 1995 = Hans Glaser, Hölzerne Fahrzeuge auf holprigen Wegen, Bozen 1995.

Fritz 1990 = Karl Fritz, Abenteuer Dampfschifffahrt auf dem Bodensee, Meersburg 1990.

Fritz/Jäckle 2003 = Karl F. Fritz/Rainer Jäckle, Das goldene Zeitalter der Schaufelraddampfer auf dem Bodensee, Erfurt 2013.

Fritzsche/Lemmermeier/Flüeler 1996 = Bruno Fritzsche/Max Lemmermeier/Niklaus Flüeler (Hg.), Geschichte des Kanton Zürich, Bd. 3.: 19. und 20. Jahrhundert, Zürich 1996.

Getzner 1980 = Manfred A. Getzner, Getzner & Comp. (= Schriftenreihe der Rheticus-Gesellschaft 17), Feldkirch 1980.

Getzner 2012 = Manfred A. Getzner (Hg.), Ein Museum der besonderen Art, Feldkirch 2012.

Griep 1992 = Wolfgang Griep, Beschwerliche Reise. Mit Kutsche und Wagen unterwegs, in: Katalog Reiseleben – Lebensreise. Schleswig-Holsteinisches Landesmuseum Gottorf, Schleswig 1992, 15–21.

Großhammerzunft 2010 = Großhammerzunft Feldkirch (Hg.), Zunftgeschehen einst und heute, Feldkirch 2010.

Häusle 2021 = Robert Häusle, Thomas Bliem (1849–1907). Ein Lohnkutscher in Bludenz, in: Bludenzer Geschichtsblätter 136 (2021), 12–18.

Heim 1988 = Siegfried Heim, Zeittafel für Wolfurt und Hofsteig, in: Heimat Wolfurt, (1988) 1, 3–15.

Jenny 1959 = Beat Rudolf Jenny, Graf Froben Christoph von Zimmern. Geschichtsschreiber, Erzähler, Landesherr, Lindau–Konstanz 1959.

Katalog 1990 = 500 Jahre Post in Tirol, Innsbruck 1990.

Katalog 2022 = Prunkvolle Schlitten. Landesmuseum Zürich, Zürich 2022.

Koch 1939 = Adalbert Koch, Das letzte Haller Innschiff, in: Tiroler Heimatblätter 1939, 67–73.

Kraswitzna 2008 = Stefan Kraswitzna, Der Streit um Klostervogtei und Engelweihablass, in: Peter Niederhäuser/Andreas Meyerhans (Hg.), Äbte, Amtsleute, Archivare. (= Mitteilungen der Antiquarischen Gesellschaft in Zürich 76), Zürich 2008, 79–90.

Lang/Natter 1982 = Marie-Rose Lang/Günter Natter, Architekturhistorische Aufnahme des Viertels „Heilig Kreuz" Feldkirch, Feldkirch 1982.

Lieb/Dieth, 1977 = Norbert Lieb/Franz Dieth, Die Vorarlberger Barockbaumeister, München–Zürich 1967.

Matt 1992 = Werner Matt, Fabriken, Mühlen und Bauernhäuser, Dornbirn 1992.

Müller 1942 = Iso Müller, Disentiser Klostergeschichte, Bd. 1, Einsiedeln–Köln 1942.

Niederstätter 1981 = Alois Niederstätter, Der Landtag von 1604 zu Feldkirch, in: Innsbrucker Historische Studien, Bd. 4., Innsbruck 1981, 48–64.

Niederstätter 1999 = Alois Niederstätter, Altach. Von den Anfängen bis zur Trennung von Götzis, in: Rudolf Giesinger/Harald Walser (Hg.), Altach, Bd. 1: Geschichte und Gegenwart, Altach 1999, 15–66.

Pichler 1927 = Adolf-Pichler-Gemeinde (Hg.), Adolf Pichler. Ausgewählte Werke, Leipzig 1927.

Prugger 1930 = Prugger'sche Chronik, Feldkirch 1930.

Pizzinini/Forcher 1979 = Meinrad Pizzinini/Michael Forcher, Alt-Tiroler Photoalbum, Salzburg 1979.

Provinzial 1884 = Provinzial-Handbuch für Tirol und Vorarlberg für das Jahr 1844, Innsbruck 1844.

Rupp 1997 = Willi Rupp, Die erste Postautolinie im Bregenzerwald, in: Volkskalender (1997), 44–56.

Schadendorf 1961 = Wulf Schadendorf, Zu Pferde, im Wagen, zu Fuß, München 1961.

Scheller 1976 = Ludwig Scheller, Pferdehändler aus dem Allgäu, Kempten 1976.

Schnetzer/Volaucnik 2005 = Norbert Schnetzer, Christoph Volaucnik (Hg.), „Hoch die Handwerker. Arbeit ist des Lebens Würze". Zur Geschichte der Rankweiler Handwerkszünfte (= Reihe Rankweil 11), Rankweil 2005.

Schnetzer 2005 = Norbert Schnetzer, Der Buchdruck und seine Anfänge in Vorarlberg, in: Norbert Schnetzer (Hg.), Freye Kunst. Die Anfänge des Buchdrucks in Vorarlberg. (= Schriften Vorarlberger Landesbibliothek 11), Graz–Feldkirch 2005, 94–124.

Schnyder 1973/75 = Werner Schnyder, Handel und Verkehr über die Bündner Pässe im Mittelalter zwischen Deutschland, der Schweiz und Oberitalien. 2 Bände, Zürich 1973/1975.

Schuschnig 2005 = Josef Schuschnig, Feldkirch und Umgebung, Filmarchiv Austria, Wien 2005.

Seglias 2004 = Loretta Seglias, Die Schwabenkinder aus Graubünden. (= Quellen und Forschungen zur Bündner Geschichte 19), Chur 2004.

Sigal 1984 = Pierre Andre Sigal, Les differents types de pelerinage au Moyen Age, in: Ausstellungskatalog Wallfahrt kennt keine Grenzen, München–Zürich 1984, 76–84.

Sinwel 1938 = Rudolf Sinwel, Die Tiroler Innschiffahrt vor 100 Jahren, in: Tiroler Heimatblätter 1938, 246–249.

Strasser 2010 = Peter Strasser, Entlang der Montafonerbahn, Erfurt 2010.

Straub 1986 = Rolf E. Straub, Der fürstäbtliche Baumeister Johann Ruef, in: Bregenzerwald Heft 5 (1986), 89–110.

Stump 1966 = Gabriel Stump, Gabriel Bucelins Reise nach Südtirol vor 300 Jahren, in: Der Schlern 10 (1966), 461–469.

Tiefenthaler 2003 = Helmut Tiefenthaler, Wandern und Wanderwege in der Anfangszeit des Vorarlberger Fremdenverkehrs, in: Montfort 55 (2003), 44–68.

Tiefenthaler 2011 = Helmut Tiefenthaler, Die Wanderregion Klostertal im Entwicklungsrückblick, in: Bludenzer Geschichtsblätter 98/99 (2011), 1–28.

Tschaikner 2007 = Manfred Tschaikner, Die Vorarlberger Verkehrswege um die Mitte des 17. Jahrhunderts, in: Montfort 59 (2007), 290–298.

Tschaikner 2012 = Manfred Tschaikner, Die Reise des Florentiners Francesco Vettori durch Vorarlberg (1507), in: Bludenzer Geschichtsblätter 101/102 (2012), 166–171.

Ulmer 1934 = Andreas Ulmer, Vorarlbergs Beziehungen zu Einsiedeln, in: Alemannia (1934), 108–113.

Ulmer 1978 = Andreas Ulmer, Burgen und Edelsitze Vorarlbergs und Liechtensteins, Dornbirn 1978.

Ulmer/Getzner 1999 = Andreas Ulmer/Manfred A. Getzner, Die Geschichte der Dompfarre St. Nikolaus Feldkirch, Bd. 1, Feldkirch 1999.

Vallaster 1985 = Christoph Vallaster, Die Räuber von Tisis, in: Bodenseehefte 1 (1985), 27.

Vallaster 1998 = Christoph Vallaster, An Feldkirch ging kein Weg vorbei, in: Feldkirch aktuell 5 (1998), 37–40.

Volaucnik 1990 = Christoph Volaucnik, Sozialstrukturen im vorigen Jahrhundert, in: Heimat Wolfurt 6 (1990), 13–38.

Volaucnik 1998 = Christoph Volaucnik, Hauptmann Balthasar Heltmann und seine Nachfahren, in: Rheticus, Vierteljahresschrift der Rheticus-Gesellschaft 20 (1998), 1, 9–16.

Volaucnik 2007 = Christoph Volaucnik, Das Kloster in Feldkirch im Spiegel archivarischer Quellen, in: Das Kapuzinerkloster Feldkirch, Festschrift 2007. Rheticus, Vierteljahresschrift der Rheticus-Gesellschaft 29 (2007), 3, 22–55.

Volaucnik 2009 = Christoph Volaucnik, Die Schattenburg im 19. und 20. Jahrhundert, in: Manfred A. Getzner (Hg.), Burg und Dom zu Feldkirch (= Schriftenreihe der Rheticus-Gesellschaft 50), Feldkirch 2009, 87–118.

Volaucnik 2014 = Christoph Volaucnik, Die Beherbergung von Schwabenkindern in Dornbirn im Jahre 1794, in: Dornbirner Schriften 44 (2014), 167–177.

Volaucnik 2018a = Christoph Volaucnik, Wirtschafts- und Sozialgeschichte Feldkirch, Feldkirch 2018.

Volaucnik 2018b = Christoph Volaucnik, „Gasthaus zur Sonne" Neustadt 14, in: Andreas Brugger/ Werner Matt/Katrin Netter (Hg.), Alte Wirtshäuser und Geschichten rund um die Ernährung in Vorarlberg, Dornbirn–Egg–Schruns 2018, 40–43.

Volaucnik 2020 = Christoph Volaucnik, Das Kloster Mehrerau und der Bregenzerwald, in: Bregenzerwald-Heft 39 (2020), 38–54.

Volaucnik 2021a = Christoph Volaucnik, Verehrung der heiligen Anna in Vorarlberg und den Nachbarregionen, in: Annaverehrung. Der Anna Altar von Wolf Huber (= Schriftenreihe der Rheticus-Gesellschaft 84), Feldkirch 2021, 34–47.

Volaucnik 2021b = Christoph Volaucnik, Künstler, Bauwerke und Denkmäler, in: Gerhard Wanner/ Albert Ruetz/Christoph Volaucnik (Hg.), Beiträge zur Kunstgeschichte Vorarlbergs (= Schriftenreihe der Rheticus-Gesellschaft 85), Feldkirch 2021.

Volaucnik 2022 = Christoph Volaucnik, Das Feldkircher Spital, in: „Vil arme Leuth und große Almuesen" (= Schriftenreihe des Diözesanarchivs 10), Feldkirch 2022, 9–122.

Volaucnik 2023a = Das städtische Gasthaus und die Kornhütte in Bauren, in: Andreas Raffeiner (Hg.), Aspekte der Vorarlberger Landesgeschichte: Festschrift für Franz Mathis zum 75. Geburtstag, Hamburg 2023, 287–295.

Volaucnik 2023b = Christoph Volaucnik/Monika Volaucnik, Das Alpenrheintal als Verkehrsweg für Feldkirch, in: Andreas fRaffeiner (Hg.), Aspekte der Vorarlberger Landesgeschichte. Festschrift für Franz Mathis zum 75. Geburtstag, Hamburg 2023, 296–299.

Vonbun 1875 = Franz Joseph Vonbun, Feldkirch und seine Umgebungen, Innsbruck 1875.

Weitensfelder 2001 = Hubert Weitensfelder, Industrie-Provinz, Frankfurt–New York 2001.

Welti 1956 = Ludwig Welti, Tolle Vaduzer Streiche, in: Vorarlberger Volkskalender (1956), 84–86.

Welti 1971 = Ludwig Welti, Bludenz als österreichischer Vogteisitz 1418–1806. Eine regionale Verwaltungsgeschichte (= Forschungen zur Geschichte Vorarlbergs 2), Zürich 1971.

Wichner 1987 = Josef Wichner, Im Studierstädtlein, Bregenz 1987.

Wichner 1993 = Josef Wichner, An der Hochschule, Bregenz 1993.

Zengerle 1966 = Max Zengerle (Hg.), Johann Baptist Pflug, aus der Räuber- und Franzosenzeit Schwabens, Weißenhorn 1966.

Zösmair 1922 = Josef Zösmair, Über die Innschiffahrt in Tirol vor 300 Jahren, in: Innsbrucker Nachrichten (1922) 60, 3; 61, 3; 62, 3.

https://philatelisten.ch/Sammelgebiete/sam_affolter.html, aufgerufen am 24.5.2023 (Spanisch Brötli)

Abbildungsverzeichnis

Abb. 1, 3, 5, 13, 18: Stadtarchiv Feldkirch

Abb. 2: Museum Ferdinandeum, Bibliothek (Foto W-40549.2)

Abb. 4: Stadtmuseum Hall in Tirol (Inv. 190)

Abb. 6: Kantonsbibliothek Vadiana, St. Gallen, Vadianische Sammlungen (VadSlg GS F 2 T)

Abb. 7, 8, 16: Willi Schmidt, Feldkirch

Abb. 9: Aus: Josef Wichner, Im Studierstädtlein. Erinnerungen und Bilder aus dem Gymnasialleben, 4. Aufl. Wien 1913

Abb. 10, 11: Stadtarchiv Bregenz

Abb. 12: Vorarlberger Landesbibliothek, Sammlung Risch-Lau (https://pid.volare.vorarlberg.at/o:21885)

Abb. 14, 15, 17: vorarlberg museum, Bregenz

Helmut Sonderegger

FELDKIRCH AUF ALTEN WEGEKARTEN

Abstract: Wegekarten und Wegebeschreibungen haben in der Antike bis herauf ins 16. Jahrhundert unsere heutigen Straßenkarten ersetzt. Ihre Besonderheit besteht darin, dass neben den beschriebenen Reiserouten auch die Distanzen zwischen den einzelnen Reisestationen angegeben sind. In diesem Artikel werden einige sehr bekannte Beispiele der Antike bis herauf ins 16. Jahrhundert vorgestellt. Dabei zeigt sich, dass Feldkirch für Reisende immer wieder eine wichtige Reisestation war und sogar auf der frühesten gedruckten Straßenkarte Europas aufscheint.

1. Eine Wegekarte, als Feldkirch noch nicht existierte

Wohl das berühmteste Beispiel einer antiken Wegekarte ist die „Tabula Peutingeriana", eine Kopie der verlorengegangenen Straßenkarte des gesamten römischen Weltreiches aus dem vierten Jahrhundert n. Chr. Ursprünglich war diese Kopie eine 34 cm breite und 6,74 m (!) lange gerollte Karte, die heute, in Einzelblätter zerlegt, in der Österreichischen Nationalbibliothek aufbewahrt wird.[1]

Abb. 1 zeigt im Ausschnitt den Alpenübergang von der Heereslager-Station Brigantio (Bregenz) über Clunia (Raum Feldkirch-Rankweil), Magia (Balzers-Maienfeld), Curia (Chur), Lapidaria (Splügenpass) nach Como am Comersee. Die Karte ist – so, wie wir es gewohnt sind – genordet. Norden ist also am Oberrand der Karte und Süden unten. Am unteren Rand von Abb. 1 sind die Inseln Corsica und Sardinia samt Mittelmeer und afrikanischer Nordküste eingezeichnet. Die starken Verzerrungen sind dabei wohl durch das Streifenformat der Karte, wie auch durch die unvollständigen topografischen Kenntnisse der damaligen Zeit bedingt.

Betrachten wir zunächst die Teilstrecken auf diesem Alpenübergang. Sie sind auf der Karte zwischen den einzelnen Orten in römischen Meilen eingetragen, wobei 1 römische Meile mp 1000 Doppelschritte (mille pedes) circa 1,48 km misst (Abb. 1, rote Markierungen). Von Brigantio nach Clunia werden 17 mp angegeben, weiter nach Magia 18 mp und von dort nach Curia 16 mp, was Teilstrecken von 25,1 km, 26,6 km und 23,7 km entspricht, insgesamt 75,4 km. (Zum Vergleich: Die Schweizer Autobahnstrecke von Rheineck nach Chur ist etwa 84 km lang.) Die weitere Strecke

---

[1]   Eine Kurzinformation dazu bietet die Seite https://www.geschichtewiki.wien.gv.at/Tabula_Peutingeriana

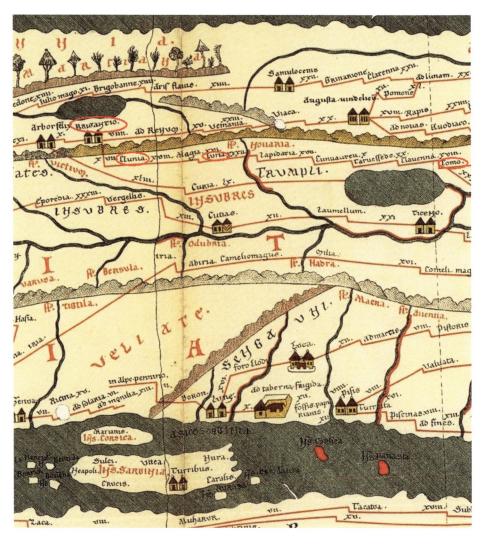

Abb. 1: Tabula Peutingeriana, Ausschnitt

führt von Chur 32 mp nach Lapidaria (Splügen, Schams), 17 mp nach Cunuaureo, 10 mp nach Tarvessedo, 20 mp nach Clavenna (Chiavenna) und 18 mp nach Como.

Beim Erstellen der Karte oder beim Kopieren kam es offensichtlich zur Vertauschung von Brigantio mit Ad Renum (Rheineck) und ebenso, wie manche meinen, von Clavenna mit Cunuaureo.[2] Dieser zweiten Auffassung widerspricht die Meinung,

---

2   Nach Freutsmiedl 2005, 172 ist die Lage der genannten Orte auf der Splügenpass-Route wiederholt diskutiert. Anscheinend ist dies noch nicht endgültig geklärt. Freutsmiedl geht in dieser Arbeit zur Tabula Peutingeriana ausführlich auf die einzelnen Stationen zwischen Como und Brigantio ein.

```
      4    A Brigantia per lacum Mediolanum
      5       usque  .  .  .  .  .     mpm cxxxviii sic
      6  Curia  .  .  .  .  .  .  .    mpm l
      7  Tinnetione  .  .  .  .  .     mpm xx   SeptimerPass
      8  Muro  .  .  .  .  .  .  .     mpm xv
      9  Summo lacu .  .  .  .  .      mpm xx
  278 1  Como  .  .  .  .  .  .  .     mpm xv

  278 2  Mediolano  .  .  .  .  .  .   mpm xviii.
                    _____

      3    Alio itinere a Brigantia Comum mpm cxcv sic
      4  Curia  .  .  .  .  .  .  .    mpm l    Chur
      5  Tarvesede  .  .  .  .  .  .   mpm lx   nahe Splügenpass
      6  Clavenna  .  .  .  .  .  .    mpm xv   Chiavenna
      7  Ad lacum Comacenum .  .  .    mpm x
  279 1  Per lacum Comum usque  .      mpm lx.
                    _____
```

Abb. 2: Itinerarium Antonini, Alpenüberquerung von Bregenz nach Como

dass Cunuaureo nahe an der Splügenpass-Höhe gelegen sei, weil die Strecke von Splügen bis zur Passhöhe tatsächlich etwa 10 mp (= 14,8 km) messe.

Neben dieser Karte wichtiger römischer Straßen ist noch das „Itinerarium Provinciarum Antonini Augustini" (kurz „Itinerarium Antonini" oder IA) aus dem 4. Jahrhundert n. Chr. bekannt. Itinerare sind im Gegensatz zu Wegekarten sogenannte Wegbeschreibungen, in denen die aufeinanderfolgenden Reisestationen, samt den Wegstrecken dazwischen, schriftlich festgehalten sind.

Dieses IA gilt als eher unsystematische Zusammenfassung von allen Wegbeschreibungen, die (dem Autor) zu jener Zeit bekannt waren. R. Talbert ist nicht der Einzige, der das IA trotz des großen Umfangs als lückenhaft in manchen Gegenden und ohne konsequenten Aufbau bezeichnet, wobei häufig verwirrende Wiederholungen vorhanden seien.

Es war anscheinend nicht das Ziel dieses umfangreichen Werkes, konkrete und detaillierte Reiseplanungen vorzunehmen.[3] Dennoch war dieses Werk schon damals von großer Bedeutung. Teile davon sollen in der Tabula Peutingeriana ebenfalls zu finden sein.

---

3   In Talbert 2023, 110 meint Talbert: „[...] the collection can be made to serve as a traveler's guide, but is a far from satisfactory one."

Das IA enthält zwei Reisebeschreibungen, die für uns von besonderem Interesse sind. Es sind dies die beiden Alpenüberquerungen von Bregenz nach Como (Abb. 2).[4]

Der erste Weg führt von Bregenz über Chur nach Tinnetione, dem heutigen Tinizong (oft: Tinzen). Von dort reiste man über den Septimerpass nach Muro (wohl Müraia bei Promontogno)[5] an den Comersee, aber der Übergang über Julier- und Malojapass an den Comersee ist genauso denkbar.

Als zweiten, längeren Übergang findet man die Beschreibung der Reiseroute über Chur und Tarvesede (vermutlich San Giacomo)[6] nach Clavenna (Chiavenna) an den Comersee, also die Straße über den Splügenpass.

Feldkirch wird im Itinerarium Antonini nicht eigens erwähnt, wohl deshalb, weil die einzelnen Teilstrecken eher länger sind. Auf dem langen Reiseabschnitt von Brigantia nach Curia führte der Weg jedoch über die Zwischenstationen Clunia und Magia.

Insgesamt enthält das Itinerarium Augustini mehr Alpenübergänge als die Tabula Peutingeriana. Beim Vergleich der Gesamtdistanzen ist eine recht gute Übereinstimmung feststellbar.

2. Feldkirch, eine Reisestation für Rompilger

Mit der Ausbreitung des Christentums wandelte sich das Machtzentrum Rom zunehmend zu einem Zentrum der Christenheit. In der Folge wurde Rom immer häufiger von christlichen Wallfahrern besucht. Landkarten für die Reisen nach Rom waren nicht bekannt. Als Ersatz gab es die bereits erwähnten schriftlichen Wegbeschreibungen, die Itinerare. Ein berühmtes Beispiel ist das „Itinerarium von Brügge", circa aus dem Jahre 1380. Unter den von Brügge ausgehenden europaweiten Reisewegen sind neben den Pilgerwegen nach Rom noch Reisen quer durch Europa und Wallfahrtswege nach Spanien angeführt.

Nach den Kreuzzügen war das Heilige Land zunehmend ein begehrtes Reiseziel für Pilger, Kaufleute und Bildungsreisende geworden. Man zog auf den gleichen Wegen wie die Rompilger über die Alpen und zweigte in der Po-Ebene nach Venedig ab. Dort bestiegen Pilger und andere Reisende Schiffe, um weiter ins Heilige Land zu fahren. Abb. 3 beschreibt eine Reise von Brügge nach Venedig.[7]

---

4   Itinerarium Antonini Augusti et Hierumsolmytanum 1848, 132–133, Wegbeschreibungen 277–278.
5   S. Simonett o. J.: Kurzartikel von Jörg Simonett zum Stichwort „Septimerpass" in „Historisches Lexikon der Schweiz (HLS)": https://hls-dhs-dss.ch/de/
6   S. Simonett o. J.: Kurzartikel von Jörg Simonett zum Stichwort „Splügenpass" in „Historisches Lexikon der Schweiz (HLS)": https://hls-dhs-dss.ch/de/
7   Itinéraire brugeois 1858, 31.

Man zog also von „Rinec" den Rhein entlang direkt nach Feldkirch. Für Reisende von Ulm her gab es noch bis ins 16. Jh. ebenso Empfehlungen, von Lindau ein Schiff nach „Rinec" zu nehmen,[8] um sich bei Bregenz die zeitweise gefährliche Überquerung der Bregenzer Ache zu ersparen.

Das führte zu Rivalitäten zwischen Bregenz und Feldkirch, da der Hafen Fußach zur Herrschaft Feldkirch gehörte und damit die Herrschaft Bregenz um Durchfahrtszölle und andere wirtschaftliche Vorteile kam.[9]

Die Reisewege über die Graubündner Pässe Splügen, Septimer, Julier-Maloja sind im Itinerarium von Brügge nicht zu finden, wenngleich sie damals von Pilgern ebenso begangen wurden. Die Passübergänge Gotthard, Arlberg-Reschen und Brenner waren offensichtlich beliebter.

Feldkirch blieb somit nach dem Untergang des Römischen Weltreiches weiterhin Durchgangsstation für Reisende nach dem Süden, wenngleich die alten Wege über die Alpen an den Comersee jetzt weniger begangen wurden und der Weg über Arlberg und Vintschgau eher bevorzugt wurde.

Manuscrit.		Explication.
		XXIX.
Aliter de Brugis vsque Venetiis.		*De Bruges jusqu'à Venise.*
primo de Brugis vsque Maguntinum ut supr.		*de Bruges jusqu'à Mayance.*
Oppenem	III	Oppenheim
Worme	IIII	Worms
Spiere	V	Spire
Straesborch	XII	Strasburg
Brisac	VIII	Brisak
Basele	IIII	Bâle
Riuelde	II	Rheinfelden
Leffenberch	IIII	Laufenburg
Walfhoet	II	Waldshut
Stafhousen	IIII	Schafhausen Stein
Costenis	IIII	Constance
Rinec	IIII	Reinek
Veltkerke	III	Feldkirch
Bloudens	II	Bludentz
Cloesterlinghe	II	Klosterlingen
vp de hoecheit van den berghe		sur le haut de la montagne
(page 120).		
Haerlenberch	II	Arlberg
Pontemire	II	Pottenau
Baudec	V	Landek
Naudeis	II	Nauders
Gluderens	III	Glurens
Leds	III	Latsch
Meraue	III	Meran
Yppen	II	Epan
Tremyn	II	Tramin
Glorie	III	Florian
Trente	II	Trente
Somma VIIIᶜ. LXXV. l'		
hic incipiunt miliaria lombardica.		*ici commencent les milles lombardiques.*
Scale	XXXIII	
Ciuitade	XXXII	
Ville neufue	XV	
Saint Jorge	XVII	
Treuise	XV	Treviso
Venegen	XVI	Venise

Abb. 3: Itinerarium von Brügge: Reise Brügge–Venedig

---

8   In Kupcik 1992, 21 berichtet Kupcik, dass eine Itinerarrolle von ca. 1520 dies noch empfohlen habe.
9   Tiefenthaler 2009, 43. Die erste Brücke von Bregenz über die Bregenzer Ache war die „Lauteracher Brücke", deren Errichtung und Wegzollrechte 1517 von Kaiser Maximilian genehmigt worden waren.

3. Feldkirch auf der ersten gedruckten „modernen" europäischen Straßenkarte

Um 1300 hatte Papst Bonifatius VIII. erstmals ein „Heiliges Jahr" ausgerufen, in dem Rompilgern bei Erfüllung gewisser Auflagen ein vollkommener (vollständiger) Ablass gewährt wurde.[10] Dabei war ursprünglich vorgesehen, dass alle weiteren 100 Jahre wieder ein Heiliges Jahr stattfinde. Im Jahr 1475 erfolgte jedoch die päpstliche Festlegung, dass alle 25 Jahre ein Heiliges Jahr gefeiert werde. Das brachte – neben religiösen Überlegungen – noch mehr Pilger nach Rom.

Im Hinblick auf das Heilige Jahr 1500, in dem besonders viele Pilger in Rom zu erwarten waren, veröffentlichte der Nürnberger Erhard Etzlaub (ca. 1460–1531) eine Karte für Rompilger mit dem Titel: „Das ist der Rom-Weg von meylen zu meylen mit puncten verzeychnet von eyner stat zu der andern durch deutzsche lantt".

Auf der gedruckten Karte von 41 cm x 29 cm Größe ist weder Autor noch Zeitpunkt des Druckes erkennbar. Fachleute sind sich heute weitgehend einig, dass diese Karte von Erhard Etzlaub stammt. Er war damals in Nürnberg bereits ein angesehener Bürger, der tragbare Sonnenuhren herstellte. Weil diese Sonnenuhren zur Zeitablesung genau nach Norden ausgerichtet sein mussten, baute man in deren Bodenplatte einen magnetischen Kompass ein. Diese Sonnenuhren wurden deshalb „Compaste" genannt, und ihre Hersteller waren die „Compastenmacher". Etzlaub war mit seinen Klappsonnenuhren ein weitum bekannter und geschätzter Vertreter dieser Nürnberger Berufsgruppe. Seine Compaste wurden sogar bis nach Rom und Lissabon verkauft![11]

Woher aber hatte Etzlaub seine kartographischen Grundkenntnisse? Hatte er sie während der Ausbildung in seiner Geburtsstadt Erfurt erhalten? Immerhin hatte er schon einige Jahre vor der Pilgerkarte 1500 eine zwar kleinere, jedoch sehr genaue Landkarte der Umgebung von Nürnberg erstellt.

Seine Romkarte vom Jahr 1500 war in mehrfacher Hinsicht ganz außerordentlich. Es ist dies die älteste gedruckte „moderne" Straßenkarte! Geradezu sensationell war dabei Etzlaubs erstmalige (!) Markierung der Reisewege mit Punkten, wobei der Abstand zwischen zwei benachbarten Punkten einer (1) deutschen Meile (= 7,4 km) entsprach. Ihre Genauigkeit war deutlich besser als bei allen bis dahin bekannten

---

10 In Anlehnung an einen in der Bibel erwähnten materiellen Schuldenerlass wurden mit einem vollständigen Ablass alle „zeitlichen Sündenstrafen" getilgt (Lev 25,8–55, https://www.bibleserver.com/EU/3. Mose25%2C8-55).

11 Die tragbaren Nürnberger Sonnenuhren waren zum großen Teil sogenannte Klappsonnenuhren (Diptychen), bei denen eine Bodenplatte mit einem aufklappbaren Deckel verbunden war. Viele davon waren sogar aus Elfenbein gefertigt. Die Nürnberger Kaufleute verkauften große Mengen davon in ihren europaweit verteilten Handelszentren. 1512 lobt Johannes Cochlaeus in seiner „Brevis Germanie Descriptio" die handwerkliche Qualität von Etzlaubs Sonnenuhren, „die sogar bis nach Rom und Lissabon begehrt seien" (https://de.wikipedia.org/wiki/Erhard_Etzlaub).

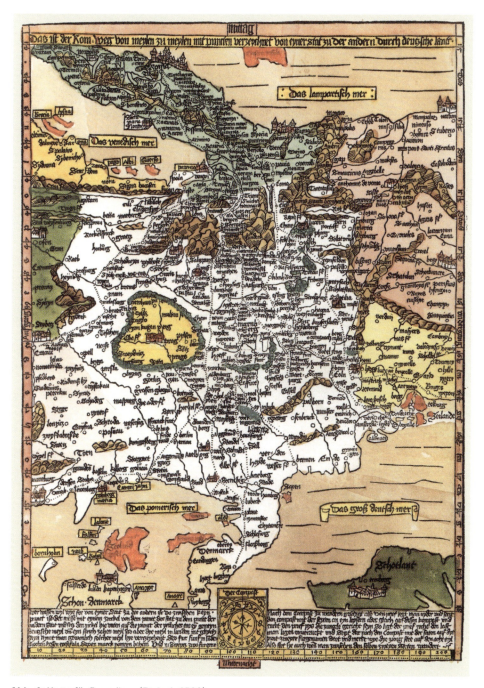

Abb. 4: Karte für Rompilger (Etzlaub 1500)

europäischen Karten.[12] Als einzelnes Druckblatt von 41 x 29 cm Größe war diese Karte sowohl für die Reisevorbereitung als auch auf der Reise eine handliche, völlig neuartige Hilfe. Neben den deutschen Texten am unteren Kartenrad verfasste Etzlaub zu jeder der beiden Karten ein „Register", ein Einzelblatt mit kurzen Informationen zur betreffenden Karte.

Der Holzschnitt dieser Romkarte wurde vom Nürnberger Drucker Georg Glockendon hergestellt und gedruckt. Die Karte fand sofort reißenden Absatz, sodass sie Glockendon in nahezu unveränderter Form gleich noch ein zweites Mal druckte.

Bereits im darauffolgenden Jahr 1501 veröffentlichte Etzlaub eine erweiterte Version dieser Pilgerkarte: „Das sein dy lantstrassen durch das Romisch reych …".[13] Im Unterschied zur Romkarte sind hier noch mehr Orte[14] und zusätzliche Ost-West-Verbindungen zwischen europäischen Städten eingetragen. Am unteren Rand steht groß „Getruckt von Georg Glogkendon zw Nurnbergk – 1501". Aus einer Pilgerkarte war eine Landstraßen-Karte geworden, für zusätzliche Reisen quer durch Deutschland und in die Nachbarländer. Sogar eine Reise von Warschau ganz im Osten bis nach Paris am rechten Kartenrand ist eingezeichnet. Dementsprechend weist die Karte in Frankreich jetzt mehr Details auf, und dies bei deutlich gesteigerter Genauigkeit. Des Weiteren sind Neuerungen bei den Alpenübergängen feststellbar.

In Etzlaubs Straßenkarte von 1501 (Abb. 5) sind mehr Alpenübergänge vorgeschlagen als in der Rom-Pilgerkarte von 1500. Der östlichste Übergang verläuft von Wien über Bruck-Villach-Venedig nach Rom. Westlich davon führt eine Alpenüberquerung von Salzburg über „rastat" und Villach nach Venedig. Zentral auf der Karte erkennt man den Weg über den Brenner. Die Anreise nach Innsbruck erfolgte von Augsburg her über Mittenwald und „Sefelt", die Anreise über Rosenheim und Kufstein ist nicht mehr markiert. Unverändert gegenüber der Rompilger-Karte bleibt der Reiseweg von Ulm her über „linda" – „pregiz" – „feldkirchn" – Chur nach Como, allerdings mit etwas veränderten Wegdistanzen. Westlich davon wird eine neue Reisevariante nach Süden vorgeschlagen. Interessanterweise werden aber die Passübergänge der Zentral- oder Westschweiz übergangen, und es wird die Reise über Frankreich empfohlen. Von Konstanz her folgte man der Route über Bern („PERN") und Genf nach Chambery („schambrj"). Von dort ging es in östlicher Richtung über die Alpen ins (italienische) Susatal zum Wallfahrtsort San Michele („sanmitschj") und weiter nach Turin („DVRINO") und Mailand.

---

12 Kupcik 2016, 109: Obwohl die Pilgerkarten auf Itinerarien aufbauten, war ihre Genauigkeit in den Breitenangaben, in der Darstellung von markanten Flussbiegungen und in den Distanzangaben der Straßenverläufe bereits beachtlich.

13 „Das seyn dy lantstrassen durch das Romisch reych von einem kunigreych zw dem andern dy an Tewtsche land stossen von meilen zw meiln mit puncten verzaichnet".

14 Miedema 1996, 117: Laut dem linken, unteren Textblock umfasst die Karte 820 „stet … ‚und lenden daran newn kunigreich".

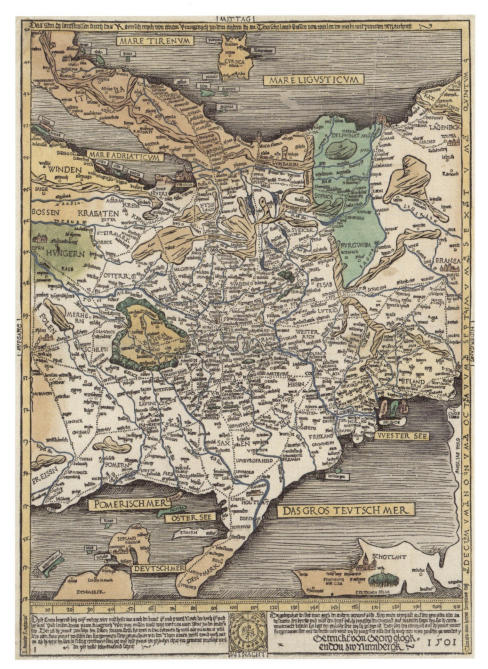

Abb. 5: Etzlaubs Landstraßenkarte von 1501

3.1 Details zu Etzlaubs Straßenkarten

Eine Eigenart beider Karten ist deren Orientierung. Wir sind gewohnt, dass Landkarten nach Norden orientiert sind, also Norden auf der Karte oben ist. Die beiden Etzlaubkarten sind jedoch nach Süden orientiert. Das südlich gelegene Rom ist am oberen Kartenrand und Dänemark unten. Wir kennen keine Begründung von Etzlaub, warum er auf beiden Karten die Südorientierung bevorzugt hat.

Ebenso offen ist die Frage, welche Unterlagen Etzlaub zur Erstellung seiner Karte verwendet hat. Waren es heute nicht mehr vorhandene Karten? Manche vermuten, dass Etzlaub die verlorengegangene Klosterneuburger Fridericuskarte von etwa 1421 kannte. Andere frühe Kartendrucke sind genauso denkbar. Zudem waren damals in Nürnberg mehrere unterschiedliche Itinerarien bekannt. Besonders eng scheint der Bezug zum Erfurter Itinerar von 1500 zu sein.[15]

Zudem kursierten in Nürnberg stets neueste wie auch ältere Berichte von zurückgekehrten Pilgern und anderen Reisenden. Der Vergleich von Abb. 6a und 6b bestätigt, dass Etzlaub rasch auf derartige Berichte reagiert hat.

In der Rom-Pilgerkarte von 1500 (Abb. 6, links) sind im Vorarlberger Rheintal die Distanzen „pregiz – feldkirchen" und „feldkirchen – Chure" gleich groß, nämlich 4 Meilen (= 29,6 km). Etzlaub korrigierte diese Wegstrecken in der Landstraßenkarte von 1501 (Abb. 6, rechts) auf „pregiz – feldkirchn" 3 Meilen (22,5 km) und „feldkirchn

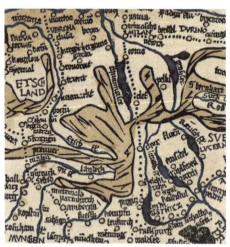

Abb. 6: Straßenabschnitt Bregenz–Como in beiden Etzlaubkarten

---

15   Miedema 1996, 111ff. Miedema meint, bereits das Erfurter Itinerar beschreibe einen wesentlichen Teil der Wegstrecken auf der Romkarte. Zum Beleg stellt er den transkribierten Itinerar-Text an das Ende dieser Arbeit.

– chur" 5 Meilen (37 km). Die ungleiche Länge der beiden Teilstrecken wurde somit berücksichtigt. Trotz dieser Korrektur ist die angegebene Wegstrecke noch deutlich zu kurz. Teilweise liegt dies an einem Problem, das Etzlaub bereits bei der Erstellung der Romkarte bekannt war.

Im linken Textblock am unteren Kartenrand heißt es nämlich: „… So aber dye meyl in landen nit gleych seyn nymt man gewonlich solcher meyl hye verzeychent Sex fur funf in landen Swoben hessen westfaln Sapen marck pomern behem. Und in Sweycz zwo fur eyne" (Abb. 7). Wenn wir für die Strecke Bregenz–Chur das Verhältnis „Sex for funf" anwenden, die Wegstrecke also um 20% vergrößern, dann erhöht sich die auf der Karte eingetragene Distanz von 59,5 km auf knapp 72 km, also ein deutlich besserer Wert, wenngleich er immer noch zu klein ist. Mehr über die Genauigkeit der Karte erfährt man bei Brunner.[16]

Der rechte Teil des unteren Textblocks verdient ebenfalls Beachtung (Abb. 8). In der Mitte erkennt man zwischen zwei Textblöcken einen „Compast". Das weist

Abb. 7: Linker unterer Textblock in der Romkarte

Abb. 8: Rechter unterer Textblock mit Kompass-Skizze

16 Brunner 2001, 10/12: Untersuchungen von K. Brunner zur Genauigkeit der Romkarte ergaben, dass die Anzeige im Kartenzentrum Nürnberg am besten ist und gegen die Kartenränder deutlich nachlässt. Dies gilt sowohl für die angegebenen Distanzen als auch für die geographischen Positionen der eingezeichneten Orte.

zunächst auf einen Kompass hin. Und der rechte Textblock scheint dies zu bestätigen. Der Text beschreibt, wie man auf Reisen mit einem Reisekompass diese Karte richtig orientiert und damit die korrekte Südrichtung, ja sogar die Himmelsrichtung zu jedem beliebigen Ort auf der Karte bestimmen kann.[17]

Auf ein interessantes Detail sei noch eigens hingewiesen: Im Bild des „Compast" ist ein Pfeil durch das Zentrum eingezeichnet, der schräg zur Mittellinie verläuft. Er markiert die sogenannte magnetische Abweichung (Missweisung) und gibt an, wie weit das Magnetfeld der Erde an einem gegebenen Ort (hier in Nürnberg) von der genauen Nord-Süd-Richtung abweicht. Wenn man einen Kompass so dreht, dass die Kompassnadel exakt in Richtung der markierten Missweisung zeigt, dann gibt die eingezeichnete Mittellinie, genauso wie der Kompassrand, die genaue Nord-Süd-Richtung an. Die an den Kompass angelegte Karte ist dann richtig orientiert.

Abb. 9: Aufgeklappte Taschensonnenuhr von Etzlaub

Der hier abgebildete „Compast" ist allerdings mehr als nur ein Kompass. Die beschrifteten Stundenmarkierungen weisen darauf hin. Eine Suche nach erhaltenen „Compasten" von Etzlaub ergibt, dass die Stundenlinien im abgebildeten „Compast" genau gleich verlaufen wie auf zwei erhalten gebliebenen Klappsonnenuhren von Etzlaub.[18]

Abb. 9 zeigt eine dieser Sonnenuhren[19] in aufgeklapptem Zustand. Im Kompass, der in die Bodenplatte eingelassen ist, fehlt die Kompassnadel. Mit diesem Kompass konnte die Sonnenuhr genau in Nord-Süd-Richtung orientiert werden.

Beim Aufklappen der Sonnenuhr wurde ein Faden gespannt, der auf der Bodenplatte im Schnittpunkt der Stundenlinien und an der vertikalen Platte in

17 Der rechte Textblock lautet: „Nach dem Compast zu wandern geschigt also Den prief legt man nydr und setzt den compast mit der seyten an eyn leysten oder gleich auf dissen kompast und ruckt den prief pys die zungle gericht seyn So ligt der prief recht Den last man ligen unverruckt und setzt darnach den Compast mit der seiten auf dye punt zweyer fürgenumen Stet und merkt wye dye zung stee auf den acht teyl Also stet sye auch wenn man zwyschen den selben zweyen Steten wandert."

18 Die Sonnenuhren stammen aus den Jahren 1511 und 1513. Man kann aber davon ausgehen, dass Etzlaub auch schon um 1500 solche Sonnenuhren hergestellt hat, wobei der Verlauf der Stundenlinien unverändert bleibt. Die Sonnenuhr von 1513 ist heute im Adler-Museum in Chicago, die andere im Germanischen Nationalmuseum (GNM) in Nürnberg.

19 Download: https://adler-ais.axiellhosting.com/Details/collect/493

einem der Bohrlöcher befestigt war. Die übereinander liegenden Bohrlöcher sind hier als schwarze Punkte erkennbar. Am Schatten des (hier nachträglich weiß eingezeichneten) Fadens konnte die Zeit abgelesen werden.

Die Landkarte Europas auf der Außenseite des Klappdeckels ist genau auf die Bohrlöcher der Innenseite abgestimmt. Der Reisende konnte mit deren Hilfe den Spannfaden der Sonnenuhr auf die geographische Breite seines momentanen Aufenthaltsortes einstellen. Für eine korrekte Zeitanzeige ist dabei die Fixierung des gespannten Fadens mit abnehmender geographischer Breite (also auf dem Weg nach Rom) von oben nach unten zu verschieben. Die Anordnung der Breitengrade ergibt sich somit für die rückseitige Landkarte aus den Regeln für die Neigung des Schattenfadens in den wechselnden geographischen Breiten.[20] Diese Anordnung der Breitengrade hat Etzlaub ebenfalls für seine beiden Wegekarten übernommen.

Der „Compast" auf den beiden Straßenkarten von Etzlaub ist gegenüber Abb. 9 um 180 Grad gedreht. Man kann dies an der Lage des Schnittpunktes der Stundenlinien erkennen. Wenn ein nach Norden ausgerichteter Kompass und das Compast-Bild auf der Landkarte gleich orientiert sind, dann liegt die Karte in der korrekten Lage. Dementsprechend ist der untere Rand mit „Mittenacht"[21] (Norden) bezeichnet.

3.2 Nachwirkungen von Etzlaubs Straßenkarten

Etzlaubs Karten waren sehr begehrt. So erschien 1533, also kurz nach Etzlaubs Tod, in der gleichen Druckerei eine kaum veränderte Version seiner Straßenkarte von 1501. Sie war lediglich im Westen gegenüber dem „Original" etwas erweitert und enthielt in den Randgebieten einige zusätzliche Details.

Die Wertschätzung von Etzlaubs Karten führte dazu, dass sehr rasch andere Drucker und Kartografen ganz ähnliche Karten herstellten. Der Einfluss von Etzlaubs Karten ist darauf deutlich erkennbar. Die „kreisförmige Einfassung" Böhmens fällt immer wieder auf.

Schon 1515 veröffentlichte der Augsburger Drucker Georg Erlinger eine Karte, die man als kaum veränderte Kopie von Etzlaubs Straßenkarte des Jahres 1501 bezeichnen kann.[22] Eine besondere Veränderung fällt in Erlingers Drucken von 1524 und 1530 auf. Die Karten sind nicht mehr nach Süden orientiert, sondern genordet. Neu ist auch seine Drucktechnik: Für die verschiedenen Farben auf der Karte verwendet

---

20 Der gespannte Faden muss entsprechend der geografischen Breite fixiert werden. Kleine Bohrlöcher markieren diese Stellen. Mathematisch heißt dies, dass die geografischen Breiten proportional zum Tangenswert der g. Breite angeordnet sind. Etzlaub hat damit eine damals noch unbekannte Art einer Landkartenkonstruktion vorweggenommen.

21 Diese Beschriftung ist nur im Zweitdruck der Romkarte vorhanden.

22 Kupcik 1992, 23 sowie Meurer 2013, 26f., wo die Erlingerkarten ausführlich behandelt werden.

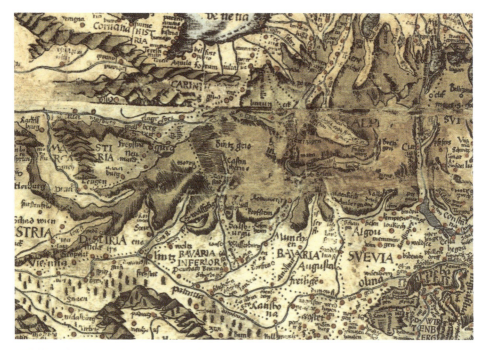

Abb. 10: „Carta Itineraria Evropae" von Waldseemüller

er unterschiedliche Druckstöcke.[23] Inhaltlich bieten die Karten eher weniger Informationen als Etzlaubs Karte von 1501. So fehlen in Erlingers Karten von 1524 und 1530 über 100 Orte, zudem sind einige markierte Reisewege sowie einzelne Namensbezeichnungen von Bergen, Flüssen, Regionen weggefallen.[24]

Auf einzelnen Karten von Martin Waldseemüller ist der Einfluss Etzlaubs ebenfalls erkennbar. Seine „Carta Itineraria Europae" von 1511 und 1520 übertrifft jedoch Etzlaubs Karte von 1501 sogar in mehrfacher Hinsicht.

Martin Waldseemüller hatte bereits 1507 eine Weltkarte geschaffen, die alle anderen damals bekannten Weltkarten weit übertraf. Überaus berühmt wurde sie vor allem deshalb, weil er darauf erstmals den neu entdeckten Kontinent als „AMERICA" bezeichnet hatte bezeichnet hatte, was überhaupt erst zur bekannten Benennung des Erdteils führte.

Die Bedeutung seiner „Carta Itineraria Europae", die er in den darauffolgenden Jahren entwickelte, wird wohl deshalb oft unterschätzt. 1511 ließ Waldseemüller erstmals einige Exemplare dieser Karte drucken. Leider ist davon heute kein einzi-

---

23 Kupcik 2016, 9: Im Holzschnitt wurden sogar Stellen ausgespart, in die (zur Beschriftung) Lettern eingesetzt werden konnten.
24 Meurer 2013, 28.

ges Stück bekannt, nur die dazu gedruckte Benutzeranleitung „Underwysung" ist mehrfach erhalten. Eine davon liegt heute in der Österreichischen Nationalbibliothek. Vom Kartendruck von 1520 – höchst wahrscheinlich von den gleichen Druckstöcken – ist nur ein einziges Exemplar erhalten geblieben. 1892 wurde es zufällig im Museum Ferdinandeum in Innsbruck „in sehr schlechtem Zustand" aufgefunden. Erst 1958, also mehr als 60 Jahre später, wurde über eine Initiative von Wilhelm Bonacker eine Restaurierung der Karte angegangen, die schließlich gegen Ende der 1960er Jahre abgeschlossen wurde.[25]

Waldseemüllers „Carta Itineraria Europae" ist ebenso eine Itinerar-Karte wie die Straßenkarte Etzlaubs von 1501. Sie ist jedoch deutlich größer und weitaus genauer. Ihre Größe macht sie zur ersten gedruckten Wandkarte von Mittel- und Südeuropa! Aus vier Teilblättern zusammengesetzt, misst sie insgesamt etwa 140 x 140 cm. Die Wappenleisten am Außenrand reduzieren den eigentlichen Kartenteil auf rund 113 x 115 cm. Der Kartenausschnitt in Abbildung 10 enthält die eingetragenen Alpenübergänge im heutigen Österreich, ausgehend von Wien, Salzburg, Rosenheim, Garmisch-Partenkirchen bis Pregitz am Bodensee. Eine weitere, westlicher gelegene Alpenüberquerung verläuft über Konstanz, Genf, Chambery (Schambrji) nach Turin (DVRINO).

Leider ist auch der Zustand der restaurierten Karte an manchen Stellen mangelhaft. So sieht man im abgebildeten Teil der Karte deutlich, wo Nord- und Südblatt zusammenstoßen. An einzelnen Stellen sind sogar seitliche Versetzungen vorhanden. Außerdem fällt auf, dass der Raum Innsbruck farblich völlig verwischt ist und sich nach Westen über Feldkirch hinaus erstreckt. Doch trotz solcher Mängel ist diese Karte im Innsbrucker Museum Ferdinandeum für die Kartographie von eminenter Bedeutung. Die „Carta Itineraria Europae" ist die erste gedruckte Wandkarte Europas, auf der die geografischen Breiten und Ost-West-Positionen (geogr. Längen) der eingetragenen Orte deutlich verbessert sind. Guckelsberger schreibt in diesem Zusammenhang, dass Waldseemüller mit dieser Karte „offensichtlich die fundamentale Modernisierung der Europakarte" gelungen sei und er damit „eine erfolgreiche, durchgreifende Neuentwicklung …" geschaffen habe.[26]

Als ein Beispiel führt er das Manuskript „Commentum in Geographiam Ptolomaei" von Johannes Stoeffler an. In diesem umfangreichen Vorlesungsmanuskript für die Jahre 1511–1514 geht es unter anderem um den Längengradunterschied zwischen Tübingen und Rom. Darin ist ein Blatt eingebunden, das die Wegstrecke Tübingen–Rom zeigt und offensichtlich aus Waldseemüllers „Carta Itineraria Europae" abgepaust wurde.[27] Für Stöffler war Waldseemüllers Karte demnach eine verlässliche

25 Meine 1971, 8.
26 Guckelsberger 2013, 39.
27 Guckelsberger 2013, 34f. Dazu Stöffler-Manuskript: urn:nbn:de:bsz:21-dt-27725

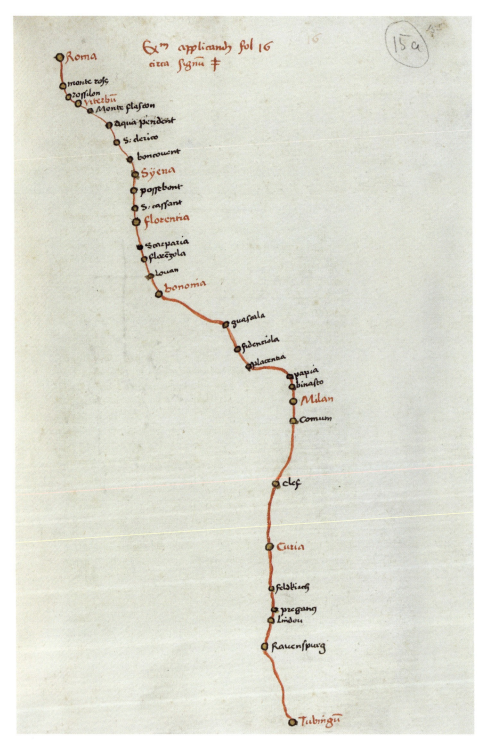

Abb. 11: Stöfflers abgepauster Romweg

Hilfe, um diesen Längengradunterschied zwischen Rom und Tübingen zu ermitteln. Sein Ergebnis von 3,5 Grad stimmt ziemlich genau mit unserem heutigen Wert überein. Die Karte hat damit aus heutiger Sicht einen Genauigkeitstest bestanden.

Die vorige Abb. 11 zeigt die Romweg-Kopie aus Stöfflers Manuskript und die nachstehende Abb. 12 einen Ausschnitt aus einer Tabelle von Guckelsberger, in der er die Romreise auf verschiedenen bekannten Wegekarten vergleicht.

		km	Etzlaub	ml	Carta Itineraria 1511/1520	ml	Stöffler 1515?	Erlinger 1524
1	**Tübingen**				dubinga		dubinga	–
2	**Ulm**		vlm	0		0		(Elling)
3	**Ravensburg**	74,17	ravflspurg (91,6)	8	Rafenspurg*	8	Rauenspurg	Rauespurg
4	**Lindau**	26,24	linta	3	lindou	3	Lindou	linda
5	**Bregenz**	7,40	pregi..s	1	preganz	2	pregantz	pregicz
6	**Feldkirch**	31,89	feldkirch(e)n	3	feldkirch**	3	feldkirch	feltkirch
7	**Chur**	43,47	chur	5	Curia	5	Curia	Chur
8	**Chiavenna**	59,69	clef	10	clef+	10	Clef	cleff
9	**Como**	61,33	como	10	comum++	12	Comum	Chom
10	**Milano**	39,49	MILAN	5	Milan	4	Milan	Mediolan
11	**Binasco**	15,67	winascho	2	vinasto	2	Binasco	
12	**Pavia**	17,25	pauia	2	padus	2	Papia	pauia
13	**Piacenza**	45,11	Platenza	7	piacencia	7	placentia	placentia
14	**Fidenza**	35,36	(Bersello)+++	6	fdenca	3	fidenciola	
15	**Guastalla**	47,01	(S. johan)	7	guasala	3	guascala	
16	**Bologna**	72,30	BONONIA	2	Bonona	10	Bonona	Bon(n)onia
17	**Loiano**	25,17	lugan	4	louan	4	Louan	lugan
18	**Firenzuola**	17,05	firenzuola	3	florencola	3	flore(n)zola	
19	**Scarperia**	14,31	scarparia	2	Scarpia	1	Scarparia	scarparia
20	**Firenze**	26,10	FLORE(N)CA	4	florentia	5	florentia	Flore(n)tz
21	**S. Casciano**	13,20	sancison	2	S. cassant	2	S. cassant	
22	**Poggibonsi**	21,00	possebu(n)cz	3	Possebonsi	3	possebont	posseboncz
23	**Siena**	22,72	SVENA	3	Syen(n)a	3	Syena	Sena
24	**Buonconvento**	23,94	bonconnuent	3	boncoue(n)t	2	boncouent	bonco(n)uent
25	**S. Quirico**	13,02	(alerecurso)	4	S. clerico	4	S. clerico	
26	**Acquapendente**	40,70	acquapendet	4	Aqua pedent	4	aqua pendent	aquapende(n)t
27	**Montefiascone**	26,91	monteflasco	4	mon flaslon	3	Monte flascon	monteflascon
28	**Viterbo**	14,51	VITERRIO	2	uiterbia	2	Viterbu(m)	..iterbio
29	**Ronciglione**	16,63	roncilion	2	rossilon	2	Rossilon	ro(n)cilion
30	**Monterosi**	13,32	monteros	2	monte rose	2	monte rose	monte rosz
31	**Roma**	36,14	ROMA	5	Roma	5	Roma	Roma

Abb. 12: Tabelle der Romreisen auf verschiedenen Karten [Guckelsberger 2013]

Die Spalten links enthalten die modernen Namensbezeichnungen der Orte und die Ortsabstände in km. In den weiteren Spalten folgen die Ortsbezeichnungen und Abstandsangaben in Meilen in den Wegekarten von Etzlaub aus 1501 und aus Waldseemüllers „Carta Itineraria Europae" von 1520. Die beiden letzten Spalten enthalten die entsprechenden Ortsnamen in Stöfflers Romwegskizze und in Erlingers Europakarte von 1524 („Gelegenheit Teutscher Lannd vnd aller Anstos").

3.3 Von der Entwicklung überrollt

Im Laufe des 16. Jahrhunderts verschwand das Interesse an Straßenkarten immer mehr. Angeregt durch die gedruckten Straßenkarten, waren die ersten gedruckten Landes- und Regionalkarten entstanden. Martin Waldseemüllers Karte „Tabula Moderna Germanie" von 1513/20 ist ein frühes Beispiel dafür.

Die Streckenangaben fehlen auf diesen neuen Karten. Sie waren nicht mehr so wichtig, weil man jetzt auf den ständig verbesserten Karten beliebige Distanzen leicht selbst abmessen und mit Hilfe der Distanzskala am unteren Rand bestimmen konnte. In Abb. 13 wird ein Teilbereich der „Tabula Moderna Germanie" gezeigt, der mit dem geografischen Teilbereich von Abb. 10 in etwa übereinstimmt. Auf der

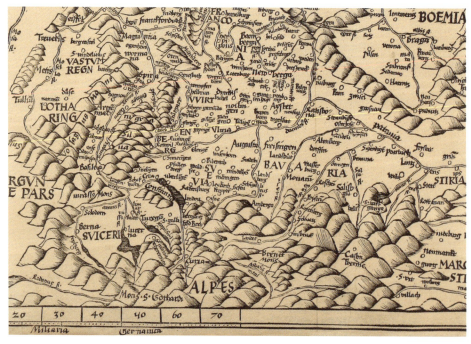

Abb. 13: Detail aus Waldseemüllers „Tabula Moderna Germanie"

Brennerstrecke sind auf beiden Karten im Inntal „Kopfstein" (Kufstein) und „Rotenberg" (Rattenberg) sichtbar. Die Orte „Schwatz" und „Insbruck" sind wegen einer fehlerhaften Kartenstelle in der „Carta Itineraria Europae" verschwunden, auf der „Tabula Moderna Germanie" jedoch sehr gut zu identifizieren.

Ein anderes Beispiel, das die Entwicklung von der Straßenkarte hin zur Regionalkarte besonders verdeutlicht, ist Sebastian Münsters prachtvoller Einzelblattdruck

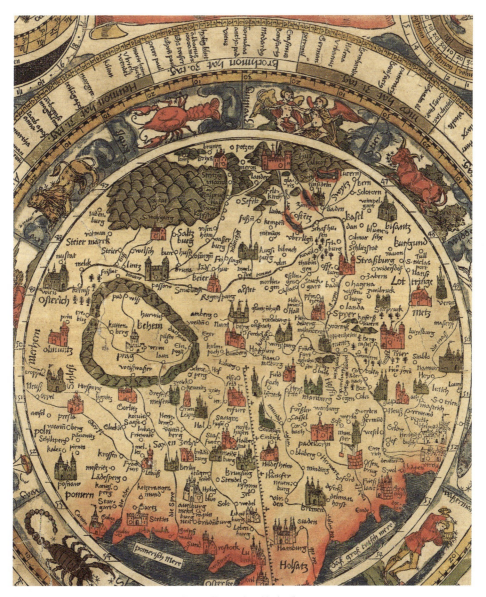

Abb. 14: Detail aus S. Münsters „Landkarte Teutscher Nation"

„Landkarte Teutscher Nation" von 1525 (Abb. 14).[28] Darauf noch eine „Erklerung des newen Jnstruments der Suonnen, nach allen seinen Scheyben und Circkeln".

Der Einfluss der Etzlaub-Karte von 1501 ist zwar immer noch erkennbar, es fehlen jedoch die Reisewege mit den angegebenen Wegstrecken. Lediglich die Flussläufe unterstützen jetzt die Orientierung. Statt der eingetragenen Distanzen ist schwarz eine Linie vom Kartenzentrum zum Kreisrand eingezeichnet. Darauf sind Strecken-markierungen angegeben. Man konnte also auf der Karte den Abstand von zwei belie-bigen Punkten abnehmen und damit dann auf der eingezeichneten Datumsskala die Streckenlänge ablesen.[29]

Und auch auf dieser Karte ist noch der Alpenübergang „linda" – „Feltkirch" – „Chur" eingetragen! Wie meinte doch Vallaster vor Jahren? „An Feldkirch ging kein Weg vorbei".[30]

4. Zusammenfassung

Die große Beliebtheit der Wegekarten, die mit Etzlaubs Pilgerkarte eingesetzt hatte, hielt nur wenige Jahrzehnte an. Mit den ständigen Fortschritten in der Kartographie, die stets noch bessere Karten hervorbrachten, ging das Interesse an Wegekarten anscheinend stark zurück. Es sollte aber noch Jahrzehnte dauern, bis die inhaltliche Qualität von Waldseemüllers „Carta Itineraria Europae" übertroffen wurde.

Literaturverzeichnis

Brunner 2001 = Karl Brunner, Erhard Etzlaubs Karte „Die Landstraßen durch das Römische Reich". Vortrag auf dem 50. Deutscher Kartographentag der Deutschen Gesellschaft für Kartographie (DGfK), 2001.

Freutsmiedl 2005 = Johannes Freutsmiedl, Römische Strassen der Tabula Peutingeriana in Noricum und Rätien, Büchenbach 2005, 172–179.

Guckelsberger 2013 = Kurt Guckelsberger, Das moderne Kartenbild von Europa auf der Carta Itinera-ria Waldseemüllers von 1511/1520, in: Cartographica Helvetica 48 (2013), 34–40.

Itinéraire brugeois 1858 = Itinéraire brugeois, composé en 1380. Extrait de la Géographie du Moyen âge, par Joachim Lelewel, Bruxelles 1858.

Itinerarium Antonini Augusti et Hierumsolmytanum 1848 = Itinerarium Antonini Augusti et Hierum-solmytanum. Gustav Parthey, Moritz Pinder, F. Nicolai, 1848.

28 Wortlaut der Überschrift: „Eyn New lüstig vnd kuortzweilig Jnstrument der Sonnen, mit yngesetzter Landtafel Teutscher nation, gemacht und gericht vff viel iare ".

29 „Zum Andern lernstu bald : mit einem circel : wie fern ein stat von der andern gelegen ist", liest man in einer Kurzinformationen am unteren, hier nicht sichtbaren Blattrand (Einzelblatt auf: https://doi.org/10.3931/e-rara-73715).

30 Vallaster 2009, 210: Überschrift des Artikels.

Kupcik 1992 = Ivan Kupcik, Karten der Pilgerstrassen im Bereich der heutigen Schweiz und des angrenzenden Auslandes vom 13. bis zum 16. Jahrhundert, in: Cartographica Helvetica 6 (1992), 17–27.

Kupcik 2016 = Ivan Kupcik, Karten der Pilgerstrassen, in: Reisekarten der Schweiz: von den Anfängen bis ins 20. Jahrhundert, Cartographica Helvetica 53 (2016), 6–10. Link: http://doi.org/10.5169/seals-772373

Meine 1971 = Karl-Heinz Meine, Erläuterungen zur ersten gedruckten (Straßen-)Wandkarte von Europa, der CARTA ITINERARIA EVROPAE der Jahre 1511 bzw. 1520 von Martin Waldseemüller (um 1470 bis etwa 1521). Bonn–Bad Godesberg, 1971.

Meurer 2013 = Peter H. Meurer, Die Prachtausgabe der Germania-Karte Georg Erlingers von 1530, in: Cartographica Helvetica 48 (2013), 25–33.

Miedema 1996 = Nine Miedema, Erhard Etzlaubs Karten. Ein Beitrag zur Geschichte der mittelalterlichen Kartographie und des Einblattdruckes, Gutenberg-Jahrbuch 1996, 99–125.

Simonett o. J. = Jürgen Simonett, Splügenpass und Septimerpass, in: Historisches Lexikon der Schweiz (HLS), URL: https://hls-dhs-dss.ch/de/ und dann Splügenpass oder Septimerpass suchen [eingesehen am 4.10.2023].

Talbert 2023 = Richard J. A. Talbert, World and Hour in Roman Minds. Exploratory Essays, Oxford 2023.

Tiefenthaler 2009 = Helmut Tiefenthaler, Romwege durch das Alpenrheintal, in: Montfort 61 (2009), 37–54.

Vallaster 2009 = Christoph Vallaster, An Feldkirch ging kein Weg vorbei, Vierteljahresschrift der Rheticus-Gesellschaft 2/3, Jg. 31 (2009), 210–214.

Abbildungsverzeichnis

Abb. 1:   Tabula Peutingeriana: https://commons.wikimedia.org/wiki/File:TabulaPeutingeriana.jpg

Abb. 2:   In *https://books.google.at* Titel „itinerarium antonini augusti et hierosolymitanum" suchen.

Abb. 3:   In *https://books.google.at* Titel „Itinéraire brugeois, composé en 1380" suchen.

Abb. 4:   Download von http://mdz-nbn-resolving.de/urn:nbn:de:bvb:12-bsb00033752

Abb. 5:   Download von https://iiif.lib.harvard.edu/manifests/view/ids:2655377

Abb. 6, 7, 8: Ausschnitte aus Abb. 4 und 5

Abb. 9:   Download vom Adlerplanetarium, Chicago: https://adler-ais.axiellhosting.com/Details/collect/493

Abb. 10: Carta Itineraria Evropae von Waldseemüller. Download von https://collections.lib.uwm.edu/digital/collection/agdm/id/18197"

Abb. 11: Stoeffler Johannes: Commentum in Geographiam Ptolomaei (Manuskkript): http://idb.ub.uni-tuebingen.de/opendigi/Mc28 oder urn:nbn:de:bsz:21-dt-27725

Abb. 12: Cartographica Helvetica, Heft 48 (2013), 34–40. http://doi.org/10.5169/seals-358051

Abb. 13: Götzfried Antique Maps: https://www.vintage-maps.com/de/antike-landkarten/europa/deutschland/waldseemueller-deutschland-1513-oder-1520::151

Abb. 14: Münster, Sebastian: Eyn New lüstig vnd kuortzweilig Jnstrument der Sonnen …, Einzelblatt von https://doi.org/10.3931/e-rara-73715

Alle angegebenen Links am 27.9.2023 überprüft

NATURWISSENSCHAFTEN

J. Georg Friebe

DIE GOTTESANBETERIN UND IHRE VERWANDTSCHAFT

Standortfremde Fangschrecken in Vorarlberg (Dictyoptera: Mantodea)

Fangschrecken gehören nicht zur althergebrachten, zur bodenständigen Fauna Vorarlbergs. Selbst die Europäische Gottesanbeterin (*Mantis religiosa*) war hierzulande nie heimisch.[1] Dennoch mehrten sich in den letzten Jahren gelegentliche Funde einzelner Exemplare aus dieser Tiergruppe – auch von südlichen Arten, die niemals aus eigener Kraft Vorarlberg hätten erreichen können. Sie mögen als unfreiwilliges Urlaubsmitbringsel oder als blinder Passagier mit Warentransporten ins Ländle gelangt sein, wurden vielleicht auch von verantwortungslosen Terrarienfreunden, die ihrer „Haustiere" überdrüssig geworden sind, bewusst ausgesetzt („in die Freiheit entlassen"), oder sie sind schlicht ausgebüxt. Einmal aus der geschützten Umgebung entflohen, wäre ihnen bisher kein langes Leben beschieden gewesen. Doch die immer milderen Winter bieten das Umfeld, das ihnen möglicherweise in Zukunft auch das Überdauern der kalten Jahreszeit ermöglichen könnte. Wir dürfen damit rechnen, in absehbarer Zeit auch etablierte Populationen standortfremder Fangschrecken in Vorarlberg antreffen zu können.

Konsultiert man ältere Lehrbücher, so werden die Fangschrecken gemeinsam mit den Heuschrecken, Schaben und anderen zur übergeordneten Gruppe der Orthopteren, der Geradflügler zusammengefasst. Der Namensbestandteil „-schrecken" erinnert auch heute noch an diese Zeit. Doch bald wurde erkannt, dass sich die Heuschrecken auf der einen und Fangschrecken und Schaben auf der anderen Seite signifikant unterscheiden. Heute umfasst die Ordnung Orthoptera *sensu stricto* ausschließlich die Heuschrecken. In welcher systematischen bzw. hierarchischen Position die aus den Geradflüglern herausgenommenen Gruppen eingereiht werden sollen, war und ist Gegenstand heftiger Diskussionen. Gemeinsam mit den Schaben und Termiten werden die Fangschecken (Mantodea) als Dictyoptera[2] zusammengefasst. Während die

---

1 Friebe 2018.
2 Wörtlich „Netz-Flügler". Da aber „Netzflügler" im Deutschen die Ordnung Neuroptera bezeichnet, ist die direkte Übersetzung missverständlich und sollte vermieden werden. Damit gibt es für die Dictyoptera keinen deutschen Populärnamen.

Mantodea eine stammesgeschichtlich einheitliche Gruppe bilden, sind die übrigen Verwandtschaftsbeziehungen komplexer: Die Termiten sind mit einigen Gruppen der Schaben näher verwandt als diese es untereinander sind. Damit müssen die Termiten als Untergruppe innerhalb der Schaben eingeordnet werden. Dies hat auch Auswirkungen auf die hierarchische Stellung der Mantodea: Sie werden einerseits als eigene Ordnung (innerhalb der Überordnung Dictyoptera) aufgefasst. Andere Modelle sehen die Dictyoptera als Ordnung, und die Mantodea sind „nur" noch eine Unterordnung. Auch die Definition von Familien innerhalb der Mantodea wird kontrovers betrachtet: Während die „Fauna Europaea"[3] einen konservativen Ansatz verfolgt und alle europäischen Fangschrecken in der Familie Mantidae vereint, wurde diese in jüngerer Zeit auf Basis der männlichen Genitalien auf mehrere Familien aufgeteilt.[4] All diesen Diskussionen zum Trotz werden die Fangschrecken aus praktischen Überlegungen weiterhin in einem Atemzug mit den Heuschrecken genannt:[5] Eine einzige nördlich der Alpen vorkommende Art der Mantodea kann eine separate Behandlung in einer eigenen Monographie schwer rechtfertigen. Bei all dieser Verwirrung sollten wir nicht vergessen: Auch wenn die zoologische Systematik versucht, der Definition und Hierarchie der einzelnen Tiergruppen die natürlichen Verwandtschaftsverhältnisse zugrunde zu legen, wird sie immer ein künstliches, menschgemachtes System bleiben.

Fangschrecken sehen merkwürdig aus: Ihr vorderstes Beinpaar dient nicht mehr der Fortbewegung, sondern ist zu Fangbeinen umgestaltet. Im Zusammenspiel von Femur (Oberschenkel) und Tibia (Unterschenkel) kann die Fangschrecke ihre Nahrung innerhalb von Sekundenbruchteilen ergreifen. Dornen verhindern, dass das Opfer wieder entweicht. Während der Paarung kann – trotz eines ausgedehnten Balzverhaltens – auch das Männchen das Opfer sein und vom Weibchen verspeist werden. In Lauerstellung werden die Fangbeine an den Körper angelegt. Dies erinnert an die Körperhaltung von Betenden, was den Tieren den Populärnamen Gottesanbeterinnen beigebracht hat. Ein weiteres Charakteristikum, das zum ungewöhnlichen Aussehen beiträgt, ist die starke Verlängerung des ersten Brustsegments (Prothorax). Der dreieckige Kopf ist über einen kurzen Hals mit dem Prothorax verbunden. Er kann über einen großen Winkel gedreht werden. Die Eiablage erfolgt (gleich wie bei den Schaben) in großen Paketen (Ootheken). Die Überwinterung erfolgt meist als Ei, bei manchen Arten in wärmeren Gefilden auch als Nymphe.

Alle hier besprochenen Arten haben ihr natürliches Verbreitungsgebiet im Mittelmeerraum. Die Europäische Gottesanbeterin *Mantis religiosa* ist zusätzlich auch in wärmeren Regionen nördlich der Alpen anzutreffen. Einige der Funde wurden bereits

---

3   de Jong et al. 2014.
4   Schwarz/Roy 2019.
5   Z. B. Detzel 1998; Zuna-Kratky et al. 2009; Hilpold et al. 2017.

in früheren Arbeiten gemeldet.[6] Um ein vollständiges Bild zum Ende des Jahrs 2022 zu geben, werden auch diese Beobachtungen hier wieder angeführt. Sie sind mit # gekennzeichnet.

Abkürzungsverzeichnis

m SH – Meter Seehöhe
Ex. – Exemplar (Geschlecht unbestimmt)
♀ – Weibchen
phot. – fotografiert von
leg. – gesammelt von
det. – bestimmt von
coll. – in der Sammlung von
IDOZ – inatura Dornbirn Zoologie[7]

Familie: Amelidae Westwood, 1889
Gattung: *Ameles* Burmeister, 1838

Ameles spallanzania (Rossi, 1792) – Kleine Fangschrecke

· # Hohenems – im Auto, auf einer bei „Hornbach" in Hohenems gekauften mediterranen Pflanze: 01.08.2019 (1♀), leg. Stephanie Moll, det. Klaus Zimmermann, coll. inatura IDOZ Z.9522

Abb. 1: Dieses Exemplar von *Ameles spallanzania* wurde am 01.08.2019 nach dem Kauf einer mediterranen Pflanze im Auto entdeckt.

---

6   Friebe 2018, Friebe et al. 2019; mit Diskussion der Funde.
7   International eindeutige Sammlungskennung, erfasst in der GBIF Registry of Scientific Collections, https://www.gbif.org/grscicoll/.

Der Fund im Gefolge eines Einkaufs im Gartenzentrum lässt keine Zweifel offen: Das Tier ist mit einem Pflanzentransport nach Vorarlberg gelangt. Die Kleine Fangschrecke ist im Mittelmeerraum (Südeuropa und Nordafrika) beheimatet. Von dort wird sie gelegentlich nach Norden verschleppt. In Südtirol konnte sie sich an zwei Standorten erfolgreich etablieren.[8] Die Verbreitungskarte von GBIF verzeichnet keine Funde nördlich der Alpen.[9]

Familie: Eremiaphilidae Saussure, 1869
Gattung: *Iris* Saussure, 1869

Iris oratoria (Linnaeus, 1758) – „Mittelmeer-Gottesanbeterin"

· # Dornbirn – Zieglergasse, 445 m SH: 16.10.2018 (1 Nymphe; Adulthäutung 23.10.2018), leg. Anonymus, phot. Ruth Rhomberg, det. J. Georg Friebe & Elisabeth Ritter

Das von Kindern gefundene Tier wurde der inatura zur Bestimmung vorgelegt. Laut Mitteilung der Überbringerin verbrachte eine Nachbarsfamilie ihren Urlaub im August in Kroatien. Damit rückt es in den Bereich des Möglichen, dass die Mittelmeer-Gottesanbeterin von dort als „blinder Passagier" mitgebracht worden sein könnte. *Iris oratoria* ist kein typisches Terrarientier, sodass die Erklärung als Gefangenschaftsflüchtling weniger wahrscheinlich erscheint. In Europa ist *Iris oratoria* auf den mediterranen Raum beschränkt.[10] Für Kroatien spiegelt die Fundkarte von GBIF[11] die bereits früher nachgewiesene Arealerweiterung nach Norden[12] wider. In Frankreich hingegen liegt die Nordgrenze der Verbreitung weiterhin konstant etwas nördlich von Orange im Rhône-Tal. Funde weiter im Norden (z. B. in den Niederlanden südöstlich von Nijmegen) sind nur durch Verschleppung erklärbar. Wurde auch im Bundesland Thüringen die erfolgreiche Ablage einer Oothek durch ein verschlepptes Weibchen dokumentiert, so erscheint dennoch das langfristige Überleben dieser Art nördlich der Alpen als ausgeschlossen.[13]

8 Ballini/Wilhalm 2014.
9 https://www.gbif.org/species/5048707
10 Battiston et al. 2010.
11 https://www.gbif.org/species/1404300
12 Kment 2012.
13 Schwarz/Ehrmann 2018.

Abb. 2: *Iris oratoria* wurde am 16.10.2018 als Nymphe in Dornbirn gefunden.

Abb. 3: Die Nymphe von *Iris oratoria* konnte in Gefangenschaft bis zur Adulthäutung (23.10.2018) durchgefüttert werden.

Familie Mantidae Latreille, 1802 sensu Schwarz & Roy, 2019
Gattung: *Mantis* Linnæus, 1758

Mantis religiosa (Linnæus, 1758) – Europäische Gottesanbeterin

· # Nüziders – Tänzerweg, 540 m SH, im Garten (Hauswand beim Trompeten-strauch): 20.08.2007 (1 Ex.), phot. & det. Margareta Bergauer
· # Sulz – Schützenstraße, Firmengelände Fries Kunststofftechnik GmbH, 503 m SH, in einem Lichtschacht: 27.09.2019 (1 Ex.), phot. Alessandro Heiß, det. Elisabeth Ritter
· Dornbirn – Pfarrer-Gierer-Weg, 445 m SH, an der Hauswand: 11./12.09.2020 (1 Nymphe) und 09.10.2020 (Wiederfund als Adulttier), phot. Siegfried Erath, det. J. Georg Friebe
· Altach – Rheinstraße, im Garten, 411 m SH: 23.07.2021 (1 Nymphe), phot. Katja Kolb, det. Elisabeth Ritter
· Dornbirn – Marktstraße, Cafe Bar Sauter, 443 m SH: 08.10.2021 (1♀), leg. Günter Grabher, det. Elisabeth Ritter, coll. inatura IDOZ Z.10475

Das in Nüziders beobachtete Tier geisterte lange unkommentiert (und wohl auch als bodenständig fehlinterpretiert) durch die Fachliteratur, bis auf dessen Status als „verschleppt" hingewiesen wurde.[14] Auch das Exemplar aus Sulz, gefunden auf dem Gelände einer Firma mit Auslandskontakten, wird als „verschleppt" interpretiert.[15] Für das Tier vom Pfarrer-Gierer-Weg in Dornbirn (Sept./Okt. 2020) konnten keinerlei Hinweise auf eine mögliche Herkunft in Erfahrung gebracht werden. Ähnlich verhält es sich bei der Nymphe aus Altach (Juli 2021): Aus der Familie der Gartenbesitzerin war in den Monaten zuvor niemand auf Urlaub. Ob in der näheren Umgebung ihres Hauses Terraristen leben, denen das Tier entkommen sein könnte, war der Finderin nicht bekannt. Größere Gewerbebetriebe sind mehr als 400 Meter vom Fundort entfernt. Etwas einfacher wird die Sache wieder beim Fund in der Dornbirner Markt-straße im Stadtgebiet. In unmittelbarer Umgebung befindet sich der Parkplatz eines großen Supermarkts. Daneben war (zeitweise) das Büro eines türkischen Fernlinien-Busunternehmens angesiedelt. In früheren Zeiten wurden dort Reisebusse abgestellt. Auch wenn an dieser Lokalität schon längere Zeit vor dem Fund keine Busse mehr geparkt wurden, erscheint eine Verschleppung auf diesem Wege als plausible Erklä-rung. Offen bleiben muss, wann diese erfolgt ist, bzw. ob das Tier eventuell bereits einer hier geschlüpften Generation angehören könnte.

---

14   Friebe 2018 (cum lit.).
15   Friebe et al. 2019 (cum lit.).

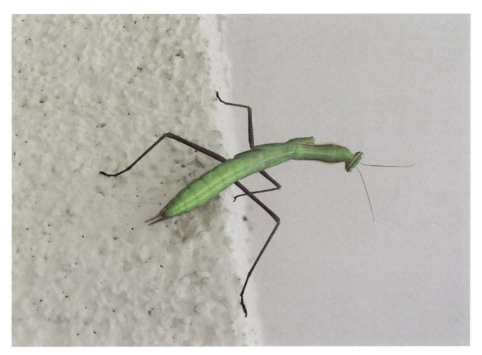

Abb. 4: Der Fund einer Nymphe von *Mantis religiosa* am 11./12.09.2020 in Dornbirn verleitet zur Spekulation, ob das Tier nicht vielleicht bereits hier geschlüpft sein könnte.

Abb. 5: Eine adulte Gottesanbeterin (*Mantis religiosa*) wurde am 08.10.2021 in Dornbirn angetroffen.

Bei allen Diskussionen zum Thema „Verschleppung" darf nicht vergessen werden, dass *Mantis religiosa* gar nicht so weit von Vorarlberg entfernt bodenständig vorkommt. Der im Osten nächstgelegene Standort in Südtirol[16] kommt als Reservoir für eine Einwanderung nach Vorarlberg kaum in Frage. Hier verhindern Gebirgsbarrieren die Ausbreitung der Art. Schon länger bekannt sind aber die Vorkommen im wärmebegünstigten Oberrheingraben, speziell rund um die „Wärmeinsel" Kaiserstuhl, und in den unmittelbar angrenzenden Landschaften. Von den südlichen Regionen der Oberrheinebene ausgehend, hat sich die Europäische Gottesanbeterin in Baden-Württemberg in den beiden vergangenen Jahrzehnten stark rheinabwärts nach Norden ausgebreitet.[17] Um 2018 ist sie im Großraum Stuttgart angekommen. Aus Vorarlberger Sicht interessanter ist das Vordringen von *Mantis religiosa* dem Hochrhein entlang in Richtung Osten, wo sie inzwischen den Großraum Bad Säckingen – Laufenburg erreicht hat. Auch vom Westrand des Kantons Schaffhausen liegt eine Beobachtung vor. Am Bodensee wurde die Art 2018 im Umland von Friedrichshafen (Bodenseekreis) nach einem überdurchschnittlich warmen Sommer erstmals dokumentiert.[18] Via inaturalist.org wurde ein Fund bei Ransen (am halben Weg zwischen Schaffhausen und dem Untersee) gemeldet, und das schweizerische Portal info fauna verzeichnet Nachweise von Bad Zurzach (2019) und Schaffhausen (2022). Auf die Walensee-Route als weiteren potentiellen Ausbreitungsweg verweist ein bereits etwas älterer Nachweis vom Zürichsee.[19] Sowohl die Route über den Hochrhein und beide Bodenseeufer als auch der Weg via Zürich und den Walensee begünstigen das Vordringen thermophiler Arten Richtung Osten, welches durch höhere Sommertemperaturen ermöglicht wird.[20] Ob die Tiere den Weg aus eigener Kraft bewältigen, oder ob Belege für einzelne isolierte Lokalitäten auf unbewusster oder bewusster (Ansalbung) Verschleppung der Tiere und/oder ihrer Ootheken beruhen,[21] ist dabei weniger relevant. Wie auch immer sie dorthin gelangen – wenn sie an ihrem Ankunftsort passende Umweltbedingungen vorfinden, so ist die Wahrscheinlichkeit hoch, dass sich dort eine stabile Population entwickeln kann. Sind es bis jetzt auch nur vereinzelte Funde an den potentiellen Einwanderungswegen, so müssen wir dennoch damit rechnen, dass sich *Mantis religiosa* in absehbarer Zeit auch in Vorarlberg etablieren wird.

16 Hellrigl/Franke 2006; Hilpold et al. 2017.
17 Stenger 2020.
18 Alle: Stenger 2020.
19 CSCF 2023; für Details und weitere Daten siehe auch https://www.gbif.org/species/6258028
20 Siehe z. B. Zimmermann/Müller 2022.
21 Diskussion in Stenger 2020.

Familie Mantidae Latreille, 1802 sensu Schwarz & Roy, 2019
Gattung: *Hierodula* Burmeister, 1838

Hierodula tenuidentata Saussure, 1869 – kein Populärname
Synonym:[22] *Hierodula transcaucasica* Brunner von Wattenwyl, 1878

· Rankweil – Bürogebäude Hadeldorfstraße, 465 m SH (Terrasse & Garten): 31.08.2022 (1 Ex.), leg. Melanie Weikl, det. Torsten van der Heyden; 08.09.2022 (1 Ex., in Freiheit belassen), phot. Emanuel Pedot; 25.10.2022 (1 Ex., möglicherweise das bereits am 08.09.2022 beobachtete Ex.), leg. Melanie Weikl, beide det. J. Georg Friebe auf Basis Erstbestimmung durch Torsten van der Heyden; die beiden entnommenen Tiere wurden in häusliche Pflege übergeben
· Klaus – Treietstraße/ Oberes Ried (Industrieareal), 444 m SH: 20.09.2022 (1 Ex.), phot. User „clemensoe", det. Torsten van der Heyden (und andere) https://www.inaturalist.org/observations/139304923
· Göfis – Haldenweg, 533 m SH, Hauswand Terrasse 2. Stock: 14.10.2022 (1 Ex.), leg. Nicole Huber, det. Torsten van der Heyden, coll. inatura IDOZ Z.10514

Innerhalb von weniger als zwei Monaten im Jahr 2022 wurde *Hierodula tenuidentata* in Vorarlberg an drei Lokalitäten angetroffen. Die Fundorte in Klaus und Göfis sind rund 8 km voneinander entfernt, und Rankweil liegt ziemlich genau in der Mitte der Strecke. Der Fund in Klaus erfolgte bei einem Elektronikhersteller mit überregionalen Kontakten. Im unmittelbaren Umland liegen weitere Industriebetriebe.

In Rankweil wurden mehrere Exemplare im Garten eines Bürogebäudes entdeckt. In der Umgebung (unter 150 m) befinden sich ein lokales Transportunternehmen und ein Holzhandelsbetrieb. Der Güterumschlagsplatz am Bahnhof ist nur unwesentlich weiter entfernt. Dass die Tiere im Bürogebäude

Abb. 6: Wie bei fast allen hier erwähnten Funden gebietsfremder Fangschrecken bleibt auch bei *Hierodula tenuidentata* (31.08.2022, Rankweil) die Frage nach der Herkunft im Dunkeln.

22 Vujić/Ivković 2023.

selbst als Haustiere gehalten wurden, wird von der Finderin ausgeschlossen. Der Beobachtung eines Tieres auf einem Autoreifen könnte als Hinweis auf Verschleppung gedeutet werden, kann aber genauso gut Zufall sein. Der Nachweis in Göfis wiederum erfolgte an einem Wohnblock. Rund 200–250 m entfernt liegen zwei kleine Betriebe, die Feuerwehr und der Bauhof der Gemeinde. Etwaige Beziehungen zwischen den Fundorten unterliegen der Diskretion der potentiell involvierten Betriebe sowie der Datenschutz-Grundverordnung und konnten somit nicht recherchiert werden.

Dass die Tiere Vorarlberg aus eigener Kraft erreicht haben, kann ausgeschlossen werden. Die Biodiversitäts-Plattform GBIF verzeichnet nördlich der Alpen nur einen einzigen weiteren Fund aus dem Siedlungsraum von Innsbruck.[23] Das ursprüngliche Verbreitungsgebiet von *Hierodula tenuidentata* liegt an der Nordküste des Schwarzen Meers und weiter im Binnenland bis zum Kaspischen Meer. Erstmalig beschrieben wurde die Art aus dem Iran. Aus der asiatischen Türkei liegen kaum Nachweise vor, wobei in den wenigen Fällen Verschleppung trotz der Flugfähigkeit beider Geschlechter nicht ausgeschlossen wird.[24] In jüngerer Zeit breitete sich *Hierodula tenuidentata* sowohl über die Krim nach Norden auf das ukrainische Festland als auch in Richtung Westen nach Griechenland aus. In der (oberen) Po-Ebene ist die Art häufig und weit verbreitet, doch sie fehlte bisher in Westeuropa.[25] In den letzten Jahren wurde sie in Albanien, Bosnien und Herzegowina, Bulgarien, Kroatien, Griechenland, Italien, Moldawien, Nordmazedonien, Rumänien, Serbien, Slowenien und der Ukraine dokumentiert.[26] In Westeuropa liegt nun auch ein Nachweis aus Spanien vor.[27]

Wie immer spielen bei der Ausbreitung mehrere Faktoren Hand in Hand. Obwohl die Tiere grundsätzlich mobil sind, benötigen sie zur Überbrückung größerer Entfernungen menschliche Hilfe, wobei Terrarientiere (Entfliehen und bewusste Freisetzung) eine nur untergeordnete Rolle spielen. Die Entwicklung von Steppenlandschaften als Folge von Abholzung mag ebenso zur Ausbreitung beitragen wie die klimatischen Veränderungen. Trockenwarmes, kraut- und buschreiches Gelände ist der bevorzugte Lebensraum der gut an kontinentales Klima angepassten *Hierodula tenuidentata*. In baumreichen Gegenden bewohnt sie die Baumkronen (und entzieht sich damit einer leichten Beobachtung). Die Art überwintert als Eipaket (Oothek). Nymphen können von April bis August angetroffen werden, die geschlechtsreifen Imagines finden sich von Juli bis November.

---

23 GBIF 2023, ex iNaturalist, https://www.inaturalist.org/observations/64810630.
24 Ehrmann 2011.
25 Siehe Schwarz/Ehrmann 2018 zur Ausbreitung in Griechenland sowie die Verbreitungskarte von GBIF 2023.
26 Zusammenfassung in Vujić/Ivković 2023, cum lit.
27 van der Heyden 2021.

Auch wenn wir bei den Vorarlberger Funden eine – im Detail nicht nachvollziehbare – Verschleppung annehmen müssen, so besteht doch grundsätzlich das Potential, dass sich *Hierodula tenuidentata* in Zukunft auch hier ein sekundäres Verbreitungsgebiet erschließen könnte.[28]

Dank

An erster Stelle steht der Dank an alle Citizen Scientists, die ihre Beobachtungen über diverse Plattformen (z. B. Observation.org, iNaturalist.org) oder durch direkte Anfrage an die inatura für Forschung und Naturschutz zugänglich machen. Über eine Beobachtungsplattform entstand auch der Kontakt zu Torsten van der Heyden (Hamburg), dem für seine Bestimmungsarbeit herzlich gedankt sei. Die Kolleg*innen der inatura Fachberatung unterstützen das Forschungsteam durch Weiterleitung interessanter Anfragen für die Dokumentation in der Datenbank zur Artenvielfalt Vorarlbergs. Doch ohne das umfassende Literaturportal zobodat.at (Biologiezentrum Linz, Fritz Gusenleitner und Michael Malicky) wären Publikationen wie diese platterdings unmöglich.

Literaturverzeichnis

Ballini/Wilhalm 2014 = Simone Ballini/Thomas Wilhalm 2014, *Ameles spallanzania* (Rossi, 1792) (Insecta, Mantidae, Amelinae): neu für die Region Trentino–Südtirol, in: Gredleriana 14: 271–274.

Battiston et al. 2010 = Roberto Battiston/Luca Picciau/Paolo Fontana/Judith Marshall 2010, Mantids of the Euro-Mediterranean Area, in: WBA Handbooks 2: 239 pp. Verona (World Biodiversity Association).

CSCF 2023 = info fauna – Schweizerisches Zentrum für die Kartografie der Fauna (SZKF / CSCF), Verbreitungskarten Tierarten: *Mantis religiosa* Linnaeus, 1758. https://lepus.unine.ch/carto/index.php?nuesp=17840 [eingesehen am 23.03.2023].

de Jong et al. 2014 = Yde de Jong/Melina Verbeek/Verner Michelsen/Per de Place Bjørn/Wouter Los/Fedor Steeman/Nicolas Bailly/Claire Basire/Przemek Chylarecki/Eduard Stloukal/Gregor Hagedorn/Florian Tobias Wetzel/Falko Glöckler/Alexander Kroupa/Günther Korb/Anke Hoffmann/Christoph Häuser/ Andreas Kohlbecker/Andreas Müller/Anton Güntsch/Pavel Stoev/Lyubomir Penev 2014, Fauna Europaea – all European animal species on the web, in: Biodiversity Data Journal 2: e4034. [doi: 10.3897/BDJ.2.e4034].

Detzel 1998 = Peter Detzel 1998, Die Heuschrecken Baden-Württembergs, 580 S., Stuttgart (Ulmer).

Ehrmann 2011 = Reinhard Ehrmann 2011, Mantodea from Turkey and Cyprus (Dictyoptera: Mantodea), in: Articulata 26: 1–42.

---

28 Siehe dazu auch die Diskussion zum Innsbrucker Fund, https://www.inaturalist.org/observations/64810630.

Friebe 2018 = J. Georg Friebe 2018, Zum vermeintlichen Vorkommen der Gottesanbeterin *Mantis religiosa* (Linnaeus, 1758) (Mantodea: Mantidae) in Vorarlberg (Österreich), in: inatura – Forschung online 50: 2 S., Dornbirn. [https://nbn-resolving.org/urn:nbn:de:101:1-201801124335].

Friebe et al. 2019 = J. Georg Friebe/Georg Amann/Ulrich Hiermann/Elisabeth Ritter/Klaus Zimmermann 2019, Streudaten zur Fauna Vorarlbergs. II. Neues zur Heuschreckenfauna sowie Nachweise eingeschleppter Fangschreckenarten (Insecta: Orthoptera & Mantodea), in: inatura – Forschung online 70: 14 S., Dornbirn. [https://nbn-resolving.org/urn:nbn:de:101:1-2019123011502825780867].

GBIF 2023 = GBIF.org | Global Biodiversity Information Facility, https://www.gbif.org [eingesehen Ende Februar 2023].

Hellrigl/Franke 2006 = Kurt Hellrigl/Rolf Franke 2006, Monitoring-Ergebnisse und Freilandfänge in Südtirol: Schrecken (Orthoptera) und Schaben (Blattodea), in: forest observer 2/3: 315–332.

Hilpold et al. 2017 = Andreas Hilpold/Thomas Wilhalm/Petra Kranebitter 2017, Rote Liste der gefährdeten Fang- und Heuschrecken Südtirols (Insecta: Orthoptera, Mantodea), in: Gredleriana 17: 61–86.

Kment 2012 = Petr Kment 2012, First exact records of Mediterranean Mantis, *Iris oratoria* (Dictyoptera: Mantodea: Tarachodidae) from Croatia, in: Časopis Slezského Series A, Vĕdy Přirodni = Acta Musei Silesiae Series A, Scientiae Naturalis, 61: 43–48.

Schwarz/Ehrmann 2018 = Christian J. Schwarz/Reinhard Ehrmann 2018, Invasive Mantodea species in Europe, in: Articulata 33: 73–90.

Schwarz/Roy 2019 = Christian J. Schwarz/Roger Roy 2019, The systematics of Mantodea revisited: an updated classification incorporating multiple data sources (Insecta: Dictyoptera), in: Annales de la Société entomologique de France (N. S.) 55 (2): 101–196. [doi: 10.1080/00379271.2018.1556567].

Stenger 2020 = Magdalena Stenger 2020, Schrecken ohne Ende im Rheingraben – Zur aktuellen Verbreitung der Europäischen Gottesanbeterin, *Mantis religiosa religiosa* Linnaeus, 1758 (Mantodea, Mantidae), in Baden-Württemberg, in: Articulata 35: 105–116.

van der Heyden 2021 = Torsten van der Heyden 2021, First records of *Hierodula transcaucasica* Brunner von Wattenwyl, 1878 in Slovenia and Spain (Mantodea: Mantidae), in: Arquivos Entomolóxicos 24: 265–266.

Vujić/Ivković 2023 = Mihailo Vujić/Slobodan Ivković 2023, New records of allochthonous *Hierodula tenuidentata* Saussure, 1869 (Mantodea: Mantidae) from Southeastern Europe, with evidence of its spread across the Pannonian Plain, in: Natura Croatica, 32 (1): 69–79. [doi: 10.20302/NC.2023.32.5].

Zimmermann/Müller 2022 = Klaus Zimmermann/Gabi Müller 2022, Rising Summer Temperatures Favour Spread of House Centipede, *Scutigera coleoptrata* (Chilopoda), in Central Europe, in: Rubén Bueno-Marí/Tomas Montalvo/William H. Robinson (eds.): Proceedings of the Tenth International Conference on Urban Pests (ICUP), 441–444.

Zuna-Kratky et al. 2009 = Thomas Zuna-Kratky/Eva Karner-Ranner/Emanuel Lederer/Birgit Braun/Hans-Martin Berg/Manuel Denner/Georg Bieringer/Andreas Ranner/Lisbeth Zechner 2009, Verbreitungsatlas der Heuschrecken und Fangschrecken Ostösterreichs, 303 S., Wien (Naturhistorisches Museum Wien).

Abbildungsverzeichnis

Abb. 1: Klaus Zimmermann
Abb. 2: Ruth Rhomberg
Abb. 3: Elisabeth Ritter
Abb. 4: Siegfried Erath
Abb. 5: J. Georg Friebe
Abb. 6: Melanie Weikl

SPRACHWISSENSCHAFT

Yvonne Rusch

SCHULUNTERRICHT AUF GSI-BERGERISCH?!

Die Mundart spielt im Alltag der Vorarlberger und Vorarlbergerinnen eine wichtige Rolle: Beim Supermarkt am Lustenauer Hauptplatz etwa findet man als einladende Werbeaufschrift über dem Eingang den Ausdruck *bota* für *einkaufen* und vor einem Geschäft in Lingenau hängt ein Schild mit der Aufschrift *min Lado*, um nur zwei Beispiele von vielen im ganzen Ländle zu nennen. Für die Einheimischen sind diese Ausdrücke verständlich. Allerdings kämpfen meine Landsleute und ich mit der in Restösterreich weit verbreiteten Ansicht, dass unsere alemannischen Dialekte völlig unverständlich für Außenstehende seien.

Der Vorarlberger und die Vorarlbergerin müssen also auch andere Ausdrucksweisen beherrschen, wenn sie im „Ausland" verstanden werden wollen. In der Sprachwissenschaft wird unter einer solchen Ausdrucksweise die *Standardvarietät*[1] verstanden, also eine überregional verständliche Varietät des Deutschen. Wenn nicht im Elternhaus oder durch Medien, wird die Standardvarietät üblicherweise in der Schule vermittelt.[2]

In den Lehrplänen findet man dafür heutzutage den Begriff *Standardsprache*, allerdings ist auch noch der Begriff *Hochdeutsch* oder *Schriftdeutsch* in der Schule und im Alltag weit verbreitet.[3] In den Curricula wird normalerweise auch vorgegeben, dass die Unterrichtssprache die deutsche Sprache ist.[4] Den Lehrplänen folgend müsste im Schulunterricht also Standardsprache bzw. Hochdeutsch verwendet werden. Allerdings gibt es Hinweise aus der Forschung, dass dies in Schulen im deutschsprachigen Raum nicht immer so ist und Dialekt sowohl in Österreich als auch in der Schweiz und Deutschland einen festen Platz im Unterricht hat.[5] Wie gestaltet sich

---

1 Unter *Standardvarietät* wird normalerweise die *Standardsprache* verstanden. Diese Varietät einer Sprache weist die höchste kommunikative Reichweite auf; sie ist in Form von Wörterbüchern und Grammatiken kodifiziert, kommt aber in der Alltagssprache, vor allem der gesprochenen, kaum dieser kodifizierten Norm entsprechend vor. Im schulischen Kontext wird auf diese Standardvarietät häufig mit *Standardsprache* oder *Hochdeutsch* referiert (vgl. Dittmar/Schmidt-Regener 2001, 521f.).

2 de Cillia/Ransmayr/Fink 2019.

3 Buchner/Elspaß 2018.

4 Siehe z. B. im Lehrplan der Handelsakademie – European and International Business (EuropaHAK): https://www.hak.cc/unterricht/lehrplaene/lehrplan-der-handelsakademie-european-and-international-business-europahak-engl, Seite 2 u. Seite 5 [eingesehen am 21.6.2023].

5 Fuchs/Elspaß 2019; de Cillia/Ransmayr/Fink 2019; Knöbl 2012; Steiner 2008.

dieses Spannungsverhältnis nun in Vorarlberg, wo doch der Dialekt im Alltag nicht wegzudenken und die „Muttersprache" von vielen Schülerinnen und Schülern im Ländle ist? Wie gehen Lehrpersonen und Lernende vor diesem Hintergrund mit dem Anspruch um, im Unterricht Standardsprache bzw. Hochdeutsch zu verwenden?

Dieser Beitrag wird mit Hilfe von Daten aus dem Projekt PP10 „Wahrnehmungen von und Einstellungen zu Varietäten und Sprachen an österreichischen Schulen" des Sonderforschungsbereichs „Deutsch in Österreich" (kurz DiÖ) versuchen, Antworten auf diese Fragen zu geben.

Wie bereits in meinem letzten Beitrag für das Jahrbuch des Vorarlberger Landesmuseumsvereins erwähnt,[6] läuft dieses großangelegte Forschungsprojekt des FWF[7] seit 2016 mit der Zielsetzung, die deutsche Sprache in Österreich unter verschiedenen Aspekten zu erforschen.[8] Dazu gehören auch die Spracheinstellungen und Sprachwahrnehmungen von Lehrpersonen sowie Schülern und Schülerinnen, die von Wissenschaftlern und Wissenschaftlerinnen der Universität Salzburg an Handelsakademien und Handelsschulen in vier Bundesländern (Vorarlberg, Tirol, Salzburg und Wien) erhoben wurden.

Dialekt im Schulunterricht: Fauxpas oder unverzichtbar?

Die Debatte um Dialekte im Schulunterricht ist sehr alt: Noch bis ins 19. Jahrhundert orientierte sich das österreichische Schulsystem an norddeutschen und mitteldeutschen Standards, um eine einheitliche Sprache zu vermitteln.[9] Die Mundarten wurden auch im 20. Jahrhundert in der Deutschdidaktik noch häufig als defizitäre Ausdrucksweisen gesehen, die zu Fehlern bei der Verwendung des Hochdeutschen bzw. Standarddeutschen führen würden. In Konkurrenz dazu stand aber auch damals schon die Auffassung, dass der Dialekt als Muttersprache die Grundlage für die weitere sprachliche Entwicklung der Lernenden ist.[10] Mittlerweile hat sich die Sichtweise geändert bzw. werden die verschiedenen Sprechweisen domänenspezifisch gesehen: In formellen Situationen kann das Standarddeutsche eher zum Kommunikationserfolg führen, während in informellen der Dialekt angemessener sein kann. Diverse Studien haben in diesem Zusammenhang gezeigt, dass Menschen, die standardnah sprechen, als kompetent eingeschätzt werden, Menschen, die dialektaler sprechen, hingegen als sympathisch.[11]

---

6   Rusch 2021.
7   Mehr zum Projekt „Deutsch in Österreich" unter https://dioe.at/ueber-dioe/ [eingesehen am 21.06.2023].
8   Budin et al. 2019.
9   Wiesinger 2008.
10   Ammon 1972.
11   Vgl. für Österreich z. B. Soukup 2009, weiters Scheutz 2009.

Auch Schulunterricht lässt sich in formellere und informellere Situationen unterteilen: So gelten der Lehrvortrag, Referate und Prüfungen als sehr formell, da hier die genaue Darstellung fachlicher Inhalte und damit die fachliche Kompetenz der sprechenden Person im Vordergrund steht. Während des Unterrichtsgesprächs kommt es auch zu informelleren Situationen, beispielsweise wenn komplexer Unterrichtsstoff auch einmal einfacher erklärt, mit Alltagsbeispielen verdeutlicht und Lernende ermahnt, gelobt oder motiviert werden. In diesen Gesprächskonstellationen liegt der Fokus auf der zwischenmenschlichen Beziehung, also der emotionalen Nähe, die durch Dialekt als unmittelbarere und gefühlsbetontere *Sprache der Nähe* hergestellt werden kann.[12]

Hinzu kommt, dass die Schüler und Schülerinnen die Schule besuchen, weil sie noch lernen und nicht alles können. So gilt für diejenigen, deren Muttersprache ein Dialekt ist, dasselbe wie für diejenigen, die zuhause eine andere Sprache als Deutsch sprechen: Sie müssen die Standardsprache erst schrittweise erlernen. Dabei kann es hilfreich sein, wenn die Lehrperson als Übersetzer oder Übersetzerin von der einen Sprechweise in die andere fungiert und so den Spracherwerb der Schüler und Schülerinnen unterstützen kann.[13] Für dialektkompetente Lehrpersonen ist der Dialekt also in vielen Situationen nützlich für die Bewältigung des Schulalltags.[14]

Grundlagen und Methoden der Wahrnehmungsdialektologie

Nach der Definition von Arendt sind Spracheinstellungen [...] individuell ausgeprägte, sozial bedingte, kollektiv verankerte metasprachliche Bewertungsstrukturen, die in der Sprachsozialisation erworben und in Interaktionen manifestiert, tradiert und modifiziert werden. Objekt der Beurteilung sind Sprachen, Sprachgebrauch und/ oder Sprechergruppen.[15]

Einstellungen führen also in Bezug auf Sprache zu positiven oder negativen Bewertungen von Sprechweisen beziehungsweise der sprechenden Personen; Einstellungen werden im Laufe des Lebens erlernt und können sich prinzipiell verändern.[16] Etwa dadurch, wie Sprechende wahrgenommen werden oder wie Reaktionen von anderen auf Sprechweisen ausfallen. Die Wahrnehmung wird dann allerdings wiederum von Einstellungen beeinflusst. Ist eine Person dem Dialekt gegenüber negativ eingestellt, wird sie diesen auch als negativ empfinden, wenn sie ihn hört. Die Einstellung wirkt

---

12 Scheutz 2009; Steiner 2008; Knöbl 2010 u. 2012; Buchner/Elspaß/Fuchs 2022; Buchner/Elspaß 2018; Fuchs/Elspaß 2010.
13 Kleinschmidt-Schinke 2018.
14 Knöbl 2012.
15 Arendt 2019, 336.
16 Soukup 2019.

sich laut Theorie auch auf das Verhalten einer Person aus.[17] Im Schulkontext könnte das etwa bedeuten, dass Lehrpersonen, die Dialekt für eine Sprechweise von ungebildeten Personen halten, Schüler und Schülerinnen, die diesen sprechen, schlechter benoten. Wie genau das Verhalten und die Einstellung zusammenhängen, ist allerdings schwer zu erforschen, da die sogenannte *social desirability response bias* die Angaben einer Person, die sie über sich selbst macht, verfälschen kann. Das heißt, die Befragten antworten auf die ihnen gestellten Fragen so, wie sie denken, dass es erwünscht ist, und nicht ihrer tatsächlichen Meinung entsprechend. Im Fall der eigenen Sprachverwendung kommt erschwerend hinzu, dass Sprachhandlungen so schnell und automatisiert ablaufen, dass den Sprechenden selbst nicht immer ganz bewusst ist, was sie gerade tun und diese deshalb keine genaue Auskunft geben können.[18] Allerdings gibt es Studien, die zumindest im Hinblick auf Schüler und Schülerinnen gezeigt haben, dass diese, wenn sie angeben, einen Dialekt zu mögen und zu beherrschen, diesen auch im Unterricht tatsächlich verwenden.[19]

Direkte Beobachtungen wären also zuverlässiger, wenn das Verhalten von Menschen im Mittelpunkt des Interesses steht, aber leider sind Freiwillige dafür nicht leicht zu gewinnen. Deshalb werden für die Erforschung von Spracheinstellungen und Sprachwahrnehmungen Personen meist direkt, beispielsweise im Rahmen eines Interviews, oder indirekt, etwa durch anonyme Umfragen (wobei durch die Anonymität die Bias weniger relevant sein dürfte), gefragt, was sie von einer bestimmten Sprechweise halten. Dabei werden häufig die *matched-guise technique* oder *verbal-guise technique* in Verbindung mit semantischen Differentialen und Likert-Skalen eingesetzt. Bei der *matched-guise technique* hören die Probanden und Probandinnen Sprachproben mit verschiedenen Sprechweisen (Dialekten oder Akzenten) von ein und derselben Person, sodass nur die Art und Weise des Sprechens der Grund für unterschiedliche Beurteilung sein kann, während bei der *verbal-guise technique* unterschiedliche Menschen sprechen. Dies hat den Vorteil, dass die Forschenden nicht nach Sprechern und Sprecherinnen suchen müssen, die verschiedene Sprechweisen beherrschen. In der Beurteilung haben in diesem Fall die Stimme, Sprachmelodie etc. einen Einfluss auf die Bewertung. Es kann aber auch ohne Sprachproben direkt nach der konkreten Sprechweise gefragt werden: „Wie wirkt jemand auf Sie, der bei Ihnen im Ort beim Bäcker Dialekt/Hochdeutsch spricht?". Dieses Vorgehen hat allerdings den Nachteil, dass nicht ganz genau festgestellt werden kann, was die befragte Person unter *Dialekt* bzw. *Hochdeutsch* versteht; allerdings müssen dann nicht aufwändig Sprachproben erstellt und in Umfragen eingebettet werden. Die Befragten antworten im Anschluss an das Hören der Sprachprobe oder an das Lesen der Frage mit Hilfe

---

17 Soukup 2019.
18 Knöbl 2012.
19 Ladegaard 2000.

eines semantischen Differentials oder einer Likert-Skala. Beim Differential werden Adjektivpaare an den Polen vorgegeben, dazwischen befindet sich eine Skala zum Ankreuzen:

Die sprechende Person wirkt auf mich:						
gebildet	☐ sehr	☐ eher	☐ teils/teils	☐ eher	☐ sehr	ungebildet
sympathisch	☐ sehr	☐ eher	☐ teils/teils	☐ eher	☐ sehr	unsympathisch

Die Befragten geben an, was sie empfinden: Zum Beispiel, dass die Dialekt sprechende Person beim Bäcker auf sie eher gebildet oder eher ungebildet wirkt. Likert-Skalen erheben anhand einer meist 5-stufigen, numerischen Skala die Zustimmung einer Aussage: 1 = sehr gut, 2, 3, 4, 5 = überhaupt nicht gut.[20]

Wie gut finden Sie es, wenn Lehrpersonen im Unterricht auch Dialekt sprechen?				
☐ 1 = sehr gut	☐ 2	☐ 3	☐ 4	☐ 5 = überhaupt nicht gut

Da jede Methode ihre Vor- und Nachteile hat, kombiniert das Projekt PP10 verschiedene Verfahren und arbeitet sowohl mit der *verbal-guise technique* als auch mit direkten Fragen nach Dialekt und Hochdeutsch. So können die Ergebnisse der Sprachprobenbewertung mit den Antworten auf die direkten Fragen verglichen und im Anschluss daran kalibriert werden, welche Sprechweise dem jeweiligen Verständnis der befragten Person von den Begriffen *Dialekt* und *Hochdeutsch* am nächsten kommt. Da die Datenauswertungen im Rahmen des Projekts noch nicht abgeschlossen sind, werden für diesen Artikel die direkten Fragen herangezogen.

Sprachwahrnehmungen und Spracheinstellungen von Lernenden und Lehrpersonen in Vorarlberg

Die von PP10 in Vorarlberg befragten 65 Schüler und Schülerinnen (26 männlich, 39 weiblich; 36 mit Muttersprache Deutsch, davon wurden 10 in Österreich geboren) besuchten die 6. Schulstufe in der HAK/HAS Bregenz und Bludenz; die 38 befragten Lehrpersonen (8 männlich, 30 weiblich, alle mit Deutsch als Muttersprache und 38 davon in Österreich geboren) unterrichteten/unterrichten ebenfalls an der HAK/HAS Bregenz und Bludenz, aber auch in Lustenau, Feldkirch und Bezau.

Wie wird nun nach der Meinung dieser Personen im Schulunterricht in Vorarlberg gesprochen und wie soll gesprochen werden? Zuerst werden die Ergebnisse der

---

20   Vgl. Soukup 2019 und die Onlineumfrage von PP10.

Schüler- und Schülerinnenbefragung diskutiert; danach jene der Lehrpersonen. Für die Auswertung wurden die Grüntöne (1, 2) sowie die Blautöne (4, 5) in den Diagrammen (ab Abb. 1) jeweils zusammengezählt.

a. Die Sicht der Lernenden

Die Antworten auf die Frage, ob ihrem Eindruck nach in bestimmten Situationen überwiegend Dialekt oder überwiegend Hochdeutsch gesprochen werde, ergeben bei den Schülern und Schülerinnen folgendes Bild (vgl. Abb. 1):

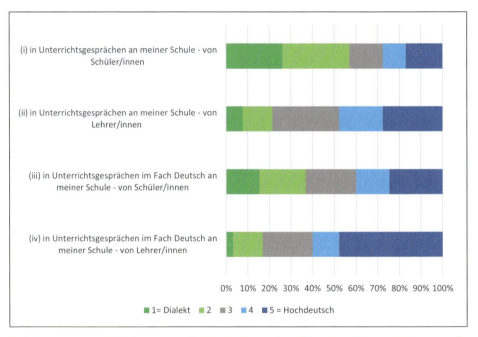

Abb. 1: Antworten der Schüler und Schülerinnen: Wird deinem Eindruck nach in Unterrichtsgesprächen überwiegend eher Dialekt oder eher Hochdeutsch gesprochen?

Fast 57% der Schüler und Schülerinnen geben an, dass sie bzw. ihre Kollegen und Kolleginnen Dialekt bzw. eine dialektnahe Sprachform im alltäglichen Unterrichtsgespräch sprechen (i), Hochdeutsch bzw. eher Hochdeutsch wird nur von 28% wahrgenommen. Im Unterrichtsfach Deutsch nehmen immerhin 40% eher Hochdeutsch bzw. Hochdeutsch wahr und dialektales Sprechen nur 37% (iii). Dass Lehrpersonen Dialekt sprechen, geben nur 22% an (ii), bei den Deutschlehrpersonen (iv) sind es noch etwas weniger und ihnen wird sogar von fast 48% der Schüler und Schülerinnen attestiert, ausschließlich Hochdeutsch zu sprechen, während das bei den Lehrpersonen anderer Fächer nicht ganz 28% tun. Insgesamt nehmen die Jugendlichen die Lehrpersonen also als hochdeutschsprechender wahr als ihre Klassenkameraden und -kameradinnen. Es gibt auch einen eindeutigen Zusammenhang mit dem Unterrichtsfach Deutsch: In diesen Stunden sprechen sowohl die Lernenden als auch die Lehrenden standardnäher als sonst.

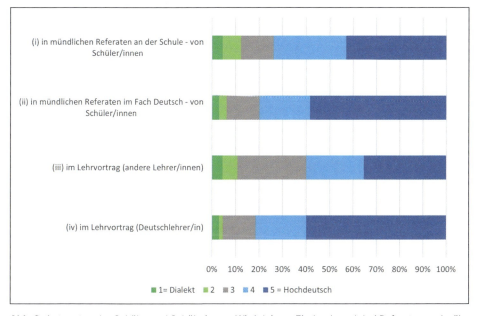

Abb. 2: Antworten der Schüler und Schülerinnen: Wird deinem Eindruck nach bei Referaten und während des Lehrvortrages überwiegend eher Dialekt oder eher Hochdeutsch gesprochen?

Für die formellere Vortragssituation „Referat von Schülern und Schülerinnen im Fach Deutsch" (ii) geben 80% an, dass ihre Mitschülerinnen und Mitschüler Hochdeutsch bzw. eher Hochdeutsch sprechen (vgl. Abb. 2). Nur 6% nehmen dialektales Sprechen wahr. In anderen Fächern (i) sind es mit 74% für Hochdeutsch etwas weniger und für Dialekt mit 12% ebenfalls. Beim Lehrvortrag scheinen die Deutschlehrpersonen (iv) am wenigsten Dialekt zu sprechen: Nur 3% der Befragten nehmen diese Sprechweise wahr, während diese in anderen Fächern schon 11% auffällt. Die Deutschlehrer und Deutschlehrerinnen werden von über 82% als Hochdeutsch sprechend wahrgenommen, während es bei den Lehrenden anderer Fächer (iii) nur noch 60% sind. Die Schüler und Schülerinnen sprechen also in Referaten ihren eigenen Angaben zufolge unabhängig vom Fach sogar standardnäher als die Lehrpersonen beim Lehrvortrag, die nicht Deutsch unterrichten. Nur die Deutschlehrpersonen übertreffen bei ihrem Lehrvortrag die Lernenden knapp bei der Verwendung von Hochdeutsch.

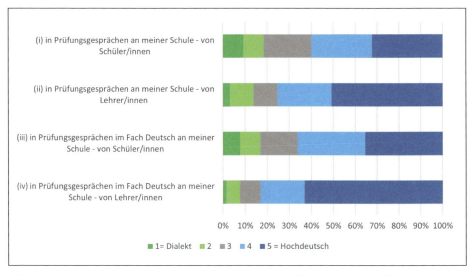

Abb. 3: Antworten der Schüler und Schülerinnen: Wird deinem Eindruck nach in Prüfungsgesprächen überwiegend eher Dialekt oder eher Hochdeutsch gesprochen?

Für die vermeintlich formellste Situation „Prüfungsgespräch" geben 60% der Lernenden an, dass ihre Mitschüler und Mitschülerinnen eher Hochdeutsch bzw. Hochdeutsch sprechen würden (i); bei Prüfungsgesprächen im Fach Deutsch (iii) sind es sogar fast 66%. Dialekt sprechen in diesen Situationen 18% (i); im Deutschunterricht 17% (iii). Die Lehrpersonen werden als häufiger Hochdeutsch sprechend wahrgenommen: Fast 75% der Schüler und Schülerinnen bemerken diese Sprechweise bei ihnen (ii); im Fach Deutsch (iv) sind es sogar 83%. In Prüfungsgesprächen sprechen also auch die Lehrpersonen weniger dialektal als die Schülerinnen, wobei sich auch hier ein Zusammenhang mit dem Unterrichtsfach zeigt. Insgesamt wird in Prüfungsgesprächen aber mehr Dialekt gesprochen als bei Referaten oder während des Lehrvortrags.

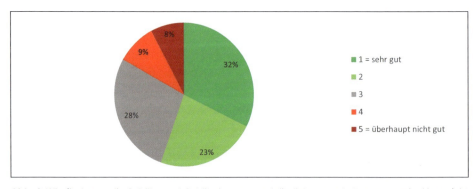

Abb. 4: Wie finden es die Schüler und Schülerinnen grundsätzlich, wenn Lehrpersonen im Unterricht auch Dialekt sprechen?

Grundsätzlich finden es die meisten Schüler und Schülerinnen gut oder sogar sehr gut, wenn Lehrpersonen im Unterricht auch Dialekt sprechen (vgl. Abb. 4). Das zeigt, dass diese Sprechweise für die jungen Vorarlberger und Vorarlbergerinnen ganz selbstverständlich zum alltäglichen Leben dazugehört. Die meisten, die es nicht gut oder überhaupt nicht gut finden, sprechen zuhause entweder nicht Deutsch oder zusätzlich zu Deutsch eine andere Muttersprache. Ein Grund für die negative Bewertung könnte sein, dass für diese Schüler und Schülerinnen das Nebeneinander der Sprechweisen eine Belastung im Unterricht darstellt, falls sie diese privat kaum verwenden und so beides gleichzeitig erlernen müssen.

b. Die Sicht der Lehrpersonen

Bei den Lehrpersonen zeigt sich, dass sie gegenteiliger Ansicht sind (vgl. Abb. 5): Der Großteil findet es überhaupt nicht gut bzw. nicht gut, wenn sie selbst oder ihre Kolleginnen und Kollegen im Unterricht auch Dialekt sprechen. Es lässt sich kein Zusammenhang mit den Fächern, dem Alter oder dem Geschlecht der Lehrpersonen erkennen; auch nicht mit der Dialektverwendung im Alltag oder der Muttersprache, da alle Lehrpersonen mit Deutsch bzw. dem Vorarlberger Dialekt aufgewachsen sind. Es besteht hier also Konsens, dass Hochdeutsch die Unterrichtssprache sein soll.

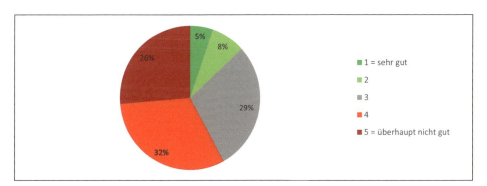

Abb. 5: Wie finden es die Lehrpersonen grundsätzlich, wenn Lehrpersonen im Unterricht auch Dialekt sprechen?

Mit diesen Angaben der Lehrpersonen deckt sich auch deren Selbsteinschätzung ihrer Sprachverwendung in verschiedenen schulischen Situationen (vgl. Abb. 6):

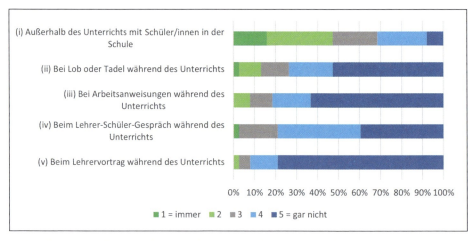

Abb. 6: Bei welchen Gelegenheiten sprechen Sie als Lehrperson überwiegend Dialekt?

Je informeller die Situation, desto mehr Dialekt werde von den Lehrern und Lehrerinnen gemäß deren Selbsteinschätzung gesprochen: am wenigsten im Lehrvortrag (v) und beim Lehrer-Schüler-Gespräch (iv) während des Unterrichts (jeweils nur eine Person gibt an, oft oder immer Dialekt zu sprechen). Bei den Arbeitsanweisungen während des Unterrichts (iii) geben 8% an, oft dialektal zu sprechen, bei Lob und Tadel (ii) sprechen 3% immer und 10% oft Dialekt und außerhalb des Unterrichts (i) steigt der Anteil der Lehrpersonen, die häufig so sprechen, auf 47%. Gerade beim Lehrer-Schüler-Gespräch und beim Lehrvortrag zeigt sich im Vergleich mit den Abb. 1 und 2, dass die Schüler und Schülerinnen jedoch angaben, recht häufig dialektales Sprechen bei ihren Lehrenden wahrzunehmen, während diese sich selbst überhaupt nicht so einschätzen.

Die Angaben der Lehrpersonen, wann deren Schüler und Schülerinnen Dialekt sprechen dürfen, decken sich weitgehend mit den Wahrnehmungen der Lernenden, in welchen Situationen welche Sprechweise verwendet wird (vgl. Abb. 7): Im Prüfungsgespräch (vi) und im Referat (vii) nehmen die Schüler und Schülerinnen bei ihren Kollegen und Kolleginnen am wenigsten Dialektverwendung wahr, da diese von 100% der Lehrpersonen offenbar auch nicht erlaubt wird. Je informeller die Situation wird, desto eher wird dialektales Sprechen erlaubt: 21% der Lehrpersonen erlauben es beim Lehrer-Schüler-Gespräch während des Unterrichts (v), bei spontanen Wortmeldungen (iv) sind es bereits über 42%, bei Gruppenarbeitsgesprächen (iii) über 92% und in der Pause 100% (ii). Hier zeigt sich ein eindeutiger Zusammenhang mit dem Formalitätsgrad der Situation: Je formeller, desto weniger ist dialektales Sprechen von Seiten der Lehrpersonen erwünscht.

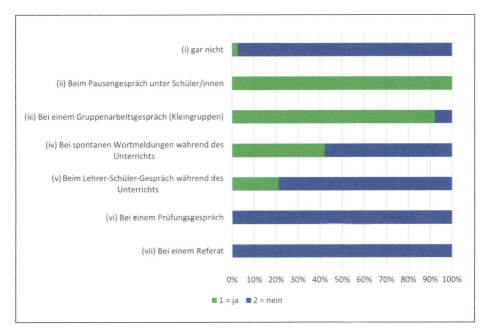

Abb. 7: Wann dürfen Ihre Schüler und Schülerinnen Dialekt sprechen?

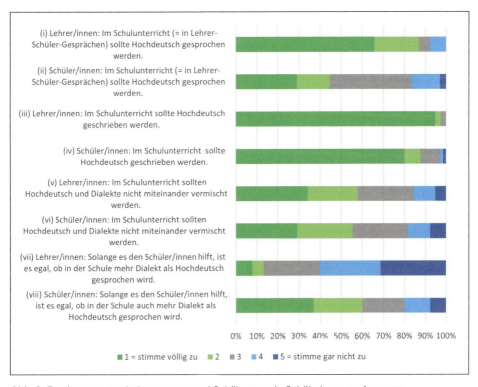

Abb. 8: Zustimmung von Lehrpersonen und Schülern sowie Schülerinnen zu Aussagen

Abb. 8 stellt den Grad der Zustimmung zu ausgewählten Aussagen von Lehrpersonen und Lernenden einander gegenüber. Auffällig ist, dass beide Parteien mit Bezug auf die Schriftsprache, also wie im Unterricht geschrieben werden sollte, ähnlich antworten: Hochdeutsch ist hier eindeutig die zu verwendende Varietät (95% Lehrpersonen (iii) und 88% Lernende (iv) stimmen völlig zu oder zu). Bei der gesprochenen Sprache gehen die Meinungen allerdings weit auseinander: 87% der Lehrpersonen (i) stimmen zu oder sogar völlig zu, dass auch Hochdeutsch gesprochen werden soll, bei den Schülern und Schülerinnen (ii) nur 45%. Dass aber entweder Hochdeutsch oder Dialekt und keine Mischvarietät gesprochen werden soll, wird wieder ähnlich gesehen: 58% der Lehrenden (v) und 45% der Lernenden (vi) stimmen hier zu; jeweils weniger als 20% hingegen empfinden Mischungen als angemessen. Ganz anders als ihre Lehrpersonen sehen die Jugendlichen den Anteil der Sprechweisen im Unterricht, wenn es um Lernunterstützung geht: 60% finden es in Ordnung, wenn sie mehr Dialekt als Hochdeutsch sprechen, solange es beim Lernen hilft (viii). 61% der Lehrer und Lehrerinnen stimmen dem nicht oder gar nicht zu (vii). Daraus lässt sich wieder ableiten, dass die Mundart die alltägliche Art der Verständigung für die Schüler und Schülerinnen ist, während die Lehrpersonen auch andere sprachliche Kompetenzen vermitteln möchten.

Schulunterricht auf Gsi-Bergerisch? Ja oder Nein?

Die Ergebnisse zeigen eine Diskrepanz zwischen den Spracheinstellungen und den Sprachwahrnehmungen von Lehrpersonen sowie Schülern und Schülerinnen: Obwohl die Lehrenden die Verwendung der Mundart in gewissen Situationen überhaupt nicht erlauben oder angeben, sie selbst nicht zu verwenden, wird diese dennoch von den Lernenden wahrgenommen. Das kann zum einen daran liegen, dass Schüler und Schülerinnen trotz des Gebotes, Hochdeutsch zu sprechen, im Referat oder bei Prüfungsgesprächen unabsichtlich Dialekt verwenden, weil sie diese Sprechweise aus ihrem Alltag gewohnt sind und die Register nicht klar trennen können. Oder es liegt daran, dass die Konzepte von *Hochdeutsch* bzw. *Standardsprache* bei der sprechenden Person und der hörenden Person unterschiedlich sind – sie also nicht dasselbe darunter verstehen. Was für die eine noch Standard ist, kann für den anderen schon in Richtung Dialekt gehen. Zudem gibt es im Gesprochenen eine oft unbewusste Abstufungsvielfalt zwischen Dialekt und Standardsprache, z. B. *Des han i gmacht* vs. *Des hab i gmacht* vs. *Das hab ich gmacht* vs. *Das habe ich gemacht*, was zur Ausbildung von Mischvarietäten (sog. Umgangssprachen) führen kann.[21] Als Misch-

---

21 Ammon 2004, 11 führt hier noch weitere Formen fürs Schwäbische an; all diese Satzvarianten können von Muttersprachlern und Muttersprachlerinnen gebildet werden und zeigen die „ungeheure Vielfalt der sprachlichen Variation" (Ammon 2004, 11) auf.

varietäten sind die beiden mittleren Satzvarianten gemeint: Bei diesen mischen sich dialektale mit standardsprachlichen Formen. Z. B. wird in *Das hab ich gmacht -e-* im Auslaut der Verbform sowie in der Vorsilbe *ge-* ausgelassen. *Des* ist dialektales Pronomen, während *das* und *ich* standardsprachliche Pronomen sind. Auch für Lehrpersonen gilt, dass diese nicht immer wahrnehmen, wann sie die Varietät wechseln, da dies oft automatisch und unbewusst geschieht.[22] Hier könnte sich aber auch die *social desirability response bias* auswirken: Die Lehrpersonen geben an, den Dialekt kaum zu verwenden, weil sie aufgrund ihrer Ausbildung und der Lehrpläne glauben, dass die Gesellschaft von ihnen erwartet, Standard zu sprechen. Die Schüler und Schülerinnen unterliegen bei der anonymen Beurteilung der Lehrkräfte weniger solchen Erwartungen.

Insgesamt scheinen die Lehrpersonen aber im Unterricht gemäß ihren Spracheinstellungen, dass Hochdeutsch zu verwenden ist, zu handeln und fühlen sich dabei den Lehrplänen in der Vermittlung einer überregional verständlichen Standardsprache verpflichtet. Allerdings gilt dies hauptsächlich in den formellen Unterrichtssituationen wie Prüfungsgespräch und Referat. Begründet wird diese Einstellung laut bisheriger Analysen von PP10 damit, dass die Lernenden diese Sprechweise beherrschen müssten, um bessere Aussichten im Berufsleben zu haben. Nur die wenigsten verbannen den Dialekt auch aus den informellen Situationen, da Schüler und Schülerinnen erst an die Standardsprache herangeführt werden müssten. Die standardnahe Sprechweise gilt allerdings als das Ziel des Unterrichts.[23]

Spannend ist die Ablehnung der bereits oben erwähnten Mischvarietäten als Dialekt-Hochdeutsch-Mischungen, wo doch beispielsweise Beatrix Schönherr darauf verwiesen hat, dass diese in Vorarlberg durchaus verwendet werden.[24] Weitere Analysen von PP10 können zeigen, dass Mischvarietäten in anderen Bundesländern weniger abgelehnt werden.[25] In den Köpfen der Vorarlberger und Vorarlbergerinnen scheint aber immer noch eine klare Diglossie, also Trennung der Sprechweisen, vorzuherrschen.[26]

Der Dialekt spielt also im Schulunterricht in Vorarlberg zumindest als gesprochene Sprache eine Rolle, wenn auch nicht im selben Ausmaß wie im außerschulischen Alltag, da die Gsi-Berger Lehrpersonen die Aufgabe, ihre Schützlinge auf den Kontakt mit „Außenstehenden" vorzubereiten, sehr ernst nehmen. Dabei nehmen

---

22 Knöbl 2010.
23 Buchner/Elspaß 2018.
24 Eine solche Mischvarietät ist das sog. *Bödeledütsch*: „Dabei handelt es sich um eine vorwiegend negativ konnotierte Variante des Vorarlberger Alemannischen, die irgendwo zwischen Dialekt und (intendiertem) Standarddeutsch („Schriftdeutsch", „Hochdeutsch") angesiedelt ist" (Berchtold/Schallert 2020, 121).
25 Schönherr 2019; Rusch/Elspaß/Buchner 2022.
26 Kasberger/Kaiser 2021.

sie aber Rücksicht darauf, dass der Dialekt nach wie vor die „Muttersprache" oder zumindest die Zweitsprache fast aller Jugendlichen ist. Man kann also die Frage „Gsi-Bergerisch im Schulunterricht?" mit Ja und Nein beantworten: Ja, als Hilfestellung im Lehrer-Schülergespräch, bei Gruppenarbeiten und privat außerhalb des Unterrichts, und nein in formellen Unterrichtssituationen. Der Stellenwert von Standardsprache als Kommunikationsvarietät ist unbestritten; in einer Diglossie-Situation übernehmen aber auch Dialekte als selbstverständliche Alltagssprachen wichtige Funktionen.[27]

Abschließend möchte ich gerne noch einmal die Internetseiten des Projekts „Deutsch in Österreich" https://dioe.at/ und https://iam.dioe.at/ empfehlen. Wenn Sie neugierig geworden sind, ob die Spracheinstellungen und Sprachwahrnehmungen an Schulen in anderen Bundesländern mit denen in Vorarlberg übereinstimmen oder sich Unterschiede zeigen, können Sie hier nachlesen. Sie finden auch Hinweise auf alle Publikationen, die im Rahmen des Projektes entstanden sind.

Literaturverzeichnis

Ammon 1972 = Ulrich Ammon, Dialekt, soziale Ungleichheit und Schule, Weinheim 1972.

Ammon 2004 = Ulrich Ammon, Sprachliche Variation im heutigen Deutsch: nationale und regionale Standardvarietäten, in: Der Deutschunterricht 2004/1, 8–17.

Arendt 2019 = Birte Arendt, Wie sagt man hier? Bewertungen von Dialekt, Regionalsprache und Standard im Spannungsfeld regionaler Identität und sozialer Distinktion, in: Gerd Antos, Thomas Niehr & Jürgen Spitzmüller (Hg.), Handbuch Sprache im Urteil der Öffentlichkeit, Berlin–Boston 2019, 333–352.

Berchtold/Schallert 2020: Simone Berchtold/Oliver Schallert, Bödeledütsch, in: Nicola Langreiter/ Petra Zudrell (Hg.), Wem gehört das Bödele? Eine Kulturlandschaft verstehen, Salzburg–Wien 2020, 124–135.

Buchner/Elspaß 2018 = Elisabeth Buchner/Elspaß Stephan, Varietäten und Normen im Unterricht. Wahrnehmungen und Einstellungen von Lehrpersonen an österreichischen Schulen, in: ide – information zur deutschdidaktik 42 (4) (2018), 70–81.

Buchner/Elspaß/Fuchs 2022 = Elisabeth Buchner/Stephan Elspaß/Eva Fuchs, Innere Mehrsprachigkeit im Unterricht – Sprachnormerwartungen und Varietätentoleranz, in: Elena Stadnik-Holzer (Hg.), Sprachenvielfalt und Mehrsprachigkeit im Unterricht. Linguistische, sprachdidaktische und bildungswissenschaftliche Beiträge zur sprachlichen Bildung, Wien (Schriften der Kirchlichen Pädagogischen Hochschule Wien, Krems, Band 24) 2022, 23–38.

Budin et al. 2019 = Gerhard Budin/Stephan Elspaß/Alexandra N. Lenz/Stefan M. Newerkla/Arne Ziegler, Der Spezialforschungsbereich „Deutsch in Österreich. Variation – Kontakt – Perzeption", in: Ludwig M. Eichinger/Albrecht Plewnia (Hg.), Neues vom heutigen Deutsch. Empirisch – methodisch – theoretisch, Berlin–Boston 2019, 335–338.

---

27 Vgl. dazu Sieber 2013 speziell zur Sprachsituation in der Schweiz und Forderungen für den Deutschunterricht in Diglossie-Situationen.

de Cillia/Ransmayr/Fink 2019 = Rudolf de Cillia/Jutta Ransmayr/Ilona Elisabeth Fink, Österreichisches Deutsch macht Schule. Bildung und Deutschunterricht im Spannungsfeld von sprachlicher Variation und Norm, Wien [u. a.] 2019.

Dittmar/Schidt-Regener 2001 = Norbert Dittmar/Irena Schmidt-Regener, Soziale Varianten und Normen. in: Gerhard Helbig et al. (Hg.), Deutsch als Fremdsprache. 1. Halbband, Berlin (HSK, 19/1) 2001, 520–532.

Fuchs/Elspaß 2019 = Eva Fuchs/Stephan Elspaß, Innere und äußere Mehrsprachigkeit an österreichischen Schulen. Ein Projektbericht zu Wahrnehmungen und Einstellungen (Teil I), Universität Salzburg 2019, ePlus OA, URL: https://eplus.uni-salzburg.at/obvusboa/content/titleinfo/4375948 [eingesehen am 21.06.2023].

Kasberger/Kaiser 2021 = Gudrun Kasberger/Irmtraud Kaiser, Sprachvorbild sein, und/aber authentisch bleiben? Lehramtsstudierende und ihre innere Mehrsprachigkeit: Gebrauch, Einstellungen und didaktische Implikationen, in: Kevin Perner/Matthias Prikoszovits (Hg.), Deutsch und Kommunikation in derberuflichen Aus- und Weiterbildung in Österreich, Stuttgart 2021, 141–165.

Kleinschmidt-Schinke 2008 = Katrin Kleinschmidt-Schinke, Die an die Schüler/-innen gerichtete Sprache (SgS): Studien zur Veränderung der Lehrer/-innensprache von der Grundschule bis zur Oberstufe, Berlin–Boston 2019, URL: https://doi.org/10.1515/9783110569001 [eingesehen am 27.09.2023].

Knöbl 2010 = Ralf Knöbl, Changing codes für classroom contexts, in: Gesprächsforschung – Online-Zeitschrift zur verbalen Interaktion 11 (2010), 123–153.

Knöbl 2012 = Ralf Knöbl, Dialekt – Standard – Variation. Formen und Funktionen von Sprachvariation in einer mittelschwäbischen Schulklasse. Vollst. zugl.: Mannheim, Univ., Diss., 2009. Heidelberg 2012.

Ladegaard 2000 = Hans J. Ladegaard, Language attitudes and sociolinguistic behaviour: Exploring attitude-behaviour relations in language, in: Journal of Sociolinguistics 4 (2) (2000), 214–233.

Lehrplan der Handelsakademie – European and International Business (EuropaHAK), URL: https://www.hak.cc/unterricht/lehrplaene/lehrplan-der-handelsakademie-european-and-international-business-europahak-engl, Seite 2 u. Seite 5 [eingesehen am 6.1.2023]

Liebscher/Dailey- O'Cain 2014 = Grit Liebscher/Jennifer Dailey-O'Cain, Die Rolle von Wissen und Positionierung bei Spracheinstellungen im diskursiven Kontext, in: Christina Cuonz/Rebekka Studler (Hg.), Sprechen über Sprache. Perspektiven und neue Methoden der Spracheinstellungsforschung, Tübingen–Stauffenburg 2014, 107–122.

Rusch 2021 = Yvonne Rusch, Gsi-Berg WAR einmal?, in: Jahrbuch des Vorarlberger Landesmuseumsverein 2021, 186–200.

Scheutz 2009 = Hannes Scheutz, Der Dialekt: Sprache der Nähe, Ausdruck regionaler Identität – oder defizitäres System?, in: Hannes Scheutz (Hg.), Drent und herent. Dialekte im salzburgisch-bayerischen Grenzgebiet, Salzburg [u. a.] 2009, 7–12.

Schönherr 2019 = Beatrix Schönherr, Dialekt und Standardsprache in Vorarlberg, in: Jahrbuch des Landesmuseumsvereins 2018, 182–201.

Sieber 2013 = Peter Sieber, Probleme und Chancen der Diglossie – Einstellungen zu Mundarten und Hochdeutsch in der Deutschschweiz, in: Brigit Eriksson/Martin Luginbühl/Nadine Tuor (Hg.), Sprechen und Zuhören – gefragte Kompetenzen? Überzeugungen zur Mündlichkeit in Schule und Beruf (= Mündlichkeit; Band 2), Bern 2013, 106–136.

Soukup 2009 = Barbara Soukup, Sprachreflexion und Kognition: Theorien und Methoden der Spracheinstellungsforschung, in: Gerd Antos/Thomas Niehr/Jürgen Spitzmüller (Hg.), Handbuch Sprache im Urteil der Öffentlichkeit (Handbücher Sprachwissen), Berlin–Boston 2019, 83–106.

SFB Deutsch in Österreich: PP10: Wahrnehmungen von und Einstellungen zu Varietäten und Sprachen an österreichischen Schulen, URL: https://www.dioe.at/projekte/task-cluster-d-perzeption/pp10 [eingesehen am 6.1.2023].

Steiner 2008 = Astrid, Steiner, Unterrichtskommunikation. Eine linguistische Untersuchung der Gesprächsorganisation und des Dialektgebrauchs in Gymnasien der Deutschschweiz, Tübingen[1] 2008.

Wiesinger 2008 = Peter Wiesinger, Das österreichische Deutsch in Gegenwart und Geschichte, Wien–Berlin[2] 2008.

MUSEUM UND VEREIN

Kathrin Dünser

OUTSIDE IST EIN GARTEN

Über Macht und Ohnmacht der Kulturpolitik
am Beispiel einer Sammlungserweiterung

Eine Verortung

Als Aufmacher der Wiener Wochenzeitschrift *Der Falter* (FALTER 28/2022 vom 13.07.
2022) blickte im Juli 2022 ein verträumt wirkender Jugendlicher vom Cover. Die
Schlagzeile dazu lautete: „Wer kümmert sich um Mario?" Der Leitartikel widmete
sich der aussichtslosen Suche seiner Eltern nach einem Ort, an dem ihr schwer-
behinderter Sohn das 11. Schuljahr absolvieren könnte. Stellvertretend macht Marios
Geschichte auf das grundsätzliche Problem mangelnder Rechtssicherheit im Umgang mit Menschen mit kognitiven Beeinträchtigungen aufmerksam. Es zeigt aber
auch die Auswirkungen des Personalmangels auf unser Gesundheitssystem und
macht sichtbar, was wir ohnehin schon wissen: Die schwächsten Mitglieder unserer
Gesellschaft trifft es oft am härtesten. Auch wird in letzter Zeit öfter darüber diskutiert, ob und inwiefern der gesetzliche Auftrag, Menschen mit Behinderung in den
Arbeitsmarkt zu integrieren, durch eine Anstellung in einer Werkstätte nicht sogar
verhindert wird. Zu lukrativ ist das Angebot, an geschützten Arbeitsplätzen vor Ort
zu produzieren, etwas „Gutes" zu tun und dabei ein Salär weit unter dem gesetz-
lichen Mindestlohn zahlen zu müssen.[1] Zuletzt machten Schlagzeilen die Runde,
in denen die ORF-Spendengala „Licht ins Dunkel" in Misskredit gebracht wurde.
Wie kann man es wagen, wird sich der eine oder andere hinter vorgehaltener
Hand gefragt haben. Kritisiert wurde jedoch zu keiner Zeit die Spendenfreude der
Österreicher*innen, sondern allein die Bittstellerrolle, in die Menschen mit Behinderung gedrängt werden, sobald es um Zusatzleistungen im Sinne der Barrierefreiheit geht. Eine solche Vorgehensweise widerspricht der UN-Behindertenrechtskonvention, setzt sie damit doch auf ein Almosensystem, das jeglichen Anspruch

---

1   Die Behindertenrechtskonvention der UN besagt, dass jedes Land einen Arbeitsmarkt schaffen muss,
    der es „allen Menschen mit Behinderungen ermöglicht, ihren Lebensunterhalt, ihre Sozialversicherung
    und Altersvorsorge über ein ausreichendes Erwerbseinkommen zu bestreiten". Laut der Lebenshilfe ent-
    sprechen die derzeitigen Arbeits- und Beschäftigungsmöglichkeiten in Österreich nicht diesem Stan-
    dard. In: https://www.hopeforthefuture.at/de/behinderte-menschen-leben-von-taschengeld/ [eingese-
    hen am 17.04.2023].

auf Gleichstellung konterkariert.[2] Kurzum, es gibt nach wie vor zahlreiche gesetzliche (wie gedankliche) Stolpersteine, die unsere Entwicklung hin zu einer diversen Gesellschaft erschweren. Immer mehr davon werden erkannt, artikuliert und in der Öffentlichkeit diskutiert. Das ist ein wichtiger Schritt im Prozess der Sensibilisierung und veränderten Wahrnehmung von Menschen, die in ihrem täglichen Leben auf Unterstützung angewiesen sind.

Wie divers und inklusiv gestaltet sich unter diesen Aspekten die Kulturarbeit in Vorarlberg – und vor allem: Welchen Platz nimmt dabei das vorarlberg museum ein? Im nationalen wie internationalen Kulturbetrieb wird auf Barrierefreiheit immer größeres Augenmerk gelegt.[3] In den meisten Museen und Ausstellungshäusern (außerhalb Vorarlbergs) begleiten Texte in einfacher Sprache[4] oder Videos mittlerweile ganz selbstverständlich die Einleitungstexte von Ausstellungen. Im vorarlberg museum konnte 2023 durch den Einsatz der Kulturvermittlerinnen Heike Vogel und Anja Rhomberg das Angebot um einige barrierefreie Stationen mit einem ausgeklügelten Angebot an taktilen und akustischen Beispielen erweitert werden.[5] Das bereits geplante taktile Bodenleitsystem (von dem sich auch gerne sehende Besucher*innen leiten lassen), musste aus finanziellen Gründen hingegen auf die lange Bank geschoben werden. Für die Komplexität der Texte sowie die Schriftgrößen gibt es zwar Empfehlungen, deren Umsetzung hängt jedoch nach wie vor von der Einsicht der jeweiligen Kurator*innen (und deren Gestaltungsteam) ab.[6] Erleichterungen für den Museumsbesuch sind das Eine, doch wie verhält es sich mit der Sammlung, einem der Grundpfeiler des Museums, in Bezug auf Diversität? Wir dürfen nicht vergessen: Was heute gesammelt wird, bestimmt morgen unser Verständnis der Vergangenheit.[7]

2 https://broschuerenservice.sozialministerium.at/Home/Download?publicationId=19 [eingesehen am 18.04. 2023].

3 Pionierarbeit leistete hier Doris Rothauer mit dem Museums Guide inklusiv 2023.

4 Die einfache Sprache richtet sich an Menschen, die zwar lesen können, aber Probleme haben, komplexere Texte zu verstehen. Leichte Sprache hingegen hat Menschen mit einer Lernbehinderung als klar definierte Zielgruppe. In: https://www.netz-barrierefrei.de/seite/einfache-sprache-10-unterschiede-gemeinsamkeiten.html [eingesehen am 25.09. 2023].

5 Die dafür notwendige Summe von 57.000 EUR steuerten Bund, Vorarlberger Landesregierung und die Liechtensteiner Ars Rhenia Stiftung bei.

6 So weit muss man bei den Vorarlberger Künstlervereinigungen gar nicht denken, machen doch fehlende bauliche Maßnahmen für Menschen mit körperlichen Beeinträchtigungen einen Besuch von vornherein unmöglich!

7 „Auch Kulturpolitik ist Politik. Und die Unesco hat diesen schönen Satz zum Memory of the world genannt: wer entscheidet heute, an was wir uns morgen erinnern werden? [...] Und ich bin immer wieder überrascht, dass wir als Museumsmenschen so viel Macht haben, zu entscheiden, was in eine Sammlung kommt, was für die Zukunft wieder als Menschheitsgedächtnis da ist [...]" Monika Jagfeld, Direktorin des open art museum, St. Gallen/CH, in einem Podiumsgespräch zum Thema „Künstlerische Potenziale – Inklusion im Museum" im vorarlberg museum, 21.03.2023 anlässlich der Ausstellung „DIREKT! Inklusive Aspekte in der Sammlung des vorarlberg museums" (https://soundcloud.com/vorarlbergmuseum/21032023-diskussion-kunstlerische-potenziale-art-brut, Zeitangabe: 01:40:00 [eingesehen am 27. April 2023]).

Der Auftakt

Die Wandlung des „alten" Landesmuseums zum architektonisch und inhaltlich neu aufgestellten vorarlberg museum nahm Direktor Andreas Rudigier 2013 zum Anlass, die Vorarlberger Bevölkerung in die Konzeption miteinzubinden. Es interessierte ihn, welche Themen in Ausstellungen künftig behandelt werden sollten, aber auch, ob es blinde Flecken in der Sammlung gibt. Unter den zahlreichen Rückmeldungen fand sich auch jene des Malers und Soundkünstlers Harald Gfader,[8] der auf das Fehlen von sogenannter Art brut[9] aufmerksam machte. Das stimmte nicht ganz, zeigte aber eine Lücke auf, die dem Selbstverständnis des vorarlberg museums zuwiderlief.[10] Denn wer sich als Grundsatz die Losung „verstehen, wer wir sind" auf die Fahnen (und die Fassade) heftet, kommt nicht umhin, sein Augenmerk auf *alle* Menschen zu richten, die in Vorarlberg leben und wirken.[11]

Ziel ist es, über Objekte und deren Geschichten die Vielfalt der Gesellschaft, die Entwicklung und Werte unserer Region am Beginn des 21. Jahrhunderts für künftige Generationen zu dokumentieren und zu bewahren. Seit 2015 nimmt das Vorhaben, Werke von Künstler*innen für die Sammlung zu gewinnen, die abseits des regulären Kunstbetriebs, also *outside*, ihre Kunst schaffen, langsam Form an. Die ersten Ankäufe erfolgten über Vermittlung des Impulsgebers Harald Gfader und Christine Lingg[12], die in diversen Ausstellungen in den Räumlichkeiten ihres milK-Ressorts bereits eine Vorauswahl getroffen hatten. Ab 2018 übernahm die Autorin für das vorarlberg museum die alleinige Verantwortung, jedoch immer in Absprache und im Dialog mit den jeweiligen Kunstbegleiter*innen der Sozialeinrichtungen.[13] Über 70 Werke haben durch Ankäufe oder Schenkungen seither Eingang in die

8 Harald Gfader (geb. 1960) studierte von 1985 bis 1991 visuelle Gestaltung und Malerei an der Universität für Angewandte Kunst in Wien bei Herbert Tasquil und Adolf Frohner. Tätig in Göfis.

9 Der Begriff Art brut (franz. für „rohe Kunst") wurde 1945 vom französischen Künstler und Weinhändler Jean Dubuffet (1901–1985) erfunden und ist ein Sammelbegriff für autodidaktische Kunst von Menschen mit einer psychischen Erkrankung oder einer geistigen Behinderung und gesellschaftlichen Außenseitern.

10 Dem weiten Spektrum der Outsider-Kunst lassen sich zahlreiche Werke zuordnen, die Kunst von Menschen mit kognitiven Beeinträchtigungen fand bis dahin tatsächlich keinen Weg in die Sammlung.

11 Schriftliche Erwähnung fand die Sammlungserweiterung um Werke der Art brut erstmals im offiziellen Strategiepapier für das vorarlberg museum 2025, das von Andreas Rudigier erstmals 2021 einer breiten Öffentlichkeit präsentiert wurde (https://www.vorarlbergmuseum.at/sammlung/sammlungsbestand/#c1117 [eingesehen am 25.09.2023]).

12 Christine Lingg (geb. 1963 in Dornbirn) widmet sich in ihrer künstlerischen Arbeit dem Medium der Zeichnung. Daneben arbeitet sie als Kunstbegleiterin im ARTelier Vorderland, wo sie unter anderen Savaş Kılınç, Lukas Moll, Daniel Nesensohn und Irmgard Welte in deren künstlerischer Entwicklung unterstützt.

13 Im Jahr 2000 begann Elisabeth Fischnaller, sich wochentlich mit einer kleinen Gruppe der Lebenshilfe in Lustenau zum gemeinsamen Malen und Zeichnen zu treffen. Daraus entwickelten sich die erfolgreichen ARTeliers der Lebenshilfe, parallel dazu entstand ein vergleichbares Angebot in den Werkstätten der Caritas.

Sammlung des Museums gefunden. In den letzten Jahren dienten Atelierbesuche dazu, einen Überblick zu erhalten und die Künstler*innen und deren Entwicklungsschritte zu verfolgen. Die Pandemie erschwerte den Austausch, da die meisten ARTeliers aus Sicherheitsgründen ihre Pforten schlossen oder ihre Räume zu Quarantänestationen umfunktionierten. Nur zögerlich wurde der Regelbetrieb nach Aufhebung der Maßnahmen wiederaufgenommen. Zur großen Freude der Künstlerinnen und Künstler hat sich die Situation zwischenzeitlich fast überall normalisiert und konzentriertes Arbeiten in der Gruppe ist in den meisten Fällen wieder möglich.

Der Stand der Dinge

Im Jänner 2023 wurde das neue Sammlungsgebiet erstmals einer großen Öffentlichkeit zugänglich gemacht. Über fünf Monate konnten sämtliche Werke im Atrium unter dem Titel „DIREKT! Inklusive Aspekte in der Sammlung des vorarlberg museums" betrachtet werden (Abb. 1). In einer zweisprachigen Broschüre wurden die künstlerischen Zugänge und Arbeitsweisen der einzelnen Künstler*innen ausführlich geschildert. Darüber hinaus diente ein umfangreiches Rahmenprogramm dazu, die unterschiedlichen Perspektiven genauer zu beleuchten. Sämtliche Füh-

Abb. 1: Ausstellung „DIREKT!", Detailansicht, vorarlberg museum, 2023

rungen waren als Dialog zwischen der Ausstellungskuratorin und den sogenannten Kunstbegleiter*innen angelegt, unterschiedliche Zugangsweisen zwischen Theorie und Praxis konnten so vor Ort mit dem Publikum in teils lebhaften Diskussionen besprochen werden.[14] In einem hochkarätig besetzten Podiumsgespräch beleuchteten vier Kunsthistorikerinnen aus unterschiedlichen Institutionen, wie Diversität im Museum der Zukunft aussehen könnte.[15] Seine Erlebnisse und teils ernüchternden Erfahrungen schilderte Florian Reese im Vortrag „Über Chancen, Erfolge und Stolpersteine. Ein Bericht über das Projekt Atelier 10", einem Rückblick auf das zehnjährige Bestehen eines visionären Wiener Kunstprojekts.[16]

Öffnet man sich unvoreingenommen den Themen Diversität und Inklusion, kommt man nicht umhin, den eigenen Zugang und die scheinbaren Gewissheiten in regelmäßigen Abständen über Bord zu werfen. So stellte sich bereits bald nach Eröffnung der Ausstellung heraus, dass das vielfach verwendete Wort „Inklusion" zwar gut gemeint ist, sich in letzter Konsequenz für den Kunstkontext als unpassend herausstellte, da es den Fokus wieder mehr auf den sozialen Kontext und nicht auf die Qualität der Werke richtet. Auch, dass insgesamt zu viel *über* anstatt *mit* den einzelnen Künstlerinnen und Künstlern geredet wurde, lag plötzlich deutlich vor Augen. Um dem entgegenzuwirken, entschlossen wir uns dazu, einige der Kunstschaffenden, ihre Ateliersituation und Arbeitsweise in filmischen Kurzporträts einem interessierten Publikum näherzubringen.[17] Den feierlichen Abschluss fand die Ausstellung in Form einer Finissage samt Künstlergespräch, bei dem Savaş Kılınç[18] und WolfGeorg mit der Kuratorin über ihren Zugang zur Kunst sprachen und im Anschluss sämtliche Videos auf Großleinwand präsentiert wurden. Während der fünfmonatigen Laufzeit sahen 14.919 Besucher*innen die Ausstellung.[19]

---

14   Gemeinsame Führungen erfolgten mit Harald Gfader, Erika Lutz, Christine Lingg und Doris Fäßler.

15   Unter dem Titel „Künstlerische Potenziale – Inklusion im Museum" diskutierten am 21. März 2023 Monika Jagfeld (Direktorin open art museum St. Gallen), Christiane Meyer-Stoll (Chefkuratorin Kunstmuseum Liechtenstein), Stefania Pitscheider-Soraperra (Direktorin Frauenmuseum Hittisau) mit der Autorin und Kuratorin der Ausstellung „DIREKT!" (Zum Nachhören: https://soundcloud.com/vorarlbergmuseum/21032023-diskussion-kunstlerische-potenziale-art-brut).

16   Florian Reeses Vortrag fand am 17. Mai im vorarlberg museum statt und kann auf der Homepage nachgehört werden (https://soundcloud.com/vorarlbergmuseum/17052023-vortrag-florian-reese).

17   Die von Sarah Mistura unter Mitwirkung von Kathrin Dünser und Daniel Furxer gestalteten Kurzfilme geben einen authentischen Eindruck von der jeweiligen Ateliersituation, aber auch der Arbeitsweise der Kreativen. Sie sind über den YouTube-Kanal des vorarlberg museums zu sehen (https://www.youtube.com/@vorarlbergmuseum7403).

18   Savaş Kılınç wurde 1984 in Çivril/Türkei geboren und lebt heute in Dornbirn. In seiner künstlerischen Arbeit setzt er sich mit den essenziellen Fragen nach Heimat, Zugehörigkeit und Ursprung auseinander.

19   Da der Eintritt ins Atrium kostenlos ist, wurden sämtliche Besucher*innen der Ausstellung extra gezählt.

Von Schutzwölfen und Tempelgöttinnen

Wie individuell und vielfältig, wie unabhängig und kraftvoll die Werke sein können, soll im Folgenden anhand von vier Beispielen vorgestellt werden. Die unverwechselbare Handschrift von Helga Nagel, Daniel Nesensohn, Gerhard Obermoser und WolfGeorg gibt einen Eindruck vom kreativen Potenzial, mit dem sich die Kunstschaffenden ihrer Arbeit hingeben und steht stellvertretend für die insgesamt 16 Künstlerinnen und Künstler, deren Werke die Sammlung des vorarlberg museums seit kurzem bereichern.

Bereits als Kind weiß Georg Fitz (*1987), dass sein Totem der Wolf ist. Zum persönlichen Schutz zeichnet er zähnefletschende Rudel von Raubtieren auf Papier und platziert sie in Form eines Bannkreises auf dem Boden. Wechselt er das Zimmer, sammelt er die Blätter ein, nur um sie am nächsten Aufenthaltsort wieder auszulegen.[20] Die Eigenschaften der Raubtiere studiert er in Sachbüchern und lässt dieses Wissen in seine Illustrationen einfließen, die er ausschließlich mit Edding-Filzstiften in kräf-

Abb. 2: WolfGeorg (d. i. Georg Fitz, *1987), Australian Cattle Dog, 2019, Holz/Leder, H 90 cm, Inv. Nr. N 0935

20   Christa Fitz-Bender, Unser Leben mit Georg, in: Bäumer 2019.

tigen Farben auf Papier bringt. Mit dem Eintritt in Erika Lutz' Ateliergemeinschaft Art*quer* im Jahr 2008 lernt der Künstler erstmals Holz als Werkstoff und Medium kennen. Seither macht er mit teils großformatigen Skulpturen von sich reden (Abb. 2). Seine künstlerische Entwicklung als Bildhauer ist beeindruckend: Aus den anfangs statischen, an Fetische erinnernden Hundegestalten sind raumgreifende, in ihren Posen exakt beobachtete und gekonnt abstrahierte Tiere geworden, deren hoher Wiedererkennungswert bereits in zahlreichen Ausstellungen im In- und Ausland gewürdigt wurde. Großen Wert legt der Künstler auch auf die Namensgebung seiner Tiere, und deshalb reicht WolfGeorgs Repertoire mittlerweile von der „Aggressiven-Kampfkatze" bis zum „Zornigen StachelWildschwein".

„Ich hab' den Gefühlssinn"

Stifte aus Graphit, Ölkreide oder Kohle liebt Daniel Nesensohn (*1967) ebenso wie Wörter. Und so sitzt er an seinem Platz im Atelier, vor sich ein großes Blatt Papier mit körniger Struktur, und während seine Rechte in immer größeren Kreisen das Papier abtastet und einnimmt, übt sich der Künstler in kleinen neckischen Wortspielen, jongliert mit Fremdwörtern („Ich hab' Pläsier beim Malen") oder parliert in gänzlich

Abb. 3: Daniel Nesensohn (*1967), ohne Titel, 2016, Grafit/Ölkreide, 50 × 70 cm, Inv. Nr. Z 4901

fremden Zungen („Mein Freund kommt aus Afghanistan"). Genauso spielerisch ist sein Umgang mit den Stiften. Seine Zeichnungen sind geballte Energieschwärme aus verschiedenfarbigen Linien (Abb. 3). Mithilfe der unterschiedlichen Töne, die seine Stifte beim Auftrag auf das Papier machen, ist Nesensohn in der Lage, seine eingeschränkte Sicht durch die Aktivierung des Gehör- und Tastsinns auszubalancieren. Das Zeichnen wird zum akustischen Erlebnis! Das Ergebnis nimmt Nesensohn im Umkehrschluss durch die rauen Fehlstellen auf dem Papier, die nicht vom Stift bedeckt wurden, wahr. Während der Entstehung ist der Künstler ganz bei sich und lauscht den Geräuschen, die durch die Bewegung der unterschiedlichen Stifte auf der Blattoberfläche entstehen. Schicht für Schicht, Kreis um Kreis, Strich um Strich verdichtet er seine Sinneswahrnehmungen zu komplexen Kompositionen. Abschließend tastet er mit seiner rechten Handfläche immer wieder über die Zeichnung, spürt den Linien nach und schließt mit dieser zarten Berührung seine Komposition. 2021 war Daniel Nesensohn für den euward8, den 8. Europäischen Kunstpreis für Malerei und Grafik im Kontext geistiger Behinderung, nominiert.[21]

Anatomisches Zeichnen unter bissiger Sonne

Helga Nagels (*1944) kunterbunter Bilderkosmos existiert nur mehr auf Papier. Ihre Demenzerkrankung ist so weit fortgeschritten, dass sich ihr Geist nicht mehr daran erinnert, wie man zeichnet, noch, wofür Stifte gut sind. Das war bis vor wenigen Jahren ganz anders. Anfänglich ganz der Tierwelt zugewandt, zeichnete die Künstlerin sich durch sämtliche Lexika und Sachbücher, derer sie habhaft wurde. Einem glücklichen Zufall ist es zu verdanken, dass ihr eines Tages ein anatomisches Zeichenbuch in die Hände fiel. Die darin abgebildeten schematischen Darstellungen faszinierten sie nachhaltig. Sie fand es schön, ihren Figuren Halt zu geben, indem sie diese in rasterförmige Systeme einschrieb. Mal wirken die Linien wie Stützen, mal wie Gefängnisse – immer ist ihr Strich unverkennbar und einzigartig. Nach anfänglichen Versuchen mit Gouache und Filzstiften fand Nagel ihr Medium in der Ölkreide. Mit dieser gestaltete sie leuchtende Hintergründe, die durch die Überlagerung mehrerer Schichten zu einer mattglänzenden Haut verschmolzen. In einigen wenigen Arbeiten erhalten wir Einblick in Nagels Begabung für die Wiedergabe narrativer Szenen. Eine Kutschfahrt durch Wien war dabei ebenso bildwürdig wie ein Badeurlaub in Antalya. In eigentümlicher Vogelperspektive hielt die Künstlerin vergangene und

---

21 Der EUWARD ist ein alle zwei bis vier Jahre verliehener europäischer Kunstpreis für Malerei und Grafik von Künstlern mit kognitiver Beeinträchtigung. Er wurde von der Augustinum Stiftung initiiert und erstmals im Jahr 2000 verliehen (www.euward.de).

Abb. 4: Helga Nagel (*1944), Wiener Kutscherfahrt mit Pferd, 2010, Buntstift/Ölkreide, 64 × 45 cm, Inv. Nr. Z 6603

erinnerungswürdige Erlebnisse fest. Anstelle unzähliger Handyfotos, mit denen die meisten von uns ihre Erlebnisse zu konservieren versuchen, verdichtete Nagel ihre Andenken in Form komplexer Kompositionen und fasste sie als eine Art Bildertagebuch zusammen (Abb. 4).

Der Prinz und seine Märchenwelt

Als Mehrspartenhaus sammelt das vorarlberg museum nicht nur Objekte, sondern auch Geschichten! Und eine solche erzählen die Zeichnungen von Gerhard Obermoser (1960–2015) in exemplarischer Weise (Abb. 5–7). Als jüngstes Kind einer siebenköpfigen Bauernfamilie in Höchst geboren und von allen nur als „Prinz" bezeichnet, wuchs Obermoser geliebt und wohlbehütet auf. Einmal die Woche kam er zu Elisabeth Fischnaller, später zu Doris Fäßler in das ARTelier in Lustenau. Dort zeichnete er fast ausschließlich spitze Türme mit zahlreichen Fenstern, einer Zufahrtstraße sowie Brücken, die sämtliche Gebäude miteinander verbanden. Einen dieser Türme bewohnte er selbst, in den anderen residierten seine imaginären Königinnen. Um das Jahr 2010 erkrankte der Künstler an Demenz. Was er in den letzten Lebensjahren mit Buntstiften und Ölkreide auf Papier brachte, gibt uns Betrachter*innen fern komplexer wissenschaftlicher Erklärungen einen visuellen und verstörenden Einblick in die zerstörerische Kraft dieser Krankheit. Da im künstlerischen Kosmos des Gerhard Obermoser das repetitive Moment eine so zentrale Rolle einnahm, lässt sich besonders gut nachvollziehen, was eine beginnende Demenz im Gehirn anrichtet und wie sich das auf die einstudierten, über die Jahre wiederholten Kompositionsmuster auswirkt. Zuerst werden die markanten Umrisslinien durchlässig, die Komposition insgesamt abstrakter, dann stürzen die Türme ein und neigen sich wie unter Schwerkraft gen Boden, bevor aus den klaren Zonen von Boden bis zum Himmel alles beginnt, sich aufzulösen. Erst in großen Farbflächen, zum Ende hin dann in zerfransten, nervösen und teilweise aggressiven Strichabfolgen, die hektisch in alle Richtungen weisen, sich überlagern und offensichtlich einen konkreten Gestaltungswunsch vermissen lassen. 2013 war es dann soweit, dass Gerhard Obermoser seine Ölkreidestifte entzweibrach. Seine Erinnerung an das Zeichnen war erloschen.

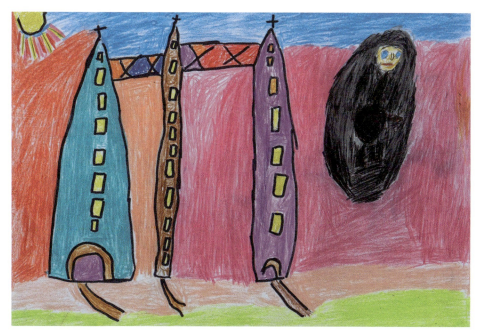

Abb. 5: Gerhard Obermoser (1960–2015), Drei Schlösser, 2001, Mischtechnik, 29,5 × 42 cm, Inv. Nr. Z 6593

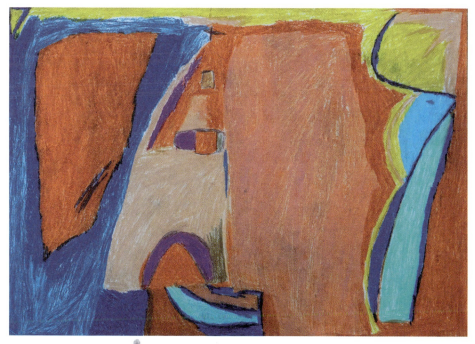

Abb. 6: Gerhard Obermoser (1960–2015), Margit und Helga N. im Turm, 2009, Ölkreide, 32 × 45 cm, Inv. Nr. Z 6598

Abb. 7: Gerhard Obermoser (1960–2015), ohne Titel, 2013, Mischtechnik, 30 × 40 cm, Inv. Nr. Z 6602

Der Boden ist bestellt

Die Kontakte zu den Ateliers und Werkstätten sind geknüpft, man ist in regem Austausch und beobachtet die Entwicklung der bekannten und neu hinzugekommenen Talente. Viel schwieriger erweist es sich aber, an Arbeiten von Menschen zu gelangen, die am Rande unserer Gesellschaft *outside* leben und ihre Kunst im Verborgenen schaffen. Besonders in diesen Fällen ist das vorarlberg museum auf die Hilfe der Bevölkerung angewiesen. Wie komplex und umfangreich sich das Thema gestaltet, lässt sich am Beispiel zweier Schenkungen aufzeigen: Von Reinhold Luger, einem Gestalter und unermüdlichen Kulturarbeiter, stammt eine Mappe mit Gouachen von Gefangenen, mit denen er durch seinen Einsatz für die „Aktion Strafvollzug" in den frühen 1970er Jahren einmal die Woche gemalt hat.[22] Müßig zu erwähnen, dass

---

22 Reinhold Luger (*1941) setzte sich mit seinen Freunden Günther Hagen (*1937), Franz Bertel (1929–2014) und Peppi Hanser (1929–2010) für einen humaneren Strafvollzug ein. Vorbild war ihnen dabei Rechtsprofessor Eduard Nägeli und seine Reformbestrebungen rund um die legendäre „St. Galler Gruppe für Strafreform". Immer sonntags besuchten die Künstler die Feldkircher Justizvollzugsanstalt, um mit den dort Inhaftierten zu malen. Ein Konvolut dieser eindrücklichen Arbeiten übergab Reinhold Luger 2019 dem vorarlberg museum (Inv.nr. Gem 2877-2878, Z 5333-5341).

dies für viele der Inhaftierten das erste (und wohl auch einzige) Mal in ihrem Leben war, ihren Gefühlen auf diese Art Ausdruck zu verleihen. Oder der Hörbranzer Maler Richard Bösch,[23] der durch Zufall auf die umfangreichen numerologischen Berechnungen des Fabrikarbeiters Ludwig Wagner (1915–1995) stieß, diese über Jahrzehnte aufbewahrte und sich von ihnen inspirieren ließ. Im Zuge seiner Auseinandersetzung entstand 1978 eine großformatige Installation im Bregenzer Künstlerhaus. Eingerahmt von einem zwölfteiligen Kreuzweg aus Papierobjekten nahm das Zentrum des Raumes eine Art Tisch ein, dem Bösch den Titel *Zum Altar der unerfüllten Sehnsüchte – oder ein Scheitern in der Provinz am Beispiel Ludwig W.* gab.[24] Die Berechnungen Wagners deutete Bösch nicht nur als Sisyphusarbeit, sondern er blickte fast ehrfürchtig auf die Leidenschaft des Arbeiters, mit der dieser sein Lebensthema verfolgte. Auch war dem akademischen Maler nach seiner Rückkehr in die Provinz der Status als Sonderling nicht ganz fremd. Im vergangenen Jahr vermachte der Künstler dem vorarlberg museum vier Doppelseiten mit den Berechnungen des Leiblachtaler Zahlenmystikers.[25]

Ein Ausblick

Für die derzeitige Situation in Vorarlberg lässt sich zusammenfassend feststellen: Außerordentliche Begabungen werden zwar (oft) erkannt, eine ernstzunehmende künstlerische Entwicklung ist jedoch kaum möglich, solange die Werkstätten als Freizeitangebot begriffen werden und die künstlerische Arbeit auf wenige Stunden pro Woche reduziert ist. Es fehlt insgesamt an maßgeschneiderten Förderangeboten. Ausnahmen wie der Göfner Zeichner und Objektkünstler WolfGeorg,[26] der früh von seinen Eltern gefördert wurde und von der gesamten Familie in seiner Leidenschaft unterstützt wird, geben einen Eindruck davon, was möglich wäre, könnten die Künstler*innen ihren Interessen ohne Zeitdruck und mit individuellem Beistand folgen. Gleichzeitig scheint es vonnöten, den Druck von den Betreuer*innen zu nehmen, indem die Beurteilung der künstlerischen Qualität in die Hände von Fachleuten aus dem Kunstbetrieb gelegt wird. Ein weiterer logischer Schritt wäre eine Öffnung

23 Richard Bösch (*1942) studierte von 1963 bis 1968 Malerei bei Robin Christian Andersen, Herbert Boeckl und Walter Eckert an der Akademie der Bildenden Künste in Wien. Seit 1968 in Hörbranz tätig.
24 Bösch 1978.
25 Ludwig Wagner war fast sein ganzes Leben lang als Arbeiter für die Hörbranzer Firma Sannwald tätig. Nach deren Schließung wechselte er zur Firma Fohrenburg, wo er bis zu seiner Pensionierung beschäftigt war. In seiner Freizeit widmete sich der Familienvater mit großer Leidenschaft der Astrologie und Zahlenmystik. In klassischen Schulheften hielt Wagner in akkurater Schrift seine Gedanken fest und füllte Seite um Seite mit komplizierten Berechnungen (Inv.Nr. Z 6309–6312).
26 WolfGeorg (*1987 als Georg Fitz) wurde 2023 als erster Künstler mit kognitiver Beeinträchtigung in die Berufsvereinigung Vorarlberger Künstlerinnen und Künstler aufgenommen.

der Künstlervereinigungen, wie sie im Falle WolfGeorgs bereits passiert ist. Leucht-turmprojekte wie das Wiener Atelier 10 beweisen seit Jahren, dass es möglich ist, Werke von Menschen, die außerordentlich begabt sind, sich selbst aber nicht ver-markten können, erfolgreich in den Kunstmarkt zu integrieren.[27] Es bedarf dafür aber neben einschlägiger Kontakte auch finanzieller und personeller Ressourcen! Nicht nur für Ankäufe, sondern vor allem für die Verbesserung der Strukturen. Das hieße auch eine bessere Vernetzung der Fördertöpfe: Bislang schob die Kulturabtei-lung allfällige Fördergesuche zur Sozialabteilung und diese agierte vice versa.[28] Es darf nicht so bleiben, dass das Engagement in Vorarlberg auf einzelne Betreuerinnen wie Doris Fäßler, Elisabeth Fischnaller, Christine Lingg oder Erika Lutz[29] beschränkt bleibt, die in Eigeninitiative und un(ter)bezahlt versuchen, herausragende Arbeiten ihrer Künstler*innen einem breiten Publikum zu vermitteln. Es ist bezeichnend, dass dies vornehmlich in öffentlichen Gebäuden wie Banken oder Gemeindeämtern, und eben nicht in Kunsträumen geschieht. In Vorarlberg ist das Göfner milK_Ressort unter der Leitung von Harald Gfader eine tröstliche Ausnahme, denn es zeigt seit Jahren immer wieder *outside*-Positionen in seinen Ausstellungen.

Um eine Einschätzung der Sammlungserweiterung und Ausstellungstätigkeit des vorarlberg museums vorzunehmen, bedarf es eines Blickes über die Grenzen. Beson-ders die Schweiz beweist bereits seit Mitte des 20. Jahrhunderts ihren visionären Ansatz in allen Kategorien der Outsider Art. In Österreich gibt es mit dem Ober-österreichischen Landesmuseum zwar eine Institution mit vergleichbarem Ansatz, die Sammeltätigkeit wurde jedoch bereits nach wenigen Jahren wieder auf Eis gelegt.[30] Für einen Überblick über die derzeitigen Entwicklungen lohnt ein Besuch bei unseren Schweizer Nachbar*innen. Vom 11. bis 14. Mai 2023 fand im Architek-turforum Ostschweiz die vom open art museum in St. Gallen organisierte „Euro-pean Outsider Art Association Conference" statt. Fachleute aus 17 Nationen trafen

27 Das Atelier 10 (https://atelier10.eu/) wurde 2012 gegründet und unterhält Atelierräumlichkeiten sowie eine Galerie in den Räumlichkeiten der ehemaligen Ankerbrotfabrik in Wien. Das Projekt wird von Florian Reese geleitet und von der Caritas finanziert.

28 „Entweder man war ein Mensch mit Beeinträchtigung oder ein Künstler. Beides zu sein, war damals noch schwer vorstellbar", fasst Andrea Anditsch ihre Praxiserfahrungen in der Öffentlichkeitsarbeit um die Jahrtausendwende für die Lebenshilfe Salzburg zusammen. In den Grundzügen gilt dies in Vorarlberg bis heute. Andrea Anditsch, Gleichberechtigter Zugang zu Kunst und Kultur für Menschen mit Beein-trächtigung, in: Bogaczyk-Vormayr/Neumaier (Hg.) 2017.

29 2023 ist es traurige Gewissheit: Erika Lutz wird ihre ARTquer-Ateliergemeinschaft mit Ende des Jahres auflösen. Zu knapp waren die Fördermittel, zu aufwendig und zeitintensiv die professionelle Hinter-grundarbeit. 15 Jahre lang ermöglichte sie Künstlern wie WolfGeorg in ihrer gut ausgestatten Schrei-nerwerkstatt die professionelle Auseinandersetzung mit dem Werkstoff Holz. Ihre großartige und hin-gebungsvolle Arbeit wird fehlen.

30 2011 wurden von der Oberösterreichischen Landesgalerie rund 60 Kunstwerke ausgewählt und als Sammlung „Art Brut" in den Bestand der Oberösterreichischen Landesmuseen aufgenommen. Mit Abgang des Direktors Peter Assmann wurde die Ankaufstätigkeit in dieser Sparte 2013 aber wiederein-gestellt.

sich, um in Vorträgen, Ausflügen und Diskussionen gemeinsam über Themen im Spannungsfeld von „Outsider Art and Tradition" zu sprechen. Wie immer, wenn sich Expert*innen aus unterschiedlichen Ländern und Bereichen treffen, von denen die einen als Theoretiker arbeiten und die anderen aus der Sozialarbeit kommen, entbrennt aufs Neue die Diskussion um Sinn und Unsinn der Begriffe: Jean Dubuffet erfand 1945 die Bezeichnung *Art brut* als Sinnbild einer rohen, unverbildeten Kunst, 1972 übersetzte der britische Kunsthistoriker Roger Cardinal Dubuffets Wortschöpfung mit *Outsider Art,* nachdem sein Verlag sich weigerte, einen französischen Titel zu verwenden. Welche individuellen künstlerischen Leistungen unter diesen Begriffen zu subsumieren sind, wird seither mitunter erbittert diskutiert. Es tauchen zwar immer neue Vorschläge auf – zuletzt die Neurodiverse Kunst, ein im Umfeld der documenta 15 verbreiteter Terminus –, die sich zum weiten Feld bereits gesetzter Bezeichnungen wie Self-Taught Art, Vernacular Art, Primitive Kunst oder Zustandsgebundene Kunst gesellen. Die Aufzählung ließe sich beliebig fortsetzen, sämtliche Vorschläge eint jedoch eine grundsätzliche Unfähigkeit der Vereinheitlichung und ein Mangel an Wertschätzung auf Augenhöhe. Wie soll etwas, das aufgrund seiner Individualität geschätzt wird, unter einem vereinheitlichenden Begriff subsumiert werden? Man kann es drehen und wenden sooft man will: Die Lösung kann niemals ein gemeinsamer Begriff, sondern nur die Akzeptanz der Vielfalt unter Einbeziehung geltender Qualitätsparameter für Zeitgenössische Kunst sein. Der belgische Psychologe und Kunsthistoriker Bart Marius überraschte in seinem Vortrag über „Everyday Culture & Outsider Art" mit der Conclusio, dass Outsider Art (im Gegensatz zum „Kollektivindividualismus" der Everyday Culture) dem auratischen Kunstwerk entspreche, das Walter Benjamin in seinem vielbeachteten Aufsatz über „Das Kunstwerk im Zeitalter seiner technischen Reproduzierbarkeit" aus dem Jahr 1935 beschreibt.[31] Eine andere Konferenzteilnehmerin zeichnete ein poetisches und versöhnliches Bild, als sie während einer hitzigen Debatte über die Begriffe aufstand und anmerkte, dass in ihrer Vorstellung *outside* alles außerhalb ihres Körpers beträfe. Dieses *Außenstehende* würde in ihrer Vorstellung aus lauter unterschiedlichen Gärten bestehen, von denen der eine symmetrisch und akkurat, der andere überbordend und wild, die meisten aber irgendwo dazwischenlägen.

Egal welche Bilder man bemüht, letztlich geht es darum, an welchen Schrauben gedreht werden muss, dass Künstler*innen *outside* endlich über ihre Leistung in die Gesellschaft integriert und als Individuen innerhalb einer vielfältigen Kunstszene wahrgenommen werden. Auch handelt es sich beim Begriff Outsider Art um eine Kategorie, die außerhalb unserer westlichen Kunstgeschichte unbekannt ist. Wir müssen uns also immer auch fragen, wer diese Einteilungen überhaupt vor-

---

31 Bart Marius ist seit 2018 künstlerischer Direktor des Dr. Guislain Museum in Gent, Belgien.

nimmt und wozu? Die Behinderung kann Teil einer Lebensgeschichte sein, viel wichtiger als der soziale Kontext ist aber die kreative Leistung der/s Einzelnen. Um das Kaleidoskop künstlerischer Ausformungen, die das Spektrum von marginalisierten Künstler*innen für uns bereithält, zu erfassen und zu fördern, bedarf es der gemeinsamen Anstrengung von uns allen: Nur dann ist es möglich, zeitgenössische Künstler*innen in ihrer Entwicklung zu unterstützen und sichtbar zu machen sowie die Schätze der im geheimen arbeitenden oder bereits verstorbener Künstler*innen zu bergen und für die Nachwelt aufzubereiten.

Literaturverzeichnis

Rothauer 2023 = Doris Rothauer, Museums Guide inklusiv 2023, Österreichs Museen im Überblick mit ihren Angeboten zu Barrierefreiheit und Inklusion, Wien 2023.
Bogaczyk-Vormayr/Neumaier 2017 = Małgorzata Bogaczyk-Vormayr/Otto Neumaier (Hg.), „Outsider Art". Interdisziplinäre Perspektiven einer Kunstform, Wien–Münster 2017, 235–249, hier 237.
Bäumer 2019 = Angelica Bäumer, andersART, Kunst im Dialog, Fonds andersART (Hg.), Wien 2019, 86–87, hier. 87.
Bösch 1978 = Künstlerhaus Bregenz (Hg.), Richard Bösch, Dornbirn 1978.

Weblinks

Atelier 10 = https://atelier10.eu/
UN-Behindertenrechtskonvention = https://broschuerenservice.sozialministerium.at/Home/Download?publicationId=19
open art museum St. Gallen = https://openartmuseum.ch/
Podiumsgespräch über Künstlerische Potenziale = https://soundcloud.com/vorarlbergmuseum/21032023-diskussion-kunstlerische-potenziale-art-brut, Zeitangabe: 01:40:00
Behinderte Menschen leben von Taschengeld = https://www.hopeforthefuture.at/de/behinderte-menschen-leben-von-taschengeld/
Videoporträts der Künstlerinnen und Künstler aus DIREKT! = https://www.youtube.com/@vorarlbergmuseum7403
Der europäische Kunstpreis für Malerei und Grafik im Kontext geistiger Behinderung = www.euward.de

Abbildungsverzeichnis

Abb. 1: Foto: Sarah Mistura/vorarlberg museum
Abb. 2, 3: Foto: Markus Tretter/vorarlberg museum
Abb. 4–7: Foto: Daniel Furxer/vorarlberg museum

Heike Vogel und Nadine Alber-Geiger

BERTA UND BERT GEHEN ONLINE – STATIONEN EINES PROJEKTES

Die Idee

Ende 2020, mitten in der Pandemie, entstand die Idee, ein Online-Angebot für Kinder zu schaffen. Wir wollten mehr als eine Sammlung von Bastelanleitungen, um der Langeweile im Lockdown zu entgehen. Diskutiert wurde aber auch der Sinn eines weiteren Online-Angebotes, wo doch der Alltag vieler Kinder schon vom Home Schooling mit digitalem Unterricht bestimmt war. Unser Angebot sollte über die Zeit der Pandemie hinausweisen und auch danach noch sinnvoll und attraktiv sein.

Museumsbesuche waren nur eingeschränkt möglich, die schon seit einiger Zeit im vorarlberg museum analog eingeführten „Museumsgeschwister" Berta und Bert sehnten sich nach mehr Kontakt zu Kindern und die Kulturvermittlerinnen nach neuen Vermittlungswegen.

Die kreativen Ideen sprudelten in der Abteilung Kulturvermittlung und innerhalb kürzester Zeit entstand ein Grobkonzept für eine Spielehomepage mit Tiefgang. Elvira Flora zeichnete ein erstes Grobkonzept als Scribbleversion und wir waren uns einig, dass unsere Homepage für Kinder einen spielerischen Museumsrundgang ermöglichen sollte. Ein niederschwelliger Zugang zu den Themen des vorarlberg museums, verbunden mit Spaß, Kreativität und Entdeckungsfreude waren das Ziel. Einerseits sollte diese digitale Museumstour die Neugier und Vorfreude auf den realen Museumsbesuch wecken und auch darauf vorbereiten, andererseits eignet sich die Homepage auch als Nachbereitung eines Museumsbesuches.

Ganz bewusst wollten wir keine App anbieten, die sich die Nutzer*innen auf ihren Endgeräten installieren müssen, sondern eine unabhängige, eigenständige Homepage, die sowohl auf dem Tablet, auf dem Smartphone als auch auf dem PC nutzbar ist und nur wenig lokalen Speicherplatz benötigt.

KOMM MIT! AUF EINE REISE DURCH DIE ZEITEN.

Im vorarlberg museum wartet eine spannende Expedition auf dich. So etwas wie eine Schatzsuche durch alte und neue Zeiten. Freu dich drauf!

TRAUST DU DICH?
ES BRAUCHT MUT, ETWAS UNBEKANNTES ZU ENTDECKEN – UND MANCHMAL KANN ES AUCH GEFÄHRLICH WERDEN! (3. STOCK)

WER IST DENN DIESER ZEITGEIST?
DAS MUSEUM HAT VIELE SACHEN GESAMMELT UND NACH DEM ABC GEORDNET. ABER WAS HAT DER ZEITGEIST DAMIT ZU TUN? (2. STOCK)

WER WAREN DIESE RÖMER?
STELL DIR VOR, DIE RÖMER HABEN WIRKLICH HIER GELEBT. HAST DU LUST DICH WIE EIN RÖMER ZU VERKLEIDEN? (3. STOCK)

WAS LEUCHTET DA?
WELCHE BESONDERE BEDEUTUNG HAT DER EINSATZ VON LICHT UND SCHABLONEN FÜR DAS MUSEUM? (1. STOCK)

IST DAS EINE KLETTERWAND?
WAS HAT ES EIGENTLICH MIT DER FASSADE VOM VORARLBERG MUSEUM AUF SICH? UND WAS HAT DAS MIT FLASCHEN ZU TUN? (ERDGESCHOSS)

STECKBRIEF

BERTA
LIEBLINGSFARBE: GELB
LIEBLINGSSPEISE: RIEBL UND SCHNIPO
LIEBLINGSGETRÄNK: HOLDERSAFT
HOBBYS: OMAS GESCHICHTEN ANHÖREN UND AUF ENTDECKUNGSREISE GEHEN
SPRÜCHE: „ES GIBT NICHTS GUTES, AUSSER MAN TUT ES."

BERT
LIEBLINGSFARBE: GRÜN
LIEBLINGSSPEISE: KÄSKNÖPFLE UND APFELSTRUDL
LIEBLINGSGETRÄNK: SPEZI UND OVO
HOBBYS: KAPPEN SAMMELN UND EXPEDITIONEN IN DIE VERGANGENHEIT MACHEN
SPRÜCHE: „SEI IMMER FROH UND MUNTER, FALL NIE DEN BERG HINUNTER."

GAB ES ICE AGE AUCH BEI UNS?
HAST DU GEWUSST, DASS ECHTE MAMMUTS HIER IN VORARLBERG GELEBT HABEN? FINDEST DU DEN MAMMUTZAHN? (4. STOCK)

Abb. 1: Schatzkarte Berta und Bert, Ausgabe 2020

Starke Partner

Mit dem Vorarlberger Landesmuseumsverein fand das vorarlberg museum einen Partner, der ein Angebot für junge Menschen machen und diesen Kultur und Geschichte näherbringen wollte. Eine Kinderhomepage war also genau das Mittel, um dieses Ziel zu erreichen und wir kamen überein, die Kinderhomepage gemeinsam zu verwirklichen. Vergleichbare Projekte fanden wir im Internet nur sehr wenige. Ein Beispiel präsentierte der Kunstpalast Düsseldorf, der auf seiner Homepage einen ausführlichen und spielerischen Rundgang mit dem Nashorn Rhino für Kinder anbietet.

Auf Grundlage unseres ersten Konzepts konnte von der Firma NETengine in Bregenz im Frühjahr 2021 eine Projektevaluierung und Kostenschätzung aufgestellt werden, die wiederum Grundlage für einen Förderantrag des Landesmuseumsvereins zusammen mit dem vorarlberg museum beim Bundesministerium für Kunst, Kultur, Sport und öffentlicher Dienst im Sommer 2021 war. Mit der Förderzusage des BMKÖS im August 2021 konnte die Umsetzungsphase beginnen. Eine große Herausforderung war dabei, die Seite für die Vielzahl der möglichen Endgeräte auszulegen, denn sie sollte sowohl für Tablets, PCs und Smartphones mit den unterschiedlichen Bildschirmgrößen und Softwarevoraussetzungen nutzbar sein.

Die von Anna Bösch gezeichneten Figuren Berta und Bert, die schon Familien mit Kindern anhand einer Schatzkarte durchs vorarlberg museum begleiten (Abb. 1), wurden von Webulos – Digital Appearance Dornbirn an die neuen Spielsituationen angepasst und ihre Erscheinungsvarianten erweitert. Die Spiele beziehen sich auf die Sammlung und Ausstellungen des Museums. Witzig und sympathisch erscheinen Berta und Bert bei den verschiedenen Themen als Leit- und Identifikationsfiguren, die immer im Dialog mit den Kindern stehen. So konnte Berta nun auch in römischer Kleidung auftreten oder Bert als Dirigent fungieren.

Die Verwirklichung

Zehn ausgewählte Spiele bilden das Kernstück der Kinderhomepage, weitere Spiele können in Zukunft hinzugefügt werden. Ergänzt werden die Spiele durch einen Blick auf „Museumsrekorde", durch Fotos aus den Workshops, Interviews mit Kindern, die ihr Lieblingsobjekt vorstellen und die Möglichkeit, dem Museum zu schreiben.

Die Bedienung der Oberfläche ist intuitiv, es braucht keine komplizierte Erklärung. Die Zielgruppe der 6- bis 12-Jährigen ist mit dieser Art der Spieleoberfläche bereits vertraut und scheut sich auch nicht, einfach auszuprobieren, was passiert, wenn man auf ein Symbol klickt oder tippt. Auf der Eingangsseite begrüßen Berta und Bert die Kinder in verschiedenen Sprachen, dann kann es losgehen (Abb. 2). Jedes Spiel ist auf einer Karte durch ein Symbol vertreten (Abb. 3). Die Reihenfolge der

Abb. 2: Startseite der Kinderhomepage

Abb. 3: Spielekarte

Spieleauswahl ist beliebig. Wenn ein Spiel gespielt wurde, erscheint auf der Karte eine Betonblüte nach Vorbild der Museumsfassade, sodass immer klar ist, welche Spiele noch nicht gespielt wurden. Alle geschriebenen Texte können auch angehört werden, Lesefähigkeit ist also keine Voraussetzung für die Nutzung der Kinderhomepage. Die Berta- und Bert-Texte wurden von Kindern gesprochen, sodass sich auch hier eine Nähe zu den jungen Nutzerinnen und Nutzern herstellen läßt.

Die Spiele und mehr

Das Prinzip besteht darin, am Ende eines jeden Spieles eine „Belohnung" in Form einer Hintergrundgeschichte, einer Abbildung oder einer witzigen Bildschirmaktion zu bekommen. Die Homepage bietet einfachere und anspruchsvollere Spiele an, damit alle Altersstufen unseres Zielpublikums von 6 bis 12 Jahren angesprochen werden. In dieser Altersspanne können die Kinder auf sehr unterschiedliche Fähigkeiten zurückgreifen bzw. Kenntnisse einsetzen. Am Beispiel des Buchstabenspieles wird klar, dies können sowohl Kinder spielen, die schon lesen können, als auch Kinder, die noch unsicher mit der Verwendung der Buchstaben sind. Letztere probieren einfach aus, welcher Buchstabe an welchen Platz passt (Abb. 4).

Abb. 4: Buchstabenspiel

Abb. 5: Berta in römischer Kleidung

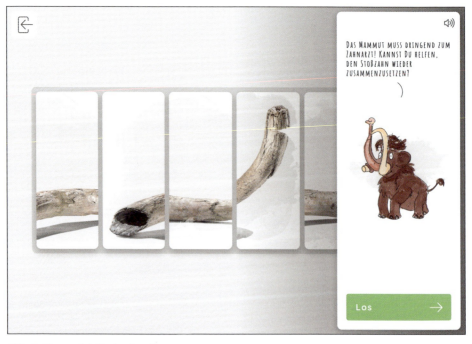

Abb. 6: Mammutstoßzahn-Puzzle

Das Anmalen des Museumslogos ist ein Angebot für die Jüngeren, denn es erfordert keine weiteren Kenntnisse als Freude am Gestalten.

Beim Ausgrabungsspiel ist Geduld gefragt – auch Archäologinnen und Archäologen müssen in der Realität lange und sorgfältig arbeiten. Die drei römischen Funde auf unserem Grabungsfeld sind typisch für das römische Bregenz. Wenn das Spiel mehrfach gespielt wird, finden sich die Schätze immer in anderen Quadranten.

Wieder in der Römerzeit treffen die Kinder Berta, die unterschiedliche römische Bekleidungsstücke zur Auswahl hat. Die Zuordnung der Kleidungstücke zu Männern, Frauen und Kindern führt Grundlagen der Kleiderordnung der Bevölkerung vor Augen. Die damaligen Geschlechterrollen sprengend kann Berta heute aber auch in die Rolle eines römischen Beamten oder Soldaten schlüpfen (Abb. 5).

Auf ein bei Kindern besonders beliebtes Ausstellungsobjekt nimmt das Zuordnungsspiel „Mammutstoßzahn" Bezug. Bei erfolgreicher „Reparatur" des Stoßzahnes erzählt das Mammut eine kleine Geschichte und gibt so den jungen Besucherinnen und Besuchern der Homepage Informationen über die Eiszeit in Vorarlberg (Abb. 6).

Jedes Kind kennt „Memory" – auf unserer Kinderhomepage wird es mit Schwertknaufmotiven in einer leichten und einer schwierigen Version angeboten. Bei richtiger Lösung erzählt Berta von der Schwertknaufsammlung im Museum.

Abb. 7: Panoramaraum-Spiel

Im Münzspiel stehen drei Münzen mit Herrscherporträts zur Auswahl. Wer findet heraus, welcher Herrscher auf welcher Münze abgebildet ist? Es gelingt durch genaues Hinschauen oder aber auch durch Versuch und Irrtum am Münzautomaten. Bei der korrekten Zuordnung kann man gleich eine kurze Lebensgeschichte des jeweiligen Herrschers anhören.

Musikalische Kinder lädt Bert ein, ein Lied zu spielen und den Liedtitel zu erraten. Werden die richtigen Töne getroffen, spielt Bert das Lied noch einmal.

Der Panoramaraum des vorarlberg museums lädt zu einem Zuordnungsspiel ein. Die Belohnung ist die spektakuläre Aussicht auf den Bodensee (Abb. 7).

Das Postkartenspiel nimmt Bezug auf die Brief- und Postkartensammlung des Museums. Sind die Kinder geschickt und fangen viele Briefe ein, erscheint eine alte Postkarte mit einem Vorarlberg-Motiv.

Unter der Überschrift „Rekorde" nehmen wir die immer wieder gestellten Fragen der Kinder nach dem ältesten, dem wertvollsten oder dem gruseligsten Objekt im Museum auf. Die vorgestellten Objekte sind wie in einem Quartettkartenspiel verschiedenen Kategorien zugewiesen. Nicht in jedem Fall sind die Objekte auch in den Ausstellungen zu sehen. Die Präsentation auf Quartettkarten greift auf die Seh- und Spielgewohnheiten der Kinder zurück und macht die „Rekorde" einprägsam. Außerdem geben die Karten kurze Hintergrundinformationen zu den Sammlungsstücken.

Abb. 8: Kontaktformular

Fotos von den Arbeiten aus den Kreativ-Workshops im vorarlberg museum sollen Lust auf den Besuch eines solchen Workshops machen. Die Fotogalerie ist erweiterbar und kann laufend aktualisiert werden.

Ein E-Mailformular bietet Platz für Fragen und Wünsche der virtuellen und realen Museumsbesucher*innen. Jede E-Mail wird beantwortet!

Abb. 9: Werbeflyer für die Kinderhomepage

Zusammenfassung

Die Kinderhomepage ist inhaltlich und optisch eng an die Berta-und-Bert-Tour durch das reale vorarlberg museum mit Schatzkisten und Entdeckungen zu allen Ausstellungen angebunden. Berta und Bert leiten sowohl durch das reale als auch durch das virtuelle Museum. Somit ist der virtuelle Besuch im Museum ein Zusatz, eine Erweiterung, aber kein Ersatz für das wirkliche Museumserlebnis. Die sympathischen Museumskinder sind Identifikationsfiguren, die zukünftig noch in weiteren Spielen auftauchen könnten, denn die Homepage ist erweiterbar und auch in andere Sprachen übersetzbar.

Vorerst liegen Postkarten mit dem Link https://spiele.vorarlbergmuseum.at auf und bewerben die virtuelle Museumstour. Wir freuen uns auf viele Klicks.

Die Resonanz

Am 10. Februar 2023 konnte die Kinderwebsite freigeschaltet und in einer Pressekonferenz der Öffentlichkeit vorgestellt werden. Neben ausführlichen Berichten in den Printmedien sendete auch ORF Radio Vorarlberg einen Beitrag über die Kinderhomepage. Im Zeitraum vom 10. Februar bis 9. März konnte die Seite schon 534 Zugriffe verzeichnen.

Abbildungsverzeichnis

Abb. 1, 9: Grafik: Kaleido GmbH & Co KG
Abb. 2–8: Screenshots der Kinderhomepage https://spiele.vorarlbergmuseum.at

Ronald Sottopietra

ZUM GEDENKEN AN EMIL BÜCHEL
(7.1.1941–20.2.2023)

Langjähriger Obmann des Karst- und Höhlenkundlichen Ausschusses (2006–2019)

Emil Büchel kam 1975 durch die Einladung seines Arbeitskollegen Hermann Schönbauer zu seiner ersten Höhlenerfahrung in der Schneckenhöhle in Schönenbach. Er war sofort begeistert und absolvierte nur drei Jahre später die Höhlenführerprüfung.

Emil war seit seinem Zusammentreffen mit den Kollegen vom „Höhlenverein" um den ehemaligen Präsidenten des VLMV, Walter Krieg, bei etlichen Höhlentouren im In- und Ausland mit dabei. Er erzählte gerne von den Touren in Slowenien, Frankreich und auf den Äolischen Inseln! Vor allem die letztgenannte Tour war ein besonderes Erlebnis für alle Beteiligten: Nach einer Übernachtung am Kraterrand des Vulkans Stromboli hatten alle durch den ausgeworfenen Schwefel Löcher in den Schlafsäcken und der Kleidung.

Exkursionen führten Emil Büchel auch in die Höhlen von Kentucky, in die Mammouthhöhle und zusammen mit den abenteuerlichen Fahrten mit seiner Frau Barbara, seinen Höhlenkolleginnen und -kollegen waren das eindrückliche Erinnerungen.

Emil war an den Forschungen am Gottesacker, der Sulzfluh-Weißplatte, der Mäanderhöhle, der Scheienfluh, im Rachen-Gauertal, im Schneckenloch und vielen anderen maßgeblich beteiligt.

Da er sich vom Beginn an für Computertechnologien interessierte, konnte er hier sein Wissen auch in den Verein ein-

Abb. 1: Im Hölloch Kl. Walsertal, v. l. n. r.: Emil Büchel, Herbert Flatz, Ferdinand Muther, Wilfried Breuss

Abb. 2: Mäanderhöhle/Sulzfluh/Vlbg.: Emil Büchel, Abseiler im Regenschacht

Abb. 3: Emil Büchel 2019, Canyoning mit 78 Jahren

bringen. Ihm verdankt die Vorarlberger Höhlenforschung den frühen Einstieg in die Digitalisierung, und dafür hat Emil 2012 den Goldenen Höhlenbären, die höchste Auszeichnung des Verbandes Österreichischer Höhlenforschung (VÖH) erhalten.

Zusätzlich zu seinen Aufgaben als Obmann und Katasterwart in Vorarlberg hatte Emil Büchel die Funktion eines Kassaprüfers im VÖH inne und erfüllte auch diese Aufgabe mit der für ihn typischen Genauigkeit.

Die Tagungen des VÖH waren Emil immer sehr wichtig, und er freute sich schon vorher auf den Austausch mit Gleichgesinnten. Emil war ein Mensch, der alles sehr ernsthaft betrieb, trotzdem war er humorvoll und seine Witze waren von einer umwerfenden Trockenheit.

Mit über 70 Lebensjahren nahm er noch an der Forschungswoche im Rätikon teil und stieg dabei in Schächte mit über 100 Metern Tiefe ab. Im Sommer 2019 ließ sich Emil mit 78 Jahren noch auf eine Canyoningtour in der Schlucht der Kobelache in Dornbirn ein, um dort zwei Höhlen zu vermessen.

Ein besonderes Anliegen waren ihm die Schächte und Höhlen auf dem Gottesacker unter dem Hohen Ifen im Kleinwalsertal. Diese Vorliebe wurde aber aufgrund eines besonderen Ereignisses nur von wenigen geteilt. Im Herbst 1984 musste Emil mit der Höhlenforschergruppe und Walter Krieg am Gottesacker vor einem frühen Wintereinbruch flüchten. Eine Lawine riss zwei Zelte und sämtliche Aufzeichnungen über die Forschungen mit sich. Danach konnten sich nur noch wenige für die Arbeit in der unwirtlichen Gegend erwärmen. Emil war daraufhin mehrfach mit seiner Frau Barbara, einzelnen Kollegen und auch allein am Gottesacker unterwegs und hat dabei viele Schächte für den Höhlenkataster aufgenommen.

Für die Gottesacker-Forschungstage im Herbst 2022 machte Emil seinen Kollegen den Vorschlag, einen seiner Favoriten, den Schacht 60, zu vermessen. Jetzt ist dieser Schacht zu einem kleinen Schachtsystem geworden, das wir im Gedenken an Emil auch nach ihm benennen werden: Emil-Büchel-Gedächtnis-Schacht?

Emil Büchel war für viele Jahre mit Hingabe unser Obmann. Gleichzeitig hat er als Katasterwart für einen guten Überblick und exakte Höhlenpläne gesorgt. Mit seinem beinahe fotografischen Gedächtnis war er so etwas wie unser ‚wandelndes Archiv‘ und in diesem Sinne gab er sein Wissen gerne an Interessierte weiter.

Bei wiederholten Fragen zum selben Thema reagierte Emil auf seine ihm eigene Weise und fertigte Videoanleitungen an, sodass auch andere Interessierte seinen komplexen Gedankenläufen folgen konnten.

Wir sind Emil sehr dankbar für seine tatkräftige und aktive Unterstützung, speziell im Bereich der Höhlenvermessung, auch wenn wir seinen Erwartungen nicht immer entsprechen werden können.

Im Mai 2022 war Emil noch mit Begeisterung bei der Begehung einer Trockenschlucht in Dornbirn und im Juli 2022 bei der Vermessung des Rüfikopfschachtes in Lech dabei, obwohl er bereits durch seine Erkrankung gezeichnet war.

Er hat seine unzähligen Dias digitalisiert und immer darauf geachtet, dass für uns Höhlenforscher mehrere Festplatten mit den aktuellen Daten bereitliegen und uns alle Vereinsunterlagen und Gerätschaften auch für den Fall eines plötzlichen Todes zugänglich sind.

Mitte Jänner 2023 sagte Emil zu mir: „Es ist wahrscheinlich bald Zeit, sich zu verabschieden,“ worauf ich antwortete: „Aber doch nicht bevor unser Blättle fertig ist." Unser ‚Blättle‘ ist unsere Vereinszeitung „Neues aus Karst und

Abb. 4: Emil Büchel am Gottesacker

Abb. 5: In der Josefshöhle Freschengebiet: Emil Büchel, Laura Seebacher, Rosa Rauch

Abb. 6: Emil Büchel im August 2022 vor dem Rüfikopfschacht in Lech a.A.

Höhle", sie war Emil immer ein besonderes Anliegen und ging auch diesen Jänner als sein letztes Werk in den Druck.

Emil Büchel hat viele Menschen im Rahmen von Exkursionen des Vorarlberger Landesmuseumsvereins in Höhlen geführt und ihnen die Schönheit und Besonderheiten mit großer Leidenschaft nahegebracht. Er war stetig bemüht, unseren Ausschuss lebendig zu erhalten und den guten Kontakt mit den Kolleginnen und Kollegen im VLMV zu pflegen.

Emil war uns ein guter Freund, den wir in bleibender Erinnerung behalten und dessen Arbeit wir in seinem Sinne fortführen werden.

Im Namen des Karst- und Höhlenkundlichen Ausschusses des Vorarlberger Landesmuseumsvereins: Lebe wohl und Glück tief!

Abbildungsverzeichnis

Abb. 1, 4: Fotograf unbekannt
Abb. 2: Herbert Flatz
Abb. 3, 6: Ronald Sottopietra
Abb. 5: Wilfried Breuss

BILDER UND OBJEKTE
IM KONTEXT

J. Georg Friebe

TYPEN SIND DIE WAHREN SCHÄTZE UNSERER SAMMLUNG

– so auch der Holotypus der Schnecke *Pyrgotrochus concavus*

Die wissenschaftlich wertvollsten Objekte einer jeden naturwissenschaftlichen Sammlung sind die Typen. Sie sind einzigartig und können bei Verlust streng genommen nicht ersetzt werden. Doch wovon reden wir? Die wichtigste Grundlage in der biologischen Nomenklatur ist das Typusprinzip. Bei der Beschreibung einer für die Wissenschaft neuen Tier- oder Pflanzenart muss zwingend ein Exemplar benannt werden, das als „Urbild" dieser Art gilt. Dieser Holotypus ist die alleinige Instanz, wenn es Zweifel über die Artzugehörigkeit anderer Individuen gibt bzw. wie diese Individuen benannt werden sollen (Taxonomie). Speziell in der Paläontologie ist es üblich, in der Originalbeschreibung auch Paratypen zu definieren, welche die Variabilität innerhalb einer Art und gegebenenfalls auch einen Sexualdimorphismus, die Unterschiede zwischen Männchen und Weibchen, abbilden. Geraten diese Typen in Verlust, so müssen andere Exemplare an ihrer Stelle als eindeutige, aber nicht gleichwertige Referenz gewählt werden – nach Möglichkeit aus dem Originalmaterial oder zumindest (soweit noch möglich) vom selben Fundort. Typusexemplare zeigen das Idealbild einer Art. Wie weit aber die Variabilität der Art gefasst wird und wo Artgrenzen zu ziehen sind, liegt in der Paläontologie im Ermessen der Bearbeiter*innen: Bei ausgestorbenen Tieren ist es unmöglich, eine Fortpflanzungsgemeinschaft nachzuweisen.

Mit rund 27.000 Belegen zählt die Fossiliensammlung der inatura zu den kleineren Museumsbeständen. Dennoch werden auch in ihr Typusexemplare verwahrt. Manche Taxa erwiesen sich im Laufe der Forschung als jüngere Synonyme zu bereits bekannten, älteren Arten. Dann hat der älteste verfügbare und gültig definierte Name Vorrang, dann werden die jüngeren Typen zu „normalem" Referenzmaterial degradiert. Der Schnecke *Pyrgotrochus concavus* blieb dieses Schicksal erspart, und der Name ist weiterhin gültig.

Der Holotypus von *Pyrgotrochus concavus* entstammt einer Suite von Fossilien, die Ende der 1950er Jahre gemeinsam mit den übrigen naturwissenschaftlichen Sammlungen vom Vorarlberger Landesmuseum an die neu gegründete Vorarlberger Naturschau übergeben worden sind. Wie das Stück in den Bestand des Landesmuseums gelangt ist, bleibt leider im Dunklen. Die Handschrift auf dem mutmaßlich ältesten, olivgrünen Sammlungszettel konnte noch keiner konkreten Person zugeordnet werden. Er lag in einer Schachtel mit insgesamt 18 versteinerten Schnecken vom Breitenberg und bezeichnet diese als *Pleurotomaria pseudoelegans* Pict[et &] Camp[iche]. Ein anderes, mit Sicherheit jüngeres Etikett (wohl aus der Feder von Josef Blumrich) benennt die Stücke als *Pleurotomaria Phidias* P. C. Beide Namen sind mit Sicherheit veraltet, und die Schnecken gehören offensichtlich zu mehreren Arten. Die von Siegfried Fussenegger aus derselben Gesteinsschicht geborgenen Schnecken wurden 1933 als *Pleurotomaria neocomiensis* d'Orbigny publiziert. Soweit der Wissensstand zum Zeitpunkt der Inventarisierung.

Um die Jahrtausendwende wandte sich Dr. Heinz Kollmann (Naturhistorisches Museum Wien) an die Vorarlberger Naturschau mit der Bitte, die Vorarlberger Schnecken der Unterkreide näher in Augenschein nehmen zu dürfen – einer Bitte, der wir gerne nachkamen. Weiteres Material aus Vorarlberg, das in die Studie inkludiert wurde, lagert an der Geologischen Bundesanstalt in Wien (heute GeoSphere Austria) und der Bayerischen Staatssammlung für Paläontologie und historische Geologie in München. Das Ergebnis entsprach den Erwartungen: Kaum einer der historischen Namen konnte der Revision standhalten. Und erfreulicherweise konnte Heinz Kollmann unter den Vorarlberger Kreide-Schnecken gleich zwei Arten als neu für die Wissenschaft identifizieren.

Pyrgotrochus concavus wird der Familie der Pleurotomariidae zugeordnet, die mit Populärnamen Schlitzbandschnecken genannt werden. Äußeres Kennzeichen ihrer

Abb. 1: Der Holotypus der Schlitzbandschnecke *Pyrgotrochus concavus* Kollmann, 2002 und das zugehörige historische Sammlungsetikett

Vertreter ist ein konisch- spitzkegeliges Gehäuse, das recht bunt gefärbt sein kann. Die für die heute lebenden Pleurotomariidae genannten Merkmale im inneren Körperbau können für ihre fossilen Verwandten naturgemäß keine Anwendung finden. Arttypisches und namensgebendes Merkmal von *Pyrgotrochus concavus* ist die nach innen gewölbte, konkave Außenbegrenzung der einzelnen Umgänge. Dies war von vergleichbaren Schnecken der Unterkreide bislang nicht bekannt. Weitere Charakteristika der Gehäuseform und Skulpturierung flossen ebenfalls in die Artdiagnose ein.

Hinweise aus dem Gestein selbst legen nahe, dass diese Schlitzbandschnecken im offenen Meer am Plattformrand des europäischen Kontinentalsockels lebten. Das Wasser war so tief, dass kein Licht mehr zu ihnen vordrang. Dank ihrer „räuberischen" Lebensweise waren sie nicht auf Algen als Nahrung angewiesen und konnten im aphotischen Bereich überleben. Nach dem Tod der Schnecken wurden ihre Gehäuse mit Phosphorit gefüllt. Danach wurden die phosphoritisierten Steinkerne mehrfach umgelagert und schließlich in einer Fossillagerstätte angereichert.

Objektdaten

Inventarnummer	VNS P.16021
Bezeichnung	*Pyrgotrochus concavus* KOLLMANN, 2002
Typuslokalität	Dornbirn – Breitenberg
Stratum typicum	Helvetische Kieselkalk-Formation → Gemsmättli-Schicht
Alter	Unterkreide → höheres Valanginium bis frühes Hautervium
gesammelt am	unbekannt
gesammelt von	unbekannt
Herkunft	Vorarlberger Landesmuseum
ältere Namen	*Pleurotomaria pseudoelegans* / *Pleurotomaria Phidias*
revidiert von	Heinz Kollmann, NHM Wien
Status	Holotypus

Literaturverzeichnis

Arnold Heim, Ernst Baumberger & Siegfried Fussenegger (1933): Jura und Unterkreide in den helvetischen Alpen beiderseits des Rheins (Vorarlberg und Ostschweiz). – Denkschriften der Schweizerischen Naturforschenden Gesellschaft, 68/2: 156–220.

Heinz A. Kollmann (2002): Gastropods from the Lower Cretaceous of Vorarlberg, Austria. A systematic review. – Annalen des Naturhistorischen Museums Wien, Serie A, 103: 23–73.

Georg Wyssling (1986): Der frühkretazische helvetische Schelf in Vorarlberg und im Allgäu – Stratigraphie, Sedimentologie und Paläogeographie. – Jahrbuch der Geologischen Bundesanstalt, 129 (1): 161–265.

Abbildungsverzeichnis

Abb. 1: Foto: J. Georg Friebe

Theresia Anwander

EIN „MOHRENKÖNIG"
AUS HÖRBRANZ

Im Jänner 2022 übernahm das vorarlberg museum ein kunsthistorisch und handwerklich interessantes Konvolut von 43 Krippenfiguren des niederbayerischen Bildhauers und Krippenkünstlers Sebastian Osterrieder (1864–1932).[1]

Die Krippenfiguren stammen aus dem Salvator-Kolleg Hörbranz-Lochau, das bis 1. Jänner 2022 die katholische Ordensgemeinschaft der Salvatorianer beherbergte. Als sich der Orden aufgrund von internen Umstrukturierungen entschloss, den Standort in Österreich aufzugeben, wandte sich Superior Pater Wolfgang Sütterlin SDS an das vorarlberg museum: Historisch relevantes Kulturgut aus dem Klosterbestand sollte dauerhaft und professionell aufbewahrt werden, und so konnte neben der Osterrieder Krippe eine in der klostereigenen Schreinerei um 1930 gebaute monumentale Kredenz aus dem Speisesaal übernommen werden. Auch einige Stand- und Pendeluhren, die während der langen Zeit als Schule und Internat den Studierenden den Takt vorgaben, sowie Kaseln und Dalmatiken aus dem frühen 20. Jahrhundert wurden der Sammlung des Landes anvertraut. Diese Objekte verweisen quasi als Versatzstücke auf die mehr als 100-jährige Geschichte des Salvatorkollegs als Ordenshaus, schulisches, geistliches und militärisches Bildungszentrum, Lazarett, Gefangenenlager und Internat.[2]

Bereits zwei Jahre nach der Gründung der Klosterniederlassung wurde 1895 eine Schule zur Ausbildung von Priestern[3] errichtet.[4] Im Südosten des Klosters entstand 1903/04 die „Kollegskirche Unbefleckte Empfängnis", die 1966 von Architekt Willibald Braun (1882–1969) neu gestaltet wurde. Den Kirchenraum schmücken seit 1966/67 Fresken, Glasfenster und Skulpturen des Salvatorianerpaters Ivo Schaible SDS.[5]

Die Schule wurde 1979 vom Provinzkapitel aus Personalmangel geschlossen. Zwei Jahre später zog das Mädcheninternat der Hotelfachschule „Hofen" in das Kolleg ein[6] und belebte auch nach dem Weggang der Salvatorianer das Gebäude.

1   vorarlberg museum, Inventarnummer N 0951/1-43.
2   Sigg 2020, 105–210.
3   Sigg 2020, 115.
4   Bundesdenkmalamt 1983, 262.
5   Bundesdenkmalamt 1983, 262.
6   Sigg 2020, 122.

Abb. 1: Mohrenkönig, Sebastian Osterrieder, aus dem Salvator-Kolleg Hörbranz-Lochau (Niederlassung der Salvatorianer), vorarlberg museum, Inv.Nr. N 0951/6b

Bereits 1922 erwarb Pater Paschalis SDS die im „orientalischen" Stil gebaute Krippe des Sebastian Osterrieder. Sie wurde in der Josefskapelle aufgestellt. Die Erwerbung war einen Eintrag in der Klosterchronik wert.[7] 1990 berichtet diese, dass ein neuer Krippenberg gebaut wurde, warum ist nicht erwähnt. Jedenfalls war in den 1990er Jahren im Westtrakt des Kollegs eine Krippenbau-Werkstatt untergebracht, in der hobbymäßig gebastelt wurde.[8] Einige Figuren Sebastian Osterrieders zeigen deutliche Spuren dieser rezenten Anpassung.[9]

Osterrieder Krippen sind heute in Österreich, Deutschland, der Schweiz, in den USA, speziell aber in den benachbarten Ländern Baden-Württemberg und Bayern weit verbreitet. In diese grenzüberschreitende Kulturgeschichte eingebettet, ist das Konvolut an Krippenfiguren gleich mehrfach für die Sammlung des vorarlberg museums bedeutend und spannt einen schönen Bogen zum aktuellen Sammlungsprojekt: „Eine Krippe fürs Museum".[10]

Sebastian Osterrieder war ein äußerst erfolgreicher Gestalter von Krippen. Der Bildhauer zählte zu Beginn des 20. Jahrhunderts zu den „Erneuerern der künstlerischen Weihnachtskrippe", seine Kreativität inspirierte den Krippenstil und die Herstellungstechnik der damaligen Zeit. Angespornt wurde er dazu von Max Schmederer (1854–1917), einem Münchner Brauereimiteigentümer und Bankier. Schmederer war leidenschaftlicher Sammler von Krippenfiguren und Krippenbergen. Damit legte er den Grundstein für die großartige Krippensammlung im Bayerischen Nationalmuseum, München. Zur Realisierung dieses umfassenden Sammlungsprojektes zog Schmederer junge Künstler wie Sebastian Osterrieder hinzu.[11] Die Sammlung Schmederer ermöglichte Osterrieder das Studium zahlreicher älterer Krippenfiguren, und derart angeregt entwickelte Osterrieder eine raffinierte Produktionstechnik, die ihm erlaubte, künstlerisch wertvolle Figuren in halbserieller Produktion, quasi als gehobene Massenware herzustellen: Nach der bildhauerischen Ausarbeitung von Figurentypen und Elementen folgte ihre Vervielfältigung mittels einer historischen Gusstechnik, dem „französischen Hartguss". Auch wenn Osterrieder seine Produktionstechnik als Betriebsgeheimnis ansah und nichts dokumentierte, lässt sich seine Arbeitsweise anhand erhaltener Mantelformen und Halbpatrizen gut nachvollziehen. Diese Negativformen wurden mit einer Metallarmierung versehen und anschließend mit einer Kreide-Gips-Leimmasse ausgegossen. Um die Wandstär-

7   Sigg 2020, 155.
8   Sigg 2020, 161.
9   Perwög 2022, 3.
10   In einem Kooperationsprojekt mit dem Landeskrippenverband Vorarlberg fertigten 19 Krippenvereine alpenländische und orientalische Krippen für die Sammlung des Museums an. Diese Sammlung mit Publikation und Ausstellungsprojekt gibt einen eindrücklichen Querschnitt über die Krippenbaukultur des frühen 21. Jahrhunderts.
11   Vogel 2012, 8–9.

ken der Figurenelemente zu reduzieren, verstärkte Osterrieder die Gussmasse mit Fasern bzw. Gewebe, was bei einigen Figuren gut zu erkennen ist. Viele der Figuren strahlen durch nachträglich in gegossene Augenhöhlen eingeklebte Glasaugen eine sonderbare Lebendigkeit aus. Nach dem Gussverfahren wurden die Figuren händisch gefasst (bemalt) und die faltenreiche Bekleidung mit leimgetränkten Stoffen kaschiert, kunstvoll drapiert und ornamental dekoriert. Diese Kaschiertechnik, die viel individuellen Gestaltungsspielraum bot, wurde zu Osterrieders Markenzeichen und Basis seines kommerziellen Erfolgs.[12]

Das Konvolut von Krippenfiguren aus dem Salvatorkloster entspricht in allen Details den so gefertigten Figurentypen von Osterrieder. Das gilt auch für den „Mohrenkönig". Er nimmt bei Osterrieder immer eine stehende Haltung ein, sein Blick ist auf das segnende Jesuskind gerichtet. Die beiden anderen Könige werden kniend dargestellt.[13] Osterrieders „Weise aus dem Morgenland" sind der kirchlichen Tradition entsprechend als „Drei Könige" ausgeführt. Sie kommen mit Kamelen, Dromedaren und Pagen zur Krippe und versinnbildlichen die damals bekannten Erdteile Afrika, Asien und Europa. Und der schwarze König gehörte bei Osterrieder – damals noch unbestritten – selbstverständlich dazu.

Literaturverzeichnis

Vogel 2012 = Hermann Vogel/Sebastian Osterrieder, Der Erneuerer der künstlerischen Weihnachtskrippe. Leben und Werk, Lindenberg im Allgäu² 2012.

Sigg 2020 = Katharina Sigg, Der letzte macht das Licht an. Zukunftsentwurf Salvatorkolleg in Lochau-Hörbranz (Vorarlberg). Umnutzung und Modernisierung eines zwischen 1895 und 1967 entstandenen Bauensembles (= Masterarbeit, eingereicht an der Leopold-Franzens-Universität Innsbruck, Fakultät für Architektur, zur Erlangung des akademischen Grades Diplom-Ingenieurin), Innsbruck 2020.

Bundesdenkmalamt 1983 = Bundesdenkmalamt (Hg.), Dehio-Handbuch Vorarlberg. Die Kunstdenkmäler Österreichs. Topographisches Denkmälerinventar, Wien 1983.

Perwög 2022 = Maria Perwög, Konservierungsbericht, 43 Krippenfiguren von Sebastian Osterrieder aus dem Bestand des vorarlberg museums, unveröffentlichtes Ms., Silz 2022.

Abbildungsverzeichnis

Abb. 1: Markus Tretter/vorarlberg museum

---

12 Vogel 2012, 134–155.
13 Vogel 2012, 160.

Simone Drechsel

„DU HAST DIE PFLICHT …"

Die Heimabende der Hitlerjugend

Den wichtigsten Bestandteil der nationalsozialistischen Erziehung in der Hitlerjugend bildeten die wöchentlichen Heimabende, die von HJ-Führern abgehalten wurden. Diese sollten, wie schon der Name nahelegt, in einem Heim stattfinden und sich klar von der Schule abgrenzen. Es stand nicht die Vermittlung von Wissen im Fokus, *sondern das Erzeugen einer festen willensmäßigen Haltung*,[1] die durch ständiges Wiederholen und Abfragen von standardisierten Dogmen verfestigt werden sollte, mit dem Ziel der vollständigen Identifizierung mit allen Aspekten der nationalsozialistischen Ideologie. Dies sollte schon in der Kindheit beginnen, da hier der Mensch am stärksten prägbar ist. So wurde Ende 1936 auch mit dem Aufbau der Hitlerjugend nach Jahrgängen[2] begonnen, um die Schulungseinheiten noch detaillierter und effektiver gestalten zu können. Die diesbezüglichen Unterlagen wurden 14-tägig, später wöchentlich vom Amt für weltanschauliche Schulung der Reichsjugendführung in reichseinheitlichen Heimabendmappen zu einzelnen Themenbereichen herausgegeben, die dann während der Heimabende durchgearbeitet werden mussten.[3] Diese wurden von HJ-Führern geleitet, die selber nur wenig älter waren als die Teilnehmer, und standen unter dem HJ-Motto „Jugend führt Jugend".[4] Von den jungen Führern wurde verlangt, dass sie nationalsozialistische Ideale wie Härte, Opfer- und Dienstbereitschaft sowie Unterdrückung persönlicher Wünsche gegenüber dem Dienst an der Gemeinschaft nicht nur vortrugen, sondern vorlebten.[5]

In der Regel wurde der Heimabend vom HJ-Führer eröffnet, indem er das zu bearbeitende Thema kundtat.[6] Hierbei dominierten Militarismus, Antikommunismus, Rassismus, Nationalismus, Chauvinismus, Geopolitik sowie Führerkult, Volksgemeinschaft und Sozialdemagogie. Parallel zu dem jeweiligen Schulungsthema wurde am Mittwochabend um 20 Uhr die „Stunde der jungen Nation" ausgestrahlt,

---

[1] Buddrus 2003, 64.
[2] Zuvor waren Kinder und Jugendliche nach ihrem Eintrittsdatum und ihrer Wohngegend den einzelnen HJ-Gruppierungen zugeteilt worden, unabhängig vom Alter.
[3] Budderus 2003, 63.
[4] Pichler 2012, 133f.
[5] Hitlerjugendführer 1938, 240.
[6] Griesmayr/Wüschinger 1979, 217.

die während der Heimabende, sofern ein Rundfunkgerät zur Verfügung stand, gehört und zur Festigung des Themas beitragen sollte.[7]

Als weiteres Schulungsmedium für die Heimabende standen ab 1937 HJ-Bildgeräte zur Verfügung. Für dieses zwischen einem Dia- und Filmprojektor angesiedelte Medium wurden von Spezialisten vom Amt für weltanschauliche Schulung der Reichsjugendführung in Kooperation mit der Reichspropagandaleitung der NSDAP speziell entwickelte HJ-Bildbänder herausgegeben, die meistens aus 36, gelegentlich mit Text versehenen Bildern bestanden. Die 69 bisher nachgewiesenen Serien[8] decken die gesamte NS-Ideologie ab, doch deren Auflagen, Verbreitung und Verwendung ist so gut wie nicht erforscht. Der in der Vorarlberger Landesbibliothek befindliche Ordnungskasten der Lipropa Berlin enthält 24 Bildbänder,[9] wobei ein Bildband vierfach, einer dreifach und drei zweifach vorkommen. Die Themen umfassen vor allem Geopolitik, Geschichte und Gesundheit. Von den Erklärungs- bzw. Begleittexten haben sich nur jene zu „Vom nützlichen und heilsamen Kraut", „Hans Huckebein, der Unglücksrabe von Wilhelm Busch" und „Der Mensch. Aufbau des Körpers und seiner Organe" erhalten. Der relativ hohe Anschaffungspreis von 100 RM verhinderte, dass die als „HJ-Schulungskanone" bezeichneten Bildgeräte die Erziehung so modernisieren konnten wie geplant. Bei der ersten Reichs-Jugendfilmstunde im Gau Tirol-Vorarlberg am 5. November 1939 nahmen 30 Lichtspieltheater mit 9850 Besuchern teil. Für die geplanten Lichtbildervorträge wurden der HJ von der NSDAP über 4000 Lichtbildgeräte überlassen. Daneben kamen noch 4200 HJ-Bildbandgeräte zum Einsatz.[10]

Doch seit Kriegsbeginn hatte sich vieles verändert. Der 1936/37 eingeführte Jahrgangsschulungsplan konnte nicht mehr durchgeführt werden, es musste auf ein improvisiertes Notprogramm zurückgegriffen werden, bei dem die aktuellen militärischen, wirtschaftlichen und politischen Ereignisse ins Zentrum rückten. Die Heimabende standen unter dem Zeichen der Aufarbeitung der Kriegseindrücke und deren innerer Bewältigung.[11] Mit der Fortdauer des Krieges wurden die wöchentlichen Heimabende immer stärker reduziert, und durch die Verknappung von Druck- und Rohstoffkapazitäten mussten der Umfang und die Vielfalt des Schulungsprogrammes vermindert werden. Die nun freigewordene Dienstzeit wurde zur Verrichtung

---

7 Buddrus 2003, 64.
8 Bildbänder 2016/17.
9 Titel der vorhandenen Bildbände: Hans Huckebein, der Unglücksrabe; Fipps der Affe; Das Bad am Samstagsabend/Das Napoleonspiel; Vom heilsamen und nützlichen Kraut (4x); Deutschland, das Herz Europas; Das Elsaß. Altes Kulturland des Reiches; Böhmen und Mähren. Herzlande des Reiches; Sudetenland im Großdeutschen Reich; Japan kämpft um Lebensraum (2x); Dai Nippon – großes Japan (2x); Die Vereinigten Staaten von Nord-Amerika; Der Mensch. Aufbau des menschlichen Körpers und seiner Organe; Bereit sein und helfen (2x); Deutsche Vorgeschichte – eine Verpflichtung (3x vorhanden); Du hast die Pflicht, gesund zu sein; Deutschland. Städte, Ströme und Berge. Die Rollenbeschriftungen entsprechen nicht immer den tatsächlichen Inhalten.
10 Reichs-Jugendfilmstunde 1939, 9.
11 Buddrus 2003, 69.

verschiedener Kriegseinsätze wie Nachbarschaftshilfe oder Werkarbeiten verwendet. Mit der Heranziehung oder Selbstmeldung vieler HJ-Führer zur Wehrmacht verlor der Dienst noch mehr an Attraktivität.[12]

Abb. 1: Lipropa Ordnungskasten für Bildbänder der Reichsjugendführung mit einem Einzelbild aus dem Bildband „Bereit sein und helfen"

12 Pichler 1988, 113.

Literaturverzeichnis

Bildbänder 2016/17 = Die Bildbänder für die Schulung in der Hitler-Jugend, URL: museenkoeln.de/ ausstellungen/nsd_1609_hitlerjugend/medienstationen/05_diashow/index.html [eingesehen am 12.3.2023].

Buddrus 2003 = Michael Buddrus, Totale Erziehung für den totalen Krieg. Hitlerjugend und national-sozialistische Jugendpolitik (= Texte und Materialien zur Zeitgeschichte 13), Teil 1, München 2003.

Feierabend 1938 = Willst du Hitlerjugendführer sein?, in: Feierabend, 20. Folge (1938), 240.

Griesmayr/Würschinger 1979 = Gottfried Griesmayr/Otto Würschinger, Idee und Gestalt der Hitler-jugend, Leoni am Starnberger See 1979.

Pichler/Walser 1988 = Meinrad Pichler/Harald Walser, Die Wacht am Rhein. Alltag in Vorarlberg während der NS-Zeit (= Studien zur Geschichte und Gesellschaft Vorarlbergs 2), Bregenz 1988.

Pichler 2012 = Meinrad Pichler, Nationalsozialismus in Vorarlberg. Opfer, Täter, Gegner (= National-sozialismus in den österreichischen Bundesländer 3), Innsbruck–Wien–Bozen 2012.

Reichs-Jugendfilmstunde 1939 = Die erste Reichs-Jugendfilmstunde im Gau Tirol-Vorarlberg, in: Anzeiger für die Bezirke Bludenz und Montafon 9 (11.11.1939).

Abbildungsverzeichnis

Abb. 1: Vorarlberger Landesbibliothek

Tobias Riedmann

DIE EINVERLEIBUNG DES MUSEUMSARCHIVS IN DAS VORARLBERGER LANDESARCHIV

Es ist nichts Ungewöhnliches, dass in der Habsburgermonarchie Museumsvereine und Historische Vereine mit ihren Sammlungen zur Gründung der späteren Landes-archive beitrugen. Das Steiermärkische Landesarchiv entstand etwa 1868 aus der Zusammenführung des Joanneum-Museumarchivs und des landschaftlichen Archivs der Steiermark. Genauso schufen in Kärnten Mitglieder des Historischen Vereins den Grundstock für das Kärntner Landesarchiv.[1] Die Archivwissenschaft erklärt diese Ini-tiativen mit der „Liebhaberei vornehmer Leute".[2] Beim Vorarlberger Landesarchiv stößt eine solche Zuschreibung allerdings an seine Grenzen: Dort hatte nämlich 1898 der Vorarlberger Landesausschuss den erst 23-jährigen ehemaligen Bäckerlehrling und späteren Landesangestellten Viktor Kleiner zum Leiter des neu eingerichteten Vorarlberger Landesarchivs gemacht.[3] Außerdem ging ein wichtiger Impuls vom Landesausschuss aus, da dieser das Landesarchiv zunächst als Reaktion auf die Ein-ziehung staatlicher Archivalien durch das Statthaltereiarchiv in Innsbruck begrün-det hatte, um die für Vorarlberg relevanten Bestände im Land zu behalten und den zentralistischen Ansinnen im Archivwesen eine Absage zu erteilen.[4]

Innerhalb kürzester Zeit schaffte es Viktor Kleiner, eine stattliche Anzahl an unterschiedlichen Archivbeständen zusammenzuziehen. Doch wie gelang es dem Autodidakten Kleiner, diese in den Besitz des Landesarchivs zu bringen? An den gewissenhaft geführten Akten des Vorarlberger Landesarchivs zeigt sich das Vor-gehen Viktor Kleiners. Für den Landesmuseumsverein ist dabei besonders jener Akt mit dem Titel *Einverleibung des Museumsarchivs* interessant.[5] Dieser dokumentiert die Übernahme der letzten Archivbestände derjenigen Institution, die bis zur Gründung des Landesarchivs als Definitionsmacht in Archivalienfragen gegolten hatte.

Der Vorarlberger Landesmuseumsverein hielt bei seiner Gründung 1857 in sei-nen Statuten mit § 1 unter anderem fest, dass der Zweck des Vereins auf die Samm-

---

1   Hochedlinger 2013, 88–90, 98–100.
2   Vgl. dazu: Brenneke 2011, 191, 286.
3   Das Vorarlberger Landesarchiv feiert 2023 sein 125-jähriges Bestehen.
4   Nachbaur 1998, 33, 42.
5   VLA, Archivregistratur, Nr. 23, Auflassung des Museums Archivs.

lung von Dingen, „die in geschichtlicher [...] Hinsicht merkwürdig und erhaltens-werth sind", ausgerichtet sein sollte. Darunter verstanden die Gründungsmitglieder mit § 35 lit. A ganz allgemein: historische „Denkwürdigkeiten und Ueberreste aller Zeiten", Urkunden, Handschriften etc.[6] Ausgestattet mit diesem Auftrag bemühte sich der Verein seit seiner Gründung um den Erwerb von Archivalien. So glückte bereits 1864 die Übernahme des Mehrerauer Archivs, das mit der Säkularisation 1806 in staatlichen Besitz übergegangen war und dann beim k. k. Steueramt Bregenz gelagert wurde, nachdem sich der Landtag am 14. März 1863 beim k. k. Ärar darum bemüht hatte.[7] Schon damals ging es um die Rettung von Archivalien vor der Über-führung nach Innsbruck.[8] Unter dem Einsatz der „Museumsarchivare", Kaspar Ritter von Ratz (1867–1870[9]), Pfarrer Johann Georg Hummel (1871–1887), Professor Gebhard Fischer (1888–1896), Pfarrer Josef Grabherr (1897–898), verbuchte der Verein einen stetigen Zuwachs an Archivalien, obwohl die Unterbringungssituation, Ordnung und

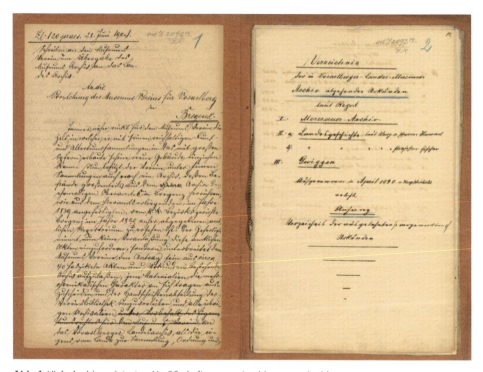

Abb. 1: VLA, Archivregistratur, Nr. 23, Auflassung des Museums Archivs

6   JBVLMV 1859, [Statuten im Vorsatz].
7   Stenographische Sitzungsberichte des 1. Vorarlberger Landtages, II. Session 1863, 23. Sitzung am 14.03.1863, 613; JBVLMV 1864, 5.
8   JBVLMV 1863, 5.
9   Zunächst gab es nur ein „Historisches Fach"; den Zusatz „Archiv" gibt es erst nach der Übernahme des „Mehrerauer Archivs".

Verzeichnung weiterhin unbefriedigend blieben.[10] Viktor Kleiner übernahm schließlich das Amt des Museumsarchivars 1899; fast zeitgleich mit seinem Eintritt in den Landesdienst.[11] Zum Museumsverein war er 1897 gekommen. In seiner Doppelposition wurde Kleiner aber zum „Liquidator" des Museumsarchivs.[12]

Mitte September 1899 erfuhr Kleiner, dass der Direktor des Statthaltereiarchivs Innsbruck, Dr. Michael Mayr, auf der Durchreise zum 1. Deutschen Archivtag vorhatte, einen Stopp in Bregenz einzulegen. Mayr hoffte auf ein Treffen mit Kleiner und deponierte zugleich, dass er das Mehrerauer Archiv *lieber unter* [Kleiners] *Verwaltung im Landesarchiv* sehen würde.[13] In einem kurzen Schreiben an den Obmann des Museumsvereins, Samuel Jenny, meinte dann Kleiner ganz loyal, dass ihm die vorläufige Aufbewahrung im Museum lieber sei, da ihm die *übrigen vielen zu erwartenden Archivalien genügend zu schaffen machen werden*.[14] Wahrscheinlich durch das Zutun von Mayr kam er jedoch von dieser Ansicht ab, wodurch nach Diskussionen über den Passus – *zur stetigen Aufbewahrung* im Museumsarchiv – das Mehrerauer Archiv letztlich doch ins Landesarchiv kam. Jenny zeigte sich bei der Überstellung, die Ende Juli 1900 stattfand, äußerst hilfsbereit, indem er einen zweispännigen *Brückenwagen* und Arbeitskräfte anbot, um das Archiv innerhalb von zwei Stunden zu übersiedeln. Schließlich quittierte Kleiner Ende August dem Landesmuseumsverein den Erhalt des Mehrerauer Archivs.[15]

Nachdem diese Übernahme akkordiert war, ging Kleiner ab 1901 dazu über, die zurückgebliebenen Bestände in den Besitz des Landesarchivs zu überführen. Mit Unterstützung des Landesausschusses folgte 1901 die Übernahme des Landständischen Archivs, bei der Obmann Samuel Jenny in der Museumsvereins-Ausschuss-Sitzung noch zu bedenken gab, dass gemäß § 33 der damaligen Statuten einmal erworbene Archivalien ohne Zustimmung der Generalversammlung unveräußerlich waren, angesichts der prekären Aufbewahrungslage aber ein nachträglicher Beschluss sicher auch möglich sei.[16] Die Generalversammlung nahm am 24.11.1901 die nachträgliche Bestätigung einstimmig an.[17] Mittlerweile hatte Kleiner auch den Antrag gestellt, das aus *circa 40 Faszikeln Akten und Urkunden bestehendes Archiv aufzulaßen*. Als Argumente dienten ihm und dem Landesausschuss erneut die schlechten Aufbewahrungsumstände, der grundsätzlich anders gelagerte Auftrag des Landesmuseums und die allgemeine Zersplitte-

10   Vgl. dazu: VLM, Studiensammlung, Protokolle der Ausschuss-Sitzung 1898.
11   Kleiner nahm erstmalig ab dem 26.09.1898 an den Ausschuss-Sitzungen teil: VLM, Studiensammlung, Protokoll der Ausschuss-Sitzung am 26.09.1898; bei der Generalversammlung am 15.10.1899 wird er in den Ausschuss gewählt: VLM, Studiensammlung, Protokoll der Generalversammlung am 15.10.1899; am 28.11.1899 schlägt Pfarrer Grabherr seine Ernennung zum Archivar vor: VLM, Studiensammlung, Protokoll der Ausschuss-Sitzung am 28.11.1899.
12   Nachbaur 1998, 55.
13   VLA, Archivregistratur, Nr. 1, Michael Mayr an Viktor Kleiner am 04.09.1899.
14   VLM, Studiensammlung, Correspondenz 1899, Kleiner an Jenny, 12.09.1899.
15   VLA, Archivregistratur, Nr. 18, Zl. 41/1900.
16   VLM, Studiensammlung, Protokoll der Ausschuss-Sitzung am 15.01.1901.
17   VLM, Studiensammlung, Protokoll der Generalversammlung am 24.11.1901.

rung der archivalischen Überlieferung in Vorarlberg. In den Augen Kleiners war das wichtigste Ziel daher die Schaffung einer *Heimstätte aller vorarlbergischen Archivalien*, wie er es am 15. Oktober 1904 formulierte.[18] Schließlich erklärte Kleiner bei der 46. Jahresversammlung des Museumsvereins am 11. Dezember 1904 im Saal des „Hotel Europa" die anstehende Übernahme des Museumsarchivs ins Landesarchiv.[19]

Obwohl der Verein 1907 seine Statuten änderte, blieben die nun im Text nach vorne gerückten Zusatzbestimmungen zur Anlegung einer Sammlung von „historischen Denkwürdigkeiten" (§ 1 Lit. A) im Vereinszweck erhalten.[20] Das Interesse an der Führung einer eigenen Archivaliensammlung war aber seit der Eröffnung des Museumsneubaues 1905 nicht mehr vorhanden. 1909 erließ der Vorarlberger Landtag dann eine „Ordnung für das Vorarlberger Landesarchiv", die unter § 17 eine „Vermehrung" der Bestände des Landesarchivs „durch Einverleibung aller auf die Landesgeschichte Bezug habender Archivalien" gewährte.[21] Das Landesarchiv hatte als Archivinstitution somit dem Landesmuseumsverein den Rang abgelaufen.

Literaturverzeichnis

Brenneke 2011 = Adolf Brenneke, Archivkunde. Bd. 1: Ein Beitrag zur Theorie und Geschichte des europäischen Archivwesens, hg. von Wolfgang Leesch, München 1953 (Nachdruck von 2011).

Hochedlinger 2013 = Michael Hochedlinger, Österreichische Archivgeschichte. Vom Spätmittelalter bis zum Ende des Papierzeitalters, Wien 2013.

JBVLMV 1859 = N. N., Statuten des Museums-Vereins für Vorarlberg, in: Erster Rechenschaftsbericht des Ausschusses des Vorarlberger Museums-Vereins in Bregenz 1858, Bregenz 1859, [Vorsatz].

JBVLMV 1863 = N. N., Sechster Rechenschaftsbericht des Ausschusses des Vorarlberger Museums-Vereins in Bregenz 1863, Bregenz 1863.

JBVLMV 1864 = N. N., Siebenter Rechenschaftsbericht des Ausschusses des Vorarlberger Museums-Vereins in Bregenz 1864, Bregenz 1864.

Nachbaur 1998 = Ulrich Nachbaur, Das Vorarlberger Landesarchiv – Gründung und Aufbau 1898–1920, in: Karl Heinz Burmeister/Alois Niederstätter (Hg.), Archiv und Geschichte. 100 Jahre Vorarlberger Landesarchiv, Konstanz 1998, 9–98.

Satzungen 1907 = N. N., Satzungen des Landesmuseums-Vereins für Vorarlberg, in: Archiv für Geschichte und Landeskunde Vorarlbergs 10 (1907) 3, 81–84.

Abbildungsverzeichnis

Abb. 1: VLA, Archivregistratur, Nr. 23, Auflassung des Museums Archivs

---

18   VLA, Archivregistratur, Nr. 23, Zl. 120/1904, Zl. 176/1904.
19   VLM, Studiensammlung, Protokoll-Buch, 1901–1911, 163–164; im Jahrbuch ist davon jedoch keine Rede: JBVLMV 1904, 85–92.
20   Satzungen des Landesmuseums-Vereins für Vorarlberg, in: Archiv für Geschichte und Landeskunde Vorarlbergs 10 (1907) 3, 81–84, hier 81.
21   Stenographische Sitzungsberichte des 9. Vorarlberger Landtages, V. Session 1908, 12. Sitzung am 12.10.1908, 4–6; Ordnung für das Vorarlberger Landesarchiv in Bregenz, Bregenz 1909, 9.

REZENSIONEN

Marina Hilber/Michael Kasper (Hg.)

krank – heil – gesund
Medizingeschichte(n) aus dem Montafon

Sonderband zur Montafoner Schriftenreihe 31

Innsbruck 2022: Universitätsverlag Wagner

In mehrerlei Hinsicht eingebettet in die neue Aufmerksamkeit für Medizin und ihre Geschichte durch die Coronapandemie, nämlich mit historischen und thematischen Bezügen, erschien *krank – heil – gesund* als Begleitband zur gleichnamigen medizinhistorischen Sonderausstellung im Montafoner Heimatmuseum.[1] Die Historiker*innen Marina Hilber und Michael Kasper haben als Herausgeber*innen einen facettenreichen Überblick über unterschiedliche, schwerpunktartig beleuchtete Aspekte der medizinischen und medikalen Entwicklung des Montafon mit 28 Beiträgen von 29 Autor*innen zusammengestellt. Die Verfasser*innen sind zum einen Teil „lokal und regional verankerte Forscherinnen und Forscher" (10); zum anderen Teil handelt es sich um Studierende der Universität Innsbruck, die sich im Rahmen einer Lehrveranstaltung von Hilber der Mit- und Ausgestaltung von Ausstellung und Publikation widmeten.

Der Sammelband ist thematisch gegliedert und dabei in sich chronologisch aufgebaut, ohne die unterschiedlichen Schwerpunkte eigens kenntlich zu machen. Das Inhaltsverzeichnis selbst zeigt die Themenbereiche und führt Leser*innen von Medizin im Volkswissen und -glauben über biografische Annäherungen hin zur ärztlichen Tätigkeit und ihrer Entwicklung. Stringenten Schlusspunkt bildet der lokal-museale Status quo: Elisabeth Walch informiert mit Abbildungen und Erläuterungen über *Objekte zur Medizingeschichte aus der Sammlung der Montafoner Museen* (383–389).

Im zuerst behandelten Themenkreis Medizin und Religion sowie Tradition geht es um die einstige Suche nach Erklärungen medizinischer Phänomene. Andreas Rudigier stellt im ersten Beitrag *Medizinisch wirksame Schutzheilige in den Montafoner Kirchen und Kapellen* vor (13–23) und kontextualisiert ihre Legenden mit den „zuge-

---

[1]   Sommer 2022 bis Juni 2023, weitere Informationen: https://www.stand-montafon.at/Krank_-_heil_-_gesund_Medizingeschichte_n_aus_dem_Montafon

hörigen" Beschwerden. Rudigier verweist in diesem Zuge auch auf Parallelen zwischen heutigem Glauben (Bsp.: Placebos) und dem Vertrauen auf religiöse Instanzen. Daran anknüpfend legt Manfred Tschaikner Leben und Wirken von *Pfarrer Luzius Hauser* dar (25–42), der im 17. Jahrhundert als Heiler von Schadenzauber und zugleich „Hexenfinder" eine zentrale Rolle in der Bezichtigung, Rufschädigung und letztlich auch Hinrichtung vermeintlicher Hexer*innen spielte. Der Beitrag gewährt tiefe Einblicke in Verbreitung und Akzeptanz des Glaubens an magische Ursachen von Krankheit und Heilung sowie den Ruf, den Hauser sich damit überregional erwarb. Ähnliches Terrain beschreiten Florian Ambach und Manuel Schmidinger, die sich in der Auseinandersetzung mit dem *Schrunser Taufwunder (1650–1786)* dem *Kampf um die verlorenen Seelen* unter Gegenüberstellung von Sage und historischen Quellen unter Berücksichtigung unterschiedlicher wissenschaftlicher Methoden, darunter Georeferenzierung, widmen (43–68). Dietmar Riedl und Sibylle Wolf analysieren mit dem *Tschaggunser Mirakelbuch* eine historische Quelle aus dem 18. Jahrhundert (69–90), in der sie 159 der 210 verzeichneten Wunder als medizinisch identifizieren. Diese werten sie quantitativ aus und untersuchen sie exemplarisch inhaltlich. Eine Analyse qualitativer Art führt Alfons Dür anhand der vier von ihm zwischen 1986 und 1991 als Teil einer größeren Interviewserie geführten *Gespräche mit alten Montafoner Hebammen* durch (91–103). Volksglauben im 20. Jahrhundert in Form ritualisierter Handlungen stehen ebenso im Fokus wie mit Schwangerschaft und Geburt verbundene Mythen. Lukas Draxler betrachtet anschließend *Traditionelles und lokales Heilwissen in Vorarlberg* anhand von Ergebnissen einer medizinanthropologischen Feldstudie mit 14 Personen in Vorarlberg, zwei davon aus dem Montafon (105–119). Anhand verschiedener Themengebiete wie angewandte Heilmittel oder Stellung zur Schulmedizin wird ein Einblick in Selbstwahrnehmung und Praktiken der Interviewten gegeben. Patrizia Barthold befasst sich mit *Sterben im Montafon* (121–131), wobei sie Sterberituale und Bestattungsriten im Wandel der Zeit beleuchtet und dabei auch auf zwei Interviews zurückgreift. Diese informieren über Bräuche bei Todesfällen in den 1940er Jahren und Entwicklungen im lokalen Bestattungswesen.

Den Abschnitt zum Themenkomplex der Epidemien leitet Michael Kasper mit einem Überblick über die *Pest im südlichen Vorarlberg* und einem Einblick in dokumentierte Seuchenereignisse des 16. und 17. Jahrhunderts ein (133–144). Entsprechend dem Untertitel beschäftigt er sich zudem mit Legenden, primär bezüglich Kapellstiftungen, und Reminiszenzen in Orts- und Flurnamen. Marcus Dietrich und Maximilian Gröbner beleuchten die *Anfänge des Impfgeschehens im Montafon* anhand der Pockenepidemien (145–158). Von 1794 bis 1814 analysieren sie statistisch Todesfolgen und allgemeine Häufigkeit und verorten die drei ersten geimpften Montafoner Kinder im Jahr 1802. Auf Quellenbasis zeichnen sie auch die bei der Etablierung zu leistende Überzeugungsarbeit nach. Mit einer anderen Art von ‚Seuche' befasst sich Marina Hilber in der Analyse der *Situation der Syphilispatient*innen im Montafon (1830–1850)*

(159–177). Durch die Vorstellung individueller Schicksale verdeutlicht sie unterschiedliche Aspekte: Moralische Bewertungen, soziale Ausgrenzung, medizinische und behördliche Kontrolle. Handlungsspielräume werden anhand von Behandlungsverweigerungen, -wünschen, Unterstützungs- und Institutionalisierungsmaßnahmen nachvollziehbar. Michael Kasper wiederum beschäftigt sich folgend mit jener Epidemie, die jüngst vermehrt in den Medien präsent war: Mit *Nachrichten über die Spanische Grippe 1918/19 im Montafon* unter Berücksichtigung von Zeitungsmeldungen (179–188), die Außenblick (Tirol) und Eigenwahrnehmung (Vorarlberg) illustrieren. Die 41 Montafoner Todesopfer macht der Autor namentlich sichtbar und rekonstruiert statistisch den lokalen Epidemieverlauf. Sophie Röder beschließt mit einem Einblick in die Covid-angepassten Arbeitsbedingungen in ihrem Essay über die *Coronapandemie im Montafon und in den Montafoner Museen* diesen thematischen Abschnitt (189–196).

Der nächste Themenschwerpunkt widmet sich Biografien. Zunächst gibt Hans Netzer einen kurzen Überblick über den *Arzt Johann Abraham Salzgeber und seine Silbertaler Herkunftsfamilie* (197–199), deren Mitglieder allesamt ihrem Herkunftsort auch nach Umzügen verbunden blieben. Der biografische Aspekt dient Marina Blum und Lisa-Marie Gabriel als Ausgangspunkt für die Auseinandersetzung mit dem *Medicinale des Johann Friedrich Vollmar* (201–221), also dem 85 Seiten umfassenden Teil eines umfangreicheren Arzneibuchs aus dem 18. Jahrhundert, der von Vollmar stammt. Den Inhalt werten die Autorinnen statistisch nach Art und Häufigkeit der notierten Rezepte, Heilmittel und zugrunde liegenden Beschwerden aus, von denen einige exemplarisch im Detail wiedergegeben sind. Verena Hechenblaikner und Roland Laimer untersuchen in einer facettenreichen Analyse *Wundärzte im Montafon unter besonderer Berücksichtigung der „Wundarztdynastie" Barbisch* (223–245). Parallelen zur gegenwärtigen Situation hinsichtlich der medizinischen Versorgung in ländlichen Regionen werden dabei ebenso deutlich wie die Vielfältigkeit der Aufgaben, Pflichten und Tätigkeitsbereiche dieser Zunft, ihre Entwicklung und gesellschaftliche Verortung. Gerade letztere wird nicht zuletzt anhand der privaten Involvierung in Rechtsangelegenheiten erkennbar. Den juristischen Bereich berührt aber auch die illustrierte medizinische Sachverständigentätigkeit. Brigitte Kasper knüpft in *Ärzte in Schruns im 19. und 20. Jahrhundert* mit drei Ärztebiografien an (247–256), anhand derer sie die Entwicklung von Tätigkeitsgebieten, Ausbildungshintergründen und medizinischer Versorgung nachzeichnet. Auch der Weg von der landärztlichen Betreuung zur flächendeckenden medizinischen Erschließung wird nachvollzogen. Zwei weitere Ärztebiografien stellt Andreas Brugger vor, zunächst den Physiologen *Professor Arnold Durig (1872–1961)* (257–268), der zwar erst nach Pensionsantritt von Wien ins Montafon zog, durch die väterliche Herkunft sowie durch physiologische Höhenstudien dem Tal aber zeitlebens verbunden war. Mit *Dr. Hermann Sander (1920–1998)*, dem Vater des Autors Andreas Brugger, wird anschließend ein praktischer Arzt in den Blick genommen (269–183), dessen autobiografische Aufzeichnungen den medizinischen

Werdegang im Zweiten Weltkrieg skizzieren. Sabrina Schober und Philipp Wanger setzen sich mit dem *Hebammenwesen im Montafon* (285–310) auseinander, wofür sie den Privatnachlass der Hebamme Klaudia Zugg bearbeiteten. Die Quellen offenbaren das mehrdimensionale Bild einer alleinstehenden Mutter im 20. Jahrhundert, die ihren Beruf fast fünfzig Jahre lang ausübte und mehr als 1.600 Geburten begleitete. Anna von Bühlow rekonstruiert in *Großmutter – eine Verneigung* den Lebens- und Berufsweg der ab 1942 tätigen ersten Montafoner Zahnärztin Annie Ausserer (311–322).

Im letzten Themenblock rücken Einrichtungen unterschiedlicher Art in den Fokus, beginnend mit der Kurzdarstellung von Michael Kasper und Hans Netzer über bis ins beginnende 20. Jahrhundert frequentierte *Heilbäder im Montafon* (323–326). Der institutionellen Versorgung widmet sich Kasper mit dem *Armenhaus Bartholomäberg unter besonderer Berücksichtigung der NS-Euthanasie* (327–332). Der kurze Einblick verdeutlicht die NS-Realität für betreuungsbedürftige Personen und vorhandene Handlungsspielräume des Personals am Beispiel der Schwester Oberin, die zwischen Abtransporten und Behördenanordnungen versuchte, das Überleben ihrer verbliebenen Klient*innen zu ermöglichen. Wie das Armenhaus wurde auch das von Sophie Röder im folgenden Beitrag behandelte *Josefsheim in Schruns* von den Barmherzigen Schwestern mit dem Mutterhaus in Zams geführt (333–344). Ausgehend von der Baugeschichte wird die Entwicklung des 1913 bezogenen Heims, in dem sich binnen zehn Jahren bereits ein Krankenhausbetrieb etabliert hatte, über die folgenden Jahrzehnte bis zur aktuellen Nutzung als Hostel mit Restaurant nachgezeichnet. Der auch in diesem Beitrag behandelten, 1940 eingerichteten Entbindungsstation widmet sich Daniela Reis schließlich mit der *Schließung der Geburtshilfestation im Josefsheim im Licht der Vorarlberger Geburtsgeschichte* (361–371). Das untersuchte war eines von mehreren Entbindungsheimen, die ihre Blütezeit von Ende der 1930er bis zum Einsetzen der Schließungen 1973 erlebten. Diese waren begleitet von Protesten und Reis weist auf die Bedeutung der Station für die lokale Bevölkerung hin, für die sie mit „Heimat" und „Identität" assoziiert war. Helmut Tiefenthaler richtet den Blick mit der *Hoffnung auf ein österreichisches Davos im Höhenluftkurort Gargellen* auf den (Kur-) Tourismus im ausgehenden 19. Jahrhundert (345–351). Der Autor illustriert die umfassende, auch meteorologische, Aktivität des Kapuzinerpaters Beda Widmer und das Schwanken der Besucher*innenzahlen in Gargellen zwischen hoher Frequentierung und krisenbedingtem Rückgang. Ein anderes Kurkonzept wurde 1950 mit dem Angebot von *Wellness und Rehabilitation in der Kuranstalt Montafon* durch den Internisten Edwin Albrich mit seiner Verbindung von Schulmedizin und naturgemäßen Heilmethoden verwirklicht (353–360). Lisa Hessenberger skizziert Albrichs Leben und wie mit seinem Tod die Hochzeit der Einrichtung zu Ende ging. Abschließend behandelt Barbara Tschugmell ein berührendes wie wichtiges Thema: den *Krankenpflegeverein Außermontafon* als eine *Herzensangelegenheit von vielen, vor allem von Frauen* (373–381). Sie thematisiert damit auch das Geschlechterungleichgewicht im Sozialbereich und richtet den Blick auf die Bedeutung von Frauenorden im (historischen) Pflegekontext und die Wichtigkeit männlich-ärztlicher Patronanz beim Durchsetzen politisch-gesellschaftlicher Ziele. Den Wandel in Betreuungsstrukturen zeichnet die Autorin bis in die Gegenwart nach, unter anderem anhand der notwendigen Überzeugungsarbeit, die bei Neugründung des Vereins 1985 in Hinblick auf das mobile Betreuungskonzept zu leisten war.

Der Sammelband zeichnet sich durch einen roten Faden aus, der sich auch im stringenten Aufbau zeigt. Zugleich verdeutlichen die Querverweise in den und auf die einzelnen jeweils relevanten Beiträge das – sicherlich durch die zugrundeliegende Ausstellung mitbedingte – große Ganze. Dieses bietet vielfältige und detaillierte Einblicke in Aspekte der regionalen Medizingeschichte.

Schwächen sind hinsichtlich der allgemeinen Einbettung in den und Reflexion des Nationalsozialismus vorhanden, wo der Blick hinaus über das wiedergegebene subjektive Wahrnehmen und Empfinden der Protagonist*innen fehlt. Etwa bei der Erzählung der ‚Gefährlichkeit‘ des abendlichen Heimwegs, da „[u]nter den Zwangsarbeitern […], wie meine Großmutter meinte, nicht nur ‚nette Herren‘ dabei [waren]“ (314). Der Fokus auf die Medizin scheint mitunter die Einbettung in die Zeitgeschichte zu ersetzen, wie etwa en passant erwähnte „Entbindungsbaracken“ für „Ostarbeiterinnen“ (364) oder die Nachzeichnung eines akademischen Karrierewegs im Nationalsozialismus ohne inhaltliche Diskussion und Kontextualisierung einer Mitgliedschaft in der Waffen-SS und eine unkommentierte Erwähnung eines Ausbildungsverhältnisses bei NS-Medizinverbrecher Hans Eppinger jun. zeigen (354f.). Auch die inkonsistente Verwendung von geschlechtersensibler Sprache in Röders Essay und Hessenbergers Beitrag fällt auf.

Insgesamt ist mit diesem Ausstellungsband aber ein an der Nahwelt orientierter Einblick in vielfältige Aspekte von Medizingeschichte gelungen. Für jeden Interessenschwerpunkt finden sich mehrere Beiträge und der durchweg flüssige Schreibstil lädt zur Gesamtlektüre ein. Eindrücklich zeigt der Sammelband, dass jene Themen, die uns heute höchst aktuell erscheinen, die Menschen in unterschiedlichen Aspekten und Ausprägungen bereits vor Jahrhunderten beschäftigten. Dabei stellt das Montafon den Ausgangspunkt dar, die Einbettung in einen größeren Kontext ermöglicht aber die Verortung des jeweils Beforschten im allgemeinen, auch überregionalen zeitgenössischen Zusammenhang.

Ina Friedmann

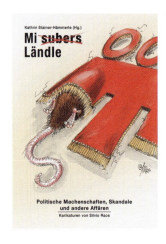

Kathrin Stainer-Hämmerle (Hg.)

Mi ~~subers~~ Ländle
Politische Machenschaften,
Skandale und andere Affären

Bregenz 2022: Edition V

Die in Klagenfurt lehrende Kathrin Stainer-Hämmerle ist aufgrund ihrer regelmäßigen innenpolitischen Kommentare im ORF mit Sicherheit die bekannteste Politikwissenschafterin mit Vorarlberger Wurzeln. Im Vorwort des von ihr herausgegebenen Kompendiums liefert sie einen Hinweis auf die – gewissermaßen tagespolitische – Motivation, sich öffentlichen Aufregern aus Vergangenheit und Gegenwart mit Schauplatz Vorarlberg zuzuwenden: „Je mehr Lebenserfahrung einem geschenkt wird, desto stärker das Gefühl, dass früher alles besser gewesen wäre. Anlässe wie die Wirtschaftsbundaffäre bekräftigen diesen Eindruck […]." (S. 9)

Im November 2021 nahm das Ö1-Medienmagazin „Doublecheck" die Praxis der Inseratenvergabe in der „Vorarlberger Wirtschaft", dem Magazin des ÖVP-Wirtschaftsbunds, unter die Lupe. Die Sendung gilt als Auslöser für einen Skandal, dessen Genese und Hintergründe Lara Hagen in einem eigenen Beitrag behandelt, der versteckte Parteifinanzierung, Steuerhinterziehung, Selbstbedienungsmentalität und Machtmissbrauch im Vorarlberger Wirtschaftsbund, einer Teilorganisation der Landes-ÖVP, ans Tageslicht brachte. Nach „Ibiza" und dem ÖVP-Korruptions-Untersuchungsausschuss auf Bundesebene musste sich die Vorarlberger Öffentlichkeit fragen, ob diesseits des Arlberg in der Politik nicht ähnlich „unsaubere" Sitten Einzug gehalten hatten wie im fernen Wien, wo ein am Bodensee gerne gepflegtes, vorurteilsbehaftetes Klischee solche ohnehin verortete – und im selbstgerechten Umkehrschluss damit zum Ausdruck brachte, dass dies im Ländle anders, d. h. besser sei.

Wie Stainer-Hämmerle und die insgesamt 13 Autor*innen, die alle aus Vorarlberg und mehrheitlich aus dem Journalismus bzw. aus der Öffentlichkeitsarbeit kommen, mit ihren Fallbeispielen aus den letzten Jahrzehnten aufzeigen, mangelte es in Politik, Verwaltung, Wirtschaft und ebenso in der Kirche aber auch früher nicht an Vorgängen und Vorkommnissen mit Empörungspotenzial. Nicht immer wurde daraus ein Skandal, denn es sind letztlich die Medien, die darüber entscheiden, ob bzw. wie die breite Öffentlichkeit informiert wird. Diesem Zusammenhang und den Funktionsmechanismen, denen die Berichterstattung bei Skandalen unterliegt, ist stimmigerweise der erste Beitrag des Sammelbandes von Kurt Bereuter gewidmet. Bereuters Ausführungen enthalten zudem eine informative und kritische Bestandsaufnahme der gegenwärtigen Vorarlberger Medienlandschaft, bei der die „Vorarlberger Nachrichten", das dominante Leitmedium im Printbereich (mit dem mittlerweile auch digitalen Platzhirsch „Russ Verlag GmbH" im Hintergrund), besser wegkommen als das öffentlich-rechtliche ORF-Landesstudio.

Lange nicht alles, was mit Fug und Recht als skandalös zu gelten hat, muss, wie Bereuter betont, zum Skandal werden – er bleibt aus, wenn entweder die Medien das Thema nicht aufgreifen oder sich die Empörung der Gesellschaft nicht einstellt. Dieses Faktum veranschaulichen zwei Texte aus der Feder von Harald Walser, die sich mit den Verstrickungen von Vorarlbergern in NS-Verbrechen beschäftigen und paradigmatisch aufzeigen, dass „vor Waldheim" auch hierzulande die Bereitschaft zur Auseinandersetzung mit der eigenen Mittäterschaft einfach nicht vorhanden war. Dass sich die Vorarlberger Wirtschaftselite (allen voran die Textilfabrikanten) dem Regime angedient und an den Arisierungen jüdischen Vermögens beteiligt hatte, blieb zwar im kollektiven Gedächtnis erhalten, trotzdem äußerte niemand Kritik daran, dass diese Elite nach 1945 weder Vermögen noch Ansehen oder Einfluss verlor. Dazu passt auch, dass – bis auf einen einzigen Fall – alle bekannten Vollstrecker des Massenmords an Jüdinnen und Juden oder des Mordprogramms im Rahmen der sogenannten Euthanasie aus Vorarlberg von der Nachkriegsjustiz unbehelligt blieben, wie Walser in seinem zweiten Beitrag nachzeichnet.

Einen Skandal im eigentlichen Sinne verursachte 1962 auch das Twist-Tanz-Verbot nicht, das auf der Basis eines Landesgesetzes aus dem Jahr 1929 von den Behörden verordnet wurde. Die Aufregung der Bevölkerung hielt sich nämlich in Grenzen – und die Jugend nicht an das Verbot. Aber national und international fand der Versuch, bei Sitte und Moral die Uhr zurückzudrehen, amüsiert-kopfschüttelndes Interesse. Markus Barnay ordnet in seinem Artikel über „Zensur und Verbote im *suberen* Land vor dem Arlberg" den Angriff auf den Modetanz mit überzeugenden weiteren Beispielen in einen Handlungsbogen ein, der die Ära des Politischen Katholizismus umfasst, die in Vorarlberg erst in den 1980er Jahren wirklich ein Ende fand. Im Widerspruch zur imaginierten (scheinheiligen) Provinzidylle stand auch der von Lara Hagen in Erinnerung gerufene sogenannte Zuhälterkrieg. Es ging dabei um Revierkämpfe im durch liberalere Gesetzgebung, steigenden Wohlstand und Grenznähe aufblühenden Straßenstrich, die ab Mitte der 1970er zwei Jahrzehnte in Vorarlberg ausgetragen wurden und 16 Menschenleben kosteten. Einem „Tatort" anderer Art widmet sich Hans-Peter Martin, der auf seine Anfänge als Aufdecker-Journalist zurückblickt. Ende der 1970er Jahre heuerte er *undercover* als Hilfsarbeiter bei F. M. Hämmerle an, dem damals größten Textilunternehmen Österreichs, und veröffentlichte über die dort vorgefundenen Zustände – Rechtsbruch, schlechte Bezahlung und unfaire Praktiken im Umgang mit der Belegschaft – ein Buch. Eine Tragödie mit Happy End, über die Medien weltweit berichteten, ereignete sich 1979 in Höchst. 18 Tage überlebte ein 18-Jähriger ohne Flüssigkeit und Nahrung in einem fensterlosen Verwahrungsraum. Aufgrund einer von Autor Norbert Schwendinger faktennahe geschilderten unglücklichen Verkettung menschlichen Versagens mit behördlicher Schlamperei war der junge Mann so lange in seinem Kellerverließ, wo ihn Gendarmeriebeamte grundlos arrestiert hatten, vergessen worden. Von systematischer und – was noch schwerer wiegt – geradezu institutionalisierter krimineller Vorteilsverschaffung ist dagegen zu sprechen, wenn es um den über viele Jahre im Bezirksgericht Dornbirn üblichen Umgang mit Verfahrensvorschriften geht. Höhepunkt im negativen Sinn bildeten gefälschte Testamente, Verträge und Urkundenverzeichnisse, mit denen sich Gerichtsmitarbeiter, aber auch die Vizepräsidentin des Landesgerichts Erbschaften zuschanzten. Jörg Stadlers detaillierte Beschreibung des 2009 ins Rollen gekommenen Justizskandals macht auch heute noch nachdenklich. Nachhaltig bestürzend wirken ebenso die das Gemeindewahlrecht mit Füßen tretenden Manipulationen der ÖVP bei den Bürgermeisterstichwahlen in Bludenz und Hohenems 2015, die eine Wahlwiederholung auf Grundlage eines Spruchs des Verfassungsgerichtshofes zur Folge hatten. Moritz Moser gewährt tiefe Einblicke in diese vermutlich zentral koordinierte Aktion der ÖVP, die Bürgermeistersessel in zwei Vorarlberger Städten zu verlieren fürchtete. Als letzter Beitrag, der eigens erwähnt wird, sei jener von Duygu Özkan hervorgehoben. Er greift die Kritik am Logo der Dornbirner Mohrenbrauerei oder Widerstände im Zusammenhang mit Moscheebauprojekten auf, um für mehr Bereitschaft zur breiten Debatte über Ressentiments, strukturelle Diskriminierung, aber auch offenen Rassismus zu plädieren. Er spricht damit angesichts der langen und die Gesellschaft prägenden Migration nach Vorarlberg ein enorm wichtiges Thema an, das nicht parteipolitischen Erwägungen zum Opfer fallen dürfe.

Zusammenfassend kann das vorliegende Buch als Beitrag zur kollektiven Psychohygiene der Vorarlberger*innen gesehen werden. Als Zielpublikum hat es eine breitere Öffentlichkeit vor Augen und dementsprechend sind seine Konzeption und die Gestaltung der einzelnen Beiträge viel näher beim Journalismus als bei der Wissenschaft. Das bringt unter anderem mit sich, dass weder einleitend noch bei den einzelnen Fallbeispielen eine vertiefende Auseinandersetzung mit den Kennzeichen von Skandalen und Affären – Modelle hierfür würde die Politikwissenschaft bereitstellen – stattfindet. Die Beiträge sind allesamt nicht sehr lang, kommen meistens ohne Fußnoten aus und mitunter ein wenig oberflächlich daher. Sie bieten aber insgesamt einen reichen Fundus für die (wissenschaftliche) Weiterbehandlung. Nicht zuletzt machen sie deutlich, wie ungeheuer wichtig die Presse als „vierte Macht" für eine funktionierende Demokratie ist.

Ingrid Böhler

Karin Mack (Hg.)

Architektur als soziales Handeln am Beispiel Gunter Wratzfeld

Salzburg 2022: Verlag Anton Pustet

Karin Mack hat es sich zur Aufgabe gemacht, das sehr umfangreiche architektonische Werk von Gunter Wratzfeld zu sichten und in der Folge die ausgeführten Bauten und Projekte in einem Werkverzeichnis zu erfassen. Ungefähr drei Viertel der im Werkverzeichnis gelisteten Bauten werden im Hauptteil des Buches mit Text und Fotografien vorgestellt. Karin Mack beschreibt die Besonderheiten und die Bedeutung der einzelnen Werke in angenehm zu lesender Länge und zeigt diese durch größtenteils von ihr erstellte Fotografien. Beim Lesen der Texte erkennt man, dass die Autorin die Gebäude vor Ort selbst besucht hat. Karin Mack hat die Räume – innen wie außen – durchschritten, sich von Aus-, Ein- und Durchblicken leiten lassen und den Qualitäten des (Lebens-) raums nachgespürt. Die baulichen Fakten hat ihr Gunter Wratzfeld geliefert.

Gunter Wratzfeld, geboren 1939 in Bregenz, studierte an der Akademie der bildenden Künste bei Roland Rainer Architektur und kam in den beginnenden 1970er Jahren mit seinem Architekturbüro zurück nach Vorarlberg. Das architektonische Werk beginnt in den 1960er Jahren mit schnell und standardisiert zu errichtenden Unterkünften in Modulbauweise im südlichen Mittelmeerraum und Einfamilienhäusern in Vorarlberg. Unter letzteren das Ferienhaus auf dem Bödele, das so gar nicht der konventionellen Formensprache eines im Alpenraum erwarteten „Chalets" entsprach.

Neben den Einfamilienhäusern wird in den 1970er Jahren der Siedlungsbau ein immer größer werdendes Arbeitsfeld. Um das Volumen der Siedlungsbauten zu bewältigen, war fallweise eine Zusammenarbeit mit anderen Architekturbüros erforderlich. Der wohl bis heute bekanntesten Siedlung „an der Ach" – in Bregenz 1971–82 in Arbeitsgemeinschaft mit Jakob Albrecht und Eckhard Schulze-Fielitz errichtet – folgten zahlreiche weitere Siedlungen. Als Beispiel sei hier die Wohnhausanlage Blattur in Götzis, 1986–88 erwähnt, die von Gunter Wratzfeld als federführendem Architekten im Team mit C4 (Sillaber und Fohn), Gerhard Hörburger und Erich Steinmayr entworfen wurde.

Die wesentliche Herausforderung bestand darin, unter Einhaltung der restriktiven finanziellen Vorgaben des sozialen Wohnbaus einen qualitätsvollen Wohnraum mit dazugehörigen gemeinsam zu nutzenden Flächen zu schaffen. Einen Wohnraum, mit dem man sich identifizieren kann und der trotz kleiner m²-Zahlen alles hat, was man braucht. Die Architektur wird durch Vor- und Rücksprünge, Einschnitte, hervortretende Elemente, gegenläufige Dachneigungen oder die Ausführung funktionaler Elemente in anderen Materialien geformt. Sofern durchsetzbar werden zeitgenössische Künstler mit der farblichen Akzentuierung beauftragt. Anlagen von Gunter Wratzfeld sind eine lebendige Abwechslung zu den heute dominierenden geschlossenen kubischen Baukörpern mit gleichförmigen Öffnungen.

Karin Mack weist mehrfach auf die Stiegenhäuser hin. Dem Stiegenhaus – als gemeinsam zu nutzendem und zentral verbindendem Raum vieler Wohneinheiten – widerfährt große Wertschätzung: Farbe und unterschiedliche Materialien kommen gekonnt zum Einsatz, die Wege werden bewusst geführt, es ist leicht zugänglich und wird vergleichbar einem Innenhof durch ein Glasdach geschützt und hell belichtet. Kurz – es ist kein bautechnisches Übel abseits des Lifts, es wird gestaltet und ist an der Fassade als solches erkennbar. Öffentliche Bauten wie die Polizeidirektion für Vorarlberg, Bregenz 1984–86 (in Arbeitsgemeinschaft mit Jakob Albrecht und Eckhard Schulze-Fielitz), die Kindergärten in Weiler, 1985–88 oder Koblach, 1997/98 oder die Rettungszentrale Rotes Kreuz und Samariterbund, 2014 sind ein weiteres Zeugnis für das umfangreiche Schaffen Gunter Wratzfelds.

Das Ordnungsprinzip, das der Reihung der Projekte im Buch zugrunde liegt, kann ich nicht ganz nachvollziehen, hier wäre vielleicht das Einfügen von Kapiteln hilfreich gewesen. Aufgelockert wird die Vorstellung der Projekte durch Textbeiträge von Erich G. Steinmayr, Robert Fabach und Andreas Cukrowicz, der am Anfang seiner beruflichen Laufbahn als Praktikant im Architekturbüro Gunter Wratzfeld gearbeitet hat.

„Architektur als soziales Handeln" ist kein Buch, das mit inszenierter Hochglanzfotografie, reihenweise Daten und Fußnoten aufwartet. Der große Verdienst von Karin Mack ist, dass sie das Werk von Gunter Wratzfeld gesammelt, gesichtet und die ausgeführten Projekte kommentiert in Buchform herausgebracht hat.

Die Kunsthistorikerin Karin Mack betätigt sich seit Beginn ihrer beruflichen Laufbahn mit Architekturfotografie, reflektiert Natur- und gesellschaftliche Fragen und war insbesondere mit ihren künstlerischen Auseinandersetzungen zur weiblichen Identität in zahlreichen Ausstellungen vertreten. Über ihre Architekturfotografie schreibt sie selbst, dass sie es mag, wenn man die Gebrauchsspuren der Gebäude sichtbar lässt.

In den Fotografien erkennen die Leser und Leserinnen viele Gebäude, die sie in ihrem Alltag bereits wahrgenommen haben. Es sind keine Gebäude, die in der städtebaulichen Masse verschwinden. Die Arbeit von Karin Mack erleichtert es, mit geschärftem Blick die Handschrift Gunter Wratzfelds zu erkennen und somit die Qualität der Wahrnehmung unserer alltäglichen Wege zu erweitern.

Ute Denkenberger

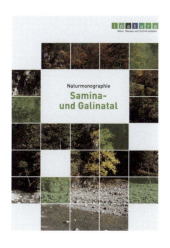

Rudolf Staub (Red.)

Naturmonographie Samina- und Galinatal

Berichte der Botanisch-Zoologischen Gesellschaft Liechtenstein-Sarganserland-Werdenberg, 42: 1–152

(mit Beiträgen von Broggi, M. F.; Amann, G.; Mayer, C.; Oswald. I., Oswald, W. & Glöckler, H.; Hoch, S.; Willi, G.; Huemer, P.; Degasperi, G. & Eckelt, A.; Glaser, F.)

Im Rahmen ihrer Schriftenreihe „BZG-Berichte" hat die Botanisch-Zoologische Gesellschaft Liechtenstein-Sarganserland-Werdenberg gemeinsam mit der inatura – Erlebnis Naturschau Dornbirn eine Monografie über den Natur- und Kulturraum Samina- und Galinatal publiziert. Diese wilde und abwechslungsreiche Landschaft im Grenzraum zwischen Vorarlberg und Liechtenstein ist ein fast unberührter Naturraum unweit vom dicht besiedelten und intensiv genutzten Rheintal. Damit ist dieses kaum erschlossene Gebiet nicht nur für Erholungsuchende attraktiv, sondern bildet auch einen wertvollen Lebens- und Rückzugsraum für viele Tier- und Pflanzenarten. Dazu gehören insbesondere verschiedene ruhebedürftige und hinsichtlich Fläche und Lebensraumqualitäten anspruchsvolle Vertreter der heimischen Fauna.

Der Sammelband deckt eine Vielzahl von Sachgebieten ab und informiert sachkundig über die Nutzungsgeschichte dieses Raums, gefolgt von gut recherchierten Beiträgen zur Vegetation, zur Verbreitung von Brutvögeln, Fledermäusen, Schmetterlingen, Ameisen und Totholzkäfern bis zu einem Vorschlag für ein grenzüberschreitendes Wildnisgebiet.

Die wichtigste Nutzung des Gebiets war lange die Alpwirtschaft. Die Anfänge reichen vermutlich zurück bis in die vorrömische Zeit. Heute spielt sie eine geringere Rolle – einige kaum erschlossene Alpen sind in den letzten hundert Jahren aufgegeben worden und werden nicht mehr bestoßen. Die Folge davon ist meist ein großer Verbuschungsdruck durch Legföhren und Fichten – ehemalige Blaugrashalden gehen in geschlossene Legföhrenbestände über und die Vegetation wird lückiger, grasreicher und weniger bunt. Die großen Verlierer der Nutzungsaufgabe und der damit einhergehenden Verbrachung und Verbuschung sind vor allem licht- und wärmebedürftige kleinwüchsige Arten.

Während früher die Holznutzung und die damit verbundene Flößerei auf der Samina einen wichtigen Nebenerwerb darstellte, werden die Wälder im Projektgebiet heute kaum mehr genutzt. Die letzten großen Holzschläge fanden vor rund 90 Jahren statt. In der Folge hat sich der Bergwald hier in seiner Dichte und Altersstruktur wesentlich verändert – eine Entwicklung, von der auch die Fledermäuse profitieren: Mit zunehmendem Alter der Bäume nimmt die Anzahl der Quartiere in Baumhöhlen zu. Von der extensiven Waldnutzung profitiert aber auch die Vogelwelt. So konnte hier 1981 erstmals für Liechtenstein der Weißrückenspecht, ein ausgesprochener Alt- und Totholzspezialist, nachgewiesen werden. Unterdessen kommt dieser Indikator für wertvolle, reife Waldlebensräume an verschiedenen Stellen im Untersuchungsgebiet vor. Generell ist der Bestand an Brutvögeln im Projektgebiet gemessen an der kleinen Fläche mit 60 Arten erstaunlich hoch. Schließlich ist auch für die Käferwelt die extensive Waldnutzung von Vorteil. Mit 215 holzbewohnenden Arten ist der Bestand an xylobionten Käfern im Untersuchungsgebiet durchaus als hoch einzustufen – auch aus dieser Warte ein Indiz für das Untersuchungsgebiet als wertvoller Naturraum.

Für die Vegetation ist eine geologische Besonderheit entscheidend. Obwohl in der Ausdehnung nur 25 km² groß, verläuft just in unserem Untersuchungsgebiet die Grenze zwischen von Dolomit geprägten ostalpinen Schichten und den Westalpen. So findet sich hier eine Mischflora, wo sich Arten des westlichen und des östlichen Alpenraums begegnen. Beispiele dafür sind der Felsen-Baldrian (*Valeriana saxatilis*) und der Alpenbalsam (*Erinus alpinus*). Der Felsen-Baldrian ist eine Ostalpen-Pflanze, die hier am westlichsten Rand ihres Verbreitungsgebiets vorkommt. Im Gegenzug hat der Alpen-Balsam – eine Westalpenpflanze – hier ihre östlichsten natürlichen Vorkommen nördlich der Alpen.

Die Monografie wird abgerundet durch den Vorschlag, dieses heute weitgehend ungenutzte Gebiet mit sehr eingeschränkter Zugänglichkeit und ausgeprägtem Wildnis-Charakter als grenzüberschreitendes Wildnisgebiet unter Schutz zu stellen, als ein Gebiet, in welchem eine freie, dynamische Naturentwicklung Vorrang hat.

Herzliche Gratulation an die Autorinnen und Autoren für diese sorgfältig und mit beträchtlichem Forschungsaufwand erstellte Monografie!

Alfred Brülisauer

Alois Niederstätter

Quellen zur
Dornbirner Geschichte
im Mittelalter 895–1499

hgg. vom Stadtarchiv Dornbirn

Dornbirn 2023: Eigenverlag

Wer bislang nach Dokumenten zur Geschichte der Gemeinde Dornbirn – bekanntlich erst 1901 wurde durch Kaiser Franz Joseph I. die Stadterhebung vollzogen – im Mittelalter suchte, der hat sich nicht nur auf das örtliche Stadtarchiv oder das Vorarlberger Landesarchiv beschränken können, sondern konnte in insgesamt 27 Archiven Österreichs, Deutschlands und der Schweiz fündig werden (S. 4). Die Fundstellen der in Frage kommenden Dokumente liegen dabei in einem Umkreis, der von Wien bis Luzern und von St. Paul im Lavanttal bis nach Basel reicht. Zwar sind nicht wenige der einschlägigen Texte ediert oder durch Inhaltsangaben erschlossen, oft aber handelt es sich um ältere und oft nur schwer zugängliche, außerdem nicht immer den heutigen Anforderungen entsprechende oder nicht auf die Region bezogene Ausgaben (S. 4). Es darf von daher als äußerst verdienstvoll angesehen werden, wenn nunmehr Alois Niederstätter, der langjährige Leiter des Vorarlberger Landesarchivs und renommierte Historiker, eine übersichtliche, urkundenwissenschaftlich hervorragend aufgearbeitete Zusammenstellung der wichtigsten Quellen zur Gemeinde Dornbirn im Mittelalter vorlegt, die allen, die sich mit der Geschichte der Gemeinde, aber auch mit der Geschichte des Landes Vorarlberg im weiteren Sinne beschäftigen, in hohem Maße nützlich sein wird. Es ist ein wahres Vergnügen, den (von Klaus Lürzer) auch optisch äußerst anspruchsvoll gestalteten Band, dessen Querformat sich vor allem über die farbigen Urkundenablichtungen des Anhangs (S. 249–273) erklärt, in die Hand zu nehmen und sich von diesem inspirieren zu lassen. Eindrucksvoll ist nicht zuletzt der in hoher Auflösung als eines der Vorsatzblätter zu findende Ausschnitt eines Urkundenoriginals, das dem Benutzer/der Benutzerin die Struktur von Pergament und Tinte geradezu entgegenspringen lässt. Das in dem Band erfasste und teils im vollständigen Wortlaut wiedergegebene Schriftgut besteht dabei fast zur Gänze aus Aufzeichnungen rechtlicher Natur. Die meisten Aufzeichnungen wurden dabei formal als Urkunden angefertigt, andere in mit Rechtskraft ausgestattete Register eingetragen. Des Weiteren fanden die wenigen noch im Mittelalter entstandenen lokalen Güter- bzw. Einkünfteverzeichnisse Aufnahme, ebenso Ordnungen, die die Rechte und Pflichten von Amtsträgern zum Inhalt hatten. Vereinzelt fanden auch chronikalische Notizen Aufnahme in dem Band. Der Band eröffnet mit einem sehr lesenswerten Überblick über Dornbirn im Mittelalter, wobei auch auf die erste Erwähnung der Stadt im Rahmen einer Urkunde des Benediktinerklosters St. Gallen vom 15. Oktober 895 eingegangen wird (S. 6), die auf der Rückseite den zeitgenössischen Vermerk trägt: *Concambium Hadamari de Schostinzinisvila et Torrinpuirron* (Urkunde Nr. 1). Mit *Torrinpuirron* aber ist zweifelsfrei „Dornbirn" gemeint. Nach einer Würdigung der entscheidenden Rolle der Grafen von Montfort, die bald nach 1200 bei Weiler im Vorarlberger Land eine Burg errichteten, die den Namen „Montfort" („starker Berg", „starke Burg") erhielt, für die Geschichte der Gemeinde Dornbirn (S. 7), wird besonders die Rolle der Grafen von Ems, die als Ministerialen der Welfenherzöge ins Land gekommen sind und später Dienstmann der Staufer waren, betont (S. 7). 1388 – um nur dieses Faktum hervorzuheben – kaufte Ulrich II. von Ems vom Weingartner Abt den Kirchensatz und das Widum zu Dornbirn, also das Patronatsrecht über die Pfarrkirche St. Martin und die zur Ausstattung der Kirche gehörenden Güter. Bald nach der Mitte des 13. Jahrhunderts scheint in Vorarlberger Urkunden erstmals die Funktionsbezeichnung *minister* und einige Jahrzehnte später die deutsche Entsprechung dieses Wortes, „Ammann" auf (S. 8). Als das oberste Organ der Gemeinde wird von Niederstätter die Gemeindeversammlung bezeichnet; alle vollberechtigten Bewohner traten in ihr zusammen. Im ausgehenden Mittelalter, so Niederstätter, hätten die Gemeinde und ihre Organe über „Zwing und Bann" im Dornbirner Gerichtssprengel über das Recht, Anordnungen zu erlassen und deren Übertreten oder Nichtbefolgen zu bestrafen, verfügt. Es darf als Einschnitt gewertet werden, dass 1466 erstmals Ammann, Rat und Gemeinde zu Dornbirn kollektiv als Aussteller einer Urkunde und damit als vollberechtigte Vertreter der Gerichtsgemeinde aufgetreten sind – alles Wege hin zu einer zunehmenden Selbständigkeit der Bevölkerung. Auf eine übersichtliche Weise vorgestellt werden in der Einleitung aber auch die Grundzüge der Dornbirner Siedlungsentwicklung (S. 9), des Wirtschaftslebens (S. 10f.), der kirchlichen Verhältnisse (S. 12) sowie der Bildung (S. 13). Die Dokumente, die der Band präsentiert, werden auf übersichtliche Weise zunächst mit Nummer und Datum in chronologischer Reihenfolge erfasst (S. 14–16), was die zeitliche Orientierung innerhalb der Dokumentation sehr erleichtert. Der Quellenteil beginnt mit einem Regest über den oben bereits kurz vorgestellten Tausch Hadamars mit dem Kloster St. Gallen seines Besitzes *Chostancines-wilare* gegen gleichwertige Güter in *Farniwang*, einer Urkunde, die auf der Rückseite den Vermerk mit der mutmaßlichen Ersterwähnung Dornbirns zeigt (S. 19). Regestiert werden von Niederstätter durchgehend a) das Original bzw. die Abschrift, b) der Ort der Online-Abbildung (wenn vorhanden), c) bisherige Drucke, d) bisher vorhandene Regesten sowie e) Literatur. Im Rahmen der Regestierung wie der Textdarbietung der Quellen selbst werden Regesten wie Quellentexte auf hilfreiche Weise aufbereitet. Eigen- und Ortsnamen werden dabei durchgehend aufgelöst und erklärend kommentiert; besonders hervorgehoben sei die zuverlässige Identifizierung der Personen über die Lebensdaten (soweit erschließbar). Nicht selten sind weitere kleinere kommentierende Texte beigegeben, die Sachverhalte über das Regest hinaus näher erklären und in übergeordnete historische Zusammenhänge einordnen. Die letzte in dem Band erfasste Urkunde stammt vom 7. Mai 1494: Ammann und Rat zu *Thorennpuren* bekunden, dass sie im Streit zwischen den Alpgenossen der Alpe *Seren* sowie *Cuontz Gessenson* und seinen *mit hafften* des Vorsässes *uff der Wissen Fluoch* entschieden haben, dass die von dem *Seren* dem *Gessenson* und seinen Genossen das Vorsäß *widerumb uo ihr hand unnd gewldt geben und lassen söllen*. Ein ausführliches Register (S. 283–310), das sowohl Eigen- als auch Ortsnamen ausweist, sowie ein Verzeichnis der Archive (S. 310) und der Urkunden (S. 310f.) erschließen den Band, ohne den die zukünftige Beschäftigung mit der Geschichte Dornbirns, aber auch des gesamten Voralberger Raums nicht mehr denkbar sein wird. Wichtige Anregungen werden von dem Band aber auch ganz allgemein zur weiteren Erforschung der Rechts-, Sozial-, Wirtschafts-, Alltags- und Kulturgeschichte des Mittelalters ausgehen.

Jörg Schwarz

ANHANG

Verzeichnis der Autorinnen und Autoren

Mag. Nadine Alber-Geiger
vorarlberg museum
Kornmarktplatz 1
6900 Bregenz
n.alber-geiger@vorarlbergmuseum.at

Dr. Theresia Anwander
vorarlberg museum
Kornmarktplatz 1
6900 Bregenz
t.anwander@vorarlbergmuseum.at

Prof. Günter J. Bischof, Ph.D., Ret'd
Center Austria
University of New Orleans
2000 Lakeshore Drive
New Orleans, LA 70148
USA
gjbischo@uno.edu

Mag. Dr. Ingrid Böhler
Institut für Zeitgeschichte
Leopold-Franzens-Universität Innsbruck
Innrain 52d
6020 Innsbruck
Ingrid.Boehler@uibk.ac.at

Alfred Brülisauer, Dr.sc.nat.
Naturmuseum St. Gallen
Beratungsstelle Pflanzen, Flechten, Pilze
Rorschacherstrasse 263
CH-9016 St. Gallen
alfred.bruelisauer@naturmuseumsg.ch

Mag. Ute Denkenberger MA
vorarlberg museum
Kornmarktplatz 1
6900 Bregenz
u.denkenberger@vorarlbergmuseum.at

Dr. Karl Dörler
Riedergasse 14
6900 Bregenz
Info@bodenseeguides.at

Mag. Simone Drechsel
Vorarlberger Landesbibliothek
Sondersammlungen
Fluherstraße 4
6900 Bregenz
simone.drechsel@vorarlberg.at

Mag. Kathrin Dünser
vorarlberg museum
Kornmarktplatz 1
6900 Bregenz
k.duenser@vorarlbergmuseum.at

Dr. J. Georg Friebe
inatura Erlebnis Naturschau GmbH
Jahngasse 9
6850 Dornbirn
georg.friebe@inatura.at

Dr. Ina Friedmann
Institut für Zeitgeschichte
Leopold-Franzens-Universität Innsbruck
Innrain 52
6020 Innsbruck
Ina.Friedmann@uibk.ac.at

Dr. Caroline Posch MA
Prähistorische Abteilung
Naturhistorisches Museum Wien
Burgring 7
1010 Wien
Caroline.Posch@nhm-wien.ac.at

Martin Gamon BA MA
Gymnasiumstraße 56/6
1190 Wien
martin_gamon@gmx.at

Mag. Karin Rass BA MA
Brennerstraße 5e
6020 Innsbruck
karin.rass@tirol.com

Mag. Irene Knoche
TALPA GnbR
Sr.-Bibiana-Blaickner-Straße 4
6300 Wörgl
irene.knoche@gmx.at

Mag. Tobias Riedmann
Vorarlberger Landesarchiv
Kirchstraße 28
6900 Bregenz
tobias.riedmann@vorarlberg.at

Mag. Dr. Ute Ch. Kurz
vorarlberg museum
Kornmarktplatz 1
6900 Bregenz
u.kurz@vorarlbergmuseum.at

MMag. Dr. Andreas Rudigier
Direktor Tiroler Landesmuseen
Museumstraße 15
6020 Innsbruck
a.rudigier@tiroler-landesmuseen.at

Mag. Dr. Ulrike Längle
Klausmühle 5
6900 Bregenz
laengleu55@gmail.com

Mag. Yvonne Rusch
Fachbereich Germanistik
Paris Lodron Universität Salzburg
Erzabt-Klotz-Straße 1
5020 Salzburg
yvonne.rusch@stud.sbg.ac.at

Dr. Andreas Picker MA
Bundesdenkmalamt
Amtsplatz 1
6900 Bregenz
andreas.picker@bda.gv.at

Univ.-Prof. Dr. Jörg Schwarz
Institut für Geschichtswissenschaften
und Europäische Ethnologie
Leopold-Franzens-Universität Innsbruck
Innrain 52d
6020 Innsbruck
Joerg.Schwarz@uibk.ac.at

Dr. Helmut Sonderegger
Sonnengasse 24
6800 Feldkirch
h.sonderegger@gmx.at

Ronald Sottopietra
Dorfstraße 49
6800 Feldkirch
ronald.sottopietra@a1.net

Ass.-Prof. Dr. Brigitte Truschnegg
Institut für Alte Geschichte
und Altorientalistik
Ágnes-Heller-Haus
Universität Innsbruck
Innrain 52a
6020 Innsbruck
brigitte.truschnegg@uibk.ac.at

Heike Vogel M.A.
vorarlberg museum
Kornmarktplatz 1
6900 Bregenz
h.vogel@vorarlbergmuseum.at

Mag. Christoph Volaucnik
Stadtarchiv Feldkirch
Herrengasse 12
6800 Feldkirch
christoph.volaucnik@feldkirch.at

Mag. Marlies Wohlschlager
Mittenweg 180
6314 Niederau-Wildschönau
marlies.wohlschlager@gmail.com

Ass.-Prof. Dr. Noam Zadoff
Institut für Zeitgeschichte
Leopold-Franzens-Universität Innsbruck
Innrain 52d
6020 Innsbruck
noam.zadoff@uibk.ac.at

Mag. Margarete Zink
Walgaustraße 3
6830 Rankweil
mz@meregale.com

Register

Namensregister

Ortsregister